Carsten Gansel
Moderne Kinder- und Jugendliteratur

Carsten Gansel

Moderne Kinder- und Jugendliteratur
Ein Praxishandbuch für den Unterricht

Meinem Vater gewidmet

Cornelsen online http://www.cornelsen.de

Gedruckt auf chlorfrei gebleichtem Papier ohne Dioxinbelastung der Gewässer.

Die Deutsche Bibliothek - CIP-Einheitsaufnahme

Gansel, Carsten:
Moderne Kinder- und Jugendliteratur : ein Praxisbuch für den Unterricht / Carsten Gansel. - Berlin : Cornelsen Scriptor, 1999
ISBN 3-589-21152-0

Dieses Werk berücksichtigt die Regeln der reformierten Rechtschreibung und Zeichensetzung.

5.   4.   3.   2.   ✔ €   Die letzten Ziffern bezeichnen Zahl und Jahr des Drucks.
04   03   02   2001

© 1999 Cornelsen Verlag Scriptor GmbH & Co. KG, Berlin
Das Werk und seine Teile sind urheberrechtlich geschützt. Jede Verwertung in anderen als den gesetzlich zugelassenen Fällen bedarf deshalb der vorherigen schriftlichen Einwilligung des Verlags.
Redaktion: Gabriele Teubner-Nicolai, Berlin
Typographie und Herstellung: Beate Schubert, Berlin
Umschlagentwurf: Bauer + Möhring, Berlin,
unter Verwendung einer Zeichnung von Klaus Puth
Druck und Bindearbeiten: Clausen & Bosse, Leck
Printed in Germany
ISBN 3-589-21152-0
Bestellnummer 211520

Inhalt

Vorbemerkung 7

**1 Kinder- und Jugendliteratur in Theorie und Praxis –
Begriff, Geschichte, Didaktik** 8
1.1 Neue Überlegungen zu einem alten Gegenstand 8
    Zum Begriff Kinder- und Jugendliteratur 8
    Handlungs- und Symbolsystem 9
    Zwischen Erziehungsauftrag und Autonomie 13
    Zu zwei Wesensbestimmungen im KJL-System 13
        Die Rolle von Adaption 14
        Von der Sozialisation zur Autonomie 16
1.2 Erzähltheoretische Grundvoraussetzungen und Kategorien 21
    Zur Struktur epischer bzw. narrativer Kinder- und Jugendliteratur 21
    KJL und literarischer Wandel 42
    Zwischen Wertsetzung und Pädagogik 44
    Zwischen Leseförderung und literarischer Bildung 46

**2 Zur Entwicklung in der Kinder- und Jugendliteratur
Tendenzen und Gattungsmuster** 48
2.1 Wandel und Modernisierung 48
2.2 Entwicklungslinien nach 1945 in Ost und West 51
    Entwicklung in der DDR 51
    Entwicklung in der Bundesrepublik 53
2.3 Moderner Kinderroman 57
    Zum Begriff 57
    Problemorientierter bzw. sozialkritischer Kinderroman 59
        Merkmale – Beispiele – Vorschläge für den Unterricht
    Psychologischer Kinderroman 70
        Merkmale – Beispiele – Vorschläge für den Unterricht
    Komischer Kinder- bzw. Familienroman 82
        Merkmale – Beispiele – Vorschläge für den Unterricht 82
    Phantastischer Kinderroman 91
        Spannung, Phantastisches, Märchenhaftes – Vorläufer –
        Merkmale und Beispiele – Vorschläge für den Unterricht 91
2.4 Jugend- bzw. Adoleszenzroman 103
    Vom Jugendbuch zum Adoleszenzroman – neue Gattungen 103
    Problemorientierte Jugendliteratur 107
        Merkmale – Beispiele – Vorschläge für den Unterricht 107
    Adoleszenzroman 112
        Zur Geschichte des Adoleszenzromans 112
        Zum Begriff Adoleszenz 114
        Kennzeichen der Gattung Adoleszenzroman 115
        Klassischer bzw. traditioneller Adoleszenzroman 117
        Moderner Adoleszenzroman 118

		Vorschläge für den Unterricht	119
		Postmoderner Adoleszenzroman	121
		Vorschläge für den Unterricht	119
		Adoleszenzroman in der DDR	128
		Beispiele – Vorschläge für den Unterricht	

3 Stoffe, Themen und Motive 133
3.1 Rechtsradikalismus und Gewalt 133
  Deutungsmuster und mediale Inszenierung 133
  Formen der Darstellung– Vorschläge für den Unterricht 136
3.2 Vorwende und deutsche Einheit 151
  „Das Vergangene ist nicht tot..." 151
  Kriterien der Wertung und historisches Bewusstsein 152
  Wende-Darstellung und Stereotypenbildung 154
  Täter-Opfer-Topos – Widerstandstopos – Feindbild Lehrer/Eltern –
  Gelebtes Leben oder dämonisierende Phantombilder 154
  Vorschläge für den Unterricht 160
3.3 Phantastische Welten zwischen Märchen, Discworld-Novel
  und Anti-Utopie 167
  Grundmodelle und Tendenzen 167
  Aktuelle Requisiten und Medienkritik 171
  Vorschläge für den Unterricht 173
3.4 Jugendliche Subkultur 177
  Darstellungen bis Ende der 80er-Jahre 177
  Aktuelle Tendenzen 180
  Vorschläge für den Unterricht 184

4 Autoren und Literatur – Projekte 190
4.1 Literaturunterricht und Autor-Stereotypen 190
4.2 Romane für Kinder – Erich Kästner 194
  Erich Kästner und seine Autor-Rollen 194
  Vorschläge für den Unterricht 198
4.3 Im Land der Kinder, Märchen und Legenden – Astrid Lindgren 202
  Astrid Lindgren und ihre Autor-Rollen 202
  Vorschläge für den Unterricht 205
4.4 Spannung, Horror und Angst – Stephen King 210
  Literaturunterricht und Stephen King 210
  Spannung, Angst und moderne Kindheit als Grundthemen 212
  Vorschläge für den Unterricht 218

5 Anhang
5.1 Anmerkungen 222
5.2 Literaturverzeichnis 224
  Primärliteratur und Sekundärliteratur 224
5.3 Personenverzeichnis 236
5.4 Wichtige Institutionen und Zeitschriften 239

Vorbemerkung

Die Literatur für Kinder und Jugendliche hat sich in den letzten Jahrzehnten rasant gewandelt. Es hat den Anschein, als ob eine Überlegung von BERTOLT BRECHT sich auf den Wandel im Bereich Kinder- und Jugendliteratur anwenden lässt. „Neue Probleme tauchen auf und erfordern neue Mittel", vermutete BRECHT in der Realismusdebatte des Exils. „Es verändert sich die Wirklichkeit, um sie darzustellen, muss die Darstellungsart sich ändern" (BRECHT 1968, 124). Und in der Tat, es ist insbesondere seit den Endsechziger Jahren im Rahmen eines Prozesses von Modernisierung zu Wandlungen in der Wirklichkeit gekommen. Die Veränderungen betreffen immer auch die Verhältnisse, unter denen Kinder und Jugendliche leben, ihr Lebensgefühl, ihre Wirklichkeitsauffassungen, ihr Verhältnis zu den Eltern, ihre Zukunftsperspektiven und nicht zuletzt die jeweiligen Kindheitsbilder. In der Gegenwart können 12-, 13- oder 14-Jährige schwer sagen, wann für sie der Status des so genannten Erwachsenseins erreicht sein wird, weil durch längere Ausbildungszeiten die Jugendphase im Vergleich zu den Eltern bzw. Großeltern mitunter um fast zwanzig Jahre länger ist. Auf der einen Seite gibt es also bereits in jüngsten Jahren einen hohen Grad an politischer, sozialer, sexueller Selbstbestimmung, auf der anderen Seite existiert eine ökonomische Abhängigkeit, die manchmal bis ins dritte Lebensjahrzehnt reicht. Kinder an der Schwelle zur Jugend können gar nicht anders, als ihre Zukunft offen, unberechenbar, wenig steuerbar zu sehen. An die Stelle der traditionellen „Normalbiographien" sind längst die „Drahtseil-" bzw. „Bastelbiographien" (U. BECK) getreten, die Chancen, aber auch Risiken mit sich bringen. Was nimmt es wunder, wenn Unsicherheit jene viel zitierte Gegenwartsorientierung junger Leute nach sich zieht und für sie Konsumtion, Erlebnis, Spaß immer wichtiger werden. Die Veränderungen von Kindheit und Jugend haben nun über das „Stoffliche" hinaus Konsequenzen auf die Darstellungsweise, die Struktur der Texte, ja sie sind ein wesentlicher Grund für das Entstehen einer modernen Kinder- und Jugendliteratur (KJL). Genau diesen Fragen will der Band nachgehen, indem er historische Wurzeln wie aktuelle Entwicklungen aufdeckt, Möglichkeiten für eine Gattungstypologie der modernen epischen KJL diskutiert und verallgemeinerbare Hinweise zur der Textanalyse gibt. Die Hinweise – auch zu Kategorien und Verfahren der Analyse – sollen helfen, ein Verhältnis zu den vielfältigen Ausprägungen heutiger KJL zu finden, sensibler im Umgang mit ihnen machen und eine selbstständige Auswahl erleichtern. Schließlich werden knappe Vorschläge für den möglichen Umgang mit ausgewählten Texten in der Sekundarstufe I und II gemacht. Auf die Vorstellung umfangreicher Unterrichtsmodelle wie auf die Präsentation von Ergebnissen der Unterrichtsarbeit musste schon aus Platzgründen verzichtet werden. Es sei aber betont, dass sämtliche Texte im Unterricht oder in der außerschulischen Arbeit erprobt wurden.

Mein Dank für Unterstützung wie Gespräch gilt Dr. Gundula Engelhardt, Dr. Silvia Neu, Anke Scherbarth, Susann Gessner und Sonja Gref. Danken für Anregungen möchte ich auch LesArt Berlin, insbesondere Claudia Rouvel. Besonders gedankt sei Gabriele Teubner-Nicolai (Cornelsen Scriptor), die in der Endphase mit Ruhe und Akribie die Fertigstellung des Manuskriptes engagiert befördert hat. Anteil an der Entstehung des Bandes haben nicht zuletzt eine Reihe von Studentinnen und Studenten des Fachbereiches 09 Germanistik der Justus-Liebig-Universität Gießen durch ihre konstruktive Mitarbeit in Seminaren wie durch vielfältige Gespräche.

1 Kinder- und Jugendliteratur in Theorie und Praxis – Begriff, Geschichte, Didaktik

1.1 Neue Überlegungen zu einem alten Gegenstand

Zum Begriff Kinder- und Jugendliteratur

Eine hinreichende Kenntnis der historischen wie aktuellen Entwicklungen von KJL bildet eine nicht zu unterschätzende Voraussetzung für didaktische Vorschläge. Es ist daher ein bis in die Gegenwart nicht behobener Mangel, wenn ein Verständnis dominiert, wonach KJL vordergründig als Mittel zur moralischen Bildung, als Erziehungsmittel, als didaktisches Instrument zu dienen hat und ihre wert- und normsetzende Funktion betont wird. KJL gilt fälschlicherweise als eine besondere „Textsorte", die an bestimmten Textmerkmalen erkennbar ist: Einfachheit, Linearität, Regelhaftigkeit, Handlungsdominanz, Identifikation, typisierende Figurengestaltung, Leseranreden, Schriftgröße, Illustrationen. Doch die Textmerkmale allein können kein hinreichender Grund für die Konstituierung einer eigenen Textgattung „Kinder- und Jugendliteratur" sein. Aber was wird eigentlich unter KJL verstanden? Der Begriff Kinder- und Jugendliteratur hat mittlerweile sehr verschiedene Facetten, und es meinen nicht alle das Gleiche, wenn sie von KJL reden. KJL kann meinen:

1. *die Gesamtheit der für Kinder und Jugendliche als geeignet empfundenen Literatur (= intentionale KJL)*
2. *die Gesamtheit der für Kinder und Jugendliche geschriebenen fiktionalen und nichtfiktionalen Texte (= spezifische KJL)*
3. *die Gesamtheit der von Kindern und Jugendlichen rezipierten fiktionalen und nichtfiktionalen Texte (= Kinder- und Jugendlektüre)*
4. *ein Teilsystem des gesellschaftlichen Handlungs- bzw. Sozialsystems „Literatur" = „Subsystem KJL")*

Es zeigt sich also, KJL wird unterschiedlich definiert, der Begriff hat verschiedene Bedeutungen. Offensichtlich wird aber auch: KJL lässt sich nicht fassen als eine Gruppe von Werken mit gleichen Merkmalen. Auf diese Weise ist ihren vielgestaltigen Erscheinungsformen nicht beizukommen. Denn: für Kinder geeignete Literatur (1) muss ja nicht für sie geschrieben (2) worden sein, wie „Gullivers Reisen", „Don Quichote" oder „Robinson Crusoe" zeigen. Es sind Texte, die nicht an Kinder adressiert waren, die ihnen dann aber zum Lesen empfohlen wurden. Von daher ist es nicht ohne Logik, wenn Hans-Heino Ewers vorschlägt, das einigende Element zunächst nicht auf textlicher, sondern auf der Rezeptions- bzw. der institutionellen Ebene zu suchen. Das heißt, KJL „entsteht" zunächst durch den Akt einer Zuteilung, einer Zuschreibung (EWERS 1995 a).

Mit anderen Worten: Erzieher, Pädagogen, Eltern, Kirche, Schule sind der Auffassung, dass ein bestimmter Text bzw. bestimmte Texte für Kinder besonders geeignet sind. Für diese zugeteilten Texte wird inzwischen der Begriff **intentionale Kinder- und Jugendliteratur** (1) genutzt. Dazu gehören Werke der National- und Weltliteratur sowie die Volksdichtung/Folklore (Fabeln, Sagen, Märchen, Reime). Es sind dies Texte, die ursprünglich Kinder nicht als Adressaten hatten. Im Gebrauch kamen die Erwachsenen bzw. die Institutionen (Kirche, Schule, Verleger usw.) dann aber zu dem Ergebnis, sie seien für Kinder besonders geeignet.

Seit dem ausgehenden 18. Jh., der Zeit der Aufklärung, gewinnen nun Texte besondere Bedeutung, die eigens für Kinder verfasst wurden, die **spezifische KJL** (2). Klar dürfte aber sein, dass Kinder keineswegs nur das lesen, was man ihnen zuteilt (1) bzw. was man für sie schreibt (2). Die Gesamtheit der von Kindern und Jugendlichen wirklich rezipierten fiktionalen und nichtfiktionalen Texte wird als **Kinder- und Jugendlektüre** (3) bezeichnet.

Nachdem es also zu einer eigens für Kinder publizierten Literatur gekommen ist (2), bildet sich ein eigenständiges **gesellschaftliches bzw. literarisches Handlungs- und Symbolsystem** (4) heraus. Es ist dies ein Teilsystem des gesamten gesellschaftlichen/literarischen Handlungs- bzw. Symbolsystems „Literatur", nämlich jenes, das sich speziell auf Kinder und Jugendliche bezieht. Nunmehr steht die Frage danach, was mit den Begriffen a) *Handlungs- bzw. Sozialsystem* und b) *Symbolsystem* gemeint ist.

Handlungs- und Symbolsystem

Es besteht Konsens darüber, dass es im ausgehenden 18. Jh. im Rahmen eines Prozesses von gesellschaftlicher Modernisierung zur Ausbildung eines eigenständigen sozialen Systems „Literatur" kommt, das sich von anderen Systemen unterscheidet bzw. abgrenzt (WIRTSCHAFT, POLITIK, WISSENSCHAFT).

Wenn man vom Handlungs- bzw. Sozialsystem LITERATUR spricht, ist damit ein spezifischer Kunstbereich gemeint, der sich von den anderen Bereichen wie den übergeordneten Systemen von WIRTSCHAFT, POLITIK, WISSENSCHAFT durch besondere Handlungen (systemspezifische Handlungen) unterscheidet. Das Literatursystem verfügt über eine **innere Struktur** und **Merkmale**, die eine spezifische Abgrenzung von anderen Systemen ermöglichen (vgl. SCHMIDT, 1991). Die innere Struktur lässt sich modellhaft durch folgende Handlungen mit den entsprechenden Institutionen kennzeichnen:

1. literarische Produktion (Autor, Herausgeber, Bearbeiter, Nacherzähler, Übersetzer, Lektor)
2. Vermittlung (Verleger, Vertreter, Grossist, Buchhändler, Kritiker, Bibliothekare, Lehrer)
3. Rezeption (Normalleser, Rezensenten, Literaturwissenschaftler und -didaktiker, Lehrer)
4. Verarbeitung [1]

Handlungsrollen von Literatur-Produktion, Literatur-Vermittlung, Literatur-Rezeption, Literatur-Verarbeitung definieren, was die jeweils erlaubten „Handlungsspiele" um Literatur sind. Sie sind über Regeln, Konventionen, Codes, Leitdifferenzen im Handlungshaushalt des Einzelnen wie der Gesellschaft verankert (Werte, Wertorientierungen, Normen, Literaturbegriff) und bieten Strategien angemessenen Verstehens für literarische Texte. Neben der inneren Struktur setzt das Literatursystem sich durch besondere Merkmale, man spricht von der sogenannten Außen-Innen-Differenzierung wie den Funktionen, von anderen Systemen ab. Als Teil des Literatur-Systems verfügt auch das KJL-System über eine Außen-Innen-Differenzierung, die durch zwei Merkmale, sogenannte Makro-Konventionen, bestimmt wird. Das ist a) die **ästhetisch-**

literarische Konvention (ÄLK), die besagt, dass innerhalb eines literarischen Handlungssystems literarische Texte nicht nach ihrem praktischen Nutzen (nützlich/nutzlos) bzw. ihrem Wahrheitswert (wahr/falsch) rezipiert und bewertet werden. In ihrer idealtypischen Variante ist also literarischen Aussagen kein Wahrheitswert zuzumessen. Man wird demnach von der stillschweigenden Übereinkunft ausgehen können, dass ein historischer Roman keinen authentischen Tatsachenbericht über die dargestellte Zeit liefert und als 1:1 Entsprechung an ihr zu messen ist[2]. Und das ist b) die **Polyvalenzkonvention (PK)**, die eine Vieldeutigkeit der literarischen Texte meint und die Möglichkeit der Realisierung verschiedenartiger „Bedeutungsangebote" beschreibt.

Unbestritten ist, dass – nimmt man nur den Bereich des Phantastischen – auch in der KJL Fragen nach „praktischem Nutzen" oder „Wahrheit" nicht im Vordergrund stehen. Und mit Einschränkungen lässt sich auch für die KJL die Polyvalenzkonvention in Anschlag bringen. Gleichwohl, es muss Besonderheiten geben, die das KJL-System von dem der „Allgemein-" bzw. „Erwachsenenliteratur" abgrenzen. Mit anderen Worten, die für das Literatur-System angenommenen Leitdifferenzen bzw. Makro-Konventionen erfahren eine Modifizierung.

So ist für die KJL als literarisches Handlungssystem kennzeichnend, dass die beteiligten kindlichen Leser erst im Umgang *mit* den (literarischen) Texten etwa in der Familie oder im Sprach- und Literaturunterricht Grundfähigkeiten und -fertigkeiten des Umgangs der Literatur erlernen. Dazu gehört auch die Unterscheidung zwischen Fiktion und Wirklichkeit. Über die Fragen „Ist das wirklich passiert?", „Gibt es das?" oder „Wo gibt es das?" wird gewissermaßen Fiktionalität eingeübt, deren Bewusstsein dann – in Abhängigkeit von den Texten – im Alter zwischen zehn bis zwölf Jahren ausgeprägt ist (vgl. HURRELMANN 1982, SPINNER 1993).

Die Regeln bzw. Leitdifferenzen für das Handlungssystem KJL sind zunächst also nur einem Teil der Handelnden, nämlich den Erwachsenen (Autoren, Eltern, Verlegern, Kritikern) bekannt. Auch das Polyvalenzkriterium hat für die literarisch handelnden Kinder und Jugendlichen nur sekundäre Bedeutung und gilt für einen Teil der Texte in abgeschwächter Form. Dies ist ein Grund, warum Begriffe wie doppelsinnige Kinderliteratur oder „ambivalente" KJL in die Diskussion eingeführt wurden, und er bezieht sich auf Texte, die sowohl für kindliche wie erwachsene Leser „Leerstellen" eröffnen (SHAVIT 1986). Das trifft beispielsweise für E.T.A. HOFFMANNS „Nussknacker und Mausekönig" zu oder auch für MICHAEL ENDES „Die unendliche Geschichte". Insgesamt gilt aber: Die „Handlungsrollen" von Produktion, Vermittlung, Rezeption/Verarbeitung finden sich auch in jenem Bereich, jenem System, das sich auf eine besondere Adressatengruppe spezialisiert hat, nämlich Kinder und Jugendliche.

Da es sich bei den Adressaten um Kinder handelt, galt über einen historisch langen Zeitraum, dass Texte dieser Art vor allem Aufgaben in Hinblick auf Erziehung, Belehrung, Unterweisung wahrzunehmen haben und damit sehr praktische Bedürfnisse erfüllen. Während die Allgemein- bzw. Erwachsenenliteratur sich von dem Zwang befreit, bestimmten Interessen zu dienen, sich von Religion, Philosophie und Moral, Recht und Politik, Wissenschaft und Pädagogik abgrenzt und *autonom* sein will, ist Literatur, die sich an Kinder wendet, bestimmten Zwecken verpflichtet. Insofern stellt KJL das Gegenteil von autonomer Literatur dar, sie ist eine Spielart von „heteronomer", nichtautonomer Literatur. Dies bleibt sie – mit Ausnahmen – über einen langen historischen Zeitraum. Mit „nichtautonom" sind Konventionen, Regeln, Merkmale bezeichnet, die vor dem Entstehen des autonomen Handlungssystems Literatur für die Textproduktion und -rezeption galten, und die auch nach 1800 keineswegs ihre Gültigkeit verlieren. Heteronome Literaturproduktion und -rezeption funktionalisiert die Texte in Hinsicht auf bestimmte Zwecke, kognitive, emotionale, regionale, didaktische, aufklärerische.

In jedem Fall lässt sich sagen, dass Texte, die ihre Struktur, die Art und Weise der Darstellung, die verarbeiteten Stoffe, die gestalteten Themen abhängig machen von den Besonderheiten der Adressaten als heteronom, als nicht-autonom gelten. Die Adressatenspezifik spielt nun für die KJL historisch wie aktuell eine besondere Rolle, weswegen sich auch sagen lässt: KJL ist – wie auch Frauenliteratur, Regionalliteratur oder Literatur für Migranten – zunächst einmal „Zielgruppenliteratur". Das heißt, sie wendet sich an potentielle Leser, die über spezifische Merkmale verfügen (Alter, kognitive Fähigkeiten, soziale Rolle). Der Begriff heteronom lässt sich nun auf die Texte selbst übertragen, also auf ihre formale Struktur, ihre Eigenschaften, ihre Sprache, ihren Stil, ihre rhetorischen Mittel. Und dies insofern, als der Einsatz der literarischen Mittel zweckbestimmt auf die jeweiligen Adressaten ausgerichtet, ihnen angepasst ist: auf Kinder, Jugendliche, Mädchen, Jungen, Frauen, Männer, Migranten, Bayern, Norddeutsche usw.

Die Tatsache also, dass es eine relativ klar abgrenzbare Lesergruppe gibt, führt dazu, dass sich spezielle literarische Handlungssysteme ausbilden, die literarische Handlungen von der Produktion über die Vermittlung bis hin zur Rezeption/Verarbeitung umfassen: Es gibt dann also spezielle Produzenten, spezifische Publikationsorte (Verlage) und Verkaufsstellen, jeweils bestimmte Vermittler (Kritiker), die in Jurys oder durch bestimmte Rezensionen auf die jeweiligen Autoren/Texte aufmerksam machen. Sie alle gehen von einer bestimmten Vorstellung für KJL aus und legen – in Abhängigkeit vom jeweiligen Literaturbegriff – spezifische Bewertungskriterien an die Texte.

Der Literaturbegriff umfasst die Stellung und Funktion der literarischen Aneignungsweise im Rahmen der anderen Aneignungsweisen (z.B. in WISSENSCHAFT, POLITIK) und im Gesellschaftssystem. Dazu gehören die Rolle der Autoren, die Favorisierung bestimmter Darstellungsweisen, Stoffe, Themen, Figuren sowie die gültigen Regeln für den Umgang mit den Texten wie auch die Tabus. Entsprechend sind die Bewertungskriterien für literarische Texte ein Teil des Literaturbegriffs.

Damit ist von KJL als Handlungssystem zu einem weiteren Begriff übergeleitet, es ist die Rede von KJL als einem **Symbolsystem**. Darunter versteht man vereinfacht gesagt, die **Texte** selbst mit ihren **Stoffen, Themen, Darstellungsweisen, Gattungen** (vgl. GANSEL 1995c). Mit anderen Worten: Die Gesamtmenge der kinder- bzw. jugendliterarischen Texte, die jeweils zu einem bestimmten konkret-historischen Zeitpunkt zur Verfügung steht, bilden einen Textkorpus, ein Textsystem, genauer das Symbolsystem[3].

In historischer Perspektive gelten im Handlungssystem bestimmte Kriterien, Regeln, Bewertungsmaßstäbe für den Umgang mit dem Symbolsystem, den Texten. Von daher lässt sich eine Typologie von (axiologischen) Werten aufstellen, die eine Art Maßstab dafür abgibt, was im Rahmen eines bestimmten Literaturbegriffs als ‚wertvoll' oder ‚weniger wertvoll' gilt. In Hinblick auf Texte lassen sich Werte von formaler, inhaltlicher, relationaler und wirkungsbezogener Art unterscheiden (HEYDEBRAND/WINKO 1996, 111ff.), die sich wiederum aus unterschiedlichen Parametern zusammensetzen, allgemeiner Natur und historisch wandelbar sind. Die folgende Typologie ist stark vereinfacht und gibt nur einen sehr allgemeinen Rahmen vor.

Werte	Bestimmung
1. formale Werte (betreffen die Struktur des Textes, seine Eigenschaften)	1.1. Selbstreferenz/Wirklichkeitsreferenz 1.2. Polyvalenz/Eindeutigkeit 1.3. Offenheit/Geschlossenheit 1.4. Schönheit (Stimmigkeit, Sprache, Musikalität/Rhythmus)
2. inhaltliche Werte (betreffen den allgemeinen Inhalt)	2.1. Wahrheit/Erkenntnis 2.2. Moralität 2.3. Gerechtigkeit/Humanität
3. relationale Werte (betreffen den Wert eines Textes im Vergleich)	3.1. Abweichung, Normbruch 3.2. Originalität, Innovation/Variation (Abwandlung von vorgegebenen Mustern, Regeln) 3.3. Neuheit/Tradition, Bewährtes 3.4. Realismus, Wirklichkeitsnähe, Wahrheit, Authentizität
4. wirkungsbezogene Werte (betreffen die anvisierten oder erreichten Wirkungen eines Textes)	4.1. Individuelle Werte 4.1.1. Kognitive Werte (Gewinn von Erkenntnis, Information, Wissensvermittlung) 4.1.2. Praktische Werte (Lebensbedeutsamkeit: Betroffenheit, Handlungsorientierung, moralische Belehrung/Sinnstiftung, Lebenshilfe) 4.1.3. Emotionale Werte (Auslösung von Affekten: Rührung, Mitleid/Gleichmut; Identifikation/Distanz) 4.1.4. Hedonistische Werte (Durch Lektüre ausgelöste Gefühle: Lust/Unlust, Betroffenheit, Unterhaltung, Spannung/Langweile, Angst, Grauen/Lachen) 4.2. Gesellschaftliche Werte 4.2.1. Ökonomischer Wert (Auflage, Verkaufszahlen) 4.2.2. Prestigewert („symbolisches Kapital': Ansehen in der Gesellschaft, dem Literatursystem)

Schaubild: Axiologische Werte

Es versteht sich von selbst, dass für eine Literatur, die sich – wie die KJL – an bestimmte Adressaten wendet, in besonderem Maße *wirkungsbezogene Werte* bedeutsam werden, ja es vor allem darum geht, durch den Einsatz bestimmter formaler wie inhaltlicher Mittel bei den Rezipienten kognitive, praktische emotionale Reaktionen zu erzielen. Die skizzierten Werte geben nicht zuletzt einen ungefähren Rahmen für Wertungen im Handlungssystem KJL ab, beispielsweise innerhalb der Literaturkritik oder auch dem Literaturunterricht (vgl. BUDDEUS-BUDDE 1999, HOPSTER 1988, SCHARIOTH/SCHMIDT 1990, WENKE 1997).

Fassen wir zusammen: Während **KJL als Symbolsystem** also eine Menge von Texten bezeichnet, meint **KJL als Sozial- bzw. Handlungssystem** ein „literarisch kommunikatives Handeln" bzw. ein „System gesellschaftlicher Handlungen in Bezug auf literarische Texte" (HAUPTMEIER/SCHMIDT, 14). Innerhalb dieses Gesamtsystems gelten bestimmte Regeln, die die Stellung eines konkreten KJL-Textes, Autors, einer Gattung bezeichnen können.

Zwischen Erziehungsauftrag und Autonomie

Zu zwei Wesensbestimmungen im KJL-System

Nun muss ein System jeweils bestimmte Funktionen, Aufgaben erfüllen, die andere Systeme so nicht realisieren können. Die Funktionen des Systems LITERATUR liegen a) im kognitiv-reflexiven, b) im moralisch-sozialen, c) im hedonistisch-emotionalen Handlungs- und Erlebnisbereich. Betrachtet man allerdings die KJL bzw. das KJL-System, dann zeigt sich mit Blick auf die Geschichte, dass anders als in der Allgemein- bzw. Erwachsenenliteratur der moralisch-sozialen Funktion eine besondere Rolle zugeschrieben wird oder – wie vielfach betont – der didaktischen, erzieherischen Komponente. Anders nämlich als die künstlerisch anspruchsvolle Allgemein- bzw. Erwachsenenliteratur, die sich im ausgehenden 18. Jh. von der Indienstnahme durch Pädagogik, Religion, Philosophie emanzipierte, hat die KJL – und dies ist das Besondere – bis ins 20. Jh. hinein neben den allgemeinen literarischen Kommunikationsregeln vor allem pädagogischen Erwartungen zu entsprechen. Ja es ist gerade so, dass die Erziehungsfunktion Dominanz besitzt. Dies ist ein Grund, warum KJL bis in die Gegenwart von manchen einseitig als eine Art „Erziehungs-" bzw. „Sozialisationsliteratur" verstanden wird und als literarisch wenig avanciert gilt. Das bestimmt die Art und Weise, wie sie innerhalb der Vermittlungsinstanzen, also auch im Literaturunterricht, „gebraucht" wird. Historisch gesehen, kann man vom ausgehenden 18. Jh. an daher zunächst von zwei grundsätzlichen Wesens- bzw. Funktionsbestimmungen ausgehen, die in engem Zusammenhang mit den jeweiligen Kindheitsvorstellungen (u. a. ARIES 1975; SCHOLZ 1994) stehen und sich bis in die Gegenwart durchziehen.

*1. Ausgangspunkt: die Gesellschaft. Danach ist die KJL ihrem Wesen und ihren Funktionen nach Enkulturations- bzw. Sozialisationsliteratur. Dies ist die älteste und zugleich weitestgehende Definition. KJL wird definiert nach den Inhalten, Normen, Werten, die Kindern und Jugendlichen, den Heranwachsenden in einer Gesellschaft zu vermitteln sind. Insofern wird KJL gebraucht als eine Art **Sozialisationsmittel**. Über Literatur sollen Kinder erzogen und zu nützlichen Mitgliedern der menschlichen Gesellschaft gemacht werden.*

*2. Ausgangspunkt: das kindliche Subjekt. Danach ist KJL eine dem kindlichen Wesen entsprechende, ihm gemäße Literatur. Es dominiert das Bestreben, den Text, die Darstellung, den Stoff, das Thema, die Struktur dem kindlichen Rezipienten und seinen aktuellen Bedürfnissen anzupassen. Insofern wird **KJL als kindgemäße Literatur** definiert. Dazu gehört dann, dass solche Stoffe und Themen eine Rolle spielen, die jeweils aktuelle kindliche Bedürfnisse, Wünsche erfüllen: Spiel, Abenteuer, Tierfreundschaften, erste Liebe.*

Die meisten Texte stellen eine Mischung zwischen diesen beiden Wesens- bzw. Funktionsbestimmungen dar, es handelt sich also vielfach um **kindgemäße Sozialisationsliteratur**. Literarische Texte, die uneingeschränkt als **reine Sozialisationsliteratur** gelten können, sind auch in der Geschichte der KJL so häufig nicht anzutreffen. Dominant sozialisatorische Funktionen erfüllen jene Gattungen, die in der frühen Aufklärung eine vorherrschende Rolle spielen. Dazu gehören die zumeist aus dem Französischen übersetzten **Elementarbücher, Enzyklopädien und Kinderlogiken**. Kinderenzyklopädien waren nach der katechetischen Form von Frage und Antwort gebaut. In JEAN PALAIRETS Elementarbuch „Kurzer Inbegriff aller Wissenschaften zum nützlichen Gebrauch eines

Kindes von drey bis sechs Jahren" (1759) heißt es im „Siebenten Abschnitt" unter dem Schwerpunkt Historie:

> *Frage. Welches sind die erhabensten Stuffen nach der Konigl. Würde?*
> *Antw. Die Churfürsten, sodann die Erzt-Hertzoge, die Hertzoge, die Margrafen, die Fürsten und Grafen, die Marquis, die Freyherren, und endlich die Edelleute.*
> *Frage. Welches sind die Stände, die hierauf folgen?*
> *Antw. Der Bürger, und der Bauer...* (EWERS 1990, 162)

Das die kindliche Fassungskraft weit übersteigende Wissen wurde in einer kurzen Antwort gefasst, die die Kinder auswendig zu lernen hatten. Offensichtlich ist, in welcher Weise in Texten diesen Typs die Werte und Normen der Gesellschaft den Kindern vermittelt werden, auf ihre kognitiven Möglichkeiten wird keine Rücksicht genommen, eine stofflich-inhaltliche Anpassung, eine **Adaption** des Textes an die kindlichen Bedürfnisse wie Erfahrungen liegt nicht vor.

Die Rolle von Adaption

Fragen der Anpassung, oder anders, der Adaption spielen gerade im KJL-System eine besondere Rolle. Und dies meint a) literarische Produktion, b) Vermittlung, c) Rezeption und Verarbeitung. Auf der Ebene der literarischen Produktion wie der Vermittlung von KJL erweist sich die Adaption an das Subjekt, also die kindlichen Adressaten als besonders relevant (vgl. KLINGBERG 1973, 92 ff). *Adaption bezeichnet hier alle Handlungen, Methoden, Formen, einen Text so zu gestalten, zu verändern, zu bewerben, anzupreisen, zu bewerten, auszuwählen, dass er den kognitiv-psychischen Dispositionen, den Bedürfnissen, dem Erwartungshorizont des anvisierten Adressatenkreises entspricht.* Dies betrifft Fragen von Inhalt und Form, jene nach Stoff, Thema, Handlungen, Episoden, Figuren, Erzähler, Darstellungsweisen. Auf der Seite der Rezeption und Verarbeitung trägt die Beschäftigung mit literarischen Texten dazu bei, die kognitiven Schemata wie Wissensrahmen, Verhaltens-, Handlungs- und Bewertungsraster gleichermaßen zu erweitern wie zu differenzieren. Damit ist auf (literarische) Verstehensprozesse, kognitions- sowie lernpsychologische Vorgänge verwiesen und insbesondere auf Untersuchungen von JEAN PIAGET zu Kognition, Erkenntnis wie Weltbild des Kindes (PIAGET 1992, 1992b, 1994). Die von PIAGET im Rahmen der Adaption vorgenommene Unterscheidung in Assimilation und Akkomodation kann allerdings nicht undifferenziert auf literarische Texte, mithin die literarische Produktion und Vermittlung übertragen werden. Hinsichtlich der Anpassung der Texte an die vorgestellten Adressaten lassen sich folgende Formen unterscheiden:

1. **Stoffliche Adaption:** Der Stoff bezeichnet ein „außerhalb der Dichtung" (ELISABETH FRENZEL) existierendes Faktum, ein Ereignis, ein Erlebnis, einen Bericht. Anders gesagt: Beim Stoff handelt es sich um das in der Wirklichkeit existierende Material, das ein Autor zur literarischen Gestaltung nutzen kann. Eine stoffliche Adaption liegt dann vor, wenn Elemente von Wirklichkeit zum Ausgangspunkt literarischer Gestaltung werden, die die Erfahrungswelt von Kindern betreffen und ein Stoff zum Gegenstand einer Geschichte wird, der für kindliche Rezipienten von aktueller Bedeutung ist. Das betrifft also die Wahl von Stoffen wie Ferienabenteuer, Pferde, Hunde, Freundschaft, erste Liebe, phantastische Welten usw. Dass solche Stoffe

beständig zum Gegenstand literarischer Darstellung werden, zeigt die große Zahl an Texten mit Titeln wie: „Ferien mit Schnüpperle", „Ferien im Reitstall", „Ferien in London", „Hurra Ferien", „Alexanders Ferienfahrt", „Ferien mit Pferden", „Ferien mit Zitrone", „Feriengeschichten vom Franz", „Ferien mit Oma".

2. **Mediale Adaption** betrifft u. a. die Wahl einer Gattung, eines Genres, des Mediums (literarischer Text, Film, Video). Ist die Entscheidung für den Erzähltext gefallen, so ist unter dem Gesichtspunkt einer medialen Anpassung an Kinder zu entscheiden über Schriftgröße, Buchformat, Umschlaggestaltung, Illustrationen. Die mediale Adaption ist von besonderer Bedeutung für die so genannten Erstlesebücher und meint hier die entsprechenden Gestaltungsprinzipien (vgl. CONRADY 1990, 16). Dazu gehören:
- Auf jeder Doppelseite bzw. Seite steht nur das, was inhaltlich zusammengehört.
- In jeder Zeile steht nur das, was inhaltlich eng zusammengehört.
- Druckschrift ist leichter zu lesen als Schreibschrift.
- Die Schriftgröße ist dem kindlichen Auge angepasst.
- Damit beim Lesen die Zeile gut gehalten werden kann, ist der Zeilenabstand größer als der Abstand zwischen den einzelnen Wörtern.
- Reihungen, Reime, Wortwiederholungen erleichtern das Lesen und Verstehen.
- Der anführende Teil der wörtlichen Rede steht am Anfang, damit der kindliche Leser leichter erkennt, wer spricht.
- Illustrationen erhöhen den Spaß beim Lesen sowie die Aufmerksamkeit und können eine Hilfe beim Verstehen sein.

3. **Formale Adaption** trägt der kognitiven Stufe, den Fähigkeiten, dem Wissen usw. der kindlichen Leser in besonderer Weise Rechnung. Dazu gehört die Schwierigkeit, komplexe Texte zu erfassen, also eine mehrsträngige Handlung, ein multiperspektivisches Erzählen, einen Wechsel der Erzählinstanzen oder der Räume und Zeiten (s. S. 21 ff.). Hierzu gehört auch die Frage ob zur Vermittlung der Geschichte ein auktorialer, ein personaler oder ein Ich-Erzähler eingesetzt wird. Während mit dem auktorialen Erzähler die Chance verbunden ist, direkt wertend und kommentierend einzugreifen, hat der Einsatz eines Ich-Erzählers die Konzentration auf das erzählende Ich zur Folge. Auch Elemente der *Leseranrede* können als formale Adaption gelten. Zu denken ist an den Anfang von ASTRID LINDGRENS „Mio, mein Mio": „Hat jemand im vorigen Jahr am fünfzehnten Oktober Radio gehört? Hat jemand gehört, dass man nach einem verschwundenen Jungen forschte?". Auch ERICH KÄSTNERS „Das doppelte Lottchen" beginnt mit einer Leseranrede.

4. **Sprachlich-stilistische Adaption** steht in Verbindung mit der formalen und meint eine sprachlich-stilistische Anpassung an den kognitiven Stand der Adressaten. Es kann dies einen Verzicht bedeuten auf:
- komplexe Satzkonstruktionen mit mehr als zwei Teilsätzen (Satzperiode), die attributive Verwendung von Adverbien oder von Präpositionalgruppen,
- Komposita mit mehr als drei Konstituenten, Nominalkonstruktionen, abstrakte Nomina,
- Perspektivenwechsel und Zeitsprünge bei der wörtlichen Rede.

Solche Möglichkeiten werden genutzt, wenn in Texten etwa für Leser um 11 Jahre eine Ausrichtung auf Aktion, Handlung (erhöhter Einsatz von Verben), Verwendung kurzer Sätze, Konkreta erfolgt.

5. **Thematische Adaption** bedeutet, dass das aus dem Stoff herausgearbeitete „Grundproblem", die „Botschaft", Kinder ansprechen muss. Anders gesagt, es ist der Aussagegehalt, der Sinn, der Gehalt, die Problematik, der gedankliche Hintergrund gemeint, die in Beziehung zu den Erfahrungen von Kindern bzw. Jugendlichen stehen. Die Entscheidung, inwieweit eine thematische Anpassung vorliegt, wird in bestimmten Fällen erst nach der Untersuchung des Textes (Analyse und Interpretation) möglich sein.

6. **Axiologische/wertende Adaption** meint die Frage, wer als Wertungsinstanz im Text dominiert, d. h., wer der „implizierte Autor" (s. S. 25 f.) ist. Dabei können im Text die Werte, Normen, Leitbilder der Erwachsenen bzw. der Gesellschaft systemprägend sein, was kennzeichnend für Sozialisationsliteratur ist oder aber das Kind als Wertungsinstanz hat die Chance, sich frei auszusprechen, ja es kann sogar über die Auffassungen der Erwachsenen dominieren. In diesem Fall handelt es sich eher um kindgemäße KJL.

Nun kann man an historischer wie an aktueller KJL untersuchen, inwieweit Adaptionsformen genutzt werden, welches Kindheits- bzw. Jugendbild bzw. welche Auffassung von Wesen wie Funktionen der KJL dahinterstehen.

Von der Sozialisation zur Autonomie

Im letzten Drittel des 18. Jh.s kommt es innerhalb des Literatursystems zur Ausbildung eines relativ eigenständigen Bereiches, der sich an Kinder und Jugendliche als Adressaten wendet. Dahinter steht die Auffassung, dass eine solche Literatur gleichermaßen notwendig wie verkäuflich ist. Schon JOHN LOCKE empfahl in seinen „Gedanken über die Erziehung" (1693), jener Schrift, die für die aufklärerischen Pädagogen fundamentale Bedeutung besaß, dem Kind „leichte, vergnügliche Bücher" in die Hand zu geben, „die seinen Fähigkeiten angemessen sind" (LOCKE 1990, 191).

Locke zählt dazu die Fabeln des ÄSOP und den „Reineke Fuchs", spezifische KJL-Texte wusste er nicht zu nennen. Das war verständlich, weil Locke noch nicht an eine eigens für Kinder geschaffene Literatur dachte, sondern an Bücher, die aus der ‚Allgemeinliteratur' stammten oder an Auszüge aus solchen Texten (vgl. EWERS 1990, 10). In der Mitte des 18. Jh.s wuchs das Bedürfnis nach einer ausdrücklich für Kinder und Jugendliche produzierten Literatur, die zunächst von jenen geschaffen wurde, die sie in der täglichen Arbeit benötigten: Erzieher, Lehrer, Hofmeister. Sie verfertigten gewissermaßen für den Hausgebrauch Sammlungen aus vorhandenen Schriften oder eigenen Texten. Die Verbreitung dieser Schriften konzentrierte sich auf die wohlhabenden Schichten des gebildeten Bürgertums wie Teile des Adels, jene Gruppen also, die sich finanziell einen Erzieher leisten konnten. Mit dem wachsenden Bedürfnis nach solchen spezifischen Lesestoffen wurden die Texte schließlich nicht mehr nur für den eigenen Bedarf produziert, sondern für einen literarischen Markt mit entsprechenden Vermittlungsinstanzen. In die nunmehr entstehende spezifische KJL gingen die jeweiligen

Erziehungsvorstellungen der aufgeklärten Pädagogen ein. Wenngleich Überlegungen nach einer kindgemäßen Angemessenheit früh eine Rolle spielten – bereits LOCKE (LOCKE 1970, 159) verwies darauf – schlug sich das aufklärerische Gedankengut vor allem nieder in a) einer aufklärerisch-rationalistischen, der so genannten **vorphilanthropischen Phase** (Mitte des 18. Jh.s) und b) einer durch den Philanthropismus geprägten sogenannten philanthropischen KJL, die ihren Höhepunkt in den 80er-Jahren des 18. Jh.s hatte (EWERS 1990, 14 ff.). Bei allen Unterschieden eint die Strömungen ihr aufklärerisches Potential, was sie absetzt von jenem neuen Ansatz, der mit der Romantik ab der Jahrhundertwende modellbildend wirkt.

Unterschiede bestanden auch in der Rolle der Adaption. Während die rationalistische Strömung Kinder als Vernunftwesen begriff und darauf abzielte, Kinder früh mit dem notwendigen Wissen auszurüsten, ging es der philanthropischen Richtung darum, die Texte der kindlichen Denkungsart wie ihrem Empfinden anzupassen. Entsprechend maß man in der vorphilanthropischen KJL der Adaption eine eher untergeordnete Rolle zu, die Texte funktionierten insbesondere als Sozialisationsliteratur. Wenn denn Fragen der Adaption eine Rolle spielen, dann die, auf welche Weise die Lehren, Regeln, Erziehungsgrundsätze am besten zu vermitteln sind.

Da die Erzieher sich an Kinder als zwar noch unentwickelte Vernunftwesen wandten, hatte die Darbietung des Wissens sich gleichwohl nach bestimmten Gesetzen der Logik zu richten. Der Exempelmethode kam eine wichtige Funktion zu, weil sie die Möglichkeit gab, Wissen, moralische Lehren, Erziehungsregeln (literarisch) einzukleiden. Durch die Wertschätzung der *Exempelmethode* etwa in Fabel, Beispielgeschichte, moralischer Erzählung kam es tendenziell zu einer Überschreitung der rationalistischen Richtung, einer Öffnung hin zu neuen Textgruppen wie auch einer Ablösung von der bis dahin dominanten Traktatliteratur, die Wissen, Regeln, Gebote direkt belehrend darbot und vom Zögling verlangte, sie auswendig zu lernen. Gleichwohl blieb das Ziel bestehen: Sozialisation, Erziehung, Belehrung. Dies traf auch für die im engeren Sinne literarischen Texte zu. So finden sich in der ersten deutschen Kindergedichtsammlung der Aufklärung, CHRISTIAN FELIX WEISSES „Lieder für Kinder" (1767), sämtlichst Texte, die der moralischen Belehrung, der Vermittlung einer Lehre oder dem Vorführen von Tugenden dienen. Erstaunlich dabei sind die vielfältigen Formen, in denen diese lehrhafte Dichtung sich ausspricht: Tugendlob, lyrische Betrachtung, Exempelgedicht, Mahngedicht, lyrische Beispielgeschichte (vgl. EWERS 1992 b).

Ein Beispiel aus GOTTLIEB WILHELM BURMANNS Sammlung „Kleine Lieder für kleine Mädchen, und Jünglinge" (1777), in der sich das Gedicht „Arbeit" findet, zeigt die didaktische Intention:

> *Arbeit macht das Leben süß/ Macht es nie zur Last/ Der nur hat Bekümmerniss,/ Der die Arbeit hasst./ Kräfte gab uns die Natur/ Zu Beruf und Pflicht;/ Faule Müßiggänger nur/ Gähnen, Leben nicht...//*
> *Etwas handeln muss der Mensch/ Wenn er Mensch will seyn!/ O ich will, als junger Mensch/ Schon geschäftig seyn -*
> */Unbeträchtlich sey mein Thun,/ ich thu was ich kann:/ Nach der Arbeit ist gut ruhn,/ Arbeit macht zum Mann!//*
> *Nervt den Leib, giebt frohen Muth/ Und zufriednen Sinn: Schafft im Körper rasches Blut/ Wuchert mit Gewinn!/ O mir kleinem Knaben sey/ Früh schon Arbeit Lust;/ Müßiggang und Tandeley/ Schimpft die Knabenbrust!* (EWERS 1980, 220 f.)

Es handelt sich bei diesem Gedicht um ein offensichtlich in Versform gebrachtes Lob der Tugend „Arbeit". Mit der kinderliterarischen Erlebniswelt hat der Text wenig zu tun, eine stoffliche Adaption existiert nicht. Es geht eigentlich darum, dass das Kind – hier der Knabe – eine Lehre der Erwachsenen verinnerlicht. Er soll gewissermaßen das historisch verbindliche kulturelle Wissen übernehmen.

Zum kulturellen Wissen zählt das Alltagswissen ebenso wie die spezifischen Ergebnisse der verschiedenen Wissenschaftsdisziplinen. Und natürlich gehören die jeweils gültigen Werte und Normen einer Kultur, einschließlich der politischen Auffassungen und Regeln dazu.

Und eben diesen Prozess der Wissens- bzw. Wertübernahme führt der Text exemplarisch vor, wenn es im Ergebnis heißt: „O mir kleinem Knaben sey/ Früh schon Arbeit Lust;/ Müßigang und Tandeley/ Schimpft die Knabenbrust!". Insofern lässt sich berechtigt von **Sozialisationsliteratur** sprechen.

Ganz anders sieht dies aus in einer Sammlung, die nur vier Jahre später, 1781, unter dem Titel „Fritzchens Lieder" erschien und an Kinder ab zwölf Jahre adressiert war. Der Verfasser CHRISTIAN ADOLF OVERBECK stimmt in seiner Vorrede vor allem die Eltern darauf ein, dass es sich hier um Gedichte handle, die von den für die Zeit typischen gänzlich abweichen. OVERBECK begründet das folgendermaßen: „In diesen Liedern hab ich versuchen wollen, wie weit ichs etwa im Kinderton treffen könnte. Hier geb ich sie zur Beurteilung. Ist mirs ein bisschen gelungen, darf ich wohl sagen, dass dies die ersten Kinderlieder unter uns sind" (OVERBECK 1781, 3). Dabei setzt OVERBECK sich bewusst zu WEISSES erfolgreichen „Liedern für Kinder" ins Verhältnis und grenzt sich von ihnen ab. Bei WEISSE nämlich „hört man den herablassenden Lehrer, zwar meist im Ausdruck der Kinder, aber doch mit den Ideen eines Erwachsenen". Dem setzt OVERBECK sein für die damalige Zeit revolutionäres Programm entgegen: „Hier spricht, wenn ich's gut gemacht habe, wirklich ein Kind." (Ebd.) Dies ist von weit reichender Konsequenz. Während man die Sammlung von WEISSE „den Kindern ganz in die Hände geben" könne, muss OVERBECK sich das „von der Meinigen ... laut verbitten": „Mein Fritzchen – es wäre freilich besser, wenn er ein Engel hätte seyn können: aber er ist nun einmal ein Menschenkind. So lieb ihn auch vielleicht mancher Leser einst gewinnen mag, so muss ich dem Leser doch sagen, dass er zum Ideal für die Kleinen nicht taugt" (Ebd., 4). Damit ist der fundamentale Unterschied zum dominanten Verständnis von KJL beschrieben. OVERBECK lässt den kindlichen Protagonisten in „Fritzchens Liedern" unzensiert von jenen Dingen sprechen, die für Kinder wichtig und wertvoll sind: dem Herumtollen, dem Laufen, Springen, Klettern, dem Kinderspiel, dem Singen oder dem Frust über allzuviel Schularbeiten. Das Gedicht „An den May" bringt die Wünsche exemplarisch zum Ausdruck und erreichte Bekanntheit vor allem durch Mozarts Vertonung. Es setzte damit eine „Folklorisierung" des Textes ein, wobei der Autor in Vergessenheit geriet, lediglich die erste Strophe im Bewusstsein blieb und die nachfolgenden wegen ihres antiautoritären Gestus zensiert, d. h. gestrichen wurden.

An den May

Komm, lieber May, und mache/Die Bäume wieder grün,/Und lass mir an dem Bache/Die kleinen Veilchen blühn!/Wie möchte ich doch so gerne/Ein Blümchen wieder sehn!/Ach lieber May, wie gerne/Einmal spaziren gehen!//

> *In unsrer Kinderstube/Wird mir die Zeit so lang; Bald wird' ich armer Bube/Für Ungeduld noch krank./Ach, bey den kurzen Tagen/Muss ich mich oben drein/Mit den Vokabeln plagen,/Und immer fleißig sein.//*
> *Mein neues Steckpferdchen/Muss jetzt im Winkel stehn,/Denn draussen in dem Gärtchen/Kann man für Schnee nicht gehen./Im Zimmer ists zu enge/Und staubt auch gar zu viel,/Und die Mama ist strenge,/Sie schilt aufs Kinderspiel.//*
> *Am meisten aber dauret/Mich Lottchens Herzeleid;/Das arme Mädchen lauret/Auch auf die Blumenzeit./Umsonst hohl' ich ihr Spielchen/Zum Zeitvertreib heran;/Sie sitzt in ihrem Stühlchen,/Und sieht mich kläglich an.//*
> *Ach, wenns doch erst gelinder/Und grüner draussen wär!/Komm, lieber May, wir Kinder/Wir bitten gar zu sehr!/O komm, und bring vor allen/Uns viele Rosen mit;/Bring' auch viel Nachtigallen,/Und schöne Kukus mit!//*
> (EWERS 1980, 221 f.)

Betrachtet man die vorliegenden Prinzipien von Adaption (Assimilation), dann handelt es sich hier um eine stoffliche, thematische, formale, axiologische Adaption, was im Rahmen der damaligen literarischen Vereinbarungen eine kinderliterarische Innovation darstellte.

Form der Adaption	Kennzeichen
Stoffliche A.	Geschehen, Probleme, Situationen stammen aus dem Alltag eines Kindes.
Mediale A.	Da die Texte von Erwachsenen ausgewählt werden sollten, fällt eine mediale Adaption weitgehend aus (Schriftgröße, Verzicht auf durchgängige Bilder).
Formale A.	Ein Kind steht im Zentrum der Handlung (lyrisches Ich), Kinderrollengedicht, Reim.
Sprachlich-stilistische A.	Gebrauch von Adjektiven (klein, grün, lieber, arm); Diminutive (Blümchen, Steckenpferdchen, Spielchen); Abschleifungen (möcht', werd', hohl'); Kontamination (Zusammenrückung: „ists"); Interjektionen: Ach, O komm.
Thematische A.	Das aus dem Stoff herausgearbeitete Grundproblem betrifft die Wünsche, Sehnsüchte eines Kindes, die sich im Widerspruch zu den Anforderungen der Erwachsenen befinden (Lernen).
Axiologische/wertende. A.	Der Text zeigt zwei einander gegenüberstehende Norm- bzw. Wertsysteme: a) das Wertsystem der Erwachsenen (Mutter) und b) des Kindes (Fritzchen). Das kindliche (lyrische) Ich muss sich zwar der Autorität der Erwachsenen beugen, aber im Innern lehnt es die strengen Vorgaben ab. Das Besondere besteht darin, dass das kindliche Normsystem nicht korrigiert und die Auflehnung nicht zurückgenommen wird.

Schaubild: Adaption in Christian Adolf Overbecks „Fritzchens Lieder"

CHRISTAN ADOLF OVERBECKS Sammlung „Fritzchens Lieder" (1781) stellt auch mit den anderen dort gesammelten Texten eine Abweichung von den damals im KJL-System dominierenden Regularitäten dar, weil das Bemühen vorherrscht, ein kindliches Ich sich spontan, unzensiert und zwischen allen Stimmungslagen pendelnd äußern zu lassen. Damit gingen einzelne der Texte über die im damaligen Kultursystem der Spätaufklärung dominanten Regeln (Kindheitsbild, Wert, Normen) hinaus. Insofern ist OVER-

BECKS Textsammlung keine Variation im KJL-System, sondern verletzte die das System bestimmenden Regeln in einer Weise, dass sie Träger für einen kinderliterarischen Wandel hätte werden können. Dazu allerdings kam es nicht, OVERBECKS Lyriksammlung leitete nicht wie etwa GOETHES „Werther" in der Allgemeinliteratur einen Wandel ein, sie blieb singulär, unakzeptiert und vermochte in ihrer Zeit nicht modellbildend zu wirken, der Versuch, „nicht-pädagogische Kinderlieder" (ALBERTSEN 1969, BRÜGGEMANN 1990) zu schreiben, blieb letztlich unbeachtet. Der Zustand des Literatursystems wie des Teilsystems KJL ließ OVERBECKS Abweichung eine Ausnahme bleiben. Erst im historischen Rückblick wird einsehbar, dass die Leser es bereits hier mit einem „konsequent antiautoritären Kinderbuch" (Ewers 1993) zu tun bekamen, dem ersten in deutscher Sprache. In OVERBECKS Sammlung sind bereits jene antiautoritären Parameter ausgebildet, die dann unter anderen Rahmenbedingungen – und nach der Zwischenstation beispielsweise der Kindergedichte in PAULA und RICHARD DEHMELS „Fitzebutze" (1900) – erst in den 1970er-Jahren zum Durchbruch kamen und zu konstitutiven Merkmalen eines veränderten kinderliterarischen Systems wurden.

Wo erwachsene Autoren sich zum Fürsprecher, zum Anwalt, zum Sprachrohr von Kindern machen, verliert der Text seine Chance, sozialisatorisch im Sinne einer direkten Erziehung zu wirken. Mit a) Sozialisationsliteratur (= „Dichtung vom Erwachsenen") und b) kindgemäßer Literatur (= „Dichtung vom Kinde" aus) sind zwei entgegengesetzte Möglichkeiten bzw. Aufgabenstellungen modelliert, wobei in beiden Fällen Erwachsene als Autoren fungieren. Bei der zweiten Ausprägung allerdings sucht der Erwachsene sich gänzlich in das kindliche Gemüt einzufühlen, in seine Rolle zu schlüpfen und im besten Sinne mit ihm zu verschmelzen. Der Autor leiht dem Kinde gewissermaßen seine Stimme, indem er das Kind in sich selbst zum Sprechen bringt, sich seiner eigenen Kindheit erinnert oder sich in ein „fremdes Kind" hineinversetzt (s. S. 196 ff.). Dabei verzichtet der erwachsene Autor darauf, seine Werte und Normen, sein kulturelles Wissen dominant ins Spiel zu bringen. Der Wertungsstandort bzw. die Wertsetzungsinstanz wird in die kindliche Figur gelegt. Anders als im Falle der Sozialisationsliteratur, wo der Erwachsene die Autorität behält, wird sie nun vom Kind übernommen. Die Vorstellungen über das Wesen von KJL führen jeweils zu unterschiedlichen literarischen Realisationen:

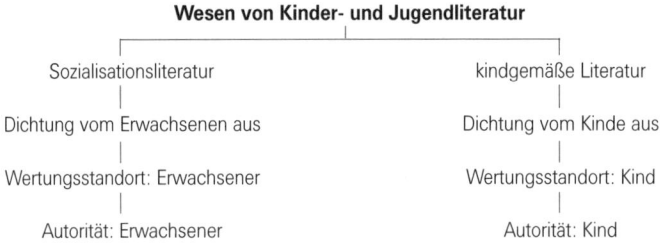

Wo Kinder als Wesen auftreten, die ihre eigenen Vorstellungen wie Ängste artikulieren, kann der Grad an formaler Adaption abnehmen. Der Verzicht auf den auktorialen Erzähler und der Übergang zur personalen wie der Ich-Erzählweise können das Lesen erschweren. Spätestens an dieser Stelle wird es notwendig, Kategorien einzuführen, die die Ebenen von Erzähltexten im Symbolsystem KJL kennzeichnen und es ermöglichen, zwischen „einfacheren" und „komplexeren" Texten zu unterscheiden. Es geht also um **Strukturelemente von narrativen Texten**, denn im Weiteren erfolgt eine Beschränkung auf die epische KJL. Ein Blick auf die Textebenen, auf das „Was" und „Wie" der literarischen Darstellung, ermöglicht die Unterscheidung zwischen einer eher traditionellen KJL wie auch Entwicklungen in der modernen bzw. postmodernen KJL. Auf diese Weise können Begriffe wie „traditionell", „modern", „postmodern" an Textstrukturen festgemacht werden. Dies erscheint notwendig, weil der alleinige Hinweis auf moderne Erzählweisen in der KJL nicht mehr ausreicht. In einer Zeit, da die Erzählverfahren der Moderne längst kein provokantes Potential mehr bieten, von Autoren souverän beherrscht und in postmoderner ironischer Brechung genutzt werden, ist die Art und Weise des Umgangs mit ihnen in der KJL zu verfolgen.

1.2 Erzähltheoretische Grundvoraussetzungen und Kategorien

Zur Struktur epischer bzw. narrativer Kinder- und Jugendliteratur

Was seit Mitte der 90er-Jahre für das Symbolsystem KJL unbestritten gilt, ist die Existenz einer modernen Kinder- und Jugendliteratur. Wer das akzeptiert, kommt nicht umhin, auf die – im Vergleich zur traditionellen KJL – veränderte Struktur der Texte, ihre gesteigerte „Literarizität" (vgl. SEIBERT 1993; GANSEL 1997b) einzugehen, egal wie man sie dann wertet. Dies ist nicht zuletzt deshalb notwendig, weil die moderne Struktur der Texte den literarischen Kommunikationsrahmen für den Umgang mit ihnen auch im Literaturunterricht beeinflusst. WILHELM STEFFENS u. a. haben diesbezüglich den Nachweis erbringen können, dass die KJL ab Beginn der 70er-Jahre einen qualitativen Sprung macht, indem sie jene literarischen Darstellungsweisen nutzt, die der moderne Roman seit dem 19. Jh. entwickelt hat (EWERS 1995b, 1997; GANSEL 1994a, 1995d, 1998b; HURRELMANN 1992, 1994; STEFFENS 1990, 1995, 1998). Eine Untersuchung der modernen KJL-Texte musste entsprechend auf ein Analyseinstrumentarium zurückgreifen, das die moderne Romantheorie seit den 50er-Jahren entwickelt hat. Von besonderer Bedeutung erwies sich bei STEFFENS (1995, 28) der Bezug auf FRANZ K. STANZELS „Theorie des Erzählens" (1979) sowie auf EBERHARD LÄMMERTS „Bauformen des Erzählens" (1955). In Darstellungen zur modernen KJL wurden die idealtypischen Erzählsituationen von STANZEL übernommen bzw. auf sie verwiesen. Das war nachvollziehbar, ging es doch zunächst einmal darum herauszustellen, dass der moderne Kinderroman sich jener literar-ästhetischen Mittel bediente, die bislang der avancierten Erwachsenenliteratur vorbehalten waren. Gleichwohl erscheint mit Blick auf die modernen Entwicklungen seit den 80er-Jahren eine Präzisierung der erzähltheoretischen Prämissen angeraten. Dies sei im Weiteren in aller gebotenen Kürze getan.

Innerhalb der KJL hat seit den 70er-Jahren die literarische Modernität zugenommen, und es ist zu einem Prozess der Angleichung von KJL und Allgemeinliteratur gekommen. Grundsätzlich gilt auch für die moderne epische KJL, dass Geschichten erzählt werden, in denen Figuren handeln, sprechen, denken. Dies alles geschieht in einem zeitlich-räumlichen Koordinatensystem. Die Figuren, Ereignisse, Handlungen werden fiktiv genannt, weil sie nicht mit der Lebenswirklichkeit identisch sind, sondern lediglich eine symbolische Verweisfunktion auf Realität besitzen. Insofern trifft zu, dass Kunst immer eine Wirklichkeit zweiten Grades darstellt. UMBERTO ECO hat die Voraussetzungen wie Probleme, die für das Erzählen gelten, so beschrieben:

> „Wer erzählen will, muss sich zunächst eine Welt errichten, eine möglichst reich ausstaffierte Welt bis hin zu den letzten Details... Das Problem ist, die Welt zu errichten, die Worte kommen dann fast von selbst... Man kann sich auch eine ganz irreale Welt errichten, in der die Esel fliegen und die Prinzessinnen durch einen Kuss geweckt werden, auch diese rein phantastische und ‚bloß mögliche' Welt muss nach Regeln existieren, die vorher festgelegt worden sind" (ECO 1986, 31 ff.).

Was ECO hier beschreibt, gilt für Literatur allgemein, auch für Kinder- und Jugendliteratur. Von Interesse beim Erzählen sind nunmehr das „Was" und das „Wie". Für den narrativen Text gilt die Ausgangsformel: „Jemand erzählt jemandem eine Geschichte." Abgesehen davon, dass es in der Realität sehr unterschiedliche Ausprägungen der prototypischen Sprachhandlung „Erzählen" gibt, lassen sich grundsätzlich auch in der KJL zwei narrative Ebenen unterscheiden: a) der Vorgang des Erzählens (= Diskurs, ‚discours' als Ebene des Erzählvollzugs, das Gestalten, das Darstellen) und b) das Ergebnis der Handlung, das Erzählte (die erzählte Geschichte, das geschaffene Geschehen, das Gestaltete, das Dargestellte, histoire, story/plot).

Innerhalb der Erzählforschung des 20. Jh.s existiert dieses Zwei-Ebenen-Modell in verschiedenen Varianten, wobei insbesondere von den französischen Strukturalisten wie von der russischen formalen Schule wichtige Anregungen ausgingen (vgl. SCHWARZE 1995). KARLHEINZ STIERLE (STIERLE 1975, 49 ff.) hat die Vorschläge zur Struktur narrativer Texte handlungstheoretisch fundiert und ergänzt. Sein Schema weist drei Ebenen auf: a) Geschehen, b) Geschichte, c) Text der Geschichte und lässt sich schematisch wie folgt erfassen:

Geschehen	Jede Geschichte hat ein Geschehen zur Voraussetzung, wobei das Geschehen selbst noch ungeformt ist, keinen Sinn besitzt, es kann unter unendlich vielen Gesichtspunkten erfasst werden. Erst durch die Organisation in einer Geschichte erhält das Geschehen eine Form, eine Struktur. Das Geschehen kann auch verstanden werden als der in der Wirklichkeit existierende Stoff, der von einem Autor entsprechend seiner Erfahrungen zu einer Geschichte verarbeitet wird.
Geschichte	Die Verbindung der verschiedenen Geschehensmomente im Rahmen einer Narration ergibt die Geschichte (histoire; story). Dabei muss ein Anfangs- und ein Endpunkt existieren, zwischen diesen beiden Polen entwickelt sich das Geschehen. Es entsteht also eine narrative Achse zwischen dem ersten und dem letzten Satz. Die Geschehensmomente sind unter dem Aspekt von Zeit und Raum geordnet, in eine Reihe gebracht, gedehnt, gerafft.
Text der Geschichte	Die Realisierung der Geschichte führt zum Text der Geschichte (Diskurs). Dabei ist jede Geschichte bezogen a) auf einen Erzähler, der die Möglichkeit hat, die zeitliche und räumliche Abfolge der Geschichte zu organisieren und b) der wirklichen sprachlichen Realisierung. Beim Text der Geschichte handelt es sich um jene Ebene, die dem Leser vorliegt. Der Diskurs bezeichnet damit die Ebene des Erzählvollzugs des im Erzählen geschaffenen Modells von Wirklichkeit. Der Terminus ‚Text der Geschichte' ist vergleichbar mit dem Begriff ‚Darstellungsebene'.

Schaubild: *Ebenen eines Erzähltextes*

Der Diskurs ist durch folgende den Text der Geschichte erzeugende Handlungen charakterisiert:
* die Selektion und Kombination der eine Geschichte konstituierenden Geschehensmomente;
* kleinere Erzähleinheiten werden zu Sequenzen, Episoden, Phasen zusammengefügt;
* es erfolgt eine Perspektivierung der narrativen Aussagen durch einen Erzähler;
* die Rezeption des Lesers wird durch die Auswahl der Elemente gesteuert (der Text als Rezeptionsvorgabe, als Fähigkeit des Textes die Rezeption zu steuern);
* die Geschichte wird entsprechend dem gewählten Erzählmedium verwirklicht (z. B. als Kinderroman, als Adoleszenzroman, Film, Comic usw.).

Auch im Bereich der KJL lassen sich narrative Texte modellhaft erfassen durch den Weg von der noch sinn-indifferenten vor- bzw. außernarrativen **Ebene des Geschehens** über die bereits sinnhafte Geschichte (**Ebene der Geschichte**) bis hin zur Realisierung (**Text der Geschichte, Ebene des Diskurses**). Ein Beispiel für die Veranschaulichung des Unterschieds zwischen den drei Ebenen, wie sie STIERLE vornimmt, kann die Geschichtsschreibung liefern, der es ja gerade darum geht, eine möglichst objektive Darstellung historischen Geschehens zu liefern. Nimmt man die Wende in der DDR (historisches Geschehen), dann zeigt sich, wie diese auf sehr verschiedene Weise dargestellt bzw. erzählt wird (Geschichten von der Wende). Dass es von einem Geschehen sehr verschiedene Geschichten geben kann, hängt nicht nur mit politischen Wertungen zusammen, sondern auch mit den unterschiedlichen Möglichkeiten, Ereignisse erzählerisch zu vermitteln. Diese Besonderheit muss in literarischen Texten potenziert erscheinen, weil die ästhetisch-literarische Konvention besagt, dass innerhalb eines literarischen Handlungssystems Texte nicht nach ihrem praktischen Nutzen bzw. ihrem Wahrheitswert produziert, rezipiert und bewertet werden. Entsprechend weisen auch die literarischen Erzählungen in der KJL über die Wende (s. S. 151 ff.), die das historisch verbürgte Geschehen zum Stoff haben, offensichtliche Differenzen auf. Der Unterschied zwischen den drei Ebenen lässt sich an einem praktischen Beispiel aus der Kinderliteratur zeigen, an PETER HÄRTLINGS erstem Kinderroman „Das war der Hirbel" (s. S. 61 f.). Im Mittelpunkt des Textes steht ein kranker und geistig behinderter Junge, der in einem Heim lebt. Die Person des Hirbel hat in der Wirklichkeit existiert. Peter Härtlings Frau, die in den 60er-Jahren als junge Psychologin in einem Heim in Stuttgart-Sillenbusch arbeitete, hatte mit ihm Kontakt. In der Familie wurde damals oft über den Hirbel und über die Geschehnisse im Heim gesprochen. Mit diesen Gesprächen war die Ebene des Geschehens gegeben. Wollte man einen vergleichbaren literaturwissenschaftlichen Begriff finden, dann bietet sich der Terminus „Stoff" an. Der Stoff existiert unabhängig und außerhalb von der Geschichte. Es kann sich um einen Bericht, ein Erlebnis, ein Ereignis, ein Geschehen aus dem Lebenszusammenhang des Autors handeln, das dieser aufgreift, um ihn unter eine bestimmte Wirkungsabsicht mit spezifischen künstlerischen Mitteln zu bearbeiten. PETER HÄRTLING also ließ das Schicksal des Hirbel, das Geschehen um ihn, der Stoff keine Ruhe, doch erst zwölf Jahre später machte er daraus eine Geschichte. Er wählte nun aus dem Geschehen um den Hirbel aus, gab dem noch ungeformten Geschehen einen Anfang und ein Ende, unterteilte in elf Kapitel, setzte einen Erzähler ein. So entstand eine **Geschichte**, die in Raum und Zeit spielt, die eine Handlung aufweist und in der Figuren agieren. PETER HÄRTLING fand einen Verlag und somit konnte der Text der Geschichte zu den Lesern gelangen. Im Akt der Rezeption waren die kindlichen Leser dann zunächst mit der Realisierung, dem Text der Geschichte in dem von PETER HÄRTLING gewählten Medium (Kinderroman) konfrontiert. Wie die vielen Briefe an den Autor zeigen (s. MOSLER 1992, 7 f.), setzten die Leser sich ausgehend vom Text ihre eigene Geschichte vom Hirbel mit dem entsprechenden Sinn zusammen.

Neben dem hier vereinfacht dargestellten Modell von STIERLE gibt es noch weitere Vorschläge zur Strukturierung eines Erzähltextes, die gleichwohl für die KJL gelten, etwa in der russischen formalen Schule (PROPP 1972, SKLOVSKIJ 1984), im französischen Strukturalismus (BREMOND 1972, BARTHES 1959, 1988, GENETTE 1990) oder im amerikanischen Strukturalismus (CHATMAN 1978). Die meisten der genannten Modelle beschränken sich dabei auf eine Differenzierung innerhalb des bereits existierenden literarischen Erzähltextes zwischen a) der fiktiven Geschichte, der story und b) der Art und Weise, wie sie durch den Erzähler, also im discourse präsentiert wird. CHATMAN geht von einem solchen Zwei-Ebenen-Modell aus und entwirft ein Schema, das sich in etwa so darstellen lässt:

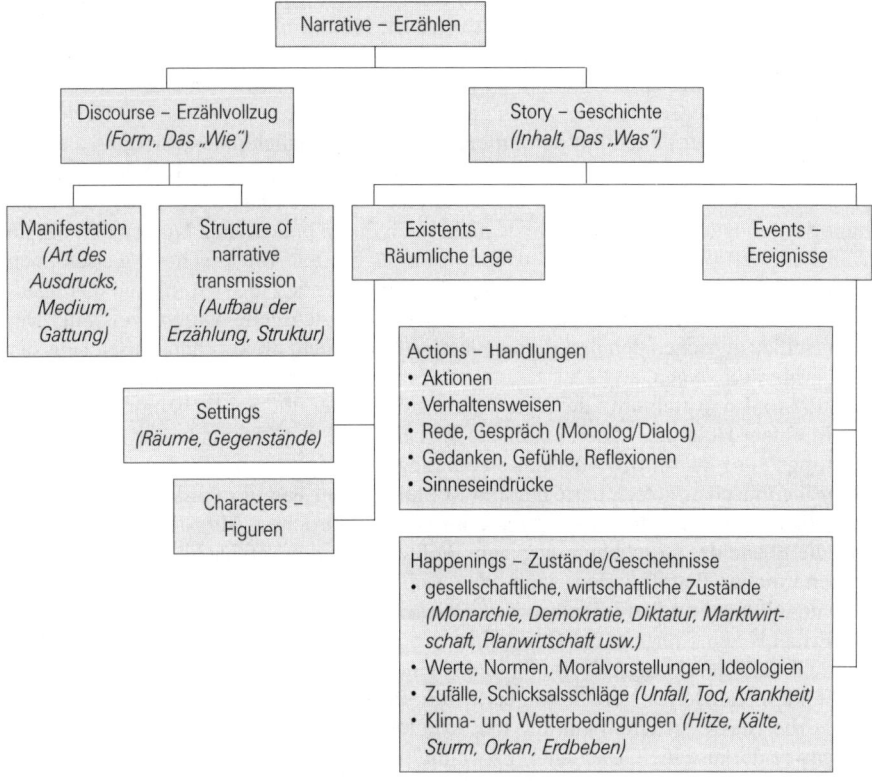

Nach CHATMAN wird die Geschichte (story) also differenziert in Ereignisse (events), wozu Handlungen und Geschehnisse gehören sowie die Verbindung der erzählten

Ereignisse auf einer zeitlichen Achse. Der Begriff discourse meint die Gestaltung der Geschichte durch den Erzähler. Die zwei Grundfragen, die sich aus der Unterscheidung zwischen Geschehen, Geschichte, Text der Geschichte (STIERLE) bzw. zwischen story und discourse ergeben, sind:
(1) Was für eine Geschichte wird erzählt und
(2) Wie wird die Geschichte erzählt, auf welche Art und Weise wird sie erzählerisch präsentiert? Mit anderen Worten, es ist zu fragen: **wer erzählt** und **aus wessen Perspektive** wird die Welt dargestellt.
Kommt man auf HÄRTLINGS Text der Geschichte, seinen Kinderroman „Das war der Hirbel" zurück, so ist aus den realen Personen und den Vorkommnissen (Geschehen) eine Abfolge von Ereignissen und Handlungen der literarischen Figuren auf einer zeitlichen und räumlichen Achse geworden. Insofern lässt sich sagen: Narrative Texte auch im KJL-System bestehen aus einer auf eine bestimmte Weise in Raum und Zeit untereinander verbundenen Folge von erzählerischen (narrativen) Aussagen. Das wichtigste Unterscheidungsmerkmal zu lyrischen und dramatischen Texten besteht in der Existenz eines die Geschichte vermittelnden **Erzählers** sowie im Falle von HÄRTLING eines vom Erzähler angesprochenen Lesers.

Erzähler – Erzählweisen – Erzählfunktionen

In erzählenden Texten wird die Geschichte nicht direkt präsentiert, sondern von einem Erzähler vermittelt. In fiktionalen Texten ist der Erzähler aber natürlich nicht der Urheber des Textes, stattdessen gehört er selbst zur Romanwelt, ist ein Teil der Fiktion. Insofern ist der Erzähler eine vom Autor geschaffene Instanz (= Erzählinstanz). Dies zu betonen ist notwendig, weil häufig Autor und Erzähler einer Geschichte gleichgesetzt werden. Unabhängig davon, wie groß die Nähe oder wie weit der Abstand eines Autors zu seinem Erzähler wie den Figuren auch ist, es gilt grundsätzlich beide voneinander abzusetzen. Zur Veranschaulichung dieses Unterschiedes eignet sich KJL, denn der Autor von Kinder- oder Jugendromanen wird nur in den seltensten Fällen ein Kind bzw. Jugendlicher sein. Wenn KIRSTEN BOIE die Geschichte eines Vorschulkindes erzählt, dann berichtet sie schwerlich von ihrer aktuellen Befindlichkeit. Gleiches trifft zu, wenn Autorinnen die Geschichte einer männlichen (jugendlichen) Figur erzählen und umgekehrt.

Bislang ist nur unterschieden worden zwischen realem Autor und dem von ihm eingesetzten Erzähler. WAYNE C. BOOTH hat neben diesen zwei Instanzen eines Erzähltextes eine weitere genannt, den „implizierten Autor". Damit liegt ein Drei-Instanzen-Modell vor, das sich zusammensetzt aus a) dem Autor, b) dem implizierten Autor, c) dem Erzähler und den verschiedenen Möglichkeiten zum Aufbau der Erzählerrolle.

BOOTH meint, dass Autoren sich beim Schreiben gewissermaßen selbst entdecken oder sogar schaffen. Insofern gibt ein narrativer Text immer auch Auskunft über einen bestimmten Autor-Typus (s. S. 193 f.). Dies gilt auch für Autoren der KJL, wobei in traditionellen Texten, die vor allem pädagogisch-didaktische Intentionen verfolgen und in Hinblick auf eine spezifische Zielgruppe erzählen, eine Selbstentdeckung, ein Selbstausdruck des Autors nur eingeschränkt möglich ist. BOOTH geht davon aus, dass jeder narrative Text ein Beziehungsgeflecht von Normen, Ansichten, Leitbildern, Wertungen darstellt, die nicht einfach nur nebeneinander stehen, sondern eine Art moralischen

Kosmos bilden. Auf den ersten Blick scheint dies dem Neutralitätsgebot des Autors zu widersprechen, der es sich nicht erlauben kann, seine Meinungen, Vorurteile, Ressentiments, unmittelbar und unverändert in den Text einfließen zu lassen. Es sei denn, es ist ihm – wie beispielsweise in Teilen der als Sozialisationsliteratur funktionierenden **vorphilanthropischen KJL** (s. S. 16 f.) – daran gelegen, dass die kindlichen Leser diese, seine Werte, Normen, didaktischen Erläuterungen direkt übernehmen. Doch Texte solcher Art meint BOOTH nicht, wenn er notiert: „Unser Eindruck von dem implizierten Autor schließt nicht nur die herauslösbaren Sinngehalte ein, sondern auch den moralischen und emotionalen Gehalt jeder kleinsten Handlung und Erfahrung jeder einzelnen Romanfigur" (BOOTH 1974, 80).

Der im Text formulierte moralische wie emotionale Gehalt – er kann direkt oder indirekt ausgedrückt werden – verweist auf den unausgesprochen alle Aussagen des Textes steuernden **Wertekatalog**. Dieser steht in Verbindung mit dem Autor, der ihm gegenüber nicht neutral ist. Der implizierte Autor stellt somit eine *Konstruktion* dar, die sich als „zweites Selbst" vom Autor abspaltet und ihm als ein nach eigenen Gesetzen organisiertes moralisches Ganzes gegenübertritt (vgl. BOOTH 1984, 77; LUDWIG 1995, 81).

Daher kann der „implizierte Autor" nur gemessen werden an seinen eigenen Gesetzen, an der eigenen inneren Folgerichtigkeit des moralischen Ganzen und nicht daran, was der Autor des Textes selbst dazu später äußert bzw. intendiert hat. Insofern lässt der **„implizierte Autor"** sich in Verbindung bringen mit Begriffen wie „Thema", „Moral" oder solchen wie „Sinn", „symbolische Bedeutung" oder auch „Botschaft".

> *Der „implizierte Autor" kann auch als eine Art Wertsetzungszentrum des Textes verstanden werden. Durch das Herausfinden des „implizierten Autors" erkennt der Leser, „wo er in der Welt der Werte steht", das heißt, er weiß, „wo ihn der Autor stehen sehen will" (Booth 1974, 80).*

Mit Blick auf die KJL und die beiden ins Spiel gebrachten Varianten, nämlich der Sozialisationsliteratur bzw. der kindgemäßen Literatur würde dies bedeuten: der Leser soll auf der Seite der Gesellschaft, der Erwachsenen und ihrer Werte stehen oder jener des Kindes.

Für das KJL-System ist die Ermittlung des „implizierten Autors" in verschiedener Hinsicht von Bedeutung: Mit dem Auffinden des „implizierten Autors" lässt sich erstens sagen, aus wessen Blickwinkel bzw. Perspektive die fiktive Welt des Textes entworfen wird. Und dies meint nicht die textinternen Faktoren, also den Erzähler, sondern die außerhalb der Dichtung sich manifestierenden Werte und Normen.

Für die KJL besteht die Besonderheit ja darin, dass ein Erwachsener als Autor agiert und von Problemen spricht, die offensichtlich nicht oder nicht mehr die seinen sind. Insofern fällt ins Gewicht, ob der „implizierte Autor" a) als **Wertsetzungszentrum** wirklich die Werte/Normen von Kindern ausdrückt oder aber ob er b) auftritt als Instanz, die versucht, über den Text die Werte, Normen der Gesellschaft, der realen Erwachsenen zu vermitteln. In Abhängigkeit davon lässt sich zweitens die Unterscheidung zwischen „Sozialisationsliteratur" und „Dichtung vom Kinde" präzisieren. Danach handelt es sich bei Texten, in denen der „implizierte Autor" die Werte/Normen der Gesellschaft, der Erwachsenen, der Erzieher ausdrückt, um „autoritäre" KJL (= Sozialisatonsliteratur).

Ein Text, der die Werte/Normen der realen Kinder repräsentiert, kann im Unterschied dazu als „antiautoritäre" (= kindgemäße Literatur, Dichtung vom Kinde aus) bezeichnet werden (vgl. EWERS 1992b). Modellhaft können die beiden Typen von KJL so voneinander abgesetzt werden:

autoritäre KJL	antiautoritäre KJL
In einem Text kommen zwar Positionen von Kindern zum Ausdruck, aber diese werden letztlich korrigiert.	In einem Text kommen die Positionen von Kindern zum Ausdruck, diese werden über das Textende hinaus nicht korrigiert.
Als „Wertsetzungszentrum" fungieren die Werte, Normen der Gesellschaft. Insofern erfolgt durch Einschränkung, Zensierung eine Einordnung der kindlichen Positionen in die Erwachsenenwelt.	Als „Wertsetzungszentrum" fungieren die Werte, Normen von Kindern. Insofern erfolgt eine Bestätigung der kindlichen Auffassungen auch wenn sie sich in Widerspruch zur Welt der Erwachsenen befinden.
Der „implizierte Autor" drückt die Werte der Gesellschaft aus.	Der kindliche Erlebnis- und Wertungsstandort ist identisch mit dem „implizierten Autor".

Es kann davon ausgegangen werden, dass **traditionelle KJL** in ihrem Kern eher „autoritär" ausgerichtet ist, während **(post)moderne KJL** – auch im Zusammenhang mit den veränderten Bedingungen von Kindheit – sich „antiautoritär" in dem Sinne darstellt, als die kindlichen Protagonisten ihre Positionen, Auffassungen, Werte präsentieren können und eine direkte oder indirekte Korrektur durch Erzähler, Figuren nicht erfolgt.

Die theoretisch notwendige Trennung zwischen Autor, impliziertem Autor und Erzähler darf nicht dazu verführen, den Text von Leben wie Person des Autors zu isolieren (vgl. PUHL 1980, WEBER 1998). „Wirkliche Leser brauchen den Autor", heißt es bei HARALD WEINRICH (WEINRICH 1979, 722), und ROBERT SCHNEIDER als Erfolgsautor von „Schlafes Bruder" (1992) gesteht: „Es gibt für mich persönlich nichts Schöneres als die Stimme des Autors zu hören, man kann sich dafür oder dagegen entscheiden, aber wunderbar ist, wenn der Autor sich nicht versteckt" (GANSEL/SCHNEIDER 1999). CHRISTA WOLF spricht von der „subjektiven Authentizität".

Der Erzähler als Vermittlungsinstanz hat eine Reihe von Funktionen zu erfüllen. Er führt in die Geschichte ein, er stellt die Figuren vor und charakterisiert sie, er macht Angaben zu Raum und Zeit, er schildert die Handlungen der Figuren. Dies alles kann auf unterschiedliche Weise geschehen: Der Erzähler kann über übermenschliche Fähigkeiten verfügen, indem er den gesamten Handlungsverlauf kennt, an mehreren Orten gleichzeitig ist, über das Innen und Außen der Figuren Kenntnisse besitzt. Genauso ist denkbar, dass der Erzähler selbst sehr wenig über die Geschichte weiß, sein Blickwinkel begrenzt ist, er nicht weiß wie es um das Bewusstsein und die Gefühlszustände der Figuren bestellt ist. Von daher lassen sich verschiedene Manifestationen des Erzählers im Text unterscheiden.

Nach den Vorschlägen von FRANZ K. STANZEL (STANZEL 1995, STANZEL 1987) wird – trotz mancher Kritik im Einzelnen – grundsätzlich an den drei Erzählsituationen festgehalten, wobei unter der Erzählsituation die Art und Weise gefasst ist, mit der in einem narrativen Text die Ereignisse, Handlungen, Bewusstseinprozesse, das Geschehen auf der Ebene der Figuren dargestellt werden. Dabei handelt es sich a) um den auktorialen Erzähler bzw. die auktoriale Erzählsituation; b) Ich-Erzähler bzw. Ich-Erzählsituation; c) personaler Erzähler bzw. personale Erzählsituation.

Geradezu als Musterbeispiel für die Art und Weise, wie der auktoriale Erzähler agiert, können die Romane für Kinder von ERICH KÄSTNER gelten. „Der 35. Mai oder Konrad reitet in die Südsee", ein phantastischer Text, beginnt so:

1 *Es war am 35. Mai. Und da ist es natürlich kein Wunder, dass sich Onkel Ringenhuth über nichts wunderte.*
2 *Wäre ihm, was ihm heute zustoßen sollte, auch nur eine Woche früher passiert, er hätte bestimmt gedacht, bei*
3 *ihm oder am Globus seien zwei bis drei Schrauben locker! Aber am 35. Mai muss der Mensch auf das Äußerste*
4 *gefasst sein.*
5 *Außerdem war Donnerstag. Onkel Ringelhuth hatte seinen Neffen Konrad von der Schule abgeholt, und jetzt*
6 *liefen beide die Glacistraße entlang. Konrad sah bekümmert aus. Der Onkel merkte nichts davon, sondern*
7 *freute sich auf das Mittagessen.*
8 *Ehe ich aber mit dem Erzählen fortfahre, muss ich eine familiengeschichtliche Erklärung abgeben. Also: Onkel*
9 *Ringelhuth war der Bruder von Konrads Vater. Und weil der Onkel noch nicht verheiratet war und ganz allein*
10 *wohnte, durfte er an jedem Donnerstag seinen Neffen von der Schule abholen. Da aßen sie dann gemeinsam*
11 *zu Mittag, unterhielten sich und tranken miteinander Kaffee, und erst gegen Abend wurde der Junge wieder*
12 *bei den Eltern abgeliefert. Denn Onkel Ringelhuth hatte doch keine Frau, die das Mittagessen hätte kochen*
13 *können! Und so was Ähnliches wie ein Dienstmädchen hatte er auch nicht. Deshalb aßen er und Konrad*
14 *donnerstags immer lauter verrücktes Zeug. Manchmal gekochten Schinken und Schlagsahne."*
(KÄSTNER 1998 VII, 549).

Wie der Textanfang zeigt, tritt der auktoriale Erzähler als ein konkret fassbarer Vermittler in Erscheinung und ist in hohem Maße als solcher erkennbar. Er präsentiert nicht lediglich eine Geschichte, er kommentiert sie, mischt sich ein, gibt (moralische) Werturteile ab, wendet sich an den Leser. Als vermittelnder Sprecher ist ein solcher Erzähler selbst schon mit einer eigenen Persönlichkeit ausgestattet.

In ERICH KÄSTNERS Text lässt sich der auktoriale Erzähler durch die im Schaubild S. 29 aufgeführten Merkmale kennzeichnen.
Eine Zusammenfassung von Merkmalen der auktorialen Erzählsituation erbringt Folgendes:

- *Der Erzähler hat Distanz zum Erzählten, er kann es überblicken und von seinem übergeordneten Standpunkt aus organisieren.*
- *Es dominieren Erzählerbericht und Kommentar als Darstellungsweisen.*
- *Der Erzähler bringt sich selbst ins Spiel, er wird als Sprecher mit bestimmten Werten/Normen erkennbar.*
- *Der Erzähler erfüllt eine Reihe von technischen Funktionen, indem er Ort, Zeit, Figuren beschreibt und die Ereignisse schildert.*

Textausschnitt	Funktion des Erzählers	Mögliche Rezeptionslenkung
Es war am 35. Mai (1). Außerdem war Donnerstag (5)	Angabe der Zeit	Konstruktion einer irrealen Zeit, Hinweis auf Phantastik
da ist es natürlich kein Wunder, dass sich Onkel Ringelhuth über nichts wunderte	Kommentar zur Person des Onkels angesichts der irrealen Zeit	Bestätigung der besonderen Bedingungen unter denen die Geschichte abläuft
was ihm heute zustoßen sollte	Erzähler weist auf ein kommendes außergewöhnliches Ereignis	Spannungserzeugung
Onkel Ringelhuth hatte seinen Neffen Konrad von der Schule abgeholt	Einführung der zwei Hauptfiguren, Hinweis zum Ort	Konstruktion eines Handlungsortes
Jetzt liefen beide die Glacistraße lang (6)	präzisierende Angabe zum Ort	Konstruktion eines Handlungsortes
Konrad sah bekümmert aus (6)	Erzähler gibt Hinweis zum Äußeren der Figur	Mittel der Sympathielenkung
Der Onkel merkte nichts davon, sondern freute sich auf das Mittagessen (6./)	Erzähler hat Einblick in das Bewusstsein der Figur und seinen Gefühlszustand. Er verfügt damit über übermenschliche Fähigkeiten.	Mittel der Sympathielenkung
Ehe ich aber mit dem Erzählen fortfahre (8)	Thematisierung des Erzählvorganges	Erzähler gibt sich als (fiktiver) Autor des Erzählten aus, Autorisierung des Erzählten
familiengeschichtliche Erklärung abgeben (8)	Präzisierung der Figuren	Erzeugung einer bestimmten Vorstellung von den Figuren
weil der Onkel noch nicht verheiratet war (9); ganz allein wohnte	Hinweis auf die Figur und ihre soziale Rolle	Weiterführung des Aufbaus der Vorstellung von der Figur
Da aßen sie dann gemeinsam zu Mittag, unterhielten sich (10/11)	Schilderung der Ereignisse	Aufbau einer Handlung und eines Handlungszusammenhangs
Onkel Ringelhuth hatte doch keine Frau, die das Mittagessen hätte kochen können! (12/13)	implizite Bewertung	soziale Werte und Normen des Erzählers werden einsehbar (Einstellung zur Rolle von Mann und Frau)

Schaubild: *Der auktoriale Erzähler bei Erich Kästner*

- Der Erzähler setzt sich mit dem Denken und Handeln der Figuren auseinander und bewertet es zustimmend, kritisch, ironisch, neutral.
- Der Erzähler reflektiert über die Ebene der erzählerischen Vermittlung, er thematisiert den Erzählvorgang und spricht den Leser direkt an. Kästners „Das doppelte Lottchen" beginnt so: „Kennt ihr eigentlich Seebühl? Das Gebirgsdorf Seebühl? Seebühl am Bühlsee? Nein? Nicht? Merkwürdig – keiner, den man fragt, kennt Seebühl!" (KÄSTNER 1998 VIII, 163)
- Der Erzähler weiß was gewesen ist und was kommen wird (Rückblenden, Vorausdeutungen), er hat Einblick in das Innere der Figuren (er kann Gedanken lesen) wie ihr Äußeres. Damit verfügt der Erzähler über übermenschliche Fähigkeiten.

Beim auktorialen Erzählen kann der Erzähler über die Außen- wie die Innensicht der Figuren verfügen, aber letztlich bleibt der Blick auf die Bewusstseinszustände von außen bestimmt und daher begrenzt. Deshalb ist die Rede vom „allwissenden" Erzähler relativ und irreführend. Dies ist bei einem **Ich-Erzähler** bzw. der **Ich-Erzählsituation** – sie kommt dem Erzählen im Alltag am nächsten – anders. Im Unterschied zum auktorialen Erzählen wird die Geschichte von einem Erzähler präsentiert, der als erlebendes Ich selbst an der fiktiven Handlung teilnimmt. Dabei kann es sich um eine Hauptfigur handeln oder aber auch um eine Nebenfigur, die über die Ereignisse mit einem gewissen Abstand als neutraler Beobachter oder möglicherweise Zeuge berichtet. In der spezifischen KJL ist der Ich-Erzähler erst in dem Maße opportun geworden, wie es darum ging, anstelle von Aufklärung, Belehrung, Didaktik, Kinder und Jugendliche ernst zu nehmen, ihrem Denken und Fühlen nahe zu kommen, Partei für sie zu ergreifen. Von daher ist die Einführung der Ich-Erzählsituation in der KJL ein Indiz für einen Wandel im Kindheitsbild und einen Anschluss an moderne Entwicklungen in der Literatur. Wie groß die Sympathie war, die Ich-Erzählern entgegengebracht wurde, zeigte sich am frühen Erfolg von Texten, die ursprünglich nicht an Kinder bzw. Jugendliche adressiert waren und die aber doch zur bevorzugten Jugendlektüre wurden: DANIEL DEFOES „Robinson Crusoe", ROBERT LOUIS STEVENSONS „Die Schatzinsel", JONATHAN SWIFTS „Gullivers Reisen", MARK TWAINS „Huckleberry Finn". Für diese Texte ist eines typisch: der Abstand zwischen dem „erzählenden Ich" und dem „erlebenden Ich". Der Beginn der „Schatzinsel" unterstreicht dieses Prinzip eindrucksvoll:

1 *Da Squire Trelawny, Dr. Liversy und die übrigen Herren mich gebeten haben, alle*
2 *Einzelheiten über die Schatzinsel vom Anfang bis zum Ende niederzuschreiben und nichts*
3 *zu verschweigen als ihre Lage, und auch das nur, weil sich dort noch ungehobene Schätze*
4 *befinden, ergreife ich im Jahre des Heils 17. die Feder und gehe zurück auf die Zeit, als*
5 *mein Vater den Gasthof „Admiral Benbow" bewirtschaftete und der gebräunte alte Seemann*
6 *mit dem Säbelhieb im Gesicht zum ersten Male sein Quartier unter unserem Dach*
7 *aufschlug. Ich erinnere mich seiner, als sei es erst gestern gewesen...* (STEVENSON)

Das „erzählende Ich" in STEVENSONS Text erinnert sich an vergangene Ereignisse, das Geschehen wird aus der Rückschau wiedergegeben. So verfügt das „erzählende Ich" über eine auktoriale Position gegenüber dem Dargestellten, es kann rückblickend kommentieren und bewerten. Beim „erlebenden Ich" handelt es sich um das „frühere Selbst" des Ich-Erzählers. Der Unterschied zwischen beiden besteht nicht nur im zeitlichen Abstand, sondern auch in der größeren Lebens- und Welterfahrung, über die das „erzählende Ich" inzwischen verfügt. Es nimmt nicht wunder, dass gerade Texte, in denen eine große Differenz zwischen „erzählendem" und „erlebendem Ich" besteht, sich bevorzugt für eine Art *Kindheitsdichtung* eignen (s. S. 192), die die Grenze zwischen Allgemeinliteratur und KJL überschreitet. Anders sieht es bei Texten aus, in denen das Erleben des jungen Helden mit dem Erzählen zusammenfällt, in denen die erzählende Reflexion über das Geschehen dicht an das erzählende Erleben heranrückt, ja mit ihm identisch ist. In diesem Falle wird man eher dazu geneigt sein, den Text als einen an junge Leser adressierten zu bewerten. In CHRISTINE NÖSTLINGERS Jugendroman „Nagle einen Pudding an die Wand!" wird zwar auch aus einem gewissen zeitlichen Abstand erzählt, aber „erzählendes" und „erlebendes Ich" befinden sich nahe beieinander:

1 *In der großen Pause, an einem Samstag, ein paar Wochen vor den Sommerferien,*
  kam er in
2 *unsere Klasse herein, blieb bei der Tür stehen und schaute sich kaugummikauend*
  um. Nie
3 *im Leben wäre ich auf den Gedanken gekommen, das könnte ein ‚Neuer' sein, dazu*
4 *auserkoren, die Belegschaft der Klasse wieder auf exakt zwei Dutzend aufzurunden.*
  Ein
5 *‚Neuer' tritt seinen Dienst doch an einem Montag, Punkt acht Uhr an und üblicher-*
  weise
6 *nicht drei Wochen vor Schulschluss! Aber wenn er schon gegen diese Regeln ver-*
  stößt,
7 *erscheint er am ersten Tag wenigstens in halbwegs edler Schale! Doch der, der bei der*
8 *Klassentür stand und sich kauend umschaute, steckte in vergammelten Klamotten.*
  Total
9 *ausgefranst waren die, vom Nike-Shirt-Halsloch bis zu den Adidas-Latschen.*
(NÖSTLINGER 1990, 7)

Textausschnitt	Hinweise auf die Erzählinstanz und die Funktion des Erzählers	Charakterisierung des Erzählers und rezeptionslenkende Signale
ein paar Wochen vor den Sommerferien (1)	Hinweise zur Zeit	Abstand zwischen „erzählendem" und „erlebendem Ich" signalisiert
kam er in unsere Klasse herein (2)	Hinweise zum Ort und zum Milieu, Bericht über die Situation	Leser kann erkennen, wo die Handlung zunächst abläuft
schaute sich kaugummikauend um (2)	Beobachtung der Figur und indirekte Wertung durch den Erzähler, Bericht über die Situation	Blick von außen auf die Figur
Nie im Leben wäre ich auf den Gedanken gekommen (2/3)	Aussagen zum Denkhorizont des Erzählers	Vergleich mit den eigenen Vorstellungen, Leser erhält indirekt Hinweise auf Wertewelt des Erzählers
Ein ‚Neuer' tritt seinen Dienst doch an einem Montag, Punkt acht Uhr an (5)	Hinweise zu den bisherigen subjektiven Erfahrungen des Erzählers	Erzähler weiß nichts über den ‚Neuen', er kennt nicht dessen Gedanken
wenn er schon gegen diese Regeln verstößt (6)	Vergleich mit bisherigen Erfahrungen des Erzählers	direkte Wertung des Handelns der Figur und Hinweise auf seine ‚Beschaffenheit'

Schaubild: Merkmale der Ich-Erzählinstanz

Der Ausschnitt ermöglicht Rückschlüsse auf Merkmale der Ich-Erzählinstanz. Auch im Unterschied zur auktorialen Erzählinstanz wird offenbar, welche Merkmale die Ich-Situation kennzeichnen: Grundsätzlich bleibt der Ich-Erzähler in seinen Kenntnissen und Erfahrungen begrenzt und ist nicht allwissend. Er verfügt nicht über übermenschliche Fähigkeiten, sondern bewegt sich – wie reale Menschen auch – in den Grenzen von Raum und Zeit. Entsprechend lässt sich verallgemeinern:

- *Die Bewusstseinsdarstellung bleibt auf das reduziert, was das Ich denkt und fühlt.*
- *Der Ich-Erzähler mag über eine Kenntnis der Vergangenheit verfügen, über Zukünftiges kann er keine sicheren Aussagen machen.*
- *Der Ich-Erzähler kann nicht an verschiedenen Plätzen gleichzeitig sein, es ist ihm nur möglich über das zu berichten, woran er selbst teilhat. Von anderen Ereignissen kann er nur dann Kenntnis haben, wenn ihm davon erzählt wurde.*

Bei allen Divergenzen verfügen auktoriale und Ich-Erzählinstanz über ein gemeinsames Merkmal: Für den Leser ist erkennbar, dass hier eine Geschichte erzählt wird, weil ein persönlich erscheinender Erzähler als Vermittler auftritt und sich mitunter direkt an den Adressaten wendet. Beide Erzählinstanzen unterstreichen ihre Verbundenheit zu realen Momenten des Erzählens, in denen ein Geschichten-Erzähler in einer direkten Beziehung zu jenen stand, die seiner Geschichte lauschten. Es hängt mit modernen Entwicklungen in der Literatur des 20. Jh.s zusammen, wenn in narrativen Texten die Spuren des Gemachtwerdens immer weniger erkennbar sind und es den Anschein hat, es gehe um eine ungebrochene Wiedergabe der subjektiven Wahrnehmungs- und Bewusstseinsvorgänge von Figuren. In der Allgemeinliteratur wird diese Art der Narration in Verbindung mit dem englischen Autor James Joyce gebracht, der als einer der Begründer des modernen Romans gilt (vgl. NÜNNING 1996, 176).

In dem Falle, da kein Erzähler der Geschichte als Vermittlungsinstanz auftritt, der sich explizit zu erkennen gibt oder eingreift, liegt die Vermutung nahe, dass es sich um eine **personale Erzählinstanz** bzw. einen **personalen Erzähler** handelt. Die Hinweise auf das Erzähltwerden sind kaum noch erkennbar, der Erzähler tritt nicht mehr als persönlicher Sprecher in Erscheinung, Leseranreden, Kommentare, Reflexionen über das Erzählen entfallen zumeist. Wiedergegeben wird das Geschehen von einer Instanz, die anonym und neutral bleibt, was es schwer macht, die Erzählinstanz als solche zu identifizieren. Eine weitere Ausprägung des personalen Erzählens kann darin bestehen, dass die dargestellte Welt nicht aus der überschauenden Perspektive eines auktorialen Erzählers erfasst wird, sondern aus der Sicht einer am Geschehen beteiligten Figur. Aber anders als beim Ich-Erzähler tritt diese Instanz nicht explizit als „Ich" in Erscheinung. Das personale Medium fungiert als Orientierungszentrum, dessen Wahrnehmungen und Bewusstseinsvorgänge dafür verantwortlich sind, was dargestellt wird. Beim personalen Erzähler rückt an die Stelle des Berichts über das Geschehen – dies ist kennzeichnend für auktoriale und Ich-Erzählsituation – a) die Darstellung von subjektiven Sinneseindrücken und Bewusstseinsprozessen und b) die Präsentation der Ereignisse und Handlungen aus der Sicht einer bestimmten Figur.

Betrachtet man das Verhältnis von Innen- und Außenperspektive, dann unterscheidet den personalen vom auktorialen Erzähler die Entschiedenheit, mit der der Erzähler sich an die Sichtweise einer Figur bindet. Der auktoriale Erzähler kann ein personales Medium unter vielen anderen Darstellungsmitteln benutzen, der personale Erzähler bindet sich ein und für allemal an sein Medium. Damit verändert sich das Verhältnis zwischen den beiden Grundformen der Perspektive, der **Außenperspektive** und der **Innenperspektive**. Bei der Außenperspektive werden die Auswahl der Erzählgegenstände wie das Erzähltempo von einem Bezugspunkt her bestimmt, der außerhalb der Romanfiguren und des erzählten Geschehens liegt. Insofern ist für einen auktorialen Erzähler die Außenperspektive maßgeblich. Beim personalen Erzählen dagegen kommt es zu einer Schwerpunktverlagerung auf die Innenperspektive, es wird ein Stellvertreter-Medium eingesetzt, ein Reflektor (vgl. STANZEL 1995, 16; LUDWIG 1995, 95). Insofern kommt es zur Steuerung des Erzählens nach psychologischen Kriterien. Dies wiederum führt zu der Frage, inwieweit das Dargestellte den psychologischen Wahrscheinlichkeiten und dem Bewusstseinshorizont der Reflektor-Figur angemessen ist. Es kann nur so viel erzählt werden, wie die jeweilige Figurenanlage hergibt. In dem Fall also, da es sich um eine kindliche oder jugendliche Reflektorfigur handelt, wird deren Horizont zumeist begrenzt sein. Eine solche kindliche Erzählerfigur wird oft auch in der Allgemeinliteratur gewählt, um einen naiven Blick auf die Welt zu werfen und sie dadurch vor dem Leser zu verfremden. In der KJL allerdings ist die Entscheidung für einen personalen kindlichen Erzähler Ausdruck des Bemühens, authentisch die Gefühlslage von Kindern zu erfassen, ihnen nahe zu sein, ihre Empfindungen zu tolerieren, zu akzeptieren. TORMOD HAUGENS „Nachtvögel" (1978/1981) stellt in der KJL ein eindrucksvolles Beispiel für personales Erzählen dar.

1 Im Treppenhaus leise gehen!
2 An dem abgeschabten, bräunlichen Fleck auf der vierten Stufe vorbeischleichen und sagen:
3 „Lorum, lirum, rei, ich bin frei!" Den Atem bis zum ersten Absatz anhalten, dort, wo die
4 Treppe einen Bogen macht. Da hat der Fleck keine Macht mehr.
5 Sich ducken vor der gefährlichen Tür mit dem gefährlichen Auge.
6 Einem Auge.
7 Einem großen, strahlenden, starrenden Auge, das niemals blinzelt. Das nur schaut und
8 schaut und schaut. Das alle ansieht, die vorbeigehen.
9 Hexenauge.
10 Eines Tages wird plötzlich die Tür aufgerissen werden, und dann wird er nicht
11 vorbeikommen. Dann wird eine Stimme rufen: „Lorum, lirum, rei, du bist mein!"
12 Dann wird die Hexe Frau Andersen nach ihm greifen, ihn hinein in den Flur ziehen und ihn
13 in einen Käfig sperren. In einen engen Käfig. In dem muss er bleiben, bis er ein alter Mann
14 geworden ist mit weißem Haar und weißem Bart, mit einem Stock und mit Ischias, wie
15 Opa.

Wie der Textanfang zeigt, gibt es keinen Erzähler, der als Vermittler in Erscheinung tritt. Es wird nicht deutlich, aus wessen Perspektive die Darstellung des Geschehens erfolgt. Erst ab Zeile 10 kann der Leser erkennen, dass es um eine männliche Person geht und damit wird klar, dass die Beschreibung gebunden ist an die Sicht einer konkreten Figur. Offensichtlich befindet die Figur sich in einem Bewusstseinszustand, in dem das Gefühl der Angst dominiert. Die Wirklichkeit erscheint wie im Märchen bevölkert von geheimen, undurchschaubaren Mächten. Die allgegenwärtige Angst steigert sich durch die Vorstellung, es werde der Tag kommen, da es der Hexe gelingt, ihn abzufangen. Die schrecklichen Folgen werden gedanklich antizipiert. Der Abschnitt gibt nicht Aufschluss über einen äußeren Handlungsablauf, *sondern im Vordergrund steht die psychologisch einfühlsame Darstellung der Sinneseindrücke*, der Gefühle, Ängste, Vermutungen der Hauptfigur. Der Akzent liegt auf der Präsentation der subjektiven Wahrnehmung der Figur, über deren Alter nichts gesagt wird. Damit unterscheidet sich die

Passage grundlegend vom auktorialen Erzählen und der Ich-Erzählsituation. Der Zusammenhang zwischen Erzählgegenstand und Art und Weise des Erzählens beim personalen Erzählen lässt sich am Beispiel der „Nachtvögel" schematisch erfassen:

Sinnab-schnitte	Erzählgegenstand und rezeptionslenkende Signale	Art und Weise der Darstellung
1 – 5	Appell an das Verhalten der eigenen Person und subjektiv gebrochene Beschreibung der bevorstehenden Gefahr	Bewusstseinsdarstellung: Wiedergabe der erwarteten Gefahr und der Weise, wie ihr zu begegnen ist
6 – 9	Beschreibung der Gefahr, Präzisierung des Auges als „Hexenauge"	Bewusstseinsdarstellung und subjektive Wertung
10 – 11	Gefühlzustand und Steigerung der Angst durch Antizipation einer möglichen Aktivität der gefährlichen Macht. Erkennbar wird, dass es um die Gedanken einer männlichen Figur geht.	Bewusstseinsdarstellung: Gedankliche Ausgestaltung eines in der Zukunft möglichen Vorkommnisses, vor dem die männliche Figur, aus deren Sicht erzählt wird, Angst hat.
12 – 13	Kennzeichnung der Person, von der die Gefahr ausgeht, die Hexe wird als Frau Anderson bestimmt. Das mögliche Ergebnis des Zusammenstoßes wird vorweggenommen (Gefangenschaft im Käfig)	Bewusstseinsdarstellung: Gedankliches Ausmalen der Folgen des Zusammenpralls mit der gefährlichen Macht.
13 – 14	Komprimierte Wiedergabe des vermuteten eigenen Schicksals; Zeitraum der Gefangenschaft wird bedacht und reflektiert, welche körperlichen Veränderungen die Dauer der Gefangenschaft mit sich bringt.	Bewusstseinsdarstellung: Wiedergabe einer antizipierten Zukunft
15	Der Bezug zur Vergleichsperson wird hergestellt: Opa. Damit ist ein erstes Indiz gegeben auf das Alter der reflektierenden Figur.	Bewusstseinsdarstellung

Schaubild: Personales Erzählen in T. Haugens „Die Nachtvögel"

Erzählerbericht, Beschreibung und Kommentar sind im vorliegenden Textausschnitt zurückgedrängt zu Gunsten einer Bewusstseinsdarstellung bzw. einer gedanklichen Vision. Es ist klar erkennbar, dass es sich in diesem Abschnitt nicht um ein ‚reales', ‚äußeres' Geschehen handelt, sondern einzig um Vorstellungen der Figur, ihre subjektiven Sinneseindrücke stehen im Zentrum. Diese personale Erzählsituation weist nur noch wenige Spuren des Erzähltwerdens auf, auch wenn das Personalpronomen der dritten Person („er") einen Hinweis auf die erzählte Figur gibt. Das Geschehen wird gleichwohl von einer anonym bzw. neutral bleibenden Stimme präsentiert. Der Leser erhält keinerlei Informationen über dieses Erzählermedium. Schließlich wird die fiktive Welt nicht aus der Sicht eines überschauenden Erzählers wahrgenommen, vielmehr geht es um die Perspektive einer am Geschehen beteiligten Figur. Ist, wie in diesem Fall, die Innenweltdarstellung auf eine Figur konzentriert, so handelt es sich um ein **monoperspektivisches Erzählen**, erfolgt eine Weitung auf die Innensicht mehrerer Figuren, kann von einem **multiperspektivischen Erzählen** gesprochen werden. Für das personale Erzählen kennzeichnend, steht im vorliegenden Ausschnitt *nicht der Bericht von Handlungen und Ereignissen im Mittelpunkt, sondern die Präsentation von Bewusstseinsprozessen.* Die Gedanken und Gefühle, Ängste und Hoffnungen der Reflektorfigur werden unkommentiert präsentiert, sodass ein direkter Einblick in die Innenwelt der reflektierenden, denkenden, fühlenden Figur gegeben scheint. Von „Reflektorfigur" wird mit STANZEL deshalb gesprochen, weil nur die Details der fiktiven Welt in den Blick kommen, die im Horizont der jeweiligen Figur liegen bzw. von ihr reflektiert werden (vgl. STANZEL 1995, LUDWIG 1995, NÜNNING 1996). Selbstverständlich lassen sich in einer dominant personalen Erzählsituation auch Abschnitte finden, die man nicht einer Reflektorfigur zuordnen kann. Grundsätzlich sind die Übergänge zwischen den drei Erzählsituationen fließend, es gibt verschiedene Abstufungen und Mischformen, mitunter wechselt die Erzählsituation in einem Text.

Die Kennzeichnung der typischen Erzählsituationen kann vertieft werden bei FRANZ K. STANZEL (STANZEL 1995, 70 ff.). Im Rahmen der (neueren) Erzählforschung sowie in Darstellungen zu Fragen von Analyse und Interpretation finden sich Präzisierungen und Ergänzungen (vgl. u.a. LUDWIG 1995, NÜNNING 1996, SCHUTTE 1990, TITZMANN 1993, VOGT 1990, WEBER 1998). Offensichtlich wird, dass unabhängig vom jeweiligen Ansatz nicht die „Was"-, sondern die „Wie"-Frage im Zentrum steht, *also wie die erzählerische Vermittlung erfolgt, wie der Erzähler agiert, wie es um die Erzählperspektive oder die Erzählsituation bestellt ist.* In dieser Hinsicht hat JÜRGEN H. PETERSEN in Absetzung zu STANZEL vorgeschlagen, zwischen Erzählform, Erzählverhalten, Standort des Erzählers, Erzählperspektive, Erzählhaltung zu unterscheiden (PETERSEN 1989, PETERSEN 1993). Bei der **Erzählform** geht es um die Frage, wer als Erzähler die Geschichte erzählt, wer berichtet. Dabei werden vereinfacht zwei Formen unterschieden. Um die Er-Form handelt es sich, wenn der Erzähler von anderen erzählt. Wird in der Ich-Form berichtet, spricht der Erzählende von sich selbst, das Ich ist also sowohl erzählendes Medium als auch handelnde Person. Diese Differenzierung in Er- bzw. Sie-Form und Ich-Erzählung entspricht dem, was im alltäglichen Erzählen vorkommt: Man erzählt von dem, was man selbst erlebt, gedacht, gefühlt hat („Ich") oder berichtet über Erlebnisse, die andere gehabt haben („Er"- bzw. „Sie"-Form).

Der Begriff **Erzählverhalten** wird von PETERSEN an Stelle des von STANZEL gebrauchten Terminus **Erzählsituation** gesetzt. Wie PETERSEN zutreffend feststellt, bezeichnen die von STANZEL gebrauchten Erzählsituationen streng genommen das *Verhalten des Erzählers,* wobei durch Absetzung der Ich-Erzählsituation von der auktorialen und personalen „Unvergleichbares kombiniert" werde (PETERSEN 1993, 68). Mit der Ich-Erzählsituation würde einer Erzählform (ein Ich erzählt = Ich-Erzählweise) zwei Arten epischen Verhaltens gegenübergestellt, nämlich überschauend (auktorial) und personal (aus der Sicht einer Figur). Da STANZEL die Kategorien auktoriale, personale und Ich-Erzählweise unterscheidet, findet sich bei ihm die Möglichkeit einer auktorialen Ich-Erzählweise nicht. Aber die ist nicht zuletzt in der KJL häufig anzutreffen, wenn nämlich das **erzählende Ich** kritisch über das **erlebende Ich**, also das handelnde Ich berichtet. Dies ist in KJL wie Allgemeinliteratur bevorzugt dann der Fall, wenn von der Schwelle des (reiferen) Alters aus der eigenen Kindheit und Jugend gedacht wird. PETERSEN plädiert daher für die Unterscheidung von auktorialem, personalem und neutralem *Erzählverhalten.* Dabei meint Erzählverhalten das *„Verhalten des Narrators zum Erzählten"* (PETERSEN 1993, 68) und dies nicht im Sinne einer Wertung, sondern im

Sinne einer Präsentation der Geschichte. Unter dem **Standort des Erzählers** bzw. Blickpunkt des Erzählers versteht PETERSEN in Absetzung zu STANZEL das „raum-zeitliche Verhältnis des Narrators zu den Personen und Vorgängen" (PETERSEN 1993, 53 ff.). Der Erzähler bzw. Narrator kann dabei aus großer Nähe die Figuren, Handlungen, Denk- und Verhaltensweisen beschreiben und dabei auch auf kleinste Details verweisen oder aber aus größerer Entfernung berichten. Es ist denkbar, dass er über Allwissenheit verfügt, denn möglicherweise kennt er die Figuren, ist über die Vor- und Nachgeschichte im Bilde, was Rückblenden und Vorausdeutungen ermöglicht. Konsequent betrachtet liegt Allwissenheit aber nur in dem Fall vor, da der Erzähler die äußere wie innere Welt der Figuren erfasst. In Ergänzung zum Erzählstandort wird unter dem Begriff **Erzählperspektive** das äußere wie innere Wissen um die Figuren verstanden. Dabei kann der Erzähler über eine Perspektive verfügen, der die Innensicht oder/und die Außensicht ermöglicht. Die **Erzählhaltung** steht in enger Verbindung zum Erzählverhalten, sie fragt nach der *wertenden Einstellung des Erzählers zum Geschehen*. Welche Haltung nimmt der Erzähler zum Geschehen, zu den Figuren, zu den Denk- und Verhaltensweisen ein? Ist seine Haltung neutral oder stattdessen bestätigend, affirmativ oder ablehnend, ist sie ironisch, vielleicht gar parodistisch? Die verschiedenen Formen, wie PETERSEN sie gebraucht, lassen sich zusammenfassen und können ergänzend oder alternativ zu jenen Vorschlägen von STANZEL gebraucht werden.

Erzähler	Kennzeichen
Erzählform	Wer präsentiert als Erzähler die Geschichte, wer berichtet: a) Er-Erzähler (Er-Erzählform); b) Ich-Erzähler (Ich-Erzählform)
Erzählverhalten	Verhalten des Erzählers (Narrators) zum Erzählten (story), Art der Präsentation der Geschichte: a) auktorial, b) neutral, c) personal
Standort des Erzählers	Das räumliche (Nähe oder Ferne) und zeitliche Verhältnis (zeitlicher Abstand) des Erzählers zum Geschehen, den Personen und Vorgängen: a) allwissend, olympisch, b) begrenzt
Erzählperspektive	Das Wissen um die Figuren, das sich auf äußerlich Wahrnehmbares beziehen kann oder aber auch die Innenwelt (Gedanken, Gefühle) erstreckt: a) Außensicht oder/und b) Innensicht
Erzählhaltung	Bewertung des Geschehens, der Figuren, ihrer Denk- und Verhaltensweisen durch den Erzähler: a) neutral; b) bejahend; c) kritisch; d) humorvoll, ironisch, zynisch, parodistisch

Schaubild: Erzähler

Betrachtet man das **Erzählverhalten**, dann zeigt sich, dass die jeweiligen Varianten sich grob mit bestimmten Darbietungsweisen verbinden lassen (s. Schaubild S. 37).
Um den Weg von einer Alltagserzählung hin zu einer literarisch gestalteten Geschichte („story") mit einer entsprechenden Erzählergestaltung bewusst zu machen (vgl. WALDMANN/BOTHE 1992), erweist sich handlungsorientiertes Arbeiten als besonders produktiv.

   1. *„Erzähl mir eine Geschichte!" (Partner- und/oder Gruppenarbeit)*
      Wählt aus eurer Gruppe zunächst jeweils einen Partner.
   2. *Lost aus, wer mit dem Erzählen beginnt.*

3. *Denjenigen, den das Los trifft, erzählt von einem Erlebnis (Begegnung, Ereignis), das er vor kurzem hatte und das ihn erfreut, wütend gemacht, enttäuscht oder fasziniert hat. Auf jeden Fall sollte dabei auch das persönliche Empfinden zum Ausdruck gebracht werden. Der Partner hört aufmerksam zu, darf den Erzählenden aber nicht unterbrechen. Das Erzählte kann auch auf Tonband aufgezeichnet werden.*
4. *Nachdem der Erzähler mit seinem Bericht am Ende ist, erhält der Zuhörer die Aufgabe, die erzählte Geschichte wiederzugeben. Dabei muss er in der Ich-Form erzählen und sich voll und ganz mit dem Erzählten identifizieren. Er muss daher in jedem Falle auch „seine" Gedanken und Gefühle ausdrücken.*
5. *Derjenige, der erzählt hat, schreibt nun seine eigene Geschichte auf, aber jetzt in der Er-Form. Es ist auch möglich, von „dem Jungen" oder „dem Mädchen" zu sprechen oder von einer real existierenden Person, die die eigene Geschichte erlebt hat.*
6. *Nun werden die Ich-Erzählung sowie die Er-Erzählung vorgelesen. Dabei wird über folgende Fragen nachgedacht:*
   - *Wie ist es, wenn jemand anderes deine eigene Erzählung als Ich-Erzählung erzählt?*
   - *Wie ist es, wenn du selbst deine erlebte Geschichte als Er-Erzählung erzählst?*
   - *Wie ist es, wenn du eine fremde Geschichte als selbst erlebte Geschichte erzählst?*
   - *Was ist in den verschiedenen Fällen aus dem Geschehen, aus dem Stoff, aus dem Erzählmaterial geworden. In welcher Weise hat es sich verändert bzw. wie wurde es verändert?*

Erzählverhalten (Erzähler)	Kennzeichen	Darbietungsweisen
Neutrales Erzählverhalten/ Erzähler	Wenn der Erzähler wie ein außen stehender Beobachter berichtet, also aus der Distanz erzählt, auf Wertungen verzichtet und sich möglichst objektiv verhält.	Dialoge, direkte Rede, Erzählerbericht, Beschreibung
Personales Erzählverhalten/ Erzähler	Der Erzähler tritt hinter die Figuren zurück und sieht die Welt mit ihren Augen, er wählt ihren Blickwinkel.	Erlebte Rede, innerer Monolog, Bewusstseinsstrom
Auktoriales Erzählverhalten/ Erzähler	Der Erzähler hat einen Überblick über das Geschehen, die Figuren und bewertet diese.	Bericht, Kommentar, Zwischenbemerkungen, Exkurse

Schaubild: Erzählerverhalten

Figuren – Handlung – Raum – Zeit

Die Figuren nehmen auch in narrativen Texten der KJL eine zentrale Stellung ein, denn letztlich sind sie es, zu deren Handeln sich die kindlichen Leser in eine wertende Beziehung setzen, mit denen sie sich identifizieren oder/und von ihnen distanzieren. Die Figuren als Träger der Handlung stellen Beziehungen zu anderen Figuren her, sie unterscheiden sich voneinander durch ihre äußeren und inneren Merkmale. Die Figuren geben mit dem was sie äußern, denken, tun ein Bild von sich, sie charakterisieren sich selbst oder werden von anderen Figuren des Textes eingeschätzt.

Betrachtet man die Figuren genauer, dann lassen sich zum Zwecke der Analyse zwei Ebenen voneinander abheben: **a) die Ebene der Figurenkonzeption bzw. des Figurenaufbaus** und b) **die Ebene der Figurencharakteristik**. *Unter Figurenkonzepti-*

on kann man die Konventionen fassen, die dem Aufbau der Figur zu Grunde liegen und die in der strukturellen Beziehung zwischen Figur und Handlung/Zustand zum Ausdruck kommen.

Die Figurenkonzeption stellt eine historische Kategorie dar, denn die Konventionen, nach denen eine Figur gebaut ist, stehen in Zusammenhang mit historisch-konkreten Menschenbildern wie den jeweiligen Kindheitsauffassungen. *Die Figurencharakteristik meint die formalen Techniken der Informationsvergabe, mit denen eine Figur präsentiert wird* (vgl. PFISTER 1997, 240 ff.). Figurenkonzeption und Figurencharakteristik stehen in Verbindung miteinander, denn eine bestimmte Konzeption der Figur kann auch eine entsprechende Auswahl aus dem Arsenal der Charakterisierungstechniken nach sich ziehen.

Figurenkonzeption	Kennzeichen
Statisch vs.	Statisch konzipierte Figuren verändern sich innerhalb eines Textes nicht, sie sind von Beginn festgelegt.
Offen	Offen konzipierte Figuren entwickeln sich im Fortgang des Textes, dies kann kontinuierlich oder diskontinuierlich erfolgen.
Eindimensional vs.	Eindimensionale Figuren sind durch eine kleine Anzahl von Merkmalen definiert, im einfachsten Fall kann die Darstellung der Figur auf ein einziges reduziert sein. Dies ist etwa im Märchen der Fall (gut – böse)
Mehrdimensional	Mehrdimensionale Figuren sind dagegen durch eine Reihe von Merkmalen gekennzeichnet, wobei es um Herkunft, Werdegang, psychologische Disposition, Verhalten, weltanschauliche Positionen gehen kann. Im Fortlauf der Handlung werden immer neue Seiten der Figur offenbar.
Personifikation	Bei einer Figur, die als Personifikation angelegt ist, sind die Informationen, die die Figur kennzeichnen, extrem gering und in ihrer Menge auf die Illustration eines abstrakten Begriffs ausgerichtet (Fastnachtsspiele, commedia dell 'arte). Verkörperung einer Eigenschaft, eines Begriffs.
Typ	Verkörperung einer Menge von Eigenschaften, die soziologisch und psychologisch bestimmt sein können. Dies kann sich synchron auf die jeweils aktuelle Sozialtypologie beziehen wie in der KJL der Aufklärung etwa auf Bürger, Bauer, Adliger oder diachron auf eine bestimmte Tradition von Typen wie den autoritären Vater, die angepasste Tochter, den undankbaren Sohn. Grundsätzlich abstrahiert ein Figurentyp vom Individuellen und repräsentiert ein Allgemeines. Das führt zur Reduzierung auf typische Merkmale.
Individuum	Es geht beim Individuum um das Einmalige und Unwiederholbare einer Figur. Damit muss die Figur mehrdimensional angelegt sein und durch eine Vielzahl von Details gekennzeichnet werden: Sprache, Herkunft, Aussehen, Charakter. Über eine mögliche soziale, psychologische, weltanschauliche Typik hinaus verfügt die Figur über ein eigenes Profil.
Transpsychologisch vs.	Figuren, die den Rahmen des psychologisch Plausiblen überschreiten und einzig als Sprachrohr bestimmter Vorstellungen und der Verkörperung abstrakter Werte dienen.
Psychologisch	Figuren, die psychologisch in einem plausiblen Rahmen verbleiben.

Bei der Figurenkonzeption ist nach MANFRED PFISTER eine Unterscheidung in sogenannte „oppositive Modelle" möglich. Die jeweiligen Paare lassen sich wie im Schaubild S. 38 erfassen. Während in dramatischen Texten die Figuren sich selbst in Szene setzen, sprechen und handeln, übernimmt diese Funktion in epischen Texten insbesondere der Erzähler. Von daher ist eine Übernahme des Modells der Figurencharakteristik von MANFRED PFISTER nur begrenzt möglich. Grundsätzlich aber lässt sich auch für die epische KJL ein Repertoire an Charakterisierungstechniken zusammenstellen. Danach ist *bei der Charakterisierung der Figuren durch den Erzähler in eine figurale und auktoriale Technik zu differenzieren.* Die figurale Charakteristik meint die Kennzeichnung bzw. Beschreibung der Figur durch eine andere Figur, also aus der Figurenperspektive; die auktoriale Charakteristik bedeutet eine Bestimmung der Figur über den Erzähler, also aus der Erzählerperspektive. Bei beiden Techniken lässt sich jeweils eine Unterteilung in eine explizite (direkte) und eine implizite (indirekte) Charakteristik vornehmen. Eine explizite Charakteristik meint Eigen- oder/und Fremd-Kommentare der Figur bzw. über sie (Monolog, Dialog), Hinweise auf eine indirekte Charakteristik sind sprechende Namen oder spezifische Denk- und Verhaltensweisen. Die Frage danach, inwieweit in einem Text bei der Figurengestaltung die Darstellung der Innen- oder/und Außenwelt dominiert, kann zum Ausgangspunkt für eine Unterscheidung in **Ich-** und **Du-Themen** dienen. Für TZVETAN TODOROV bedeuten die „Ich-Themen" eine Infragestellung der Grenzen zwischen Geist und Materie. Damit ist ein „Themenfeld" angerissen, zu dem Vervielfältigungen des Ich, Durchbrechen der Grenzen zwischen Subjekt und Objekt und zwischen Objekt und Beobachter gehören (s. S. 97 ff.). Bei den „Ich-Themen" geht es – so könnte man weiter sagen – um das Verhältnis des Menschen zu seinem Unbewussten, ja zu seinen „Nachtseiten", eine beobachtende, reflektierende, eher passive Einstellung ist kennzeichnend. Vereinfacht gesagt, die „Ich-Themen" betreffen Fragen der Innenwelt, der Reflexion, der psychischen Konflikte. Aus diesem Grund bezeichnet TODOROV sie auch als **Blick-Themen**. Die **„Du-Themen"** handeln von der Beziehung zwischen Mensch und Umwelt. Mit anderen Worten: Es geht um das Agieren in einer sozialen Gemeinschaft, wobei dies als ein aktives Einwirken zu verstehen ist, der Einzelne bleibt nicht isolierter Beobachter, sondern tritt in eine dynamische Beziehung zu anderen. Insofern handelt es sich hier um **Diskurs-Themen** (TODOROV 1992, 97 ff.).

Eine Figurenanalyse ist für die Interpretation von Texten von besonderer Bedeutung, denn es sind die literarischen Gestalten, die als Träger bzw. Evokationspotential von Bedeutsamkeiten im Leser Empathie zu erzeugen vermögen.

In Hinblick auf die Figurenanlage lässt sich eine Checkliste aufstellen, die ein erstes Bild von der Figur gibt:

1. *Was wird von der Figur ausgesagt?*
1.1. *Besonderheiten*
  • *Vorgeschichte*
  • *Wann, wo, in welchem sozialen Milieu agiert die Figur?*
  • *Wodurch ist die äußere Erscheinung der Figur charakterisiert?*
  • *Welche soziale Stellung nimmt die Figur im Figurenensemble ein?*
1.2. *Verhalten der Figur*
1.2.1. *Äußeres Verhalten*

- *Welche Verhaltensweisen sind für die Figur in Bezug auf andere Figuren ihrer sozialen Welt kennzeichnend (Spielgefährten, Eltern, Großeltern, Geschwister, Freunde, Rivalen, Feinde)?*
- *Welchen Anteil nimmt die Figur an ihrer sozialen Umwelt, bleibt sie Objekt oder wird sie als Subjekt selbstständig tätig, greift ein, verteidigt oder wehrt sich?*
- *Wie verhält die Figur sich zur Arbeit, Schule, Freizeit, welches Verhältnis besteht zwischen Wort und Tat?*
- *Wie verhält die Figur sich zu materiellen und kulturellen Gegebenheiten (Lebensstil, Hobbys, Musik, Lesen)?*
- *In welchem Verhältnis steht die Figur zur natürlichen Umwelt (Natur, Tiere)?*

1.2.2. Inneres Verhalten
- *Wie verhält die Figur sich zu sich selbst und wie sieht sie sich?*
- *In welchem Verhältnis stehen Denken, Fühlen, Handeln bei der Figur?*

1.3. Grundlagen für das Verhalten der Figur
- *Auf der Grundlage welches Weltgefühls, welcher Anschauungen von der Welt agiert die Figur?*
- *Von welchen Wertvorstellungen, Normen, Wünschen, Glücksansprüchen, Lebensstilen lässt die Figur sich in ihrem Handeln leiten?*
- *Was sind Handlungsmotive der Figur, handelt sie spontan oder durchdacht?*
- *Welche persönlichen Ziele will die Figur erreichen und was erreicht sie real?*
- *In welchem Verhältnis befinden sich persönliche Motive, Ziele, Bedürfnisse zu den individuellen wie gesellschaftlichen Möglichkeiten, sind sie identisch oder gegensätzlich?*

1.4. Stellung der Figur im Figurenensemble
- *Wie reagieren die anderen Figuren auf die Figur, wird sie akzeptiert oder abgelehnt?*
- *Ist die Figur determinierendes Subjekt oder determiniertes Objekt?*

1.5. Welche Veränderung bzw. Entwicklung(s) (-tendenz) ergibt sich bei der Figur?
- *Gibt es Situationen, die Veränderungen bisheriger Verhaltensweisen (innerlich/äußerlich) auslösen?*
- *Worin sind Ursachen für Veränderungen zu sehen?*
- *In welcher Richtung erfolgt die Veränderung?*

Dieser Fragenkatalog, der nur einer ersten Orientierung dient, kann in Abhängigkeit von den Figuren eines Textes reduziert oder ergänzt werden. Ob die Isolierung einer einzelnen Figur notwendig ist, hängt von ihrer Bedeutsamkeit im Text ab.

Ausgehend von dem bereits eingeführten Modell von CHATMAN (s. S. 24) lässt sich die Ebene der Geschichte weiter unterteilen in a) die Ereignisse (events), womit auf die Dimension der Zeit verwiesen wird, und b) existents, womit die räumliche Dimension gemeint ist. Zu den Ereignissen gehören die Handlungen von Figuren (äußere Handlungen: Aktionen; innere Handlungen: Gedanken, Gefühle) und die Geschehnisse (politische, gesellschaftliche, wirtschaftliche, familiäre, jugendkulturelle), die sich an Figuren vollziehen oder sie betreffen. Zu den existents gehören die Figuren, Räume und Gegenstände. Die Besonderheiten von Figurenkonzeption und -charakteristik wurden bereits erläutert. Der **Raum der Geschichte** (Schauplatz, setting) lässt sich verstehen als ein „Ausschnitt von Welt". Dabei kann es sich um eine dem Leser mehr oder weniger vertraute Welt handeln („reale Fiktion") oder um eine phantastische Wirklichkeit, die gleichwohl mit dem Erfahrenen Gemeinsamkeiten aufweist („phantastische Fiktion"). Insofern gehört der gestaltete Raum in Erzähltexten zu einem Bestandteil des **Modells von Wirklichkeit**. Räume und Gegenstände in narrativen Texten sind nicht darauf beschränkt, den Figuren einen entsprechenden Handlungsort zu geben. Die jeweilige Raumkonstruktion kann darüber hinaus für den Text weitergehende Funktionen erfüllen und macht Unterschiede zwischen den einzelnen Erzähltexten aus. So dient das Entwerfen eines bestimmten Raumes der Entfaltung einer besonderen Stimmung oder einer Atmosphäre und vermag im Leser Erwartungen zu erwecken. Ein Raum kann durch entsprechende Elemente atmosphärisch bestimmt werden, er kann Vertrautheit, Fremdheit, Angst, Grausen erzeugen (etwa bei STEPHEN KING), aber auch Erbauung und Enthüllung. Schließlich kann die durch eine Raumgestaltung erzeugte Atmosphäre des Ortes **symbolische Bedeutung** erlangen, er wird damit zum Bedeutungsraum, dies allerdings nur in dem Fall, da der dargestellte Raum von übergreifendem symbolischem Belang für die Erzählung insgesamt ist. Im Schauer- oder Horrorroman oder der „Schwarzen Romantik" haben verfallene Schlösser oder tiefe Wälder die Funktion, Schrecken und Bedrohung auszustrahlen. Das trifft beispielsweise auch für das „Nichts" in MICHAEL ENDES „Die unendliche Geschichte" zu oder die Räume in den Anti-Utopien innerhalb der KJL. Gleichwohl gibt es auch in der KJL bestimmte Arten von Räumen:

- *ein geografisch-physikalischer Schauplatz (Landschaft, Stadt, Großstadt, Schloss, Zimmer) zu einer bestimmten Tageszeit (Morgen, Nacht), Wetter (Sonne, Sturm, Regen, Gewitter, Kälte),*
- *ein bestimmtes Milieu im Sinne eines sozialen Ortes (Familie, soziale Beziehungen, Peer-Group, allein erziehende Elternteile, Patchworkfamilie). Da sich in diesem Raum die Figuren bewegen und handeln, kommt dem sozialen Raum eine entscheidende Bedeutung gerade in problemorientierten KJL-Texten zu,*
- *eine bestimmte Gesellschaft oder Epoche, eine Kultur mit entsprechenden Werten, Normen (Mittelalter, Renaissance, 20. Jh., Bundesrepublik, DDR),*
- *ein fremder unbekannter Ort, der erkundet werden muss (utopischer Ort, fremde Welt).*

Um ein Beispiel zu geben: In HANS MAGNUS ENZENSBERGERS „Wo warst du, Robert?" (1998) wird sieben Mal ein Raum- und damit Zeitwechsel in Szene gesetzt, um den Protagonisten aus seiner Gegenwart am Ende des 20. Jh.s bis in Zeiten des 30-jährigen Krieges zu führen. Dass die entsprechenden Räume die Handlungen, das Denken, das Fühlen seines jugendlichen Protagonisten beeinflussen, liegt auf der Hand. Damit ein Vergleich von Texten in Hinblick auf die Raumkonstruktion wie die damit in Verbindung stehenden Funktionen auch in der KJL möglich wird, seien in Anlehnung an SCHWARZE (SCHWARZE 1995, 145) mögliche Varianten im Schaubild S. 42 aufgeführt.

Auch im Hinblick auf die Handlungsstruktur sowie der Reihenfolge des Erzählens gibt es Varianten, die von einfach zu komplex reichen. Bei der „Handlung" gehen die Möglichkeiten von einer einsträngigen zu mehrsträngigen Handlungen.

Bei der **Reihenfolge des Erzählens**, also der Reihung der verschiedenen Ereignisse, Handlungen in einer Geschichte gibt es in der Allgemeinliteratur vielfältige Möglichkeiten, die inzwischen von der modernen KJL übernommen werden. Als begrenzende Kriterien funktionieren „Anfang" und „Ende" (s. S. 74; 64). Zwischen diesen beiden Polen kann die Abfolge der Ereignisse unterschiedlich strukturiert sein, das heißt, die Geschichte kann auf verschiedenen Wegen vom Anfang zum Ende führen.

Raum als Handlungsraum	Orientierung der Figuren in Raum und Zeit; direkt auf die handelnden Figuren bezogen, es wird ein Bedingungsrahmen für ihr Handeln gesetzt.
atmosphärisch gestimmter Raum	Der Raum und die in ihnen existierenden Gegenstände erzeugen eine Stimmung und geben dem Raum Atmosphäre, womit beide zu Ausdrucksträgern werden.
Anschauungsraum	Zumeist ein statisch konzipierter Raum, in dem Figuren und Ereignisse verortet werden, um eine Überschau oder eine Fernsicht zu ermöglichen.
perspektivierter Raum	Der Raum bzw. die Räume werden im Bewusstsein der Figuren als sicher, bekannt, verständlich, unverständlich angesehen: als Lebensraum des alltäglichen Daseins; als Ort des Hasses und der Peinigung (der Raum „Schule" in Adoleszenzromanen am Beginn des 20. Jh.s); als ersehnte Idylle (Traum, Utopie), als Ort des Schreckens (Anti-Utopie), als phantastischer Raum usw.
symbolischer Raum	Der Raum erhält eine übertragene Bedeutung, ihm wird ein symbolischer, allegorischer, archetypischer Wert zugeschrieben: Ort der Erfüllung, der Verzweiflung, der Auswegslosigkeit (Labyrinth).
konstrastierender Raum	Räumliche Konstrastierungen von mehreren Räumen, Schauplätzen, Gegenständen als ironische Kontraste, als Kontrast von Stadt/Land, Kleinstadt/Großstadt, Heimat/Fremde.

Auch hier gibt es einen einfachen Weg, der die Erzählung geradlinig vom Textbeginn bis zum Textende entfaltet. Denkbar sind aber auch Unterbrechungen, Abweichungen.

Mit den Hinweisen zu Erzähler, Figuren, Räumen, Handlungen sind wesentliche Konstituenten von narrativen Texten zusammengefasst. Vor diesem Hintergrund wird es möglich, das „Was" und „Wie" des Erzählens in der KJL präziser zu erfassen, historische Veränderungen auszumachen oder den Vergleich mit der Allgemeinliteratur anzustellen.

KJL und literarischer Wandel

In der KJL ist ein Wandel verbunden mit Veränderungen des Kindheitsbildes bzw. der Auffassungen über Rolle und Status von Kindern/Jugendlichen, ihrer Rechte, Pflichten, Moralanforderungen. Hinzu kommen die diskursspezifischen Vorstellungen von Ehe, Liebe, Sexualität, Familie, Generationenverhältnis, politische Auffassungen usw. Betrachtet man nun das Symbolsystem, also die Texte, so liegt ein Wandel in der Kinder- und Jugendliteratur demnach nicht vor, wenn sich die **Oberflächenstruktur** der Texte ändert, also das, *was sich dem Leser unmittelbar darbietet* und herkömmlich gefasst wird als Geschichte (story), das „Was", also die **Darstellungsebene** (Figuren, Handlungen, Episoden) sowie die jeweiligen Motive und Bilder, sondern nur dann, wenn die Veränderungen auf die **Tiefenstruktur** durchschlagen. Zur Tiefenstruktur *gehören* – vereinfacht gesagt – *a) die Erzählerrolle; b) der Figurenaufbau und die Figurenbeziehungen; c) die in einem Text entworfene Wirklichkeit; d) der „implizierte Autor"*, also die dem Text eingeschriebenen moralischen, politischen Werte und Normen. Da ein Wandel überhaupt nur über einen Vergleich von Systemzuständen bzw. Textstrukturen ausgemacht werden kann, und nur denkbar ist vor dem Hintergrund der Aufdeckung von kulturhistorischen Konstanten, ist das *Vergleichsmaß* von entscheidender Bedeutung. Für die KJL, die seit ihrem Entstehen maßgeblich auf das Vermitteln von moralischen, ethischen, politischen Werten orientiert war, können im diachronen wie synchronen Schnitt die folgenden Parameter konstitutiv für Wandlungen sein:

- *kulturhistorisch determinierte Veränderungen im Verhältnis der Figuren zueinander (Mutter-Kind, Vater-Kind, Bruder-Schwester, Kind-Eltern, Kinder-Erwachsene, Kind-Kind, Frauen-Männer usw.),*
- *Veränderungen des in den Text eingegangenen „Kerns" ethischer und ästhetischer Werte/Normen („impliziter Autor") bzw. der dominanten Wertsetzungsfigur (Erwachsener oder Kind),*
- *Veränderungen im Verhältnis von Innen- und Außenwelt,*
- *Veränderungen im Verhältnis von Kinder- und Erwachsenenwelt,*
- *Veränderungen in der Wahl des Erzählers (auktoriale, personale, Ich-Erzählinstanz).*

Im Mittelpunkt von Textanalysen, die den *literarischen Wandel* von traditionell zu (post)modern ins Blickfeld rücken, steht also die Beschreibung der Tiefenstrukturen. Dabei ist von folgenden Voraussetzungen auszugehen: Jeder Text gestaltet Wirklichkeit und aus jedem Text lässt sich eine bestimmte Gestaltung eines Ichs oder eines Subjekts erschließen. Was ist damit gemeint? Die verschiedenen (literarischen) Epochen unterscheiden sich in der Art der Wirklichkeitsdarstellung bzw. -gestaltung, womit diese als ein zentrales Element der Tiefenstruktur (1) gelten kann. Eine Grundlage hat die Wirklichkeitsgestaltung im Aufbau eines bestimmten Ichs im literarischen Text. Dessen Gestaltung lässt sich daher ebenfalls als Element der Tiefenstruktur auffassen. Sie manifestiert sich in der Struktur der Figuren, womit die Figurengestaltung bzw. der Figurenaufbau (2) gemeint ist. Im historischen Prozess kommt es dabei zu Veränderungen bzw. Wandlungen. Es handelt sich um einen Strukturwandel, der mit grundlegenden Veränderungen in der Auffassung des menschlichen Ichs zusammenhängt und einen Bewusstseinswandel voraussetzt. Wirklichkeitsgestaltung und Figurenaufbau werden über einen fiktionalen Erzähler vermittelt, der sich gleichsam zwischen Autor und Leser schiebt, ein episches Geschehen von einer bestimmten Erzählposition aus erzählt und sich mehr oder weniger deutlich manifestieren oder zu erkennen geben kann. Die Gestaltung des Erzählers bzw. der Erzählposition (3) bildet damit ein weiteres Strukturelement epischer Texte.

Diese für Literatur insgesamt anzusetzenden Annahmen gelten auch für die gegenwärtige KJL, für die der Bezug auf die aktuellen Wirklichkeitserfahrungen, die kulturellen Horizonte und Problemlagen Heranwachsender von besonderer Bedeutung ist. Das war nicht immer so. Wo KJL vor allem als Sozialisationsliteratur gebraucht wurde und es darum ging, bestimmte Werte zu vermitteln, konnte es nicht Ziel sein, „wirkliche Wirklichkeit" literarisch zu erfassen und authentische Geschichten über das Kinderleben zu erzählen. Noch in der Spätaufklärung war keineswegs eine „realistische" Darstellung damaligen kindlichen Lebensalltags angestrebt. Die literarischen Welten hatten mit den „wirklichen" von Kindern und Jugendlichen wenig zu tun. Das hatte Folgen für die Wirklichkeitsdarstellung in den Texten, die Exempel für vorherrschende Kindheitsvorstellungen, -mythen oder -utopien waren. Wo Kinder als zu erziehende (Vernunft)Wesen aufgefasst wurden und ihnen die gesellschaftlichen Werte „beizubringen" waren, herrschte eine entsprechende Figurengestaltung vor, die Erwachsene als dominante Instanzen vorführte.

Die Präsentation der Geschichte durch den Erzähler schließlich erfolgte von einem überschauenden Standort aus, der Kindern einmal mehr durch Kommentare zu vermitteln suchte, was „gut" und was „schlecht" ist. BERTOLT BRECHT – um nur ein Beispiel zu nennen – hat jene bis ins 20. Jh. herrschenden Auffassungen in seinem Gedicht „Was ein Kind gesagt bekommt" thematisiert.

Der liebe Gott sieht alles.
Man spart für den Fall des Falles.
Die werden nichts, die nichts taugen.
Schmökern ist schlecht für die Augen.
Kohlen tragen stärkt die Glieder.
Die Kinderzeit, die kommt nicht wieder.
Man lacht nicht über Gebrechen.
Du sollst Erwachsenen nicht widersprechen.

Man greift nicht zuerst in die Schüssel bei Tisch.
Sonntagsspaziergang macht frisch.
Zum Alter ist man ehrerbötig.
Süßigkeiten sind für den Körper nicht nötig.
Kartoffeln sind gesund.
Ein Kind hält den Mund.

(BRECHT 1967, 585)

Brechts ironische Zitierung vermeintlicher Volksweisheiten unterstreicht jene Werte und Normen, die auch für literarische Texte als maßgeblich galten, die sich an Kinder wandten. Von daher bildete die sozialkritisch realistische Großstadtliteratur am Beginn des 20. Jh.s mit Texten wie HEINRICH SCHARRELMANNS „Berni-Büchern" (1908 ff.), CARL DANTZ „Peter Stoll" (1925) wie auch die proletarisch-revolutionäre KJL mit WOLF DURIANS „Kai aus der Kiste" (1927) oder ALEX WEDDINGS „Ede und Unku" (1932) einen Einschnitt und signalisierte Veränderungen. Hier setzte sich eine Ausdifferenzierung fort, in deren Folge bei der Darstellung kindlicher Lebenswelten neben das Entwerfen von „Schonräumen" die realistische „Abbildung" von kindlicher Existenz trat. Das hatte den Willen der Autoren zu *kritischer Wirklichkeitserkundung* zur Voraussetzung, sie mussten gewissermaßen „von außen" und als Beobachter den Verhältnissen von Kindern und Jugendlichen nachspüren. KARL DANTZ brachte mit eben dieser Absicht seinen „Peter Stoll" heraus, in dem er ein Arbeiterkind als Ich-Erzähler einsetzte und den Jungen ohne Rücksicht auf die Literatursprache wie grammatikalische und syntaktische Regeln erzählen ließ. Einleitend wurde zur Figurenanlage des „Peter Stoll" bemerkt: „Mitten aus der Großstadt heraus, wo sie am schwärzesten und dichtesten ist, kommt Peter Stoll, ein Kind des Fabrikviertels. Seine Gestalt ist unscheinbar, unansehnlich; bleich und saftlos, hat er nichts von der sonnengebräunten Frische, dem strotzenden Gedeihen glücklicherer Kinder an sich. Denn der Mangel war in seinem Leben häufiger, die Sonne ein seltener Gast." (DANTZ 1978) Diese Figurenanlage steht zur traditionellen KJL in Widerspruch, sie stellt etwas Neues dar und hängt zusammen mit der dargestellten Wirklichkeit sowie der Rolle des Erzählers.

Wenn KJL also in der Folgezeit mehr und mehr zu einem Spiegel kindlicher Lebenswelten geworden ist und damit zu einem Mittel von Zeitdiagnostik, ist dies ein Reflex auf Veränderungen in einem Prozess von gesellschaftlicher Modernisierung (s. S. 48 f.) von allem im 20. Jh.

Zwischen Wertsetzung und Pädagogik

Abschließend bleibt die Frage nach der Rolle der Erzählspannung, die gerade für die KJL von entscheidender Bedeutung ist, weil junge Leser in besonderer Weise nach ihr verlangen (vgl. STEPHEN KING, s. S. 210 ff.). Auch hier reicht das Spektrum von einer einfacheren Form der Spannung (äußere Spannung) zu einer Art von Spannung, die nicht nur für den kindlichen Leser schwieriger zu erfassen ist, die innere. Die **äußere**

Spannung steht in einem direkten Bezug zur Handlung der Geschichte, ja sie entsteht aus dem Handlungsverlauf und dabei durch das Aufeinanderprallen von Gegensätzen, der Konfrontation von verschiedenen Figuren bzw. Gegnern, im scharfen Dialog. *Äußere Spannung benötigt klar voneinander abgrenzbare, profilierte Charaktere* bzw. Typen (gut-böse, schön-hässlich, moralisch-unmoralisch), sie braucht Handlungsorte (Schauplätze) und darauf das Austragen von Aktion, Konflikten. *Die innere Spannung wirkt nicht durch die Handlungsfolge, sondern durch die Konzentration auf die Figuren und ihre innere Disposition*, ihr Denken, Fühlen, kurz ihren Charakter. Bei der inneren Spannung steht das „seelische Erleben" im Vordergrund, Dialog und Handlung treten zurück.

Spannung (*suspense*) gilt nicht zufällig als ein grundlegendes Element „für die Erregung von Neugier, Mitgefühl", sie kann in der „Geschehensstruktur eines Werkes liegen, kann aber auch aufgesetzt sein, z. B. als absichtliche Irreführung des Publikums mittels kalkulierter Effekte (z. B. im Trivial- und Kriminalroman)" (METZLER Literaturlexikon 1990, 436). Die zunächst von wirkungsästhetischen Gesichtspunkten ausgehende Bestimmung des Begriffs Spannung führt auch heute noch zu einer nicht gerechtfertigten strukturell begründeten literarischen (Ab-)Wertung ausgewählter Textgruppen. Damit wird – für die deutsche Literaturtradition kennzeichnend – eine Trennung in „U"- und „E"-Literatur bzw. „niedere" und „hohe" Literatur nahe gelegt, die es beispielsweise in der angloamerikanischen Literatur so nicht gibt. Spannung sollte zunächst wertfrei als ein *Aspekt des Erzählens gesehen werden, bei dem die logische Fügung der Erzähleinheiten mit der chronologischen Abfolge der Ereignisse in Konflikt geraten kann* (Beispiel: Kriminalroman).

Die Spannung entsteht dadurch, dass der Leser in Bezug auf „seine evozierten Erwartungen in Unsicherheit oder Unwissen versetzt wird, die er auflösen möchte" (LUDWIG u.a. 1995, 164). Als Elemente von Spannung gelten „Retardation, Verzögerung des Handlungsfortganges, Verschleierung der Handlungsbezüge, längere Ungewissheit über das Schicksal der Personen durch Einschübe..., aber auch Vorausdeutungen und Anspielungen" (METZLER Literaturlexikon 1990, 436). Ebenso gehören dazu Veränderungen in der Chronologie der Ereignisse, fehlende logische Glieder, nicht gegebene Informationen, Lücken, Falschaussage, Lügen, Nicht-Wissen des Erzählers oder der Figuren, ein Missverhältnis zwischen Schein und Sein. Weitere Elemente, die der Spannungserzeugung dienen können, sind zudem der Reiz der Neuheit, offensichtliche Gegensätze, die Konfrontation zwischen entgegengesetzten Wertsystemen, ästhetischen Kategorien. In Untersuchungen zur Spannung in der KJL wird an erster Stelle die Handlung als Mittel zur Spannungserzeugung genannt, wobei man traditionell unterscheidet zwischen Kettenhandlung, Rahmenhandlung, Doppelhandlung, verschlungene Handlung (SCHERF 1978, 70 ff.). Auch Rückwendungen und Vorauswendungen sind Formen, die der Spannungserzeugung dienen.

Wirkungsbezogene Erzählforschung hat inzwischen ein abgestuftes System von Elementen herausgearbeitet, die der Spannungserzeugung dienen (s. GESING 1994). Sie lassen sich schematisch erfassen (s. Schaubild S. 46).
Ausgewählte „handwerkliche" Techniken von Spannungserzeugung sind ebenfalls in einem Schaubild auf S. 46 zusammengefasst.

Methoden der Spannungserzeugung	Kennzeichen auf der Darstellungsebene
Orientierung am Geheimnis	Verweigern von Informationen, Verrätselung, Erzeugen von Ungewissheit
Orientierung an der Handlung	Durch Aktion und Bewegung werden viele Begebenheiten aneinander gereiht.
Orientierung am Ziel	Es geht um das Erreichen eines wichtigen Vorhabens.
Orientierung am Gefühl	Darstellen von Ereignissen, Personen, die gefühlsappellativ wirken, Anteilnahme befördern wie Liebe, Tod, Gewalt, Kinder usw.
Orientierung an der Sensation	Außergewöhnliche, unbekannte, phantastische, überraschende Ereignisse produzieren in der Regel Aufmerksamkeit, Neugier.
Orientierung am Normbruch	Das Durchbrechen von Gesetzen, Normen, Werten kann Aufmerksamkeit erzeugen.

Techniken	Kennzeichen auf der Textebene
Erzeugen von Spannungsbögen	unerwartete Wendepunkte, aktionsgeladene Szenen, hohes Erzähltempo und Verlangsamung
Produzieren von Geheimnissen	Anspielen auf Kommendes, Legen von Fährten
Zusammenspiel des Erzählmaterials	Verflechtung von Handlungsbögen, Cliff-hanger, d.h. Abbruch des Erzählfadens, wenn der Protagonist in höchster Gefahr ist
Normbrüche	die Figuren reagieren anders als erwartet, unerwartete Reaktionen der Figuren

Zwischen Leseförderung und literarischer Bildung

Bei den verschiedenen Formen des Erzählens handelt es sich nicht um eine Wertskala, was als ästhetisch innovativ gelten kann. Fest steht nur, dass der Weg des Textverstehens beim kindlichen Leser von einfacheren zu komplexeren Strukturen führt. Dabei handelt es sich um einen Komplex emotionaler wie kognitiver Operationen, der mit der Ichgewinnung und der Weltorientierung des jungen Lesers verbunden ist (vgl. SPINNER 1980, 33). Dieser Prozess wird durch den Deutschunterricht nicht nur begleitet, sondern auch gesteuert und ist in den Rahmenplänen verschiedener Bundesländer als ein Ziel formuliert.

Die allgemeinen Ziele des Literaturunterrichts beim Umgang mit Texten sind nur erreichbar, wenn eine Balance zwischen a) Lesemotivation und -vergnügen und b) einer über literarische Bildung vermittelten Rezeptionskompetenz gelingt. Literaturunterricht hat beides zu leisten, und das stellt ihn in einer Zeit, da Sozialisation sich vor allem über Mediensozialisation vollzieht, vor schwere Aufgaben. Eben darum sind alle Hinweise ernst zu nehmen, die auf die Gefahr verweisen, dass Schule die Lust am Lesen austreibe und ihre leseerzieherische Aufgabe vernachlässige (HURRELMANN 1998a, 1998b). Kenntnisse über literarische Formen, über Gattungen, Genre, Erzählweisen stellen eine Art „Zugangswissen" für den Einzelnen dar, um später die Chance zu besitzen, sich in literalen wie medialen Prozessen eigenständig zu orientieren. Gleichwohl gilt, dass Kenntnisse über Strukturmerkmale von Kunst und Literatur sich nicht einzig über textanalytische wie interpretatorische Kurse vermitteln lassen, sie bedürfen der eigenen Erprobung am und im Textmaterial (vgl. EGGERT 1998, 43). Das Erproben kann das vorläufige Scheitern einschließen, weil möglicherweise die Struktur zu komplex, der Stoff zu fremdartig, das Thema zu uninteressant erscheint. Der Unterricht kann auch in solchen Fällen durch gemeinsames „Umgehen" mit dem Text – und das meint ein ausgewogenes Verhältnis von kognitiv-analytischen sowie handlungs- und produktionsorientierten Verfahren – versuchen, den Code zu knacken. Wenn das gelingt, ist ein Schritt in Richtung auf literarische bzw. kulturelle Kompetenz gegangen, die bewusst oder unbewusst in den Leseerfahrungshaushalt des Einzelnen eingeht und ihn souveräner macht im Umgang mit Produkten einer Medienkultur. Schule, ja der Deutsch- bzw. Literaturunterricht insgesamt gehören daher inzwischen zu den wenigen Räumen, in denen innerhalb einer Mediengesellschaft der reflexive Umgang mit Texten geübt werden kann. Dafür muss nicht einzig die literarische Tradition herhalten, vielmehr bietet sich ein Anschluss an die KJL wie die Allgemeinliteratur der Gegenwart an. Die Rede von der Postmoderne hat mindestens dahingehend für das Lesen Bedeutung, als die Grenze zwischen Erzählen, Spannung, Unterhaltung auf der einen und literarischer Innovation auf der anderen Seite fließender geworden ist. In der Erwachsenenliteratur wie in der KJL finden sich mittlerweile Texte, die das Erzählen von Geschichten rehabilitieren und kein Interesse daran zeigen, es durch Verfremdung zu zerstören. Vielmehr kommt es zur „Wiederentdeckung nicht nur der Handlung, sondern auch des Vergnügens" (ECO 1986). Damit verwischen die Grenzen zwischen „U"- und „E"-Literatur, zwischen „niederer" bzw. „populärer" und „hoher" Literatur. Postmoderne Autoren zeichnet vor allem die Souveränität und Lockerheit im Umgang mit der literarischen Tradition aus, die sie weder bloß zu imitieren, noch bloß zu negieren suchen. Folglich müsse der „ideale postmoderne Roman" den „Streit zwischen Realismus und Irrealismus, Formalismus und ‚Inhaltismus', reiner und engagierter Literatur, Eliten- und Massenprosa überwinden" (ECO 1986, 80 f.). Dieses Programm lässt sich übertragen auf gleichermaßen erfolgreiche wie umstrittene Texte: PATRICK SÜßKINDS „Parfum" (1985), STEN NADOLNYS „Entdeckung der Langsamkeit" (1983), ROBERT SCHNEIDERS „Schlafes Bruder" (1992), PETER HØEGS „Fräulein Smillas Gespür für Schnee" (1994), MICHAEL ONDAATJES „Der englische Patient" (1993). Vergleichbares gilt für den Bereich der KJL, die inzwischen Erzählweisen der Moderne wie Postmoderne nutzt, ohne dabei das Lesevergnügen der Adressaten zu enttäuschen.

Das Entstehen einer neuen Subgattung – des modernen komischen Kinderromans – zeigt, dass dem Humor und dem damit in Verbindung stehenden (Lese)Vergnügen eine besondere Rolle zukommt. UWE TIMMS „Rennschwein Rudi Rüssel" (s. S. 88 ff.) ist hierfür ebenso ein Beispiel wie Texte von CHRISTINE NÖSTLINGER („Olfi Obermeier und der Ödipus", „Nagle einen Pudding an die Wand") oder solche von KIRSTEN BOIE (vgl. HURRELMANN 1998 b). Wie in der Erwachsenenliteratur spielt dabei **Intertextualität** eine Rolle, erfolgt selbst schon in der KJL ein (ironisches) Spiel mit überlieferten Texten. Und genau wie in der Allgemeinliteratur kommt es zu Genremischungen, also dazu, dass Anleihen aufgenommen werden beim Abenteuer-, Krimi-, Künstler-, Dokumentar- oder historischen Roman.

2. Zu Entwicklungen in der Kinder- und Jugendliteratur – Tendenzen und Gattungsmuster

2.1 Wandel und Modernisierung

In den 90er-Jahren ist mit Blick auf Entwicklungen in der KJL der Vorschlag unterbreitet worden, deren Geschichte auf der Grundlage der Modernisierungstheorie insbesondere von ULRICH BECK zu betrachten (EWERS 1993, 1995a, GANSEL 1994c, 1995c, 1997a, WILD 1997). Mit BECK meint Modernisierung die „technologischen Rationalisierungsschübe und die Veränderung von Arbeit und Organisation, umfasst darüber hinaus aber auch sehr viel mehr: den Wandel der Sozialcharaktere und Normalbiografien, der Lebensstile und Liebesformen, der Einfluss- und Machtstrukturen, der politischen Unterdrückungs- und Beteiligungsformen, der Wirklichkeitsauffassungen und Erkenntnisnormen." (BECK, 1986, 25). Es kommt also im Prozess der Modernisierung zu Veränderungen in den **Bewusstseinsstrukturen**, im Denken über die Welt, es entstehen neue Werte und Normen. Die Folgen von Modernisierung betreffen damit auch die für die KJL maßgeblichen **Auffassungen** über die Struktur von Persönlichkeit, Erziehungstheorien, die Beziehungen in der Familie, die Rolle der Ehe, den Status von Mann, Frau und Kind wie auch den Stand der Realisierung in der Praxis. Der Struktur- und Funktionswandel der Familie von der Haushaltsfamilie zur bürgerlichen Kleinfamilie ist ein langwieriger und vielschichtiger Vorgang, der seine Grundlage in den Veränderungen der gesellschaftlichen Produktions- und Distributionsweisen hatte (vgl. ARIÈS 1975). Die **moderne bürgerliche** Familie ist von der Subsistenz- und Erwerbsarbeit entlastet, wodurch ihre Rollen nicht mehr dominant von ökonomischen Notwendigkeiten bestimmt werden. Die Produktionsfunktion der Familie wird ersetzt durch eine Erholungs-, Entlastungs- und Erziehungsfunktion. Die bürgerliche Familie wird damit zur **moralischen Anstalt**, deren primäre Aufgabe in der Sozialisation der Kinder besteht (vgl. WILD 1993). Es kommt zu einer **Ausdifferenzierung von Kindheit,** zur **Kindheitsautonomie** in solchen Familien, wo die finanzielle Situation es erlaubt, Frauen und Kinder von der Erwerbsarbeit freizustellen. Diesem Modernisierungsprozess entspricht die **philanthropische KJL** der Aufklärung (s. S. 16 f.), die Kindheit als eigenständige Existenzform begreift, was sich in einem Wandel der Textstrukturen, dem Verhältnis von Kinder- und Erwachsenenwelt, den Figurenbeziehungen sowie der Rolle von Adaption niederschlägt.

Der Ausdifferenzierungsprozess geht also keineswegs an der KJL vorbei. Dass die in der KJL der Spätaufklärung entworfene Kindheitsautonomie aber erst in den 50er-Jahren des 20. Jh.s zum Durchbruch kommt und zur dominanten Tendenz wird, hängt mit der Langwierigkeit des Modernisierungsprozesses zusammen: Bürgerliche Familien des „Konsumtions"-Typs blieben im 18./19. Jh. zahlenmäßig gering. Ihre historische Bedeutung erlangten sie daher weniger durch ihre reale Existenz, sondern vor allem durch ihre Leitbildfunktion. Als **Leitbild** übte die bürgerliche „Konsumtionsfamilie" mit ihrer neuartigen Funktionsaufteilung starke Anziehungskraft insbesondere auf die neu entstehenden Mittelschichten ebenso wie auf die Unterschichten aus. Wirklich durchsetzen konnte sie sich jedoch erst in der Mitte des 20. Jh.s, als nach dem Zweiten

Weltkrieg wachsender Wohlstand und zunehmende Freizeit reale Möglichkeiten für ihre Verbreitung schufen (GEIßLER 1992).

Damit ist gesagt, dass die **philanthropisch-reformpädagogische** wie auch die **romantische** KJL, die Kindheit als autonomen Lebensraum verstanden und aus der Erwachsenenwelt ausgliederten, sich weniger auf die realen Verhältnisse bezogen, sondern vielmehr auf eine Vision abhoben. Dieses Leitbild entsprach mit seinen Werten, Normen, Idealen, Regularitäten den „gruppen-" bzw. „schichtenspezifischen" Erfahrungen einer Minderheit, nämlich jenen Familien, deren soziale Situation über dem Durchschnitt lag. Insofern hatten die entscheidenden kinder- und jugendliterarischen Texte mit ihren autonomen Kinder- und Märchenwelten **antizipierenden Charakter**, da sie Konstellationen vorwegnahmen, die erst über einhundertfünfzig Jahre später in der **Sozialstruktur** ihre Entsprechung fanden. Die wachsende Zahl von Industriearbeiterfamilien im 19. Jh. war gezwungen, alle Kräfte zur Sicherung des Lebensunterhaltes einzusetzen: Lange Arbeitszeiten, erschöpfende Frauen- und Kinderarbeit, beengte Wohnverhältnisse ließen keine Möglichkeit für das Entstehen autonomer Kinderwelten. Diese Konstellation ist die **sozialgeschichtliche Basis** für das Entstehen einer so genannten **proletarisch-revolutionären KJL**. Was ihr später in der DDR als qualitativer Vorzug angerechnet wurde, dass sie nämlich die für die „bürgerliche Literatur" kennzeichnende „Trennung zwischen Kinder- und Erwachsenenwelt" überwindet und damit eine „qualitativ neue Figurenwelt" aufbaut (DREHER 1975, 19), ist „Reaktion" auf die Weiterexistenz einer vor- bzw. gegenmodernen Gemeinschaftlichkeit in der Moderne. Hier ist ULRICH BECKS Hinweis aufzunehmen, dass die Moderne nicht einzig unter aufsteigendem Gesichtspunkt betrachtet werden kann, sondern der „Aufbruch in die Moderne immer nur in Käfigen, eingegrenzt, exklusiv für bestimmte Gruppen" erfolgt (BECK 1993, 93). Gerade im 18./19. Jh. werden nicht nur die Ideen der politischen und kulturellen Moderne diffundiert und in entsprechenden Institutionen materialisiert (parlamentarische Demokratie, allgemeines Wahlrecht, Rechtsstaat, universalistische Prinzipien der Menschenrechte), sondern eben auch ihre gegenmodernen Elemente wie Unterdrückung von Frauen/Kindern, Nationalismus, Rassismus, Militarismus, Weltkriege, Konzentrationslager, Umerziehungslager realisiert. Die moderne Ausdifferenzierung der Geschlechter und Lebensalter schließt zunächst aus, dass Frauen und Kinder von den „unteilbaren Prinzipien der Moderne wie Freiheit und Gleichheit jenseits der Beschränkung von Geburt" bleiben. Der Erfolgs- und Krisengeschichte der Modernisierung ist die Erfolgs- und Krisengeschichte der Gegenmodernisierung gegenüberzustellen (vgl. BECK 1993, 94). Auf die KJL übertragen bedeutet dies, dass unterschiedliche Funktionstypen von Kinderliteratur entstehen, die sich überschneiden und mit- und gegeneinander wirken. Das sind:

- *eine KJL, die sich an der Spitze der Modernisierung bewegt und gewissermaßen Ausdruck der Denk-, Gefühls- und Soziallagen der Modernisierungsgewinner ist. Damit in Verbindung steht der Grad an Authentizität.*
- *eine KJL, die sich aus der Denk- und Sozialsituation der Modernisierungsrückständler bzw. -verlierer ergibt.*

Man kann die im frühen 20. Jh. entstehende proletarisch-revolutionäre KJL als Folge bzw. Ausdruck der Existenz einer Gegenmoderne lesen, denn der größere Teil der Bevölkerung blieb von den Errungenschaften der Moderne weitgehend ausgeschlossen. Texte wie ALEX WEDDINGS „Ede und Unku", BERTA LASKS „Auf dem Flügelpferde durch die Zeiten" (1925), LISA TETZNERS „Hans Urian. Die Geschichte einer Weltreise" (1931), KURT HELDS „Die rote Zora und ihre Bande" (1941) geben über die sozialen Bedingungen, in denen die Kinder des Proletariats leben, authentisch Auskunft, und sie fordern die (kindlichen) Leser auf, sich mit den ungenügenden sozialen Verhältnissen nicht abzufinden. Betrachtet man die in den Texten dargestellten **sozialen Räume**, die Figurenbeziehungen wie das Verhältnis von Kinder- und Erwachsenenwelt, dann wird offenbar, dass von einer **Kindheitsautonomie** oder einem Freiraum für die kindlichen Protagonisten nicht die Rede sein kann. Im Gegenteil, Kinder haben nach wie vor ihren Beitrag zur sozialen Sicherstellung der Familie zu leisten. Das erklärt, warum etwa in ALEX WEDDINGS „Ede und Unku" die Freundschaft zwischen den Protagonisten direkt eingebunden wird in die klassenkämpferische Welt der Erwachsenen. ALEX WEDDING hat für die von ihr als exemplarisch angenommenen Figurenbeziehungen eine triftige Begründung gegeben.

„Das Leben der Kinder ist eng verflochten mit dem der Erwachsenen. Es ist kein idyllisches Paradies. Kinder bleiben von den großen Klassenkonflikten nicht unberührt. Sie müssen die tragischen Fehler der Erwachsenen büßen ..."
(WEDDING 1967, 6).

Wo Kindheit kein „idyllisches Paradies" sein kann, Kinder von den „großen Klassenkonflikten" betroffen sind und sie die „tragischen Fehler der Erwachsenen" büßen müssen, kommt es mit Notwendigkeit zur literarischen Darstellung eben dieser Konfliktfelder, und dies bedeutet eine **stofflich-thematische Weitung**. Die Aufnahme neuer Stoffe und Themen in die KJL ist zunächst Reflex auf die Weiterexistenz der vor- bzw. gegenmodernen Verhältnisse proletarischer Unterschichten. Gleichzeitig wird prononcierter als in den Großstadtgeschichten und -skizzen für Kinder um 1900 der Blick auf Allgemeinmenschliches geweitet. Die Einblicke in Lebenswelten von Kindern sowie die angenommenen Ursachen wie Mechanismen von Ausbeutung entsprechen dem damaligen „gruppenspezifischen Wissen" eines Teils der proletarischen Schichten und eines Kreises linker Intellektueller.[1]

Betrachtet man ausgehend davon nun die Entwicklungen in der deutschen KJL nach 1945 unter einem modernisierungstheoretischen Blickwinkel, dann lässt sich vereinfacht sagen: Bundesrepublik und DDR verhalten sich in den 50er- und frühen 60er-Jahren nahezu spiegelverkehrt zueinander, und erst seit den 70er-Jahren kommt es zu einer Annäherung. Das ist erklärlich, denn in beiden Fällen handelt es sich um Literaturen, die in unterschiedlichen gesellschaftlichen Systemen (s. S. 9) funktionieren und von daher im Rahmen des jeweiligen Gesellschaftsmodells sowie der entsprechenden Teilsysteme (Politik, Wirtschaft, Wissenschaft, Kultur) spezifische Aufgaben übernehmen. Entsprechendes trifft für das dahinter stehende dominante **Kindheits- und Jugendbild** zu.

2.2 Entwicklungslinien nach 1945 in Ost und West

Entwicklung in der DDR

Über Parameter wie das Verhältnis von Kinder- und Erwachsenenwelt oder die Möglichkeiten kindlicher Selbst- oder erwachsener Fremdbestimmung wird ein Vergleich von west- und ostdeutscher KJL möglich, der system- und modernisierungstheoretische Überlegungen aufgreift. Unter diesem Blickwinkel lässt sich sagen, dass es in der DDR zwar zu einer Auflösung des vormodernen Klassenmilieus der 30er-Jahre kommt, aber eine Ausdifferenzierung moderner Handlungsfelder nur begrenzt stattfindet. Insofern findet in der DDR nur eine **selektive Modernisierung** statt. Wegen der materiellen Rückständigkeit und infolge der vormodernen Regulative in Politik und Kultur bleibt die DDR ein weitgehend früh- bzw. nur partiell modernes Land. Beschworen wird ein **Ideal von Gemeinschaftlichkeit**, in dem Kindheit seinen gleichberechtigten Platz hat. Für die KJL in der DDR war damit von Beginn an eine Auffassung von Kindheit kennzeichnend, die Kinder und Jugendliche als gleichberechtigte Partner in einem gesellschaftlichen Entwicklungs- und Aufbauprozess sah. Unter dem Stichwort des gemeinsamen Zieles hin zum Sozialismus waren weder Unterschiede der Geschlechter noch der Generationen maßgeblich, vielmehr erfolgte eine Einordnung in die „große Bewegung". In dieser zählte die Individualität des Einzelnen vor allem unter dem Signum wie sie in der Lage war, sich der gesellschaftlichen Bewegung ein- und unterzuordnen. Das führte zu einer *Weitung der Darstellungsgegenstände auf die angenommene „wirkliche Wirklichkeit", also auf Gesellschaft, ihre Vergangenheit, Gegenwart und die anvisierte Zukunft.* Bis dahin für die KJL übliche Tabuisierungen wurden aufgebrochen. Die Vision vom neuen Menschsein für Kinder wie Erwachsene war gedacht als Überwindung bürgerlich-individualistischer bzw. kapitalistischer Beschränktheit. Entsprechend kam dem Kollektiv eine herausragende Bedeutung zu. Mit anderen Worten, der Kinderalltag war direkt gebunden an gesamtgesellschaftliche Vorgänge: die Entwicklung der Genossenschaft, den Aufbau eines Betriebes, den Einsatz neuer Techniken, das Gewinnen noch Zögernder für die Vision einer von Grund auf anderen Gesellschaft, das Umgehen mit der nazistischen Vergangenheit, die kriminalistische Suche nach Gegnern usw. Texte von ERWIN STRITTMATTER („Tinko", 1954), BENNO PLUDRA („Die Kinder von Plieversdorf", 1959), ALFRED WELLM („Kaule", 1962) oder HORST BESELER („Käuzchenkuhle", 1964) repräsentierten diese Neuerungen. *Die Weitung des kindlichen Blickwinkels auf Gesellschaftliches, auf soziale Realität und ihre Probleme bedeutete einen Gewinn*, freilich führte er andererseits zu einem – dann später immanent kritisierten – Ausblenden von Individuellem, von kindlichen Interessen und inneren Widersprüchen. Kinder werden zwar formal als gleichberechtigte Partner beim großen Aufbauwerk gesehen, aber die den Texten eingeschriebenen ethischen wie moralischen Normen bestimmen allein die Erwachsenen. Kinder sind nicht Träger eigener Wertvorstellungen – wenn doch, dann sind es bereits die von den Erwachsenen verinnerlichten (sozialistischen) Ideen – sondern haben die Werte/Normen der (sozialistischen) Erwachsenen zu übernehmen. Insofern erfüllt die KJL bevorzugt sozialisatorische Aufgaben und ist bis in die 60er-Jahre dem vergleichbar, was „autoritäre" KJL genannt wurde (s. S. 27). Auf der Darstellungsebene sind es nämlich Erwachsene (Vater, Lehrer oder sogenannte Mentor-Figuren), die den richtigen Weg wissen.

Die KJL-Texte sind nur dann „gerecht" zu beurteilen, wenn man sie in Bezug setzt zum konkret-historischen „kulturellen Wissen" in der DDR jener Jahre. Die direkt gestalteten ethisch-moralischen Normen und Werte (u. a. Arbeit als Lebensbedürfnis, Einstellen auf die gesellschaftlichen Interessen, Einsatz für das gesellschaftlich Neue, Unterordnung der Interessen des Einzelnen unter die des Kollektivs) erfüllen im Denksystem der DDR-Kultur eine illustrierende, einübende, bestätigende Funktion. Um ein Beispiel zu geben: In HORST BESELERS viel gelesenem Jugendbuch „Käuzchenkuhle" sind die moralischen Normen und Werte von Kindern und Erwachsenen identisch, und dennoch handelt es sich bei den kindlichen Protagonisten – anders als in der bürgerlichen KJL – um keine Musterkinder.

Mitte der 60er-Jahre ergeben sich in der KJL Modifizierungen: Die kindliche/jugendliche Individualität gewinnt an Bedeutung (KARL NEUMANN „Frank und Irene", 1964; BENNO PLUDRA „Lütt Matten und die weiße Muschel", 1963; ALFRED WELLM „Kaule", 1962). Damit wird zwar noch keine Kritik an den Verhältnissen geübt, wohl aber den veränderten **Ansichten** über die DDR-Gesellschaft und einer „partiellen Modernisierung" Rechnung getragen. PETER CHRISTIAN LUDZ hat damit einen Wandlungsprozess gefasst, der „zur Institutionalisierung relativ moderner Sozialformen neben erheblich weniger modernen Strukturen in ein und derselben Gesellschaft" führt (LUDZ 1980, 58). Dieses Nebeneinander von „modernen" und „vormodernen" Strukturen äußerte sich im Widerspruch zwischen dem parteistaatlichen Anspruch auf das gesellschaftliche Führungsmonopol auf der einen und einer modernen Ausdifferenzierung von gesellschaftlichen Handlungsfeldern auf der anderen Seite. Für die DDR kann das Modell einer „selektiven Modernisierung" gelten, die sich auf ökonomisch erzwungene Modernisierungsschübe beschränkte (GANSEL 1996c).

Zu maßgeblichen Veränderungen der KJL kam es so richtig erst in den 70er-Jahren. Bei einem grundsätzlichen Festhalten am Gesellschaftsbezug und dem „Zukunftsversprechen DDR" begannen wichtige Autoren zu prüfen, welche Möglichkeiten die Gesellschaft dem Einzelnen lässt, wie sich Ideal und Wirklichkeit zueinander verhalten, wie es um die proklamierten Ideen der Anfangsjahre bestellt ist, *welche Möglichkeiten der Einzelne wirklich hat, wie er sich einbringen kann und was bzw. wer ihm entgegensteht*. Das erklärt, warum in den Texten ein Formen- und Funktionswandel stattfindet, Typisierungen aufgebrochen werden, es zu einschneidenden Veränderungen im Figuren- und Konfliktaufbau kommt. Zunehmend zeigt sich dabei ein Dissens zwischen Einzelnem und der Gesellschaft. Die kindlichen/jugendlichen Protagonisten reiben sich an gesellschaftlichen Instanzen (Schule, Betrieb, gesellschaftliche Organisationen) bzw. ihren Trägern (Erwachsene, Funktionäre), ihre inneren Konflikte werden dargestellt (u. a. ULRICH PLENZDORF „Die neuen Leiden des jungen W.", 1972; VOLKER BRAUN „Die unvollendete Geschichte", 1975; ALFRED WELLM „Pugowitza oder die silberne Schlüsseluhr", 1975; BENNO PLUDRA „Insel der Schwäne", 1980). Die Verlagerung auf die Darstellung von Defiziten und inneren Konfliktlagen führt notwendig zu Modifizierungen im Literarisch-Ästhetischen: Es kommt zur Neu- bzw. Wiederentdeckung der Potentiale phantastischen Erzählens (CHRISTA KOŻIK „Der Engel mit dem goldenen Schnurrbart", 1983; CHRISTOPH HEIN „Das Wildpferd unterm Kachelofen", 1984; BENNO PLUDRA „Das Herz des Piraten", 1985), dem Neuerzählen antiker Mythen und klassischer Stoffe der Weltliteratur (u. a. FRANZ FÜHMANN „Prometheus", 1974; WERNER HEIDUCEK: „Die seltsamen Abenteuer des Parzival", 1974; STEPHAN HERMLIN

"Argonauten", 1974; GÜNTER DE BRUYN „Tristan und Isolde", 1975; ROLF SCHNEIDER „Herakles", 1978). Formal nehmen Ich-Erzähler und personale Erzählsituation ebenso zu, wie Varianten von Bewusstseinsstromtechniken oder multiperspektivisches Erzählen. Stofflich-thematisch wie strukturell erfolgt eine Annäherung der KJL an die Erwachsenenliteratur, ja die Erwachsenen sind in den genannten Texten immer auch angesprochen. Wenn die Protagonisten hier wie da erkennen müssen, dass ihre Meinung nicht gefragt ist und selbst dann gegen sie entschieden wird, da sie den Prinzipien sozialistischer Moral verpflichtet sind, soll das eigene Aktivitäten in Gang setzen, Widerstandspotentiale befördern.[2] Wo die Wertungspositionen in die kindlichen und jugendlichen Protagonisten verlegt wurden – wie in einer Reihe dieser Texte –, kann das Kind/der Jugendliche als Repräsentant menschlicher (sozialistischer) Werte gelten. So lässt sich durchaus sagen, dass in der DDR-KJL ab dem Ende der 70er-Jahre eine Art (romantischer) Kindheitsmythos entsteht, der Kinder als reine unverdorbene Wesen zur Geltung bringt, die an den (sozialistischen) Idealen festhalten (RICHTER 1991; GANSEL 1989, 1993c, 1997a). Es wäre ein Irrtum zu glauben, das Vergehen der DDR würde diese Texte bzw. die DDR-KJL überhaupt zur Makulatur machen. Vielmehr erscheint eine neue Beschäftigung auch im Literaturunterricht geboten und dies keineswegs nur wegen der vermeintlichen Einsichten in das Leben im „realen Sozialismus".

Entwicklung in der Bundesrepublik

Legt man den Maßstab von Moderne und Gegenmoderne an die westdeutsche KJL, dann stellt sich heraus, dass in dem Maße, wie ein Umbau der Bundesrepublik zu einer modernen Gesellschaft stattfand, sich in einer ersten Phase auch der **reale Status** von Kindheit veränderte. Mit der in den reichen Industrieländern nach dem Zweiten Weltkrieg einsetzenden „wohlfahrtsstaatlichen Modernisierung" war ein **gesellschaftlicher Individualisierungsschub** verbunden. Auf der Grundlage eines zunehmenden materiellen Standards und wachsender sozialer Sicherheit kam es zu einer Herauslösung des Individuums aus traditionellen Klassenbindungen und der Selbstverantwortlichkeit für ein individuelles Schicksal auf dem Arbeitsmarkt mit seinen Risiken und Chancen. Die vor- bzw. gegenmodernen proletarischen Unterschichten- und Klassenmilieus, die noch in der Weimarer Republik das Leben außerhalb der Arbeit signifikant in „Klassenwelten" trennten, verschwanden zunehmend. Das hatte radikale Konsequenzen auch für die kindlichen Lebenswelten. Es entsteht eine **moderne Kindheitsautonomie**, die sich nun gerade auch auf jene Kreise erstreckt, die vorher davon ausgeschlossen waren. Die zwei Welten, wie sie sich bei ALEX WEDDING fanden („Ede und Unku") oder auch in ERICH KÄSTNERS „Pünktchen und Anton" (Anton = proletarisches Unterschichtenmilieu; Pünktchen = großbürgerlicher kindlicher Schonraum) lösen sich auf. Als Effekt der Modernisierung kommt es zu einer **realen Ausdifferenzierung von Kindheit**, Kinder können nunmehr in nur für sie bestimmten Welten Kinder sein. Vor dem Hintergrund von Modernisierung ist das ein Fortschritt. Erklärungsversuche, die ab der 68er Zeit, diese Texte einzig als „Heile-Welt"-Geschichten abwehren, verkennen diesen realen Modernisierungsschub.[3]

Die Kindheitsautonomie findet auf der literarischen Ebene eine Entsprechung in einer **thematischen Einschränkung**. An die Stelle der gemeinsamen Welt von Kindern und Erwachsenen der proletarisch-revolutionären KJL tritt die Konstruktion von phantastischen Parallelwelten, in die allein die kindlichen Protagonisten durch „Umsteigepunkte" gelangen. Dazu gehören JAMES KRÜSS' Texte der 50er-Jahre wie „Der Leuchtturm auf den Hummerklippen" (1956) oder „Die glücklichen Inseln hinter dem Winde" (1959). Die (phantastischen) Frei- bzw. „Schonräume" als Folge einer gesellschaftlichen Modernisierung lösen die seit der Spätaufklärung existierende Vision der Kindheitsautonomie tatsächlich ein. Das ist die entscheidende qualitative wie quantitative Ursache für die Konstituierung eines **neuen Systemzustandes der KJL** ab den 50er- und 60er-Jahren. Symptomatisch für die „glücklichen Inseln" ist, dass die Schattenseiten der Gegenmoderne nicht in den Blick geraten. Das ändert sich Ende der 60er-Jahre. Es kommt zur gedanklichen und realen Emanzipation auch jener, denen die unteilbaren Prinzipien der Moderne wie Freiheit und Gleichheit jenseits der Beschränkung von Geburt und Generation bislang vorenthalten wurden: Frauen, Kinder oder bis dahin als „unterprivilegiert" geltende Schichten. Die Veränderungen schlagen sich in einem unübersehbaren Wandel der Sozialcharaktere, der Normalbiographien und der Lebensstile nieder:

> *„Die Geschlechtsbeziehungen, die verschweißt sind mit der Trennung von Produktion und Reproduktion und zusammengehalten werden in der Kompakttradition der Kleinfamilie mit allem, was sie an gebündelter Gemeinschaftlichkeit, Zugewiesenheit und Emotionalität enthält, brechen auseinander: Plötzlich wird alles unsicher: die Form des Zusammenlebens, wer wo wie was arbeitet, die Auffassungen von Sexualität und Liebe und ihre Einbindung in Ehe und Familie, die Institution Elternschaft, zerfällt in das Gegeneinander von Mutterschaft und Vaterschaft ..."* (BECK 1986, 180).

In dem Maße, wie „alles unsicher" wird, gehen fundamentale Begrenzungen und Regularitäten, die die KJL bislang als eine „Minderheitenliteratur" kennzeichneten zurück, die für ihre kindlichen Adressaten geltenden Sonder-Regeln mit ihrem „gruppen-" bzw. „minderheitenspezifischen Wissen" werden durchlässig. Neben die Kindheitsautonomie treten Prinzipien wie Gleichheit, Akzeptanz oder Mündigkeit. Damit kann die KJL sich öffnen für alle jene Entwicklungen wie sie in der Allgemeinliteratur bereits am Beginn des 20. Jh.s galten, es wird ein Prozess des Nachholens in Gang gesetzt, der die KJL der Allgemeinliteratur annähert. Insofern ist die neue, *die moderne Kinderliteratur ein Reflex auf den kulturgeschichtlichen Wandel im Rahmen eines Prozesses von gesellschaftlicher Modernisierung*. Dazu gehören Veränderungen in:

- *den Wert- und Moralvorstellungen der Gesellschaft, den Welt- und Leitbildern;*
- *den Vorstellungen von Liebe, Moral, Ehe, Sexualität, Familie;*
- *den Auffassungen über das Generationenverhältnis;*
- *den Vorstellungen über Rolle und Status von Kindern/Jugendlichen, ihre Rechte und Pflichten, kurz es geht um das konkrete Kindheits- und Jugendbild.*

Diese Veränderungen führten zu einem Paradigmenwechsel in der KJL der Bundesrepublik seit Ende der 60er-Jahre, der seinen Ausdruck in der so genannten emanzipatorischen Kinderliteraturreform fand. Wo sich eine neue Kindheitsauffassung durchsetzte, es reale Veränderungen in der Welt von Kindern wie Jugendlichen gab und sie als gleichberechtigte Partner angesehen wurden, konnten ihnen nicht länger jene Problem- und Konfliktfelder vorenthalten bleiben, mit denen sich die Erwachsenen auseinandersetzten. Die Texte begannen, die Verhältnisse einer Gesellschaft, in der Erwachsene und Kinder leben, kritisch zu reflektieren und auf die veränderten gesellschaftlichen Bedingungen wie Probleme damaligen Kind-Seins einzugehen. URSULA WÖLFELS „Die grauen und die grünen Felder" (1970), HANS-GEORG NOACKS „Rolltreppe abwärts" (1970), PETER HÄRTLINGS „Das war der Hirbel" (1973) oder MAX VON DER GRÜNS „Vorstadtkrokodile" (1976) avancierten zu Trendsettern einer neuen Kinderliteratur. Frühere Tabubereiche wurden sukzessive mit sozialkritischem Anspruch zum Gegenstand literarischer Darstellung, dazu gehörten Behinderung, Sterben, Tod, Scheidung, Alkoholismus/Drogen, Arbeitslosigkeit der Eltern, Dritte Welt, Gastarbeiter- und Ausländerproblematik (vgl. WILD 1990, 328 ff.). URSULA WÖLFEL hob in ihrem Erzählband „Die grauen und die grünen Felder" die politische wie emanzipatorische Wirkungsintention explizit im Vorwort hervor:

> *„Diese Geschichten sind wahr, darum sind sie unbequem: Sie erzählen von den Schwierigkeiten der Menschen, miteinander zu leben und wie Kinder in vielen Ländern diese Schwierigkeiten erfahren, Juanita in Südamerika, Sintajehu in Afrika, Manni, Corinna, Karsten und viele andere bei uns. Wahre Geschichten haben nicht immer ein gutes Ende. Sie stellen viele Fragen, und jeder soll die Antwort selber finden. Die Geschichten zeigen eine Welt, die nicht immer gut ist, aber veränderbar."*
> (WÖLFEL 1970, 1)

Der gesellschaftskritische Anspruch der Texte war durchaus jenem in der zeitgleichen Erwachsenenliteratur vergleichbar. Entsprechend begann die neue KJL das vielfältige Formarsenal von politischer und sozialkritischer Dichtung für Erwachsene zu nutzen, Varianten von Dokumentarliteratur, Reportage oder Montage.

Die nachfolgende kinder- und jugendliterarische Programmatik bedeutete eine **Fortsetzung bzw. Entfaltung** des Reformprogramms im Rahmen eines Prozesses von **gesellschaftlicher Modernisierung**, nicht seine Revision. Die „Ingebrauchnahme" und Integration von Darstellungsweisen der modernen Erwachsenenliteratur in der KJL ist Reflex auf gesamtgesellschaftliche Veränderungen. Zu den Parametern des Wandels gehören:

- *Entdramatisierung des Generationenkonflikts: die klassisch-autoritäre Elternrolle nimmt ab, Kinder/Jugendliche müssen sich nicht beständig abgrenzen, weil es „keine fundamentale Deutungsdifferenz zwischen den Achtzehnjährigen und Vierzigjährigen" gibt;*
- *Früherwachsenheit: Kinder- und Jugendliche verhalten sich in Bereichen von Konsum und Technik wie Erwachsene, deren Erfahrungs- und Wissensvorsprung hat abgenommen;*
- *Trennlinien zwischen Kindheit/Jugend, Jugend/Erwachsenheit verwischen sich: längere Ausbildungszeiten, verzögerte Gründung eines eigenen Haushaltes, späte Heirat und Familiengründung;*
- *ständige Gewöhnung an kulturelle Neuerungen: was früher provozierte, bringt heute nur ein müdes Lächeln hervor;*
- *Leben in verschiedenen Realitäten: heutige Kinder/Jugendliche leben parallel zur Familienrealität gleichzeitig in einer Peer-group-Realität, einer Beziehungsrealität, einer Schulrealität, einer Sozialrealität, einer Medienrealität.*
- *Wandel von der Großfamilie zur Kleinfamilie,*
- *zunehmende Auflösung patriarchalischer Strukturen und fest definierter Geschlechterrollen,*
- *Mediatisierung von Kindheit*

Zu Autoren, die den literarischen Modernisierungsschub ab Ende der 60er-Jahre mit prägten, gehören insbesondere jene, die die Bedingungen von Kindheit und Jugend gesellschaftsanalytisch, also als kritische Beobachter registrieren. KIRSTEN BOIE, PETER HÄRTLING, RUDOLF HERFURTNER, GUDRUN MEBS, CHRISTINE NÖSTLINGER, MIRJAM PRESSLER, RENATE WELSH – um nur einige zu nennen – sahen dabei von ihren eigenen Kindheits- und Jugenderinnerungen ab und erfassten stattdessen literarisch jene „Folgen", die die neue Emanzipation und Mündigkeit für Kinder und Jugendliche mit sich brachte. Während sich die realistisch gezeichneten Kinder- und Jugendfiguren der 70er-Jahre noch gegen patriarchalisch-autoritäre Familienverhältnisse auflehnten, leben die Töchter und Söhne der 80er/90er-Jahre eher in „Verhandlungsfamilien", d. h., ihre Meinung ist gefragt, sie sind zur Selbstständigkeit aufgefordert, sie können und müssen eigenverantwortlich handeln.

Diese kulturellen Veränderungen sind längst zum Darstellungsgegenstand der KJL geworden: Die präsentierten „Verhandlungsfamilien" zeichnet ein partnerschaftliches Verhältnis zwischen Kindern und Erwachsenen aus, die überkommenen Geschlechterrollen sind aufgehoben, die „neuen" Frauen bzw. Mütter geben sich mit ihrer traditionellen Mutterrolle nicht zufrieden, brechen aus, verfügen über eine ausgeprägte Weiblichkeit und fühlen sich nicht mehr gebunden an den Mann als Ernährer (GANSEL/GANSEL, 1997). CHRISTINE NÖSTLINGER hat wiederholt in ihren Texten seismographisch einen so gearteten kulturellen Wandel erfasst, etwa, wenn sie die jugendliche Ich-Erzählerin in „Gretchen, mein Mädchen" reflektieren lässt:

„Ich fühle mich nicht unterbetreut." „Aber ich", sagte der Papa. „Montag und Donnerstag arbeitet sie (die Frau – C.G.) am Abend. Am Dienstagabend hat sie diese blöde Psychogruppe, und am Mittwoch macht sie die vertrottelte Zusatzausbildung. Und ich hocke immer allein da und kann die Daumen drehen." (Nöstlinger, 1988, 55).

Die Texte der 80er/90er-Jahre hatten also – wenn sie denn dem Programm eines kinder- bzw. jugendliterarischen Realismus folgten – auf rasante Wirklichkeitsveränderungen zu reagieren. Zumindest zeigen eine Reihe von Texten, mit welchen Emanzipationseffekten Kinder und Jugendliche es heute zu tun bekommen, zu denken ist an CHRISTINE NÖSTLINGERS „Elfi Obermeier und der Ödipus" (1984), „Der Zwerg im Kopf" (1989), „Eine Vater hab ich auch" (1994) oder KIRSTEN BOIES „Nella Propella" (1994). Die Protagonisten müssen sich ihre Gleichberechtigung nicht mehr erkämpfen, ihre Eltern respektieren sie als eigenständige Partner. Andererseits kann die von Kindern bzw. Jugendlichen erwartete Selbstständigkeit Überforderungssyndrome produzieren. Eben *diese Kehrseite der (Post)Moderne macht eine auf Selbstreflexivität zielende KJL zum Gegenstand der Darstellung.* Die Leser treffen auf Protagonisten, deren Innenleben zunehmend etwas von jener (post)modernen Zerrissenheit zeigt, die ansonsten eher für Erwachsene kennzeichnend ist. Das kann nicht ohne Auswirkungen auf das „Was" und „Wie" des Erzählens bleiben. Um derartige psychische Befindlichkeiten zur Sprache bringen, bedarf es des Einsatzes von modernen literarischen Darstellungsweisen. Dazu gehören Ich-Erzählung, personales Erzählen, innerer Monolog mit Übergängen zur Bewusstseinsstromtechnik, häufiger Wechsel des Erzählstandortes, Rückblenden, rascher Wechsel der Zeitebenen und Tempusformen, Formen von Collage und Montage (GANSEL 1994b; GANSEL 1995b). Eben das sind Merkmale von Modernität, und sie lassen sich nicht erst im Jugendroman finden, vielmehr auch im neu entstandenen **modernen Kinderroman** für den es inzwischen vielfältige Beispiele gibt. Frühe und inzwischen klassische Texte sind die modernen Kinderromane von TORMOD HAUGEN „Nachtvögel" (1978/1981) oder GUDRUN MEBS „Das Sonntagskind" (1983), „Mariemoritz" (1988), KIRSTEN BOIE „Das Ausgleichskind" (1990), „Mittwochs darf ich spielen" (1993), „Nella-Propella" (1994), RENATE WELSH „Drachenflügel" (1988), CHRISTINE NÖSTLINGER „Einen Vater hab ich auch" „Der Zwerg im Kopf" (1989), PETER HÄRTLING „Das war der Hirbel" (1973) „Oma" (1975), „Ben liebt Anna" (1979), „Fränze" (1989), DAGMAR CHIDOLUE „Pischmarie" (1990).

Mehr als in Kinderromanen wird der kulturelle Wandel kindlicher bzw. jugendlicher Lebenswelten allerdings im **Jugend-** bzw. **Adoleszenzroman** (s. S. 104 ff.) reflektiert. Die Texte von INGER EDELFELDT („Kamalas Buch", 1988), CHRISTIAN TRAUTMANN („Die Melancholie der Kleinstädte", 1990) oder DAGMAR CHIDOLUES („Magic Müller", 1992) sind Beispiele für die literarische Gestaltung von Problemen, mit denen heutige Jugendliche es zu tun haben. Das auffälligste Merkmal dieser Texte ist ihre neue literarische Qualität, ihr hoher literarischer Anspruch, ihre **Literarizität**. Das bedeutet nicht, dass die bisherige KJL gewissermaßen „unliterarisch" gewesen sei. Grundsätzlich ist hervorzuheben, dass die das Subsystem KJL in der Gegenwart ausmachenden Texte sehr unterschiedliche **Aufgaben** erfüllen. Auch und gerade im Medienzeitalter muss es weiter Texte geben, die den Literaturerwerb stützen (einfache Kindererzählungen, Erstlesebücher usw.) und die als „Gebrauchs-" und „Einstiegsliteratur" konzipiert sind. Dazu gehören Texte, die dicht an der Wirklichkeit bleibend, ein Problem darstellend, aktuell aufklärend wirken wollen (Problemerzählung) oder aber solche, die durch einen offenen Leserbezug gekennzeichnet sind (moderner Kinderroman, Adoleszenzroman).

2.3 Moderner Kinderroman

Zum Begriff

Mit dem Begriff **moderner Kinderroman** wird der Unterschied zu buchgeschichtlichen Kategorien wie Kinderbuch, worunter das Abenteuerbuch, die Kindergeschichte, der Kinderkrimi gefasst wurden, deutlich. Der von der **Textebene** ausgehende Terminus ist allerdings keineswegs so neu wie vermutet. Schon ERICH KÄSTNER nutzte für seine zu Klassikern avancierten Texte „Emil und die Detektive" (1929), „Pünktchen und Anton" (1930) oder „Das doppelte Lottchen" (1949) die Bezeichnung „Romane für Kinder". Und in der Tat stellten KÄSTNERS Texte etwas Neues insofern dar, als sie die damalige Wirklichkeit von Kindern und Erwachsenen wie ihre Wirklichkeitserfahrungen gewissermaßen romanhaft erzählend zum Gegenstand kinderliterarischer Darstellung machten (GANSEL 1999a). Freilich, die Art und Weise des Erzählens bei KÄSTNER unterscheidet sich von jener, die in den modernen Kinderromanen ab den 70er-Jahren zu verzeichnen ist. Sicherheiten, wie sie ein allwissender und über den „olympischen Blick" verfügender Erzähler wie bei ERICH KÄSTNER besitzt, sind nicht mehr das herausragende Kennzeichen. Von daher lässt sich sagen: Der Begriff **moderner Kinderroman** bezeichnet eine (kinder)**literarische Gattung**, deren Texte prinzipiell über vergleichbare Merkmale verfügen wie der moderne Roman für Erwachsene, wenngleich es natürlich graduell Unterschiede gibt. Der Begriff Kinderroman meint also nicht eine zeitliche Dimension im Sinne von „gegenwärtig", „aktuell", „zeitgenössisch", sondern es geht um eine **veränderte Struktur der Texte**, um Inhalt und Form, um ‚story' und ‚discourse', kurz um das „Was" und „Wie" des Erzählens.

Mit dem modernen Kinderroman ist also auf das im Vergleich zur **traditionellen KJL** *neuartige Verhältnis von Oberflächen- und Tiefenstruktur (s. S. 42) verwiesen.* Von daher lässt der moderne Kinderroman sich nicht reduzieren auf Modifizierungen in der Oberflächenstruktur (z.B. dem Stoff, den Handlungen, Episoden, Motiven oder Bildern). Wie in der Allgemeinliteratur schlagen die Veränderungen sich in der Tiefenstruktur der Texte nieder, also in der Wirklichkeitsdarstellung, der Figuren- und Erzählergestaltung sowie der eingeschriebenen Wertsetzungsinstanz und den entsprechenden literarischen Darstellungsweisen. *Wo (aktuelle) Wirklichkeitserkundung das Ziel ist, bekommt anstelle der „pragmatischen Relation", also der Beziehung Werk – Rezipient, die „mimetische Relation", also die Beziehung Werk – Realität größeres Gewicht.*[4] Dies ist für die Wertung der Texte wie ihre Behandlung im Literaturunterricht von entscheidender Bedeutung. Es geht nämlich nicht einzig darum, wirkungsbezogene bzw. pragmatische Werte (die Relation Werk – Rezpient) ins Zentrum zu stellen und zu fragen, ob der Text auch hinreichend dem kindlichen Rezipienten angepasst ist, sondern mehr um die „mimetische Relation" bzw. relationale Werte, also die Frage, inwieweit der Text Wirklichkeit authentisch erfasst (s. S. 12).

Ein solcher Blickwinkel macht unter historischen, thematischen wie formalen Gesichtspunkten eine neue Ausdifferenzierung in Unter- bzw. Subgattungen der KJL möglich. So kann man unterscheiden in a) den modernen problemorientierten bzw. sozialkritischen Kinderroman; b) den modernen psychologischen Kinderroman und c) den modernen komischen Kinderroman (vgl. STEFFENS 1998) sowie d) den modernen phantastischen Kinderroman. Diese Unterteilung ist eine modellhafte, auch deshalb, weil sich in der literarischen Praxis die Übergänge fließend gestalten, es Kinderromane gibt, bei denen die Problemorientierung übergeht in eine kindliche Innenweltdarstellung, auch eine umgekehrte Konstellation ist denkbar. Und um dem Dargestellten die Schwere zu nehmen, werden Möglichkeiten komischer Darstellung genutzt. Dies trifft nicht zuletzt auf Texte zu, in denen es um Sterben und Tod geht, wie bei ELFY DONELLY („Servus, Opa, sagte ich leise") oder GUUS KUIJER („Erzähl mir von Oma").

Eine solche Unterteilung in Subgattungen ist also nicht mehr als ein Hilfsmittel und kein feststehendes Raster. Gleichwohl ist eine Einteilung möglich. Sieht man nämlich Gattungen in einem historischen Kontext und definiert sie mit HANS ROBERT JAUß als „Gruppen oder historische Familien" (JAUß 1973, 107), dann wird es möglich, auch in der KJL Gattungen als eine sich weiterentwickelnde Bestimmung von Einzelwerken zu sehen. Es geht nicht darum, eine Form zu kanonisieren und für allemal festzulegen, vielmehr kommt es in Verbindung mit dem soziokulturellen Hintergrund zu verschiedenen Ausprägungen. Damit ist auch die Möglichkeit der Mischung der Gattungen gegeben. Um die Zugehörigkeit zur jeweiligen Subgattung zu bestimmen, kann man mit dem Begriff der „systemprägenden Dominante" (JAUß 1973, 112) arbeiten und damit feststellen, ob es sich um einen eher problemorientierten bzw. sozialkritischen, psychologischen oder komischen modernen Kinderroman handelt.

Abschließend sei betont: Der neue, der „moderne Kinderroman" unterscheidet sich, was die angewandten Erzählverfahren betrifft, nur noch graduell, also in der Konsequenz des Einsatzes von der modernen Erwachsenenliteratur, nicht mehr prinzipiell. Zu dieser Art modernen Erzählens gehört schließlich auch, dass der Wertungsstandort in die kindlichen bzw. jugendlichen Protagonisten gelegt ist und dass ihr Standpunkt selbst dann nicht korrigiert wird, wenn er sich aus der Sicht der Erwachsenen bzw. der Gesellschaft als problematisch bzw. falsch erweisen sollte. Insofern handelt es sich um „antiautoritär" ausgerichtete Texte (s. S. 27). Dass damit pädagogische Unterweisungen schwerer werden und auf der Darstellungsebene zumeist keine hinreichenden Lösungsangebote mehr unterbreitet werden, ist eine der – höchst strittigen – Folgen dieser literarischen Modernisierung, die auf Widerstand überall dort stößt, wo die Kinder- und Jugendliteratur weiterhin in erster Linie als Sozialisationsinstrument gilt.

Problemorientierter bzw. sozialkritischer Kinderroman

Merkmale

Der **problemorientierte** bzw. **sozialkritische Kinderroman** ist historisch gesehen Reflex auf die 1968 in Gang gebrachte neue Sicht auf Kindheit, auf das Verhältnis der Generationen, auf die Schattenseiten der modernen Gesellschaft. Diese „emanzipatorisch gemeinte" Kinder- und Jugendliteratur hat „in der Ent-Tabuisierung eines ihrer Chrakteristika" (DAHRENDORF 1988, 41 ff.). Als enttabuisierte Bereiche, die mit den 70er-Jahren in den Horizont romanhafter Darstellung gelangten, gelten Politik, Herrschaft, Krieg, Faschismus, Arbeit, Arbeitslosigkeit, Ausbeutung, Liebe, Sexualität, Tod, Behinderung, Dritte Welt, Unterdrückung. Das bedeutete zunächst eine **stofflich-thematische** Weitung der KJL. Texte wie die von URSULA WÖLFEL („Die grauen und die grünen Felder", 1970), HANS-GEORG NOACK („Rolltreppe abwärts", 1970), PETER HÄRTLING („Das war der Hirbel", 1973: Heimsituation, Behinderung, Verhältnis Kinder-Erwachsene; „Oma", 1977: Generationskonflikte, Altern, Tod), MAX VON DER GRÜN („Vorstadtkrokodile", 1976), CHRISTINE NÖSTLINGER („Die feuerrote Friederike", 1970; „Das ist die ganze Familie", 1970; „Maikäfer flieg!", 1973: Nationalsozialismus, Zweiter Weltkrieg), ELFY DONELLY („Servus Opa, sag ich leise", 1976: Verhältnis der Generationen, Krankheit, Tod), GUUS KUIJER („Erzähl mir von Oma", 1978: Verhältnis der Generationen, Tod, Erinnerung) begannen, die Verhältnisse einer Gesellschaft, in der Erwachsene und Kinder leben, einer kritischen Prüfung zu unterziehen. Nicht (phantastische) Schonräume oder spannungsreiche Abenteuer waren daher die Darstellungsgegenstände, sondern jene „wirkliche Wirklichkeit", mit der Kinder wie Erwachsene tagtäglich konfrontiert wurden.

Im Vergleich zu den Kindergeschichten und -erzählungen der 50er- und frühen 60er-Jahre kam es zu einem Austausch der **Schauplätze**, an die Stelle der exotischen Freiräume traten „**normale**" **Alltagswelten**. Das führte zu weiteren Veränderungen auf der Ebene der Darstellung: die **Handlungen**, die **Figuren**, die **Episoden** mussten der auf **soziale Erkundung** ausgerichteten Darstellung angepasst werden. Auch in den **Figurenbeziehungen**, insbesondere im Verhältnis von Kindern und Erwachsenen setzten Veränderungen ein. Ausgegangen wurde in den problemorientierten Kinderromanen von einem prinzipiell **gleichberechtigten Verhältnis**. Entsprechend fanden sich in der Darstellung kindliche Figuren, die emanzipiert-engagiert auftreten und ihre Rechte einfordern oder aber solche, die an den dargestellten Verhältnissen leiden. In beiden Fällen zielt die Wirkungsintention der Texte darauf, dem kindlichen Leser einen kritischen Blick auf die Gesellschaft zu vermitteln, ihm die sozialen Mechanismen durchschaubar zu machen, um ihn aufzuklären und damit seine Mündigkeit zu befördern. Wenn es dem problemorientierten Kinderroman vor allem darum geht, „Einsichten in die Konflikte, Strukturen, und Verharschungen des gegenwärtigen Gesellschaftssystems" (SCHEDLER 1973, 55) zu liefern, also eine Art Gesellschaftsanalyse zu betreiben, hat das Konsequenzen für die Art und Weise der Darstellung.

Es kommt im Bereich der epischen KJL zur Aufbereitung von Darstellungsweisen, die in der sozialkritischen Allgemeinliteratur seit der Mitte des 19. Jh.s ihre Ausprägung fanden: Milieuskizze, naturalistischer Roman, allegorische und parabolische Erzählgattungen (vgl. EWERS 1995b). In die KJL wurden jene Formen übernommen, die in der Weimarer Republik an der Grenze von Fiktion und Nonfiction angesiedelt waren: Sozialreportage, literarische Montage sowie sonstige Formen der Dokumentarliteratur. Hinzu kommt die in der Tradition der Aufklärung stehende Beispielgeschichte (z. B. CHRISTIANE F. „Wir Kinder vom Bahnhof Zoo", 1979).

Wirklichkeitsdarstellung	„reale Welt", äußere Welt
Struktur von Wirklichkeit	Wirklichkeit erscheint überblickbar und kausallogisch erfassbar (Wirklichkeitskohärenz = Kohärenz von Raum und Zeit), nur in Ausnahmen Wirklichkeitsauflösung (z. B. Montage verschiedener Wirklichkeitsebenen)
Art der Darstellung	realistische Darstellung
Weg der Wirklichkeitserkundung	soziale Erkundung, Beobachtung, Analyse
Raum, Schauplatz	Welt der Kinder und Erwachsenen
Kinderfiguren	Alltagskinder, feste Figuren; Vorstellung von einem "festen Kinder-Ich" als Basis eines kausallogischen Denkens und einer ganzheitlichen Wirklichkeitsgestaltung
Erwachsenenfiguren	feste Figuren („festes Ich")
Verhältnis Kinder-Erwachsene	Erwachsene als Autoritäten, aber Gleichberechtigung als Ziel
Erzähler	uneingeschränkte Kontrolle des Erzählers
Erzählsituation	bevorzugt auktorial
Erzählperspektive	Außensicht
Erzählverhalten	kritisch
Thema	Du-Thema
Wertsetzungsinstanz („impliziter Autor")	engagierter, sozialkritischer Erwachsener, der auf der Seite der Kinder steht

Schaubild: Moderner problemorientierter Kinderroman

Beispiele

PETER HÄRTLINGS „Das war der Hirbel" (1973) gehört zu den frühen Texten, in denen mit der Darstellung der Probleme eines behinderten Kindes der Gattungstypus des problemorientierten Kinderromans seine Ausprägung findet. URSULA WÖLFEL hatte mit der kurzen Kindererzählung „Mannis Sandalen" – also nicht im Rahmen eines Kinderromans – in dem Erzählband „Die grauen und die grünen Felder" (1970) ein vergleichbares Thema behandelt:

> *Manni ist gross, er ist schon fast so gross wie die Jungen, die Mopeds fahren dürfen. Er hat auch schon Barthaare am Kinn, man sieht es, wenn die Sonne auf sein Gesicht scheint. Aber er spricht noch wie ein kleines Kind.*
> *Die Leute sagen: „Manni ist nicht richtig Kopf". Die Kinder sagen: „Der ist blöd."*
> (WÖLFEL 1982, 37)

Im Zentrum bei PETER HÄRTLING steht die Frage, wie mit einem körperlich behinderten Kind in der Gesellschaft umgegangen wird. Die sozialkritische Intention wird durch das „Nachwort für Kinder" (91 ff.) verstärkt, in dem der Autor auf gesellschaftliche Missstände aufmerksam macht und gewissermaßen eine Lesart des Textes mitliefert. Danach hat der Hirbel eine Krankheit, die medizinisch festzustellen ist. Wegen Komplikationen bei der Geburt leidet er unter anhaltenden Kopfschmerzen, er hat Krämpfe und Bauchschmerzen. Aber krank ist Hirbel auch, „weil sich niemand um ihn kümmerte, weil er fast nur in Heimen und Krankenhäusern lebte, weil niemand mit ihm spielte und ihm auch niemand vertraute" (HÄRTLING 1992, 91 f.). Diese direkte Einmischung des Autors in Form eines die Rezeption lenkenden Nachwortes ist Ausdruck dafür, wie ungewohnt, wie neu die Darstellung von Behinderung für die Kinderliteratur am Beginn der 70er-Jahre war. Rückblickend hat HÄRTLING die ersten Reaktionen auf den Text so beschrieben: „Das Buch wurde erst einmal kaum beachtet, in ihm gab es kein Happy-End, es versöhnt nicht, also war es heranwachsenden Lesern auf keinen Fall zuzumuten. Literatur wurde, nach dem Verständnis vieler Eltern, für Kinder erträglich erst dann, wenn sie der Wirklichkeit beschönigend entgegnete, wenn sie harmonisierte und heilte. Lehrerinnen und Lehrer begriffen jedoch bald, daß diese törichte Schonung zugleich auch einen Entzug an sozialem Reagieren bedeutete. Wieviel Ungeklärtheiten und Unerklärbares erfahren Kinder in ihrem Alltag ..." (HÄRTLING 1988). HÄRTLING bringt die damalige Situation in Gesellschaft wie im KJL-System auf den Punkt, und es nimmt nicht wunder, dass es im Rahmen der Reform des Literaturunterrichts gerade Lehrerinnen und Lehrer waren, die die neue Qualität des Textes erkannten. Mit Härtlings Text wurde auf soziale Probleme aufmerksam gemacht, deren literarische Darstellung bis dahin als nicht geeignet für Kinder galt. Dazu gehörte nicht nur die Problematik um ein behindertes Kind, sondern auch die Reflexion über Lieblosigkeit, Härte, Gefühlskälte gegenüber Kindern. So kennt der Hirbel seinen Vater nicht, die Mutter hat ihn in ein Heim gegeben und besucht ihn nur selten. Härtling berichtet nun in 12 Kapiteln über den Hirbel. Dabei nimmt er die Autor-Position eines **sozialen Beobachters** ein, der Wirklichkeit erkundet (s. S. 193). Dies geschieht, indem der Autor-Erzähler wie ein recherchierender Reporter eine Geschichte aus dem „wirklichen Leben" liefert. Dazu nutzt er Mittel der (journalistischen) Textsorten wie Reportage, Kommentar, Bericht. Die Themenentfaltung erfolgt über die sprachliche Handlung „Mitteilen".

Der Autor-Erzähler tritt also als Rechercheur einer Geschichte auf, teilt mit, was geschehen ist und bezieht sich auf einen authentischen Fall. Entsprechend muss er die Fäden der Geschichte als auktorialer Erzähler in der Hand behalten. Doch anders als in der traditionellen KJL hängt dies zusammen mit der Präsentation der konkreten Geschichte selbst. Die Geschichte also ist es, die das auktoriale Erzählverhalten bedingt und entsprechend erscheint der Standort des Erzählers mit Notwendigkeit „olympisch". Weil er die Geschichte recherchiert hat, die persönlichen wie sozialen Zusammenhänge kennt, die einzelnen Aspekte der Ereignisse erkundet hat, kann und muss er sich kommentierend, erklärend, reflektierend einschalten. Aber die Allwissenheit ist nicht umfassend, denn die Erzählperspektive bleibt auf die **Außensicht** beschränkt. Das hat einen ersten Grund, der mit der Figur selbst zusammenhängt: Der Autor-Erzähler konnte Hirbel nicht befragen, er kennt ihn nur aus Erzählungen anderer, und keiner weiß – wie sich zu Ende zeigt –, wo er jetzt ist. Für einen „wirklichen" Journalisten freilich wäre es kein Problem gewesen zu recherchieren, wohin Hirbel gekommen ist. Der Autor-Erzähler nennt einen zweiten Grund, warum nichts über Hirbels Denken und Fühlen mitgeteilt wird: „Niemand, Fräulein Maier nicht und die Direktorin nicht, wusste, was der Hirbel dachte und wer er eigentlich war" (36). Über das Innere der Figur lassen sich also nur schwer direkte Aussagen machen. Die medizinischen Begriffe für Hirbels Krankheit zu nennen, weigert sich der Erzähler, sie scheinen ihm keine Hilfe bei der Präsentation der Geschichte, „denn sie konnten nicht erklären, was in ihm steckte" (37). Schließlich müssen die Aussagen zu Hirbels Innenwelt deshalb beschränkt bleiben, weil er sich gegenüber anderen nur begrenzt öffnet, er sich „nicht ordentlich ausdrücken (konnte)" (36 f.). Der Autor-Erzähler geht also wie ein Journalist einer „Geschichte" nach. Am Ende des Einleitungskapitels, in dem knapp berichtet wird, was der Autor-Erzähler an allgemeinen Hinweisen über Hirbel zusammengetragen hat, heißt es: „Das ist noch keine Geschichte. Die erste Geschichte von Hirbel berichtet ..." Explizit wird also auf die journalistische Darstellungsart des „Berichts" verwiesen. Betrachtet man die Oberflächenstruktur des Textes, so wird mit dem „Hirbel" – für den problemorientierten Kinderroman kennzeichnend – ein **Du-Thema** angeschlagen. In der Tiefenstruktur des Textes allerdings finden sich Hinweise, die mehr über die Figur bzw. die Figurenanlage aussagen. Der Text gibt nämlich sehr wohl Auskunft über das Seelenleben des kindlichen Protagonisten, über seine Gefühle, seine Gedanken. Dies erfolgt nicht über Darstellungsweisen wie den inneren Monolog, die erlebte Rede oder ein personales Erzählen – derartige Mittel kommen bei psychologischen Kinderromanen von HÄRTLING wie „Oma" oder „Ben liebt Anna" zum Einsatz –, sondern durch *Bilder*, die Vermutungen über die kindliche Innenwelt zulassen. Was Hirbel möglicherweise empfindet, wird nicht auf einer diskursiven Ebene rational ausgedrückt, vielmehr berichtet der Erzähler von Episoden, in denen mit Hirbels Reaktionen auf seine Umwelt gleichsam eine metaphorisch-emotionale Umschreibung für seinen Gefühlszustand geliefert wird. So wissen die Jungen im Schlafsaal, dass für Hirbel der Schrank, in dem er oft sitzt, „sein Haus" (15) ist, das er mit allen Mitteln gegen Eindringlinge verteidigt. Das behütete „Haus" sagt etwas aus über seine Einsamkeit, seine Heimatlosigkeit, aber auch über seine Hoffnung auf Geborgenheit. Dass Hirbel selbst sich ein „Haus" sucht, unterstreicht die Aktivität des Protagonisten, der sich nicht zum Spielball von ihm unverstandener Mächte machen lassen will. Auch die Ausreißversuche des Hirbel sind ein Indiz für seine Suche nach einem Ort, wo er sich heimisch fühlen kann. Einen weiteren Hinweis auf die innere Situation des Helden gibt der Autor-Erzähler, indem er berichtet, dass Hirbel in seinem „Haus" minutenlang aus vollen Kräften schreit. Das Bild des schreienden Kindes symbolisiert – ins Emotional-Aggressive gewendet – einerseits sein unbewusstes Verlangen nach Aufmerksamkeit wie Zuwendung und andererseits die schreckliche Verlassenheit. Dass der Hirbel nicht „spinnt" (14), verdeutlicht die Fortsetzung der Episode. Ganz wie die Umwelt sieht die junge Erzieherin den im Schrank schreienden Jungen als „ein wildes Tier" (15). Hirbels Nacktheit und der Hinweis der Jungen, „er beißt, schlägt und kratzt" (15) unterstreichen seine Unberechenbarkeit und Wildheit. Doch urplötzlich geht das vermeintlich „tierische" Gebrüll über in ein Bild, das Ausdruck für höchste Sensibilität und Kunstfähigkeit ist: „Hirbel nahm den Schrei allmählich zurück, und mit einem Male begann er zu singen: ‚Die blauen Dragoner, sie reiten'." Der Erzähler kommentiert die herausragende Qualität des Gesangs und die erstaunte Reaktion der Erzieherin: „Er sang rein, sehr schön, und Müller-Maier war völlig durcheinander." (16) Hirbel ist also nicht schlechthin als **Figurentyp** „behindertes Kind" angelegt, er ist mehr. Er ist durchaus eine kleine Persönlichkeit, eine **Individualität,** die ernst genommen werden will und sich mit den ihr zur Verfügung stehenden Mitteln gegen eine verständnislose Welt zur Wehr setzt. So bleibt Hirbel eine ambivalente Figur, die sich durch kindliche Schwäche und Stärke auszeichnet. Die Flächenhaftigkeit und Eindimensionalität in der Figurenanlage wird also gerade mit einer Figur aufgebrochen, die auf den ersten Blick wegen ihrer Beschränktheit als Exempel, als Typus angelegt ist (s. S. 38). Die zentrale Metapher des „wilden Kindes", das im wahrsten Sinne nach Verständnis, Liebe, Geborgenheit schreit, wird in weiteren Episoden vertieft (Schäferepisode, 19 ff.; Traumepisode, 75 ff.). Anders als in der traditionellen KJL, wo der auktoriale Erzähler Ausdruck für eine asymmetrische, nicht gleichberechtigte Kommunikation ist und dem kindlichen Leser die Lesart des Textes vorgibt, hängt die Entscheidung HÄRTLINGS für ein auktoriales Erzählen mit dem „Was" des Erzählten zusammen: **Erstens** bietet sich der auktoriale Erzähler durchgängig als eine Art Hilfe bei der Bewältigung des für kindliche Leser neuen Themas an. Indem an die durch das mündliche Erzählen vertraute Erzählsituation angeknüpft wird, besteht die Chance, die Härte des Erzählten – dem dient auch der Einschub von humorvollen Passagen – abzudämpfen. **Zweitens** muss der Autor-Erzähler als Kommentator und Anwalt des Kindes auftreten, weil Hirbel nicht für sich selbst sprechen kann. Das ist der Grund, warum der Erzähler oberflächliche Urteile der Umwelt von Beginn an korrigiert. Der Textanfang unterstreicht das gewählte Verfahren: „Der Hirbel ist der Schlimmste von allen, sagten die Kinder im Heim. Das war nicht wahr." (7) oder „Der Doktor hatte Begriffe für Hirbels Krankheit, aber die waren keine Hilfe" (37) oder „Die Leute, die von ihm sagten, er sei dumm, er lerne nichts, hatten nicht Recht. Er lernte eine Menge." (83) Und es folgen die sozialkritischen Hinweise darauf, was Hirbel alles lernte: „Er lernte in Heimen zu leben, was nicht leicht ist. Er lernte die Bildertests auswendig, die Ärzte und Psychologinnen mit ihm machten. Er lernte, Leuten auszuweichen, die ihn nicht mochten. Er lernte, sich gegen Kinder, die ihn angriffen, zu wehren. Er lernte es, Kopfweh zu haben und doch spielen zu können. Er lernte viel." (83) Die Anapher „er lernte" gibt zudem – wie schon die Schrankepisode – Auskunft über die Verhältnisse, mit denen Hirbel zu kämpfen hat, „um halbwegs durchzukommen" (83). Der Schluss des Textes mit dem Kapitel „Hirbels letzte Flucht und sein Abschied" lässt wenig Hoffnung für Hirbel und bringt die sozialkritische Intention Härtlings auf den Punkt. Hirbel wird nach einem Ausreißversuch gegen seinen Willen in eine Klinik eingeliefert: „Der Hirbel warf sich auf den Boden, schrie, heulte, bäumte sich auf. Und der Doktor sagte: Das ist der Schock, er hat einen Anfall." Erneut korrigiert der auktoriale Erzähler diese auf Entlastung (der Leser) zielende Interpretation und kommentiert, wie Hirbels Reaktion zu sehen ist: „Er hatte gar keinen Anfall, aber er wollte nicht in die Klinik." (90) Doch Hirbels Wünsche zählen nicht, er wird selbst aus der Notgemeinschaft des Heimes ausgeschlossen und isoliert: „Der Doktor fuhr mit ihm in die Klinik und lieferte ihn dort ab." (90) Die Sprachwahl „lieferte ihn dort ab" lässt keinen Zweifel daran, dass Hirbel als überflüssig und störend wie ein Gegenstand einfach abgegeben wird. Welche Möglichkeiten er in der Klinik hat und ob er überlebt, das bleibt am Ende offen: „Fräulein Maier erfuhr, daß er aus dieser Klinik in eine andere gekommen sei. Sie dachte oft an ihn. Sie hatte ihn gern gehabt. Ganz sicher war sie nach einiger Zeit die Einzige, die sich im Heim an den Hirbel erinnerte. Dann verließ Fräulein Maier das Heim, heiratete und bekam selbst Kinder. Wenn sie heute ihren Kindern von Hirbel erzählt, fragt sie sich, was aus ihm geworden ist." (90) Der Schluss bietet keinen optimistischen Ausblick, eine glückliche Lösung der Probleme ist nicht in Sicht, es handelt sich um ein **offenes Ende**.

„offenes Ende"	typische Schlusssituation	Handlungs- und produktionsorientierte Verfahren
rätselhaft, mehrdeutig	Der Protagonist verschwindet unter geheimnisvollen Umständen, die nicht aufgeklärt werden können. Es bleibt die Hoffnung, dass er sein Schicksal meistern wird.	Gerade die Gestaltung des Textendes bietet sich im Rahmen von produktions- und handlungsorientierten Verfahren immer wieder als kreativer Schreibanlass an. Zu diesem Zweck können ausgehend von den Möglichkeiten eines ‚offenen Endes' selbst Varianten zu den jeweiligen ausgewählten Texten gestaltet werden.
mehrere alternative Schlüsse	Die Protagonisten gehen auseinander und suchen ihren eigenen Weg, der jeweils eine andere Lösung des Konflikts bedeutet.	
Konfliktgeladen	Der Konflikt bleibt über das Ende des Textes erhalten.	
Indizien stellen eine Fortsetzung über das Ende hinaus in Aussicht und einen Neuanfang	Der Konflikt bleibt bestehen und es finden sich Signale, die deutlich machen, dass die Protagonisten sich ihm über das Ende hinaus stellen.	
Rückbezug auf den Anfang	Es beginnt alles von Neuem („Wiederkehr des Immergleichen").	
Nachwort als Lösung oder Interpretation des „offenen" Endes		
Ende mit den Chancen auf einen neuen Anfang	Der Protagonist erkennt die Fehler und es gibt die berechtigte Hoffnung für einen Neuanfang. Die Hauptfiguren ziehen die Konsequenzen und verlassen die Familie, Gruppe, Gesellschaft (Auswanderung).	

Schaubild: Offenes Ende

Moderner Kinderroman

Im Unterschied zu einem „geschlossenen" oder „erwarteten Ende" bleiben die kindlichen Leser mit der abschließenden Frage nach dem Schicksal des Hirbel allein. Diese Schlussgestaltung hebt sich von der traditionellen KJL ab. Dort dominiert ein „geschlossenes", „erwartetes" oder „überraschendes Ende" im Sinne einer harmonischen Lösung. Der Typus des „geschlossenen Endes" lässt sich wie folgt typisierend darstellen:

„geschlossenes Ende"	typische Schlusssituation	Varianten für „Das war der Hirbel"
Heirat	harmonische Lösung: als Erfüllung der Wünsche und Träume der Protagonisten	Hirbel strengt sich an, „weil er hoffte, ein Kind von Karolus zu werden" (74). Sein Wunsch geht in Erfüllung, Doktor Karolus gewinnt ihn lieb und nimmt ihn zu sich.
Tod	tragische/harmonische Lösung: Eine der zentralen Figuren/Gegner kommt ums Leben.	Der Autor-Erzähler berichtet, dass er die Information erhalten habe, Hirbel sei inzwischen doch gestorben.
Happyend	Wiedererkennen, Wiederfinden nach Trennung, Vergessen, Verlust (vgl. Märchen)	Unerwartet taucht Hirbels Vater auf, von dem es im Text heißt: „Seinen Vater hatte er nie gesehen" (8). Er holt Hirbel aus dem Heim, nimmt ihn zu sich nach Hause und findet heraus, dass Hirbel nicht „unheilbar" (74) ist.

Schaubild: Geschlossenes Ende

PETER HÄRTLING hat die Möglichkeiten eines „geschlossenen" Endes ebenso verworfen, wie die für ein „erwartetes Ende". Gerade das „erwartete Ende" hätte dem Erwartungshorizont der kindlichen wie erwachsenen Leser entsprochen. Danach hätten folgende Möglichkeiten bestanden:

„erwartetes Ende"	typische Schlusssituation	„Das war der Hirbel"
ein den Konflikt und die Spannung auflösendes Ende	Die Handlungsstränge werden zusammengebracht und zu einem logischen Ende geführt, es gibt die Enthüllung und Lösung (des Konflikts, Falles usw.).	Hirbel beginnt, sich mit den anderen zu verstehen.
Am Schluss wird wie beim geschlossenen Ende die epische Gerechtigkeit hergestellt, womit eine Bestätigung der humanistischen Werte/Normen erfolgt.	Der Wunsch nach Gerechtigkeit wird befriedigt, es entsteht der Eindruck von Sicherheit, Stabilität, Beruhigung. Die Leser finden Selbstbestätigung und können den Konflikt als gelöst bzw. erledigt betrachten.	Hirbel wird von Karolus aufgenommen.
Es gibt ein Resümee, eine Peroratio (Quod erat demonstrandum).	Die Zusammenfassung des Erzählten führt nochmals vor, was geschehen und wie das Ende zu erklären ist.	Es wird die Notwendigkeit für Hirbels Einlieferung in die Klinik begründet.
Nachwort, Epilog	Das Erzählte wird in Beziehung gesetzt zu einem außerhalb liegenden Sachverhalt.	Im Nachwort: für Hirbel werde in der Klinik gesorgt.

Schaubild: Erwartetes Ende

PETER HÄRTLING nutzt mit seinem „Nachwort für Kinder" zwar eine Form, die ansonsten kennzeichnend für einen „erwarteten Schluss" ist, aber er funktioniert es um, indem er genau das, was von einem Nachwort gefordert wird, nicht liefert: das gute Ende oder wenigstens die Chance auf eine harmonische Lösung. Auch das dem „geschlossenen Ende" vergleichbare Mittel des „unerwarteten Endes" fällt aus:

„unerwartetes Ende"	typische Schlusssituation	„Das war der Hirbel"
Ende nach dem Prinzip deus ex machina	Es erfolgt eine (harmonische) Lösung durch den Eingriff einer Macht von „außen".	Hirbels Vater taucht auf und nimmt ihn zu sich.
Abbruch, ohne logische Erklärungen bricht der Text ab	Die Figuren bewegen sich an einer bestimmten Stelle in der Handlung und es erfolgt ein abrupter Abbruch (Übergang zum offenen Ende).	Mit Hirbels Flucht bricht der Text ab.
Nicht nachvollziehbarer, unlogischer Schluss	Das Ende des Textes stimmt nicht mit den bisherigen Gesetzen des Textes überein, es ist logisch nicht nachvollziehbar (möglich durch eine Macht, Figur usw., die in der Handlung bisher keine Rolle gespielt hat oder durch ein phantastisches Ereignis).	Hirbel wird plötzlich gesund.

Schaubild: unerwartetes Ende

Auch diesen typisierten Formeln für ein mögliches Ende folgt PETER HÄRTLING nicht. Die Begründung hat er selbst gegeben. „Der Schluss ergab sich aus der Geschichte", heißt es bei ihm, „er tat mir selber weh. Aber es ist eine Geschichte, die weh tun soll, und Kinder sollen auch mal merken, es geht nicht allen so prima." (HÄRTLING 1988) Das Ende bietet sich daher für handlungs- und produktionsorientierte Verfahren an, die helfen, im Literaturunterricht der „Machart" des Textes, seiner Struktur auf die Spur zu kommen.

Vorschläge für den Unterricht

„Das war der Hirbel" weist wichtige Merkmale eines *modernen problemorientierten und sozialkritischen Kinderromans* auf, es handelt sich allerdings um keinen modernen psychologischen Kinderroman. Einblicke in mögliche Gedanken und Gefühle Hirbels werden im Text gerade nicht gegeben. Die Hinweise des Autor-Erzählers müssen vielmehr von den Lesern selbstständig erfasst werden, die Leerstellen des Textes sind mit eigenen Gedanken aufzufüllen. Wenn dies gelingt, kann über die Beschäftigung mit der Darstellungsebene (Oberflächenstruktur) des Textes und den stofflich-thematischen Schwerpunkten (Behinderung, Leben im Heim) zur Tiefenstruktur des Textes vorgestoßen werden. Nur dann besteht die Chance, sich in die Situation von Menschen zu versetzen, deren Verhalten möglicherweise auffällig, missverständlich und fremd erscheint. Erst die Dechiffrierung des nicht explizit Gesagten, also beispielsweise die Entschlüsselung der „Schrank-Metapher" oder der „Schafepisode" führt zu einer Vertiefung der emphatischen Fähigkeiten wie zur Differenzierung der Selbst- und Fremdwahrnehmung (SPINNER 1993). Weil der Autor eben nicht sagen kann und will, was der Hirbel denkt, besteht die Notwendigkeit, kognitiv-analytisch wie handlungs- und produktionsorientiert mit diesem Text zu arbeiten.

Moderner Kinderroman

Klassen 5/6
- *Gemeinsames Lesen der Ausgangssituation (1. Kapitel) und Orientierungsfragen zur Figur des Hirbel: Aus welchen Gründen ist der Hirbel im Heim? Was erfahren wir über ihn? Der erste Satz des Textes „Der Hirbel war der Schlimmste von allen, sagten die Kinder im Heim. Das war nicht wahr. Doch die Kinder verstanden den Hirbel nicht." Überlegen, warum der Hirbel wohl als der Schlimmste gilt. Was denken die Kinder von ihm?*
- *Schrank-Episode: Hirbel kann sich nicht gut ausdrücken. Was könnte er denken? Einen inneren Monolog des Hirbel schreiben. Verschiedene Stationen: a) Im Schrank sitzend und schreiend; b) als er anfängt zu singen; c) als im Schlafraum Ruhe ist und der Hirbel im Bett liegt. Warum ist der Schrank für Hirbel „sein Haus". Wie könnte Hirbels Traumhaus aussehen? Male es auf.*
- *Hirbel und das Singen: Suche andere Lieder, die Hirbel möglicherweise gekannt und gesungen hat.*
- *Hirbels Traum von den Schafen: Male Hirbels Erlebnis mit den Schafen.*

Schluss:
- *Das „offene Ende" bietet sich an, um andere Varianten eines möglichen Schlusses in Arbeitsgruppen zu entwerfen. So können drei Arbeitsgruppen gebildet werden, in denen der offene Schluss verändert wird in ein a) geschlossenes Ende; b) ein erwartetes Ende oder c) ein überraschendes Ende. Damit die Schüler eine Orientierung haben, wird ihnen das Modell jeweils stichwortartig vorgegeben (s. Tabelle S. 65 f.). Ausgehend davon erhalten die Arbeitsgruppen die Aufgabe, Teams zu bilden und a) für die von ihnen erarbeiteten Schlusssequenzen eine Collage, eine Zeichnung zu entwerfen und b) die neue Schlussgestaltung szenisch umzusetzen.*
- *Die verschiedenen Versionen werden verglichen und in Beziehung zu jenem Ende gesetzt, das Peter Härtling gewählt hat. Im Gespräch wird erörtert, warum der Autor sich für das offene Ende entschieden hat und welche Folgen damit für die Geschichte verbunden sind.*

PETER HÄRTLINGS Kinderromane sind inzwischen zu „Klassikern" geworden und kommen besonders im Literaturunterricht der Klassenstufen 4 bis 6 zum Einsatz. Dabei markieren Texte wie „Oma" oder „Ben liebt Anna" bereits Übergänge zum psychologischen Kinderroman. Entsprechend nutzt der Autor die Ich-Erzählweise oder das personale Erzählen ebenso wie die damit in Verbindung stehenden Darstellungsweisen des inneren Monologs und der erlebten Rede.[5]

Didaktische Hinweise zu „Oma"

Inhalt

Bei einem Verkehrsunfall verliert Kalle seine Eltern. Seine Großmutter, Erna Bittel, die bereits 67 Jahre alt ist, nimmt den Vollwaisen zu sich. Für Kalle bringt das neue Leben bei der Oma vielfältige Veränderungen mit sich, er muss seine Umgebung verlassen, lebt nun in der Großstadt München, die finanziellen Verhältnisse der Großmutter lassen keine großen Sprünge zu. Die Auffassungen der Oma unterscheiden sich in vielem von dem, was Kalle bislang gewohnt war. Auch die Großmutter muss sich auf die neue Situation einstellen, sie stellt sich der Herausforderung und nimmt die Erziehung von Kalle engagiert in die Hände. Dabei schwankt sie zwischen Selbstzweifeln und Euphorie über die neue Aufgabe. Beide müssen lernen miteinander umzugehen und den anderen mit seinen Besonderheiten zu akzeptieren. Toleranz, Offenheit, Achtung sind Eigenschaften, die für das Zusammenleben der Generationen von entscheidender Bedeutung sind.

Die erzählte Zeit des Kinderromans beträgt fünf Jahre und ist in 15 Kapitel untergliedert. Jedes Kapitel erzählt eine Episode aus dem Alltag von Großmutter und Enkel. Dabei wechselt die Erzählweise. Die Erlebnisse von Kalle werden von einem auktorialen Erzähler berichtet. Die Meinungen, Gedanken, Überlegungen, Zweifel der Großmutter werden jeweils zum Abschluss des Kapitels in einem Denkmonolog der Großmutter zusammengefasst.

Einstieg

- *Dinge mit in die Klasse bringen, die darauf schließen lassen, dass sie für Großeltern bzw. ältere Menschen eine bestimmte Rolle spielen: eine alte Brille, Bilder aus einem Seniorenheim, ein Spazierstock, vielleicht ein Hörgerät. Ausgehend davon: Diskussion über das Verhältnis zu den eigenen Großeltern oder älteren Bekannten. Was mögen sie besonders, was haben sie gar nicht gern, was machen sie in ihrer Freizeit, womit haben sie Probleme, wie gehen sie damit um, wie verstehen sie sich mit ihren Kindern.*
- *Selbst Erlebtes von und mit Oma und Opa erzählen (ein Ferienerlebnis, eine Reise, ein Ärgernis).*
- *Aktuelle Zeitungsberichte über Unfälle und ihre Folgen für Kinder.*

Anregungen

- *Nachspielen einzelner Szenen.*
- *Kalles Erlebnisse in Form eines Tagebuches aufschreiben. Kalle schreibt Briefe an frühere Freunde in seiner Heimatstadt.*
- *Ein Streitgespräch (s. S. 146) über Kindererziehung führen.*
- *Eigenschaften von Kalle und Oma zusammenfassen und auf einer Papierrolle aufmalen.*

Um ein weiteres Beispiel für einen modernen problemorientierten Kinderroman handelt es sich bei GUUS KUIJERS „Erzähl mir von Oma", der sich ebenfalls für den Einsatz in den Klassen 5/6 eignet.

Die **Handlung** spielt in Holland. Maslief, die ungefähr 9 Jahre alt ist, erfährt vom Tod ihrer Großmutter, die sie nur wenig gekannt hat. Maslief kann nicht verstehen, warum ihre Mutter weder trauert und auch nicht weint. Die Mutter gesteht, dass sie die Oma, ihre Mutter, „nicht so besonders gern gehabt" hat. Nun versucht Maslief zu ergründen, woran das liegt und was für ein Mensch die Großmutter eigentlich war. Erst als Maslief eine Weile beim Großvater ist, erfährt sie nach und nach mehr über die Oma und über die Familiensituation. Die Zeit beim Opa ist für beide eine Zeit der Erinnerung an die verstorbene Oma. Die Vorstellungen der Großmutter von einem selbst bestimmten Leben haben sich nicht erfüllt. Maslief erfährt, dass die Oma als junge Frau und zu Beginn der Ehe mit dem Großvater eine attraktive, lebenslustige, intelligente, selbstbewusste Frau war, die mit ihrem Mann die schönsten Städte Europas bereiste. Doch vor allem nach dem Umzug in ein kleines abgeschiedenes Dorf hat die Oma sich immer mehr zurückgezogen und mit der ungeliebten Rolle als Hausfrau abgefunden. Ihre Resignation führte zu Bitterkeit, Härte, Unduldsamkeit gegenüber anderen Menschen, auch gegenüber ihrem Mann und der Tochter. Schließlich resigniert sie und verstummt. Erst spät erkennt der Großvater, dass das Verhalten seiner Frau ihre Ursache in einer tiefen Unzufriedenheit, ja in ihrer seelischen Not hat. Die Gespräche mit dem Großvater geben Auskunft über das Leben wie die Situation von Frauen über drei Generationen. Sie helfen Maslief, eigene Vorstellungen von einem späteren glücklichen Leben zu entwerfen. „Ich will später nicht gehorsam sein" (21) lautet eine erste Maxime der jungen Protagonistin.

Textaufbau
In 35 jeweils kurzen Kapiteln (ca. 2–4 Seiten) wird deutlich, wie das Leben der Großmutter aussah. Dabei sind die einzelnen Kapitel zumeist nur mit einem Wort überschrieben und stellen jeweils in sich geschlossene Geschichten dar („Oma", „Zu alt", „Früher", „Rasieren", „Brief", „Sirup"). Es sind vor allem die Dialoge zwischen Maslief und dem Großvater, die Einblicke geben in Omas Träume, Lebensziele, Interessen und was daraus wurde.

Bei der Erzählform handelt es sich vorwiegend um einen Er-Erzähler, wobei das Erzählverhalten zwischen auktorial und personal alterniert. So wird wiederholt aus der Sicht der kindlichen Protagonistin erzählt. Die Erzählhaltung wechselt, während der Erzähler durchaus kritisch mit den jeweiligen Figuren umgeht. („Am Nachmittag kommt Tante Anette zu Besuch. Jaja, Anette mit tte. Früher hieß Tante Anette ganz einfach Anna, aber das ist lange her. Tante Anette findet Anette viel vornehmer als Anna", 26). Offensichtlich wird in der Erzählhaltung die kritische Distanz zum Erzählten, also zu der Figur. Der Sprachstil entspricht der kindlichen Heldin.

Didaktisch-methodische Anregungen
Die Frage nach dem Tod der Oma und danach, wie sie wirklich war, ist eng verbunden mit zwei weiteren Problemkreisen. Da ist zum einen die Überlegung, was von einem Menschen in der Erinnerung der Nachwelt bleibt und zum anderen die Diskussion über Unterschiede, Gemeinsamkeiten in den Lebensauffassungen der Generationen. Mit Großmutter, Mutter und Maslief geht es um die Auffassungen, Normen, Werte der Nachkriegsgeneration, der 68er wie der nachfolgenden Generation. Es kann daher über weibliches und männliches Rollenverhalten „früher" und „heute" diskutiert werden. Da der Text zumeist Außensicht präsentiert, bietet sich als Handlungsorientierung durchgängig der Wechsel der Erzählperspektive an: Schreiben aus der Sicht einer Figur (Dialoge, innere Monologe, Briefe).

Auftrag für eine Arbeitsgruppe:
Einstieg über eine TV-Werbung: Mein Haus, mein Garten, mein Auto, ...
- *Vorstellungen der Schüler von ihrer Zukunft, ihrer Lebensplanung, ihren Lebenswünschen*
- *Vorstellungen vom Partner, vom Beruf.*

➤ Stationen von Omas Leben im Vergleich: Forschungsreisende (36 ff.); Lesen im Gartenhäuschen (46 ff.), als Hausfrau. Auf einer Endlosrolle wird notiert, wie Oma sich damals fühlte (Aussagen des Großvaters). Ergänzt wird Opas Aussage: „Früher, da pfiffen die Züge" (36): die Schüler bringen Gegenstände oder Bilder von „früher" mit. Ausgehend davon wird Opas Erzählung von „früher" ergänzt.

- Briefschreiben: Maslief schreibt einen Brief an ihre Mutter („Liebe Mama! Ich hab eine Menge Sachen zum Schreiben") – Die Schüler beantworten den Brief.
- Die Genealogie von Masliefs Familie wird entworfen und mit der eigenen oder einer bekannten Familie verglichen. Soweit möglich, kann der Weg in die Vergangenheit noch weiter zurückverfolgt werden.
- Masliefs Sprachspiel wird fortgesetzt: „Hilfe, wo ist denn die Pfanne?"
- Emanzipation: Frauen früher und Frauen heute: „Die Frauen haben früher alles gemacht ..." (S. 20). Die Rollenbilder von Mann und Frau früher und heute werden gegenübergestellt (Berufe, Freizeit).
- Omas Gedicht wird vorgelesen und ihre Gedanken und Gefühle als innerer Monolog, als erlebte Rede dargestellt.
- Kindererziehung: Opa spricht über eine strenge Erziehung der Kinder und sagt: „Das war früher so" (94). Vorher heißt es in Hinblick auf die Oma: „Sie fand, dass ich dich nicht richtig erziehe. ,Zu frei', sagte sie". (vgl. auch die didaktischen Hinweise bei KIRSTEN BOIE: Mit Kindern redet ja keiner, s. S. 73 ff.)
- Das Kapitel „Warm essen" (92) regt dazu an, von eigenen Kindheitserinnerungen zu berichten. Das trifft auch für das Kapitel „Spannend" (104) zu.
- Das Kapitel „Kratzer" liefert die „Lösung". Hier glaubt Maslief zu erkennen, was die Oma bedrückt hat: „Die Kratzer, das sind Gitterstäbe. Und das Gesicht, das ist Oma." (92)

Rollenspiele: Ausgangspunkte für die Rollenspiele (s. S. 184 ff.) sind ausgewählte Episoden.

- *„Jetzt mach ich ein Theaterstück. Ich muss Maslief sein, aber in ganz alt. Und du – eh – du musst mein Mann sein, ja?" (55) Die Anlage der Figurenrollen (ein altes Ehepaar) ist bereits durch Maslief vorgegeben: „Aber du musst so'n richtiger Nörgelpeter sein, weißte, so'n richtiger Meckerfritze" (55). Ort: Ein Kinderspielplatz.*
- *Omas Auseinandersetzung mit dem Chef Ihres Mannes (So 'ne Frau war Oma, S. 62 ff.). Opa weiß nicht, was Oma zum Chef gesagt hat, die Schüler müssen einen eigenen Dialog entwerfen. (Figuren: Oma, Chef). Anschließend wird Opas Reaktion gespielt („Wütend war ich, und angeschrien hab ich sie") und die Frage erörtert: Warum war Opa wütend?*
- *Maslief wird zur Reporterin und interviewt die einzelnen Figuren: Was wissen Sie über Oma?*

Psychologischer Kinderroman

Merkmale

Anders als der problemorientierte bzw. sozialkritische Kinderroman erfolgt beim psychologischen Kinderroman eine *Schwerpunktverlagerung auf die Darstellung kindlicher und jugendlicher Innenwelten*. An die Stelle von Aktion tritt die Reflexion über psychische Phänomene der eigenen Subjektivität (vgl. GANSEL 1994a, 354). Insofern wird der „Blick ins Innere" (LYPP 1989b) eröffnet und eine „Einfühlung in die kindliche Psyche" (STEFFENS 1998), mit ihren Gedanken Gefühlen, Träumen, Ängsten geleistet. Die Grundlage dafür bilden die genannten Veränderungen im **Bild** der Kindheit wie **reale** Veränderungen in der Welt von Kindern und Jugendlichen. Wo Kinder zunehmend als gleichberechtigte Partner angesehen werden, in der Familie mitbestimmen können, mündige Diskussionsteilnehmer und für die Eltern „Verhandlungspartner" sind, bekommen sie es mit jenen Problem- und Konfliktfeldern zu tun, die früher den Erwachsenen vorbehalten blieben. Die Mündigkeit, die freilich zumeist nur eine begrenzte ist, bietet neue Spielräume und Entscheidungsmöglichkeiten. Damit besteht für Kinder die Qual der Wahl, sie müssen nicht mehr nur normativ vorgegebenen Regeln folgen. Die neue Mündigkeit kann somit auch zu Überforderungssyndromen führen, denn wo es keine autoritären Vorgaben mehr gibt, fehlen gleichsam Orientierungspunkte.

Das Kind muss die Probleme selbstständig rational erfassen wie emotional bewältigen. Kinder sind in eine Freiheit entlassen und haben sich in ihr zu bewähren. Sie müssen sich damit Aufgaben stellen, die für frühere Kindergenerationen tabu waren. An die Stelle der Spiel-, Abenteuer-, Erlebniswelten, die natürlich immer auch eine Art Schonraum darstellten, tritt nunmehr die „reale Welt" mit ihren existenziellen Nöten. Aber anders als beim problemorientierten bzw. sozialkritischen Kinderroman geht es im psychologischen Kinderroman nicht primär um die Präsentation bzw. die realistische Darstellung des (Kinder)Alltags, *sondern um die* **Auswirkungen des Alltags** *mit seinen Konflikten auf die Psyche der kindlichen Protagonisten. Die* **systemprägende Dominante** *wechselt von der Außenweltdarstellung auf die Innenweltdarstellung.* Die Außenwelt wird zwar erfasst (= äußere Handlung), aber sie erfolgt nicht primär unter der Maßgabe einer sozialen Erkundung, sondern vielmehr mit dem Ziel, die Folgen für das Individuum (= innere Handlung) zu zeigen. Gesellschaftliches kommt insofern indirekt zur Sprache über die Reaktionen, Anforderungen, Störungen, die sich daraus für die kindlichen Protagonisten ergeben. Nicht die äußere Wirklichkeit steht im Zentrum der literarischen Darstellung und das Agieren der Protagonisten in ihr (Handlungen, Episoden), als vielmehr ihre Verarbeitung. Mit anderen Worten: *Die moderne Subjektivitätsproblematik, die ansonsten kennzeichnend für die Allgemeinliteratur ist, findet mit dem psychologischen Kinderroman Eingang in die KJL.* Dabei erscheint die äußere Wirklichkeit für die kindlichen Protagonisten nur schwer durchschaubar, ja es kann zu einer Auflösung der ansonsten dominierenden Wirklichkeitskohärenz (Kohärenz von Raum und Zeit) kommen. Insofern gibt es Übergänge zur Montage verschiedener Wirklichkeitsebenen, z.B. das Gegenüberstellen von real-fiktiver und phantastischer Welt, durch Träume, Alpträume (s. S. 91 ff.). Anders als im problemorientierten, sozialkritischen Kinderroman handelt es sich hier um Kinderfiguren, die sich ihrer selbst nicht mehr sicher sind, die selbstreflexiv mit sich und ihrer Umwelt umgehen. Das autonome feste Ich weicht einem introvertierten, schwachen Ich. Dabei finden sich wie in der Allgemeinliteratur – nur graduell nicht so stark ausgeprägt – Momente von Ichauflösung bzw. Ichspaltung (Beispiel: T. HAUGEN „Die Nachtvögel").

Insofern kann man davon sprechen, dass es hier bevorzugt um **Ich-Themen** (s. S. 39) geht. Dabei werden keineswegs nur die inneren Probleme des kindlichen Daseins bzw. der Kinder ausgeleuchtet, sondern in den Blick geraten darüber hinaus die Zweifel der Erwachsenen, ja ihre „Fremdheit und Ferne" (LYPP 1989b, 26). KIRSTEN BOIES „Mit Kinder redet ja keiner" ist ein eindrucksvolles Beispiel für diese Weitung. Auch TORMOD HAUGENS „Nachtvögel" steht stellvertretend für den psychologischen Kinderroman, als hier die inneren Konflikte des kindlichen Protagonisten an die Krise der Eltern, insbesondere der Vaterfigur, gebunden sind. Weil Joachims Vater nicht mit der Wirklichkeit zurechtkommt, fühlt der achtjährige Protagonist sich für ihn verantwortlich. Damit erfolgt ein Rollentausch, die kindliche Figur übernimmt jene Aufgaben, die eigentlich der erwachsene Vater hat. Die Überforderung zeigt sich in den Angstträumen Joachims (GANSEL 1995 b). Bereits in CHRISTINE NÖSTLINGERS phantastischem Kinderroman „Wir pfeifen auf den Gurkenkönig" (s. S. 93) geriet die Krise der Vaterfigur in den Blick, der die Defizite in der beruflichen Entwicklung durch autoritäre Machtanmaßung in der Familie zu kompensieren suchte. *Mit der Weitung des Blickwinkels im psychologischen Kinderroman erfolgt eine Zunahme an Polyvalenz, es eröffnen sich „Leerstellen" und Lesarten, die im problemorientierten Kinderroman so noch nicht zu finden waren.* Damit werden die Texte attraktiv für ein größeres Lesepublikum und können durchaus auch mit Gewinn von Erwachsenen gelesen werden.

Im problemorientierten Kinderroman existiert eine uneingeschränkte Kontrolle der Geschichte durch den Erzähler, die primär auf realistische soziale Erfassung zielt. Bei der Darstellung von Innenwelt im modernen psychologischen Kinderroman geht die Souveränität des Erzählers zurück, weil der feste Erzählstandort aufgegeben wird, der point of view zu den Figuren wechselt, sie selbst zu Wort kommen. Dies ist für den modernen Roman insbesondere seit dem frühen 20. Jh. kennzeichnend. Vergleichbar gewinnen für die Sprechsituation im psychologischen Kinderroman Bewusstseinsbericht, erlebte Rede, innerer Monolog, Bewusstseinsstrom an Bedeutung.

Darstellungsweise	formale Merkmale	inhaltliche Merkmale
Bewusstseins- bzw. Gedankenbericht, (Erzählerbericht über das Denken und Fühlen der Figur)	3. Person, Präteritum	Der Erzähler verfügt über die Innensicht und gibt das Denken und Fühlen der Figur in „seiner Sprache" wieder.
Direkte Rede und Gedankenwiedergabe	1. u. 2. Pers. Prät.; Erzähler gibt Rede an die Figur ab, die persönlich zu Wort kommt (Stilelemente gesprochener Sprache, dramatischer Effekt, Blankdialoge)	Selbstcharakterisierung der Figur als Vertreter bestimmter sozialer Gruppen, Landschaft, Zeit, als Typ oder Individualität (Sprachporträt)
Indirekte Rede und Gedankenwiedergabe	3. Person, Prät.; häufig Konj. I (Konj. Präs., Perf.; Fut I)	Perspektive des Redenden (Figur A) überlagert durch die des Redemitteilenden (Erzähler, Figur B); Komprimierung; Wesentliches durch E. hervorgehoben; leichter verständlich
Erlebte Rede bzw. freie indirekte Rede und Gedankenwiedergabe	3. Person, Präteritum; durch eine Annäherung zwischen Erzähler- und Figurenrede höherer Grad an Expressivität, Ausrufe, Fragen wiedergeben	Zusammenspiel/Mischung von Erzähler- und Figurenrede. Der Erzähler gibt die Gedanken einer Figur in deren Sprache wieder.
Innerer Monolog bzw. freie direkte Rede und Gedankenwiedergabe	1. Person, Präsens; Regeln der Syntax können durch direkte Wiedergabe der Bewusstseinsprozesse gesprengt werden.	direkte Wiedergabe der Gedanken und Gefühle einer Figur in deren Sprache; Leser wird direkt in die Gefühls- und Gedankenwelt einbezogen.

Schaubild: *Redewidergabe mit dem Schwerpunkt Bewusstseinsdarstellung*

Während bei der erlebten Rede und der direkten Gedankenwiedergabe die Erzählerkontrolle im Vergleich zum Erzählerbericht eingeschränkt ist, hat es beim inneren Monolog den Anschein, dass der Erzähler seine Kontrolle aufgibt und entsprechend auch nicht mehr lenkend eingreift. Dies ist verbunden mit einer Erhöhung des Schwierigkeitsgrades der Texte. Innerer Monolog mit Übergängen zur Bewusstseinsstromtechnik, erlebte Rede sowie Ich-Erzählung, personales Erzählen, häufiger Wechsel des Erzählstandortes, Rückblenden, rascher Wechsel der Zeitebenen und Tempusformen können als Kennzeichen des modernen psychologischen Kinderromans gelten (vgl. GANSEL 1994a, STEFFENS 1995). Zusammenfassend lässt sich folgendes Schema entwerfen:

Wirklichkeitsdarstellung	„reale Welt", innere Wirklichkeit
Struktur von Wirklichkeit	Wirklichkeit erscheint zunehmend als schwer überblickbar, Ansätze einer Auflösung der Wirklichkeitskohärenz und Übergänge zur Montage verschiedener Wirklichkeitsebenen (Wirklichkeitsverfremdung). Eine mediale Adaption fällt weitgehend aus (Schriftgröße, Verzicht auf durchgängige Bilder).
Art der Darstellung	realistische Darstellung (auch phantastische Darstellung möglich)
Weg der Wirklichkeitserkundung	psychologische Erkundung
Raum, Schauplatz	Welt der Kinder und Erwachsenen
Kinderfiguren	Alltagskinder, schwache Figuren; Auflösung des autonomen, festen Ichs (im Extremfall: Ich-Auflösung bzw. Ich-Dissoziation, phantastische Ich-Spaltung); Folge kann eine Ich-Montage bzw. montiertes Ich sein.
Erwachsenenfiguren	Mischung zwischen starken und schwachen Figuren, Ich-bezogen
Verhältnis Kinder-Erwachsene	Kinder und Erwachsene als gleichberechtigte Partner (Verhandlungsfamilie)
Erzähler	Erzählerkontrolle scheint aufgegeben.
Standort des Erzählers	Scheint sich in großer Nähe zu den Figuren zu befinden
Erzählperspektive	Innensicht
Erzählverhalten	kritisch
Darstellungsweisen	bevorzugt Einsatz von erlebter Rede, innerem Monolog, personalem Erzählen, Ich-Erzählen, Rückblenden, Wechsel der Zeitebenen und Tempusformen
Thema	Ich-Thema
Wertsetzungsinstanz (implizierter Autor)	kindlicher Protagonist

Schaubild: Moderner psychologischer Kinderroman

Beispiele

KIRSTEN BOIES „Mit Kindern redet ja keiner" (1990) steht exemplarisch für einen modernen psychologischen Kinderroman. Der Kinderroman besteht aus 2 Teilen (Teil 1 = 70 Seiten, Kapitel 1 bis 15; Teil 2 = 50 Seiten, Kapitel 16–26), wobei das erste und fünfzehnte Kapitel wie ein Rahmen funktionieren. (vgl. STEFFENS 1996, 97). Es handelt sich um die Erzählung der neunjährigen Charlotte über die Ereignisse in ihrer Familie. Der **Textanfang** verfügt – für die KJL eher ungewöhnlich – über keine Einleitung und Erklärung, er führt sozusagen in medias res: „Als ich nach Hause gekommen bin, hat zuerst keiner aufgemacht" (6). Es wird also weder eine Vorgeschichte geliefert (ab ovo) noch gibt es eine Hinführung auf die Geschichte unter einem bestimmten Blickwinkel als Invocatio (s. Tabelle). Eher lässt sich davon sprechen, dass die kindliche Erzählerin mit dem Ende bzw. kurz vor dem Ende mit dem Erzählen beginnt, was kennzeichnend für Detektiv- und Kriminalroman ist. Das Resultat steht fest, und nun geht es über ein *analytisches Erzählen* darum, die Ursachen zu ergründen. Betrachtet man Möglichkeiten den Erzählanfang zu gestalten, dann fällt das Besondere ebenso auf wie die damit verbundenen Funktionen.

Beginn/ Anfang ab ovo	Es wird eine Art Einstieg in die eigentliche Geschichte gegeben, er dient der Einstimmung auf das Folgende („Es war einmal ...").
Beginn/ Anfang in medias res	Es wird ein bestimmter Zeitpunkt mitten in der Geschichte als Beginn für das Erzählen gewählt, Anfang mit der Episode („point of attack"). Die Handlung kann auch kurz vor einer Wende im Geschehen oder dem entscheidenden Schluss einsetzen. Der Leser durchschaut noch nicht alles, er ist irritiert. Was für das Verständnis wichtig ist, wird erst im weiteren Verlauf nachgeholt. Erst am Ende ist der Leser in der Lage, sich selbst eine Chronologie der Ereignisse zusammenzustellen und kann die Zusammenhänge begreifen.
Beginn/ Anfang in ultimas res	Es wird mit dem Ende der Geschichte oder kurz davor begonnen; erst am Schluss werden die Zusammenhänge (der einzelnen Handlungsstränge) offenbar: Die erzählte Zeit fällt mit der Erzählzeit zusammen. Eine Sonderform ist die Detektivgeschichte: Die das Erzählen in Gang bringenden Ereignisse, also z. B. das Verbrechen, liegen vor dem Erzählbeginn und werden vorab präsentiert, danach beginnt das Forschen nach den Ursachen, Hintergründen (analytisches Erzählen).
Einleitung/ Vorwort als Invocatio	Es wird auf die Geschichte unter einem besonderen Blickwinkel hingeführt, es erfolgt eine Begründung für das Erzählen; das Erzählen wird legitimiert (Widmung, Einleitung, Rahmenerzählung; Nennen von Herkunft oder Quelle der Erzählung, fingierte Dokumente).

Schaubild: Varianten für den Beginn/Anfang eines Textes

Nach und nach erfährt der Leser von Charlotte, dass mit der Mutter etwas geschehen sein muss. Dies wird erzähltechnisch in Form einer Rückblende realisiert. Auch dies ist eine Erzähltechnik, die in der traditionellen KJL weniger vorkommt, weil es in ihr eher darum geht, eine Handlung chronologisch zu entfalten. Die Entscheidung für einen Anfang „in medias res", also mitten in der Geschichte, ist also von weit reichender Konsequenz: Mit dem spezifischen Beginn ist ein **nicht chronologisches**, sondern **anachronisches** Erzählen verbunden. Es kommt zum Einsatz von **Rückwendungen**, womit die notwendigen Informationen nachgeliefert werden. In der Rückblende erzählt Charlotte, wie schön es früher war, sie erinnert sich, wann die Mutter nervös und unausgeglichen wurde, sich überfordert fühlte und das Studium aufgab. Man erfährt, dass die Mutter vergesslich wird, unselbstständig und ihre Probleme durch Tabletten, Alkohol und einen ersten Selbstmordversuch zu lösen sucht. Im ersten Teil beschreibt Charlotte ausschließlich die Veränderungen in der Familie. Sie erzählt von den Störungen des Zusammenlebens zwischen den Eltern und den sich daraus ergebenden Folgen für ihre Person. Charlotte beschreibt ihre veränderten Gefühle der Mutter gegenüber, aus Zuneigung und Liebe wird zunehmend Angst, Enttäuschung, Distanz, Abwehr und schließlich sogar so etwas wie kindlicher Hass („Ich war sowieso nicht mehr so gerne zu Hause", 31; „Ich habe mich aber ganz steif gemacht, und dann hab ich mich losgerissen ..." 43). Der Tod des geliebten Hamsters lässt sie ihre Abwehr und Aggressionen herausbrüllen („Mörder hab ich geschrien. ‚Mörderfrau'...," 63 f.) und stellt den Höhepunkt im ersten Teil dar.

Im 2. Teil sucht Charlotte nach Gründen für die Veränderung der Mutter. Sie bemüht sich den Selbstmordversuch zu verstehen. Da zunächst keiner der Erwachsenen (Vater, Bekannte, Großmütter) mit Charlotte über die Ursachen sprechen will, nimmt Charlotte zunächst an, dass sie selbst der Grund für die Veränderung der Mutter ist und ihre Krankheit sich auf sie „vererbt". Erst Sabine, die Mutter ihrer Freundin, nimmt Charlotte ernst und erklärt ihr die Situation. In gemeinsamen Gesprächen gewinnt sie neues Vertrauen und versucht ihr Verhältnis zur Mutter neu zu gestalten. Der Kinderroman endet beim gemeinsamen Besuch im Krankenhaus. Offen bleibt, was die Zukunft bringen wird.

Der moderne Kinderroman, in dem konsequent aus der Perspektive der neunjährigen Ich-Erzählerin Charlotte erzählt wird, beginnt mit einem Bericht, der Auskunft über die aktuelle Situation gibt:

Als ich nach Hause gekommen bin, hat zuerst keiner aufgemacht.
Ich hab geklingelt und geklingelt, aber es hat sich nichts gerührt, und dann bin ich ums Haus rumgegangen und hab gegen die Terrassentür getrommelt. Es ist aber immer noch nichts passiert.
Da bin ich langsam böse geworden, weil man das von Mama schon erwarten kann, finde ich. Dass sie wenigstens zu Hause ist und einem die Tür aufmacht, wenn man aus der Schule kommt. Wenigstens das könnte man erwarten, wo sie schon sonst nichts tut und man sich schämen muss in der letzten Zeit.

Über eine Ich-Erzählsituation wird der Erzählvorgang konsequent in die Gedanken- und Gefühlswelt einer kindlichen Protagonistin gelegt und genau das ist ein Indiz für einen psychologischen Kinderroman. Ihre Beobachtungen werden dem Leser mitgeteilt, und es findet sich keine Wertungsinstanz (etwa ein auktorialer Erzähler), die korrigierend oder kommentierend eingreift. Das macht in der Tiefenstruktur den Unterschied zu traditionellen Texten aus, die inzwischen sehr wohl auch zum Mittel des Ich-Erzählens greifen können. Ohne Einleitung beginnt die neunjährige Erzählerin auf der Gegenwartsebene über ihre Probleme zu berichten. Die Erzählgegenwart wird dann durch **Rückblenden** durchbrochen, die Vergangenes erinnern (6 ff., 19 f.). Die Leser erfahren schrittweise was geschehen ist und in welchem Maße das harmonische Miteinander in der Familie verloren ging. Betrachtet man die Abfolge der Episoden, Handlungen, narrativen Aussagen in den Grenzen eines möglichen Anfangs und eines möglichen Endes einer Geschichte, dann lassen sich Darstellungsweisen finden, die für die moderne Allgemeinliteratur kennzeichnend sind, nunmehr aber Eingang in die moderne Kinderliteratur finden. Dabei ist es nicht das Vorkommen etwa eines Elements, in diesem Fall der **Rückwendung** schlechthin, das die Modernität eines Textes ausmacht, sondern das Zusammenspiel der Elemente insgesamt.

Rückwendung/ Rückblende("flashback", "retrospection", Analepse)	Unterbrechung des erzählten Zeitverlaufs, der sogenannten „Jetztzeit" durch Aufnahme von Ereignissen, die davor liegen. Das Schema kann modellhaft so aussehen: 3, 4, 5, 2, 1, 6, 7. Die Funktion: aufbauend oder auflösend, verschiedene Zeitabläufe werden synchronisiert.
Rückschritt	Es erfolgt ein Einschnitt im Erzählgang im Sinne eines Nachtrages, einer Ergänzung, einer Erklärung, einer Kommentierung, einer Abschweifung, einer umfangreichen Ausgestaltung des bislang Erzählten.
Rückgriff	Der Einschnitt in den Erzählgang im Sinne einer rückgreifenden Erinnerung, eines Faktums, einer Erklärung ist nur kurz, eher peripher, kaum spürbar und hat beiläufigen Charakter.
Rückblick	Der Rückblick auf die Vergangenheit kann einer Zusammenfassung, einer umfassenden Kommentierung, einer Auswertung des Vergangenen unter dem Gesichtspunkt der Wirkung auf die Gegenwart dienen.

Schaubild: Rückwendungen

Dabei geraten Problemfelder in den Blick, mit denen Kinder und Erwachsene es unter den Bedingungen von gesellschaftlicher Modernisierung heute zu tun bekommen: Studium und Berufstätigkeit der Mutter, Überforderungssyndrome, psychische Erkrankung und ihre Auswirkungen auf die Familie und das soziale Umfeld.

Formal kann der gesamte erste Teil als „aufbauende Rückwendung" (LÄMMERT 1989, 104 ff.) bezeichnet werden. Anders als in traditionellen Texten für Kinder gibt es keine aus der Vergangenheit schrittweise an die Gegenwart heranführende Einleitung. Die Erzählerin macht den Leser weder offen noch verdeckt mit dem Leben der handelnden Personen vertraut. Stattdessen wird unmittelbar in die Gegenwartsebene eingeführt: Die kindliche Protagonistin, Charlotte, steht vor der Tür, doch die Mutter öffnet nicht, und Charlotte ist darüber empört. Erst die Nachbarin liefert eine Erklärung, was geschehen ist.

Nach diesem unmittelbaren Einstieg sieht sich die Erzählerin gewissermaßen gezwungen, jene Vorgänge, die zur gegenwärtigen Situation geführt haben, nachzuliefern. Dies geschieht durch eine nachgeholte Exposition, die man „aufbauende Rückwendung" nennen kann. Charlotte, die vor der Tür steht, beginnt von früher zu erzählen und erinnert sich an vergangene Ereignisse. Die Erzählerin trägt jene äußeren und inneren Vorgänge nach, die den gegenwärtigen Handlungseinsatz erklären. Für den Leser wird nachvollziehbar, was geschehen ist, und gleichzeitig wird er auf das Kommende vorbereitet. Durch die aufbauende Rückwendung wird das Spannungsverhältnis zwischen „erzählendem" und „erlebendem Ich" deutlich.

Innerhalb der Rückwendung wiederum wird durch den Einsatz unterschiedlicher Tempusformen die klassische Ich-Erzählsituation aufgebrochen. Es entstehen verschiedenen Zeitschichtungen, die die Betroffenheit der kindlichen Protagonistin zum Ausdruck bringen. Zunächst erzeugt der Einsatz des Präteritums Erzähldistanz („als ich klein war"; „natürlich wusste ich an dem Tag noch nicht", „da nahm mich die Mama in die Arme"). Immer wieder aber kommt es zu einem Wechsel ins Perfekt. Schließlich gibt es innerhalb der Rückwendung eine dritte Zeitschicht: Die Protagonistin zieht Schlüsse aus dem Erlebten und gewinnt Einsichten, die sie fortan begleiten: als Maximen, Sentenzen, Verhaltensregeln.

Mit dem Ende des ersten Teiles – die kurze Zeitspanne des Wartens vor der Tür war mit Rückerinnerungen ausgefüllt – führt die Ich-Erzählerin zum Ausgangspunkt zurück. Im zweiten Teil gewinnt das Erzähler-Ich deutliche Konturen, es führt die Leser als erlebendes Ich durch die Handlung. Der Leser erfährt nun, was geschehen ist: harmonisches Familienleben, beginnende Überlastung der Mutter, erste Krankheitssymptome, Verzweiflung und Folgen für das Familienklima, katastrophale Auswirkungen, Selbstmordversuche, Reaktionen des Vaters und der Umwelt (Schwiegermutter, Nachbarn, Freunde), schließlich der Klinikaufenthalt und die Hoffnung auf einen vielleicht neuen Anfang.

Ein früheres Beispiel für einen vergleichbar eindeutigen modernen psychologischen Kinderroman liegt in GUDRUN MEBS „Sonntagskind" (1983) vor. Auch hier wird die Geschichte durchgängig von der kindlichen Protagonistin in der Ich-Erzählform präsentiert. Dabei handelt es sich um die Erzählung eines achtjährigen Mädchens, deren Namen im Text nicht genannt wird. Die Namenlosigkeit weist wie im problemorientierten Kinderroman auf die soziale Problematik, denn die Kinderfigur kennt ihre Eltern nicht und lebt im Heim. An Stelle eines Namens fällt der symbolische Titel „Sonntagskind", der nicht nur den Geburtstag der Protagonistin meint, sondern auch über ihre Hoffnungen Auskunft gibt. Wie alle anderen Heimkinder träumt sie nämlich davon, dass eine reiche und schöne Frau ihre Wochenendmami wird und sie den Sonntag bei ihr verbringt. Aber anders als beim modernen problemorientierten Kinderroman, in dem authentische Informationen über die Außenwelt gegeben werden, dominiert im „Sonntagskind" eine Darstellung, die gänzlich an die Perspektive der kindlichen Heldin gebunden bleibt. Die Leser erfahren über die Realität nur das, was für die Protagonistin Bedeutung hat. Es handelt sich um eine Art Bewusstseinsstrom. Steigerung wie Unterschied im Vergleich zur traditionellen Ich-Erzählung besteht darin, dass in diesem Fall „erlebendes" und „erzählendes Ich" ineinander übergehen, es erfolgt nicht eine Trennung zwischen beiden und das „erzählende Ich" befindet sich auch nicht in einem zeitlichen Abstand zum „erlebenden Ich". Eine solche Entscheidung hat Folgen bis in die Sprachstruktur hinein, die weitgehend auch im Tonfall dem Denk- und Erfahrungshorizont einer Achtjährigen entspricht.

Eine spezielle Variante des modernen psychologischen Kinderromans, der unterstreicht, in welcher Weise Erzählformen der Allgemeinliteratur für die KJL produktiv gemacht werden, ist der Text von BEVERLY CLEARY „Ruf doch an, Papa!"(1983/1986). Auch hier handelt es sich um einen kindlichen Protagonisten, der unter der entstandenen Familiensituation leidet. Durch die Scheidung der Eltern ist Leigh Bott aus seinem sozialen Umfeld herausgerissen und lebt nun in einem kleinen Haus in Grove an der kalifornischen Küste. Seine Mutter arbeitet als Köchin und hat wenig Zeit für den Jungen, da sie in Kursen einen Abschluss als Hilfsschwester anstrebt. Der Vater ist als Fernfahrer mit dem Hund Bandit unterwegs und verspricht, Leigh anzurufen. Der hofft und wartet sehnsüchtig auf die Telefonanrufe des Vaters, die zumeist ausbleiben, weil er die Zeit lieber mit seiner neuen Freundin verbringt. Leigh ist darüber maßlos enttäuscht, er ist wütend und verzweifelt zugleich. Ähnlich wie in „Sonntagskind" ist Leigh kein strahlender Held, sondern eher introvertiert und verfügt über kein ausgeprägtes Selbstbewusstsein. Die veränderte Schulsituation steigert seine soziale Isoliertheit, denn Freunde hat er noch keine gefunden. Die bedrückenden Verhältnisse sind ein Grund, warum Leigh in Briefen an den Romanautor Mr. Henshaw von sich und seinen Problemen erzählt. Der pädagogisch einfühlsame Autor bringt Leigh dazu, ein Tagebuch zu führen, in das er seine Alltagserlebnisse einträgt und selbstreflexiv bewertet. Betrachtet man die Struktur des Textes, so besteht er in seinem Kern aus 26 Briefen und 34 Tagebucheintragungen, die jeweils das Datum, aber nicht die Jahreszahl angeben. Durch die Impulse von Mr. Henshaw gelenkt, gelingt Leigh eine Art Emanzipationsprozess, der sich allein darin zeigt, dass er von der Brief- zur Tagebuchform wechselt. Während er zu Beginn noch einen direkten Ansprechpartner benötigt und die Briefe an einen realen Briefpartner schreibt, fungiert in der zweiten Stufe Mr. Henshaw lediglich noch als fiktive Ansprechinstanz bis in der dritten Stufe der Übergang zum Tagebuch erfolgt.

Mit „Ruf doch an, Papa!" wird ein Gattungsmuster der Allgemeinliteratur für die moderne KJL nutzbar gemacht. Dabei handelt es sich um so maßgebliche Texte wie JOHANN WOLFGANG GOETHES „Die Leiden des jungen Werthers" (1774), FRIEDRICH HÖLDERLINS „Hyperion" (1797–1799), LUDWIG TIECKS „William Lovell" (1795–96). Die Kennzeichen wie Funktionen des Briefromans (vgl. VOSS 1960, KLOOCKE 1995) sind – wenngleich in abgeschwächter Form – auch für „Ruf doch an, Papa" nachweisbar. Vergleiche die Elemente des Briefromans im Schaubild S. 79.

Der Brief- und Tagebuchroman stellt eine Sonderform des psychologischen Kinderromans dar und bedeutet für die KJL einen Zuwachs an Modernität. Es besteht einmal mehr die Chance, einen „Blick ins Innere" zu richten. Bewusst wird auf Instanzen verzichtet, die die subjektiv begrenzte Sicht des kindlichen Protagonisten korrigieren, wodurch ein Höchstmaß an Authentizität erreicht werden kann. Dazu zählen Texte wie CHRISTINE NÖSTLINGERS „Susis geheimes Tagebuch/Pauls geheimes Tagebuch" (1987), JOHN MARSDENS „Liebe Tracy, liebe Mandy" (1991, dt. 1995) oder KIRSTEN BOIES „Sofies schlimme Briefe" (1995). Briefromane regen den Leser zu einer starken Einfühlung und Identifikation an. Bleibt die Rolle des angesprochenen Briefpartners allgemein, muss er die Leerstellen ausfüllen. Für den Literaturunterricht fordert die Struktur handlungsorientierte Aufgaben heraus. Sie betreffen a) die Ausgestaltung der Rolle des fiktiven Adressaten; b) Aussagen über die innere Befindlichkeit der Figuren; c) die Chance, von der eigenen Person in die Rolle einer Figur zu wechseln (Impuls: Schreibe in der Rolle von Leigh Bott, Susi, Tracy, Sofie einen Brief zum Thema „schulische Situation"; „Verhältnis zu den Eltern" usw. an eine Freundin, Bruder, einen Autor, eine literarische Figur); d) die Bezugnahme auf historische wie aktuelle Ausprägungen des Genre (J. W. GOETHES „Werther"), Autorinnen der Romantik bis zu Erfolgen wie SUSANNA TAMAROS „Geh, wohin dein Herz dich trägt" (1994, dt. 1995), die Tagebücher von VICTOR KLEMPERER (1996) oder BRIGITTE REIMANN (1998).

Vorschläge für den Unterricht

„Mit Kindern redet ja keiner" eignet sich für den Einsatz in den Klassenstufen 4 bis 6. In diesem Alter wächst das Interesse, sich darüber zu verständigen, was im „Inneren" von Personen abläuft, was sie denken und mit welchen Problemen sie sich beschäftigen. Den Schülern geht es darum, über literarische Figuren, eigene Problemfelder in die Diskussion zu bringen. Die Polyvalenz des Textes („Leerstellen") macht es möglich und notwendig, kognitiv-analytische sowie handlungs- und produktionsorientierte Methoden miteinander zu verbinden (vgl. GANSEL 1998 g).

Erzähler	Im Briefroman wird nicht aus dem Blickwinkel eines **allwissenden Erzählers** oder der **handelnden Figuren** erzählt, sondern einzig aus der Perspektive einer Person. Was diese Figur nicht weiß, nicht wissen kann, wird nicht Gegenstand der Darstellung. Der Briefroman arbeitet also mit der Fiktion bzw. der Voraussetzung, dass nichts sagbar ist, was der Schreiber nicht erlebt, gedacht, gefühlt, gehofft hat. Die Innenwelt des Schreibers ist entscheidend für die Darstellung.
Erzählform	Ich-Erzählform
Standort des Erzählers	Begrenzt. Mit dem Briefroman besteht die Chance, die Welt einzig aus dem Blickwinkel einer Figur darzustellen und eine kontroverse Diskussion spezieller Vorgänge, Verhaltensweisen anzubieten, in der auch Anspielungen, Untertöne, Ironie ihren entsprechenden Stellenwert besitzen.
Erzählerkontrolle	Scheinbar aufgegeben. Figur und Erzähler fallen zusammen.
Sprechweisen (Zeigen)	Ein relatives Höchstmaß an scheinbar selbstständiger Information durch die Figur und ein scheinbar relatives Ausfallen eines vermittelnden Erzählers: direkte Rede, indirekte Rede, innerer Monolog, erlebte Rede.
Verhältnis erzählendes – erlebendes Ich	Erlebendes und erzählendes Ich rücken nahe aneinander, sie können fast zeitdeckend sein, aber auch weit auseinander rücken, wenn die Briefschreiber über einen längeren Zeitraum sich nicht äußern.
Figur des Schreibers	Es wird durch die unmittelbare Selbstaussprache des Ich und die direkte Darstellung des Erlebens ein tiefer Einblick in die Innenwelt des Schreibers gegeben. Die Außenwelt fällt mit dem zusammen, was der Schreiber über sie mitteilt.
Aufbau der Handlung bzw. Reihenfolge der Ereignisse	Der Ablauf der Ereignisse, die Handlung im Briefroman wird in einer einfachen, linearen, chronologischen Zeitfolge vermittelt. Die Hinweise auf die Zeit ermöglichen selbst in dem Fall, da Jahreszahlen fehlen eine genauere Bestimmung der erzählten Zeit.
Struktur der Handlung	Die Handlungsabläufe sind mosaikartig zusammengesetzt, wobei die äußere Handlung zugunsten der inneren zurücktritt.
Verhältnis von Außen- und Innenwelt	Das Geschehen ist von außen nach innen verlegt, es geht um Reflexion über die Außenwelt.
Sicht auf Außenwelt	Es werden nicht nur Einblicke in die subjektive Befindlichkeit des Schreibers geliefert, sondern auch seine Sicht auf Welt, auf Politisches, Kulturelles, Philosophisches, Pädagogisches, Religiöses, das Verhältnis der Geschlechter, die Rolle der Jugend, Fragen des Lebensstils. Damit kann der Briefroman eine Art Sittengemälde der jeweiligen Gesellschaft liefern, mindestens gibt er seinen historischen Standort zu erkennen.
Rolle des fiktiven Briefpartners	Vom Briefpartner kann ein genaues Bild bestehen (PLENZDORF „Die neuen Leiden des jungen W."), es kann vage bzw. allgemein bleiben (ASTRID LINDGREN „Brit Marie erleichtert ihr Herz", GOETHES „Werther").

Schaubild: *Briefroman*

Einstiegsvarianten

➤ Vom Titelbild her: Die Schüler stellen Vermutungen über das Mädchen an, wobei Gestik, Mimik, Haltung berücksichtigt werden. An welche Kinderfigur erinnert Charlotte („Pippi Langstrumpf")?

➤ Vom Titel her werden Vermutungen über den Inhalt angestellt. Es wird einleitend darüber gesprochen, ob Kinder denn heute ernst genommen werden.
➤ Ein Zeitungsartikel zum Thema „Kinder heute" dient als Einstieg in die Problemdiskussion.
➤ Gemeinsam wird darüber nachgedacht, ob und inwieweit Kinder in Familienprobleme einbezogen werden. Orientierungsfragen können sein:
  • *Müssen Erwachsene Kinder mit ihren Problemen vertraut machen und wenn ja mit welchen?*
  • *Was sollten Kinder wissen und was nicht?*
  • *Wie sollten Kinder und Erwachsene miteinander umgehen?*
  • *Wer „bestimmt" in der Familie?*
  • *Gibt es eine „Aufgabenverteilung" in der Familie, wie sieht sie aus?*
  • *Sollten Mütter und Väter arbeiten?*
  • *Welche Vorteile/Nachteile gibt es, wenn die Mutter zu Hause ist?*

Die Meinungen werden in Form eines Clusterings zusammengetragen. Auf einer Papierrolle notieren die Schüler die jeweiligen Vorstellungen. Auf nachfolgende mögliche Meinungen wird im weiteren Verlauf immer wieder Bezug genommen:
  • *„Kinder haben ein Recht zu wissen, was passiert"*
  • *„Meistens werden Kinder rausgeschickt, wenn es Krach gibt"*
  • *„Von vielem haben Kinder gar keine Ahnung, was soll man da schon sagen"*
  • *„Man hat eh' schon mit sich zu tun, das ewige Gestreite nervt doch"*
  • *„Wozu soll das gut sein, wenn man alles weiß"*
  • *„Bei uns bin ich immer dabei, wenn es Diskussionen gibt, und ich darf auch meine Meinung sagen"*
  • *„Der Vater ist der Boss und sagt, was gemacht wird"*

➤ Es kann schon zu diesem Zeitpunkt eine Zusammenstellung von möglichen Grundpositionen versucht werden:

Position 1	Kinder haben ein Recht über Probleme in der Familie mitzureden. Schließlich sind sie davon betroffen, denn es geht immer auch um sie.
Position 2	Kinder müssen nur bei Sachen mitreden, die sie etwas angehen.
Position 3	Kinder dürfen nicht noch mit den Dingen belastet werden, die die Erwachsenen betreffen.

➤ Der Anfang des Textes wird vorgelesen (6) und die Schüler stellen Vermutungen an, was passiert ist und was Charlotte von der Nachbarin erfährt.
➤ Die Schüler/innen schreiben auf, wie der Text ihrer Meinung nach weitergeht.

Anregungen

➤ Gemeinsam wird das erste Kapitel gelesen (6-10).
➤ Im Gespräch wird anhand des Textes zusammengetragen, was über Charlotte, ihre Mutter, den Vater, Frau Kümmel und Beate zu erfahren ist.
➤ Erstellen eines Arbeitsblattes oder einer Bild-Collage: die Schüler zeichnen selbst oder schneiden aus Zeitschriften bzw. Illustrierten Fotos aus, wie Charlotte ihre Mutter, den Vater sowie Frau Kümmel sieht („Als ich klein war, war Mama die schönste Frau der Welt ...", 7) – Die Schüler gewinnen dadurch bereits zu diesem

Zeitpunkt einen ersten Eindruck in die spezifische Erzählsituation (Ich-Erzählung).
- Szenische Darstellung der Spielplatzepisode (7): Die Schüler stellen die Episode und das Gespräch der Mütter nach.
- Ausgehend von Charlottes Aussage „Papa war natürlich nicht dabei" wird darüber nachgedacht, wie die Rollenverteilung in der Familie aussieht. Es werden Auffassungen über die wichtigsten Aufgaben von Mutter, Vater, Kind auf der Rückseite der Papierrolle in Sprechblasen notiert und fortlaufend ergänzt (Vater: „Ich rede von dieser ganzen albernen Geschichte mit dem Studieren! Kannst du mir mal erzählen, wozu du das brauchst?", 9; Charlotte: „Ich wollte sagen, daß Mama auch hätte aufpassen können. Dafür sind schließlich Mütter da", 20; „Mütter müssen die Kinder trösten, nicht umgekehrt", 27 ...).
- Erschließen der Erzählweise des Textes: Die Schüler erzählen bzw. schreiben ein ausgewähltes Ereignis aus der Sicht der Mutter, des Vaters, der Oma (Erkennen der Besonderheit der Ich-Erzählweise).
- Kapitelweise werden zunächst im Klassenverband die ersten Kapitel gemeinsam auch deshalb gelesen, weil die Rückblende-Technik und Ich-Erzählperspektive für Einzelne zunächst noch ungewohnt ist. Entscheidender aber ist, dass gemeinsam die veränderte Familiensituation besprochen werden kann: Die Schüler zeichnen die Handlung (Rückblenden) nach und erfahren, wie die Situation in der Familie sich zuspitzt.
- Die Schüler notieren und diskutieren wichtige Stellen, die deutlich machen, wie das Verhalten der Mutter sich ändert und wie Charlotte sich fühlt. Sie werten das Verhalten der beteiligten Protagonisten (Charlotte, Mutter, Vater).
  - *„Ich war sowieso nicht mehr so gerne zu Hause. Obwohl es bei Lule doch auch immer rummelig war. Aber es war rummelig und fröhlich, nicht rummelig und unheimlich wie bei uns." (31)*
  - *„Darum hab ich draußen die Ampeln gezählt und so getan, als ob ich Mama gar nicht kenne ..." (49)*
  - *„Nach oben bin ich nicht mehr so oft gegangen, weil ich ihr nicht begegnen wollte." (61)*
- Individuelles Lesen zu Hause mit Fragen und Leseaufträgen:
  - *Eine Schlüsselepisode im ersten Teil ist der Tod von Charlottes Hamster. Wen trifft die Schuld an seinem Tod und wie hättet ihr reagiert?*
- Für den zweiten Teil wird die Chronologie des Handlungsverlaufes nachgezeichnet. Dazu gehören
  - *Charlottes Gedanken über den Tod (86-89)*
  - *Die Reaktionen der Klassenkameraden (90, 99ff.)*
  - *Charlottes Nachdenken, wer Schuld an der Krankheit der Mutter hat (97f.)*
- Entscheidend sind die beiden entgegengesetzten Verhaltensweisen des Vaters und von Lules Mutter:
  - *Der Vater spricht mit seiner Tochter nicht über das Vorgefallene und schließt sie aus der gemeinsamen Verantwortung aus.*
  - *Lules Mutter nimmt sie ernst und versucht ihr das Vorgefallene zu erklären. Das gibt Charlotte neuen Mut.*
- Weitere Anregungen für einen handlungs- und produktionsorientierten Umgang mit dem Text:

- *Ein Mini-Erzählkino produzieren: Der (chronologische) Handlungsablauf der Geschichte wird friesartig auf einen langen Papierstreifen gemalt. An dessen Ende kommt eine Papprolle, sodass der Streifen auf- und abgerollt werden kann. Auf diese Weise können die Schüler jeweils zu ihren Bildern erzählen.*
- *Das Nicht-Gespräch mit dem Vater wird nachgestellt und über Gründe nachgedacht, warum er schweigt. Als Alternative wird ein Dialog entworfen, wie die Schüler sich eine gelungene Kommunikation zwischen beiden vorstellen.*

➤ „Mit Kindern redet ja keiner" fordert wegen des offenen Endes geradezu heraus, die Handlung fortzuschreiben:
- *Der Text endet mit dem Satz: „Da klopfte ich an Mamas Tür." – Was passiert im Krankenzimmer?*
- *Unter der Fragestellung: „Charlotte ein Jahr später" schreiben die Schüler den Text weiter.*

Komischer Kinder- bzw. Familienroman

Merkmale

Im Vergleich zum problemorientierten wie zum psychologischen modernen Kinderroman stellt der (post)moderne komische Kinder- bzw. Familienroman eine neue Stufe in der Erkundung aktueller Wirklichkeit dar. **Systemprägend** ist die komische Komponente, bei der es sich allerdings keineswegs um eine Idyllisierung oder um Restauration im Stil der traditionellen KJL der 50er-Jahre handelt. Die neue kinderliterarische Komik hat – wie die zwei anderen Spielarten des modernen Kinderromans – ihre Grundlage in den bereits dargestellten kulturgeschichtlichen Veränderungen von Kindheit und Familie im Rahmen eines Prozesses von Modernisierung. Wo von einer Normalisierung bzw. Entdramatisierung des Generationenkonflikts gesprochen werden kann, Kinder und Jugendliche nicht beständig gezwungen sind, sich abzugrenzen, es keinen fundamentalen Wertedissens zwischen Eltern und Kindern gibt, ein partnerschaftliches Verhältnis zunimmt, verlieren frühere Konfliktfelder an Bedeutung. Ja, die neue Generation der Erwachsenen scheint auf der gleichen Seite wie die Kinder zu stehen, nicht mehr das konservative Beharren auf Überkommenem kennzeichnet sie, sondern sie geben sich oder sind „progressiv" und „fortschrittlich". Dass auch dies für Kinder wieder eine Kehrseite haben kann und die verzweifelte Suche nach Möglichkeiten von Abgrenzung provoziert, ist nur natürlich, aber bislang kinderliterarisch noch wenig erkundet. Doch zunächst einmal verlieren traditionelle Rollenbilder ihre Gültigkeit, es kann eine befreiende Komik entstehen, weil tradierte Werte, Normen durcheinandergewirbelt werden, es zur **Karnevalisierung** kommt. Die kindlichen Protagonisten präsentieren sich wie schon in den 50er/60er-Jahren fröhlich, gewitzt, selbstbewusst. Insofern handelt es sich um eine „Renaissance kinderliterarischer Komik" (WILD 1995, 81 ff.), aber es handelt sich um eine Komik auf höherer Stufe. Der situative und sprachliche Humor ist nämlich eingebunden in die neuen Familienverhältnisse.

> *Der psychologische Kinderroman schildert die Auswirkungen der veränderten Familienkonstellationen (Scheidung, Tod, allein erziehende Eltern) auf die Psyche der kindlichen Protagonisten und markiert die Verlustängste wie die Unsicherheiten der Kinder. Der komische Kinder- bzw. Familienroman dagegen gewinnt den neu entstehenden Familienverhältnissen eine positive Seite ab. Auch hier gelangen*

durchaus Defizite ins Blickfeld, nur werden sie nicht beklagt, sondern in den Kontext einer witzig-ironischen Bewertung gestellt. Gleichzeitig kommen die Handlungsmöglichkeiten, der Spaß, die Lust zur Sprache, die die kindlichen Protagonisten aus den mitunter chaotischen Situationen ziehen ins Blickfeld. Auch hier werden die Risiken in einer modernen Gesellschaft nicht verschwiegen, aber im Unterschied zum psychologischen Kinderroman erfahren sie eine andere Wertung, mit Problemen wie Spannungen wird locker, gelassen, humorvoll, ironisch umgegangen.

Ein Grund liegt darin, dass die gewandelten Familienverhältnisse nicht mehr als Folge elterlichen Versagens erfasst werden, vielmehr handelt es sich um selbstbewusste Bekenntnisse der Erwachsenen zu ihrem Lebensstil. Der wiederum hat seine Grundlage im umfassenden Wandel des kulturellen Bewusstseins seit 1968. Entsprechend sind Eltern häufig im Umfeld der studentischen Protestgeneration angesiedelt, stehen zum Feminismus, sind Anhänger der Friedens- oder/und Umweltbewegung. Zumeist bewegen sie sich in sozial abgesicherten Milieus der Mittelstandsschichten, verfügen über intellektuelle Ressourcen und ausreichende finanzielle Möglichkeiten.

Der komische Kinderroman hat die auf Problemorientierung (problemorientierter Kinderroman) und moderne Subjektivitätsproblematik (psychologischer Kinderroman) zielenden Darstellungen gewissermaßen zur Voraussetzung. Es bedarf nämlich eines gesellschaftlichen wie literarischen Vorlaufes, um eine neue Souveränität und Lockerheit in der Darstellung zu erreichen. Die problemorientierten Kinderromane der 70er-Jahre brachten in einem ersten Schritt zunächst einen **stofflich-thematischen Durchbruch**, bisherige Tabus wurden überwunden. Die psychologischen Kinderromane der 80er-Jahre konnten darauf aufbauen und in einem zweiten Schritt den Folgen des Wandels auf die kindlichen Subjekte und ihre Innenwelten nachgehen. Nachdem nun also die äußeren wie inneren Probleme des risikovollen Lebens in einer (post)modernen Gesellschaft zum Gegenstand literarischer Darstellung geworden waren, wurde in einem dritten Schritt eine verfremdende Sicht möglich. Anders gesagt: Die problemorientierten und psychologischen Kinderromane zielten bevorzugt auf Aufklärung über Wirklichkeit, suchten Außen- wie dann Innenwelten zu erfassen und wollten sensibel machen für die Nöte, Zweifel, Schwierigkeiten der Kinder. Sie drückten die Schattenseiten der (Post)Moderne aus und brachten ihre Verluste zum Vorschein. Das führte zu gezielter Zuspitzung, ja durch die aufgemachte Verlustrechnung durchaus auch zu einer Vereinseitigung. Wo Sachlichkeit und Unbestechlichkeit in der Darstellung von Außen- und Innenwelten zum obersten Stilprinzip werden, kann die Vielschichtigkeit der individuellen Alltagserfahrung auf der Strecke bleiben. Denn bei allem Daseinsernst besteht das Leben auch von Kindern eben nicht nur aus einer Aneinanderreihung von Leid, Schmerz oder Düsternis. *Anders der komische Kinderroman, der den (post)modernen Verhältnissen auch die Lichtseiten abgewinnt, den Spaß und die Lebenslust ins Zentrum stellt und dies ohne die Wirklichkeit schönzufärben oder zu idealisieren.* Von der Reaktivierung einer behüteten Welt, einer Idylle, einem Schonraum wie in den 50er-Jahren kann daher nur eingeschränkt die Rede sein. Im Gegenteil, die Komik entsteht ja gerade aus den aktuellen Verhältnissen. Diese werden keineswegs affirmativ zur Kenntnis genommen, die komische Dimension kommt zustande durch die ironische Distanz gegenüber den gesellschaftlichen Entwicklungen und Zeitströmungen. Mit Ironie und Selbstironie reagieren die kindlichen

Protagonisten auf den Wandel in der Familie, diverse Erziehungskonzepte, das Verschwinden von starren Abgrenzungen zwischen den Generationen oder ideologische Vorgaben. So bei CHRISTINE NÖSTLINGER („Nagle einen Pudding an die Wand", 1990; „Sowieso und überhaupt", 1991; „Olfi Obermeier und der Ödipus", 1984; „Einen Vater hab ich auch", 1994), KIRSTEN BOIE („Jeder Tag ein Happening", 1993; „Nella Propella", 1994; „Sofies schlimme Briefe", 1995); ANNE FINE („Der Neue", 1992, „Das Baby-Projekt", 1995); „Mrs. Doubtfire. Das stachelige Kindermädchen", 1994), PETER HÄRTLING („Mit Clara sind wir sechs",1991); PAUL KROPP („Alle Macht dem Müsli"); VIVECA SUNDVALL („Eddi und Maxon Jaxon", 1992; „Alles wegen Valentino", 1993; „Johanna, die beste Freundin der Welt", 1994); ANDERS JACOBSSON/SÖREN OLSSON („Berts gesammelte Katastrophen", 1990 ff.); UWE TIMM („Rennschwein Rudi Rüssel", 1989). Die Texte zeigen somit, dass sich kindliche Freude und Selbstreflexivität nicht ausschließen müssen. Gattungstypologisch ergeben sich Anleihen beim Pikaro- und Schelmenroman. Und im Bereich der Texte, die sich an jugendliche Adressaten wenden, gibt es Bezüge und Übergänge zum Adoleszenzroman (s. S. 104 ff.). Im Zentrum des komischen Kinder- bzw. Familienromans steht – wie es der Begriff sagt – eine Familie, und die wird zumeist von einem Familienmitglied in den verschiedensten Situationen gekennzeichnet. Die Komik entwickelt sich dabei aus der Offenheit, der (post)modernen Gleichheit, aus dem rasanten, einzelne Mitglieder überfordernden Wechsel zwischen alten und neuen Lebensformen, Lebens- und Weltbildern.

Wirklichkeitsdarstellung	„reale Welt", innere und äußere Wirklichkeit
Struktur von Wirklichkeit	Wirklichkeit erscheint zunehmend als schwer überblickbar, Ansätze einer Auflösung der Wirklichkeitskohärenz und Übergänge zur Montage verschiedener Wirklichkeitsebenen (Wirklichkeitsverfremdung)
Art der Darstellung	realistische Darstellung (auch phantastische Darstellung möglich)
Weg der Wirklichkeitserkundung	soziale und psychologische Erkundung
Raum, Schauplatz	Welt der Kinder und Erwachsenen
Kinderfiguren	Alltagskinder, starke Figuren; witzig, humorvoll, selbstironisch
Erwachsenenfiguren	Mischung zwischen schwachen und festen Figuren; locker, hektisch, ich-bezogen, erlebnisorientiert
Verhältnis Kinder-Erwachsenen-Figuren	Kinder und Erwachsene als gleichberechtigte Partner (Verhandlungsfamilie)
Erzählform	Bevorzugt Ich-Erzähler und figurengebundenes Erzählen
Erzählperspektive	Außen- und Innensicht
Erzählhaltung	ironisch, humorvoll, parodistisch
Darstellungsweisen	häufig personales Erzählen, erlebte Rede, innerer Monolog, Rückblenden, Wechsel der Zeitebenen und Tempusformen
Thema	Verbindung von Ich- und Du-Thema
Wertsetzungsinstanz	kindlicher Protagonist

Schaubild: *Moderner komischer Kinderroman*

Beispiele

Bei Betrachtung der modernen komischen Kinder- bzw. Familienromane fällt auf, dass die Distanz zu gesellschaftlichen Entwicklungsprozessen über die Ironie und Selbstironie der Figuren bzw. der Erzählerfigur zustande kommt. Rollenvorstellungen, Weltbilder, Werte wie Normen werden parodiert und auf witzige Weise hinterfragt. Grundlage für die witzig-ironischen Darstellungen bilden die verschiedenen Varianten postmodernen Familienlebens. Während in traditioneller Familiendarstellung, etwa bei CHRISTINE NÖSTLINGERS „Wir pfeifen auf den Gurkenkönig", der Humor durch die Ironisierung der autoritären Vaterrolle entsteht, findet sich gerade in den komischen Familienromanen eine Vielfalt von Familienkonstellationen. Dabei sind die fest definierten Rollenmuster von Vater, Mutter, Kind sowie Mann, Frau, Junge, Mädchen außer Kraft gesetzt. Indem tradierte Konstellationen, Werte, Normen durcheinander gewirbelt werden, kann den entstandenen Situationen, Handlungen, Gesprächen, Gedanken ihre komische Seite abgewonnen werden.

Eine häufig anzutreffende Konstellation ist mit KIRSTEN BOIES „Nella Propella" gegeben. Jacquo, die Mutter, hat sich im Wissen um die Konsequenzen dazu entschieden, allein und ohne den Vater des Kindes zu leben. *Anders als im problemorientierten Kinderroman leidet die kindliche Protagonistin Nella nicht daran, ohne Vater aufzuwachsen,* sie weiß die mitunter chaotischen Verhältnisse und überraschenden Situationen sogar vorteilhaft für sich zu nutzen. Für Mutter und Kind stellt die Lebensform der Ein-Eltern-Familie wegen der Unregelmäßigkeiten des Studentenalltags eine ständige Herausforderung dar. Nellas Mutter ist eine emanzipierte, junge Frau, die traditionelle Klischees von Weiblichkeit allein durch ihr Äußeres unterläuft (Kleidung, Kurzhaarfrisur). Dabei entspricht sie keineswegs dem Klischee der kaltherzigen Karrierefrau, sie ist vielmehr antiautoritär, liebevoll und strebt ein partnerschaftliches Verhalten ihrem Kind gegenüber an, das die Diskursfreudigkeit der Tochter anregt („,Du bist ja selber manchmal eine kleine Ziege', sagt Nella zufrieden, als sie wieder genug Luft zum Reden hat, und da gibt Jacquo ihr einen klatschigen kleinen Klaps auf den Po und sagt, dass es jetzt aber wirklich längst Schlafenszeit ist.", 11).

Nella verfügt also über einen weiten Entfaltungsspielraum, was ihrem Selbstbewusstsein wie ihrer Kreativität zugute kommt. Dabei nimmt die Mutter Nella durchaus als Persönlichkeit ernst, spricht offen über anfallende Probleme und geht auf Nellas Argumente ein (127 ff.). Dies betrifft auch die Werte und Normen, die sie ihrer Tochter zu vermitteln sucht. Einen maßgeblichen Stellenwert nimmt dabei ihre Auffassung ein, dass jedes Leben wertvoll und zu schützen ist, woraus sich ein ausgeprägtes Umweltbewusstsein ergibt („Damit machst du die Bäume kaputt. Und die ganze Welt. Weil das Rohstoffe sind", 52), ein Votum für gesunde Ernährung („und er sagt auch nicht (wie Jacquo – C. G.), die ganze Zeit, dass Nella das quitscheblaue Eis nicht kaufen darf, weil da Farbstoff drin ist, und der ist ungesund", 69). Gleichwohl werden ihr Grenzen gesetzt, wobei die Mutter versucht, im Gespräch ihre Gründe einsichtig zu machen („Aber das musst du mir schon gönnen, Nella, dass ich auch mal einen Mann lieb haben darf", 128). Anders als etwa in Tormod Haugens „Nachtvögel" überfordert Jacquo bei aller Offenheit ihre Tochter nicht. Wenn sie erkennt, dass Nella mit einem Problem nicht alleine fertig werden kann, sucht sie auf sie einzugehen, etwa als klar wird, welche Angst Nella im Dunkeln hat („Einmal hat Jacquo sich mit ihr hingesetzt, ganz im Dunkeln und die Schatten angeguckt, da waren es wirklich nur der Schatten von der

Gardine und der Schatten vom Bademantel an der Tür und der Schatten von den Anziehsachen über dem Stuhl", 118 f.).

Der postmodernen Teilfamilie wird die auf *Typisierung* angelegte Familie Schlabermiehl entgegengestellt, in der die traditionelle Rollenverteilung weiterexistiert. Die Mutter hat auf ihren Arbeitsplatz verzichtet, Herr Schlabermiehl ist der Ernährer der Familie, besteht auf einem autoritären Führungsanspruch, hat wenig Zeit für seinen Sohn Kai und verliert bei kleineren Pannen die Nerven. Nella kommt zu dem Ergebnis, dass diese Familienkonstellation nichts für sie ist: „Bei Kai ist es wirklich kein bisschen so schön wie bei Miri. Und Herr Schlabermiehl hat sogar gebrüllt. Da kann man ja mal sehen, wie das mit einem Mann im Haus, nein danke. Erst immer sagen, er will seine Ruhe, und dann brüllt er selber so rum" (48). Ein Vergleich der beiden Familienkonstellationen und ihrer Bewertung durch die kindliche Protagonistin zeigt, dass die traditionelle „vollständige" Familie keineswegs ein Garant für eine konfliktfreie Entwicklung der Kinder ist, unter postmodernen Verhältnissen können gerade auch andere Lebensgemeinschaften größere Freiräume und Emanzipationschancen bieten.

Der Erzählanfang des Textes (18 Kapitel; 159 Seiten) erfolgt unmittelbar „in medias res" (s. S. 74) ohne eine Einführung in die Handlung oder die Figurenkonstellation. Dabei dominiert ein personales Erzählen, das durchgängig den Blick der kindlichen Protagonistin insbesondere über den Einsatz der erlebten Rede (s. S. 72) und innere Monologe präsentiert. Durch die Gebundenheit des Erzählens an die kindliche Protagonistin kommen auch die humoristischen Effekte zustande.

Erstens treffen die verschiedenen Lebensweisen, Werte, Normen, die Nella und ihre Mutter repräsentieren, auf jene der Familie Schlabermiehl, wodurch Reibungspunkte entstehen. *Zweitens* werden von der selbstbewussten und selbstreflexiven Nella Redewendungen, Argumente, Darstellungen der Erwachsenen in eigener Regie gedeutet und interpretiert. Als Jacquo kurz erklärt, warum sie noch einmal weg muss, heißt es: „‚Ich muss noch zur Sprechstunde zum Prof. Nur damit du Bescheid weißt‘, ‚Hm, jetzt weiß ich Bescheid‘, sagte Nella … ‚Was ist das für eine Sprechstunde? Wo man untersucht wird? Bist du denn krank? ‚Nein natürlich nicht krank‘, sagt Jacquo, ‚Da reden wir nur über mein Examen. Lauter so Sachen.‘ ‚Ach lauter so Sachen‘, sagt Nella und sie denkt, dass Jacquo nicht so gut erklären kann wie Katja im Kindergarten. Wenn Katja eine Sprechstunde erklärt, weiß man immer, was los ist. Bei Jacquo weiß man das nie." (125f.).

Drittens wendet Nella das bei ihrer Mutter gewohnte gleichberechtigte Miteinander selbstbewusst im Alltag an und kritisiert Personen, wenn sie sich – wie der „Pferdeschwanzmann" – anders verhalten („‚Hallo Dingsda‘, sagte er, … ‚Bist du nicht Jacquos Tochter? Oder?‘ Nella merkt … wie in ihrem Bauch eine Wut anfängt zu wachsen, die fühlt sich an, als ob sie ziemlich groß werden könnte. ‚Dingsda ist kein Name!‘, schreit sie böse. ‚Hat dir das deine Mutter nicht beigebracht? …‘", 90).

Viertens schließlich erzeugen die sprachspielerischen Aktivitäten Nellas komische Effekte, indem sie kreativ neue Determinativkomposita bildet („Pferdeschwanzmann", „Zwillingswaisenkindprinzessinnen", „Zahnschwesternschaft"). Ein Vergleich der drei Ausprägungen moderner KJL mit der traditionellen Kindergeschichte der 50er-Jahre – die auch in der Gegenwart durchaus ihre Berechtigung hat – ergibt folgendes Bild:

Merkmale	Kindergeschichten der 50er-Jahre	problemorientierter Kinderroman	psychologischer Kinderrroman	komischer Kinderroman
Intention	Vermittlung der Werte der Gesellschaft; Unterhaltung, Entlastung, Spiel	Soziale Erkundung von Wirklichkeit; Aufklärung der kindlichen Leser über die sozialen Zusammenhänge	soziale und psychologische Erkundung von Wirklichkeit; Ausleuchtung der Innenwelten; Sensibilisierung der kindlichen Leser	soziale und psychologische Erkundung von Wirklichkeit
Schauplätze	Exotische Abenteuer- und Spielwelten, die mit dem wirklichen Leben nicht direkt verbunden sein müssen	Darstellung von Problemen der Wirklichkeit; Außenweltdarstellung	Darstellung von Alltagsproblemen und der Folgen auf die kindliche Psyche; Innenweltdarstellung	Darstellung von Alltagsproblemen und der humorvolle Umgang mit ihnen
Kinderfiguren (Eigenschaften)	lustig, witzig, extrovertiert, angepasst	konfliktfähig, stark, emanzipiert, widerständig, kreativ	introvertiert, depressiv, zurückhaltend, kreativ	emanzipiert, kreativ, souverän, altklug, witzig, locker
Verhältnis zur Wertwelt der Erwachsenen	Akzeptanz und Übernahme der Werte der Erwachsenen; Normen, Regeln der Erwachsenenwelt werden letztlich übernommen	Äußere Auflehnung gegen Werte der Erwachsenen; Normen, Regeln der Erwachsenen werden in Frage gestellt und Kinder können als Sieger hervorgehen	Äußere wie innere Auseinandersetzung mit der Wertewelt der Erwachsenen; Selbstreflexion der Kinderfiguren über die Qualität der Beziehungen, Probleme, Wünsche	Gleichberechtigte Beziehungen als Grundlage für humorvolles Umgehen mit Problemen oder Kinderfiguren gewinnen Daseinsernst ihre Lichtseiten ab

Schaubild: Moderne realistische Kinderromane im Vergleich

Vorschläge für den Unterricht

Uwe Timm
„Rennschwein Rudi Rüssel" (Klassen 5/6)

UWE TIMMS „Rennschwein Rudi Rüssel"(1989) stellt eine Art Prototyp für die Darstellung einer (post)modernen Verhandlungsfamilie dar, die durch ein harmonisches Miteinander der Mitglieder gekennzeichnet ist. Anders als in „Nella Propella" handelt es sich um eine vollständige Familie, die nach demokratischen Prinzipien funktioniert, auftauchende Schwierigkeiten werden in solidarischem Handeln gelöst. Dabei ist die tradierte Rollenverteilung aufgehoben, entspricht aber sehr wohl den aktuellen Entwicklungen in einer Risikogesellschaft. Die Mutter sichert als Lehrerin an einer Gesamtschule die materielle Existenz, während der Vater als arbeitsloser Ägyptologe der „Hausmann" der Familie ist. Auf einem Dorffest gewinnt die Jüngste, Zuppi, ein Ferkel, das dann auf den Namen Rudi Rüssel getauft wird. Die drei Kinder schaffen es, Rudi als Haustier zu behalten. Damit ist eine Vielzahl von komischen Situationen vorprogrammiert, denn Rudi Rüssel muss zunächst in einer Stadtwohnung untergebracht werden. In 29 Kapiteln erzählt nun der kindliche Ich-Erzähler von den Erlebnissen mit Rudi Rüssel. Die erzählte Zeit erstreckt sich über zwei Jahre.[6]

Einstieg

Titelseite des Kinderromanes und Vermutungen über den Inhalt
Erfahrungen mit eigenen Haustieren

Fortsetzung

Auswahl von Episoden, in denen Rudi die Familie in grotesk-komische Situationen bringt: Rudi im Kühlschrank, Rudi läuft über Vaters Hieroglyphen; Rudi stellt den Einbrecher, Rudi unterm Weihnachtsbaum, Rudi im Zoo, Rudi als Rennschwein, Rudi ist betrunken, Rudi als Gewinner des blauen Bandes

Handlungs- und produktionsorientierte Vorschläge

Die Schüler agieren als Reporter und stellen sich vor, dass sie über Rudi einen Artikel für die Zeitung schreiben („Rudi und der Einbrecher", „Rudi die Sportskanone"), die einzelnen Berichte werden an der Wandzeitung gesammelt.

- Zu den Episoden um Rudi Rüssel werden Bilder gemalt und mit Überschriften versehen, wenn der gesamte Texte bekannt ist: Auswahl von Lieblingsszenen.
- Rudi Rüssel muss als „Kunstschwein" (84) beim Bezirksamt eingetragen werden. Welche „künstlerischen Fähigkeiten" kann Rudi nachweisen? Spielen der Szene.
- Die Welt mit den Augen von Rudi Rüssel: Rudi berichtet, was er bei den Menschen erlebt, Perpektivenwechsel und Einfühlen in die Tierfigur; Rudi Rüssel wird auf einen Bauernhof gebracht: Was denkt Rudi in dieser Situation: Rudis innerer Monolog.
- Rudi Rüssel ein Haustier? Eine Diskussion mit dem Hausbesitzer (Pro und Contra).
- Die Kinder und die Eltern äußern sich im Text nicht zu Rudis Streichen: Innerer Monolog des Vaters, der Mutter, der Kinder; Tagebucheintrag: z. B. „Rudi und Vaters Wissenschaft".

Problemdiskussion

In Arbeitsgruppen ein Quiz entwickeln: „Ein Schwein, in das man Geld steckt, ist ein ..."; „Ein Schwein, das im Wald lebt, ist ein ..."; „Ein Schwein, das im Haus lebt, ist ein ..."; „Ein Schwein, das schnell rennen kann, ist ein ..."; „Wie heißen männliche Wildschweine ...", „Wie heißen die Kinder der Wildschweine ..."; „Wie duschen Wildschweine ...".

- Probleme der Massentierhaltung: Welche Tiere werden in Massentierhaltung gehalten? In der Bibel den sechsten Schöpfungstag nachschlagen. Bewertung der Aussage „Und Er sah, dass es gut war". Beantworten der Frage, ob dies für Tiere heute gilt! Hineinversetzen in die Figur eines der Tiere, die in Massenhaltung gehalten werden!
- Einen Erfahrungsbericht geben.
- Mögliche Anschlusslektüre: ASTRID LINDGREN „Ich hatte heut Nacht einen Traum" (in: ASTRID LINDGREN/KRISTINA FORSLUND: „Meine Kuh will auch Spaß haben. Einmischung in die Tierschutzdebatte". In: Oetinger Lesebuch 1991/92, S. 173 ff.). Aus-

gehend davon ab Klasse 6 Vertiefung des Problems Massentierhaltung in Arbeitsgruppen mit folgenden Aufgaben: Sammelt Artikel über die aktuellen Bedingungen und Probleme der Massentierhaltung, der Möglichkeiten von Erkrankungen und den Folgen. Ladet einen Spezialisten für moderne Viehzucht und und befragt ihn nach seiner Position! Macht in eurer Familie, Schule, Stadt eine Umfrage zum Problem Massentierzucht usw.

- Der Vater und sein Beruf als Ägyptologe (fächerübergreifend): Ägypten und die Pyramiden – Funktion und Aufbau einer Pyramide – Was sind Hieroglyphen? – Eine eigene Geheimschrift entwickeln).
- Familienbeziehungen: Familienrat in „Rennschwein Rudi Rüssel" – Nachdenken, ob und inwieweit Kinder in Familienprobleme einbezogen werden (vgl. S. 80).
- Arbeitslosigkeit und ihre Folgen; Rollenverteilung in der Familie.

Weiterführend oder als Einstieg

- Einbeziehung des Films (1994) sowie „Das Buch zum Film" (Vergleich von Buch und Film, Herausarbeiten der Unterschiede, Bewerten der Schlusssequenz im Film und im Kinderroman)
- Hörspielfassung: Produzieren eigener Hörspielsequenzen in Absetzung zur existierenden Fassung (Rollen: Erzähler, Kinderfiguren, Elternfiguren, Rudi Rüssel (innerer Monolog))

Bjarne Reuter
„So einen wie mich kann man nicht von den Bäumen pflücken, sagt Buster"
(Klassen 5/6)

Mit Buster Mortensen hat BJARNE REUTER eine Figur entworfen, die dem Typus des tragik-komischen Kinderhelden entspricht. Buster ist eher ein Pechvogel und seine Familienverhältnisse sind nicht als „geordnet" zu bezeichnen. In den Buster-Geschichten werden keine (post)modernen Verhältnisse von ‚Modernisierungsgewinnern' geschildert, die in finanzieller Unabhängigkeit leben. Im Gegenteil, Buster kommt dem nahe, was man Modernisierungsverlierer nennen kann: Sein Vater ist ein arbeitsloser Zauberkünstler und da auch die Mutter als Putzfrau wenig verdient, gibt es ständig Geldschwierigkeiten. Daher muss Buster als Bote bei einem Milchhändler arbeiten, von einer Kindheitsautonomie kann daher nur eingeschränkt die Rede sein. Insofern unterscheidet sich Buster von jenen kindlichen Protagonisten, die in den modernen Kinderromanen agieren.

Doch REUTER schildert nicht vordergründig das schwierige soziale Milieu Busters, der macht vielmehr das Beste aus jeder Situation. Buster ist eine Art Antiheld und Schelm, der witzig und schlagfertig zu reagieren weiß und selbst dann den Humor nicht verliert, wenn er sich in einer scheinbar aussichtslosen Lage befindet. Die Reaktion Busters auf seinen Mathematiklehrer charakterisiert seine Lebensauffassung:

„Willst du denn nicht schnell nach Hause?", ruft er Buster zu. „Doch, Herr Martinsen", lacht Buster, „ich musste eben nur erst dafür sorgen, dass wir in den Ferien gutes Wetter kriegen." Er lächelt dem Rechenlehrer im Vorbeigehen zu. „Was soll nur aus dir werden, Buster Mortensen?", seufzt Martinsen und sieht auf seine Uhr. „Ich komme schon durch", lächelt Buster. (182 f.)

Mit den Geschichten um Buster, die als Fortsetzung angelegt sind („Küss die Sterne", 1996; „Das Ende des Regenbogens"), knüpft Reuter an kindliche Alltagserfahrungen an. Dabei kommen sehr wohl auch Themen wie Krankheit und Tod, Arbeitslosigkeit, Alkoholprobleme des Vaters, Behinderung der Schwester zur Sprache. Aber anders als in psychologischen Kinderromanen, die die Schwere des Daseins betonen, auf eine Innenweltdarstellung abzielen und mit einem personalen Erzähler arbeiten, dominiert in den Buster-Geschichten die Außensicht. Was Buster denkt, wird vom auktorialen Erzähler mitgeteilt, der sich dabei auf die Wiedergabe dessen beschränkt, was äußerlich wahrnehmbar ist (Dialoge). Auf diese Weise werden Probleme durch eine grotesk-humorvolle Darstellung relativiert.

Obwohl es insgesamt eine durchgehende Handlung gibt, lebt der Text von seiner episodischen Struktur. Damit sind auch Möglichkeiten für den Einsatz im Literaturunterricht vorgegeben:

➤ Der Einstieg kann über das Vorlesen einer oder mehrerer Episoden erfolgen. Das Lesen des 1. Kapitels kann genutzt werden, um Bilder von Buster zu malen, der direkt beschrieben wird (17).
➤ Da Buster in Kopenhagen lebt und sich auf Streifzüge durch die Stadt begibt, kann eine Art geographische Spurensuche am Beginn stehen: Dazu bietet sich der Einsatz einer Landkarte (Dänemark) oder/und eines Stadtplanes von Kopenhagen an.
➤ Busters hat sich in Joanna verliebt, und entsprechend finden sich im gesamten Text Episoden, in denen Buster als jugendlicher Liebhaber auftritt. Seine Gefühle für Joanna machen aus ihm eine Art Poet, der während der Arbeit im Milchladen dichtet:

Der Sommer ist die schönste Zeit/Mit Blumendüften weit und breit/Der Sommer// Mit meiner Zauberei ist Schluss,/weil ich jetzt richtig jobben muss/Als Bote.// O Sommer, bleib so weich und zart/Mit Farben ganz besondrer Art/Für Buster! (45)

Buster Sommerlied kann vertont und mit Musik unterlegt werden, die Schüler entwerfen für andere Situationen im Text Buster-Gedichte oder Verse (z.B. Buster als Zauberkünstler und Poet auf Joannas Gartenparty (166ff.), auch ein Winter- und Herbst-Lied kann gedichtet werden und schließlich ein Liebeslied für Joanna.
➤ Der Inhalt des Sommer- oder Liebeslieds wird nur mit Musik und Geräuschen ausgedrückt.
➤ Buster Großvater war Jahrmarktskünstler und sein Vater ist leidenschaftlicher Zauberer. Busters Auftritt auf Joannas Gartenparty wird zum grandiosen Erfolg, denn zum Schluss warfen die Leute „vor Begeisterung die Stühle" um. Als die Erwachsenen den Garten verlassen haben, kommt für Buster die Stunde: „Joanna (nahm) Buster an die Hand und zeigte ihm eine weiße Bank hinten im Garten" (172f.). Ausgehend vom Text werden Zauberkunststücke in Arbeitsgruppen vorbereitet. Es wird jeweils ein Buster-Programm mit Sprüchen und Zaubereien erarbeitet und vorgestellt. Dabei wird von jeder Gruppe ein Plakat entworfen, das auf der Rückseite die Lieblingstextstellen aufzeichnet.
➤ Auf der Grundlage eigener Erlebnisse werden mögliche Buster-Geschichten geschrieben, vorgestellt und gesammelt.
➤ Für Problemdiskussionen eignen sich solche Schwerpunkte wie: Buster und seine Rolle in der Schule, Buster und die Lehrer, Buster und die Arbeit.

➤ Als Fortsetzung der Episoden um Buster kann BJARNE REUTERS „Das Ende des Regenbogens" von einer Arbeitsgruppe oder ausgewählten Schülern vorgestellt werden.
Für den Unterricht zu empfehlen, sind unbedingt auch die komischen Kinder- bzw. Jugendromane von A. JACOBSSON und S. OLSSON, deren „Bert"-Reihe inzwischen neun Bände umfasst (Bd. 1: Berts gesammelte Katastrophen, 1990). Bert, der jugendliche Anti-Held erzählt in Form des Tagebuches (s. S. 79 f.) von seinen „gesammelten" „intimen", „romantischen", „haarsträubenden" Katastrophen.

Phantastischer Kinderroman

Der Erfolg von Texten ist unübersehbar, die mit phantastischen Mitteln arbeiten. Dies hängt nicht zuletzt damit zusammen, dass sie dem kindlichen Bedürfnis nach Aktion, äußerer Spannung, Komik in besonderem Maße entgegenkommen. Ein Blick auf die Geschichte der KJL zeigt, dass es vor allem phantastische Texte sind, die zu Klassikern wurden und Erfolg bei jungen Lesern und Erwachsenen haben. In den 90er-Jahren sind nun – vereinzelt zwar – auch Texte entstanden, die man einer modernen Phantastik zuordnen kann. Gleichwohl sind vorab einzelne offene Fragen zu klären, die es leichter machen, alte wie neue phantastische Texte zu bewerten und eine Auswahl für den Unterricht zu treffen (s. auch S. 167 ff.).

Spannung, Phantastisches, Märchenhaftes

Fragt man nach dem Zusammenhang von Spannung (s. S. 45 f.) und Phantastischem, so stößt man auf Schwierigkeiten der definitorischen Bestimmung. Offen ist nämlich, ob es sich bei Phantastik bzw. dem Phantastischen um eine Gattung, eine Darstellungsweise, einen Stil oder eine Struktur handelt. Hinzu kommt, dass unter Aspekten von literarischer Wertung (s. S. 12) Texte der phantastischen Literatur – vor allem in der deutschen Diskussion – mit dem Makel des Trivialen versehen wurden. Und dies, obwohl die Entwicklung des Phantastischen in Frankreich, England, Amerika den deutschen Vorläufern – vor allem der romantischen Epoche – einiges zu danken hat. M. G. LEWIS' Phantastik-Klassiker „The Monk" (1798) wurde von der deutschen Räuber- und Schauerromantik beeinflusst. Das von JOHANN AUGUST APELS und FRIEDRICH LAUN herausgegebene „Gespensterbuch" (1810/1812) fand eine begeisterte Lesergemeinde auch in Frankreich und beeinflusste die späteren Vampirerzählungen Lord BYRONS. Texte von E.T.A. HOFFMANN („Nußknacker und Mausekönig", 1816; „Das fremde Kind", 1817); LUDWIG TIECK („Die Elfen", 1812; „Der blonde Eckbert", 1797) zählen inzwischen zu Klassikern der Phantastik und wurden zur Kinder- und Jugendlektüre. Die literaturwissenschaftliche Diskussion in Deutschland nach 1945 bekam mit der Öffnung des Literaturbegriffs in den 70er-Jahren einen Schub und wurde durch Arbeiten von französischen Theoretikern wie ROGER CALLOIS, LOUIS VAX, TZVETAN TODOROV angeregt. Dabei gibt es deutliche Unterschiede zwischen der Bundesrepublik und der DDR.

In der DDR kam es im Kontext mit der kulturpolitischen Abwehr der Romantik erst im Laufe der 70er-Jahre zum Durchbruch des Phantastischen (vgl. GANSEL 1989, 66 ff.). CALLOIS und auch VAX gehen nun – wie in der Diskussion um den Begriff

„Spannung" – bei Überlegungen zum Phantastischen von der Ebene der Handlung bzw. „stofflich-inhaltlichen" Besonderheiten aus. Betrachtet man die Struktur der Texte, in denen das Phantastische eine Rolle spielt, so scheint dieses Vorgehen geeignet, größere Teile der phantastischen Literatur zu erfassen sowie bestimmte Grundmodelle und -figurationen zu entwerfen (s. S. 168 ff.). Handlungstheoretische Bestimmungen nutzen dabei als wesentliches Merkmal „den Riss". Er entsteht, wenn einer empirisch alltäglichen, von rationalen Gesetzmäßigkeiten bestimmten fiktiven Welt, eine Welt des Irrational-Unerklärlichen gegenübertritt und der punktuelle Zusammenstoß beider Bereiche einen „Skandal" oder „Riss" bewirkt. Folgerichtig erfordert für VAX das „Phantastische im strengen Sinne" den „Einbruch eines übernatürlichen Ereignisses in eine von der Vernunft regierte Welt" (VAX 1974, 17). Und bei CALLOIS heißt es:

Im Phantastischen aber offenbart sich das Übernatürliche wie ein Riß in dem universellen Zusammenhang. Das Wunder wird dort zu einer verbotenen Aggression, die bedrohlich wirkt, und die Sicherheit einer Welt zerbricht, in der man bis dahin die Gesetze für allgemein gültig unverrückbar gehalten hat. Es ist das Unmögliche, das unerwartet in einer Welt auftaucht, aus der das Unmögliche per definitionem verbannt worden ist (CALLOIS 1974, 46).

Die so geartete Bestimmung des Phantastischen – im engen Sinne –, nutzt als Vergleichsmaß das Märchen als so genannte „einfache Form". CALLOIS wie VAX definieren entsprechend das Phantastische in Abgrenzung zum Märchen:

Das Märchen ist ein Reich des Wunderbaren, das eine Zugabe zu unserer Alltagswelt ist, ohne sie zu berühren oder ihren Zusammenhang zu zerstören ... Das Märchen spielt sich in einer Welt ab, in der der Zauber etwas Alltägliches ist und Magie die Regel. Das Übernatürliche ist dort nicht beängstigend (CALLOIS 1974, 46).

Durch die Konfrontation zweier (fiktiver) Welten werden bisherige Denk- und Verhaltensweisen der Figuren (und Leser) in Frage gestellt und müssen überprüft werden. *Mit dem Einbruch des Phantastischen ist zumeist der Reiz des Neuen verbunden, das Außergewöhnliche, Bizarre, Nichtvorstellbare geschieht, ein Geheimnis muss gelöst werden* (ein Geheimnis des Objekts, der Figur, der Zeit, des Ortes), Konflikte brechen auf, Hindernisse entstehen. Die Frage etwa, auf welche Weise das Geheimnis gelöst, die Hindernisse überwunden, das Ziel erreicht wird, erzeugt beim Leser Spannung. Um ein Beispiel zu geben: CHRISTINE NÖSTLINGERS zum Klassiker avancierter Kinderroman „Wir pfeifen auf den Gurkenkönig" lässt an einem Ostersonntag die Familie Hogelmann in ihrer Küche ein gurkenähnliches Gebilde mit einer goldenen Krone auf dem Kopf entdecken. Wie in den Überlegungen von VAX und CALLOIS bewirkt der Einbruch des Gurkenkönigs in das „normale" Alltagsleben der Familie Hogelmann einen Skandal. Die Mutter, konfrontiert mit dem Übernatürlichen, steht vor dem Zusammenbruch, und in der Folge wirkt das phantastische Element als Katalysator: Unausgesprochene Konflikte in der Familie werden offenbar, spitzen sich zu und die (spannende) Frage entsteht, auf welche Weise eine Lösung erfolgt. Dabei werden verschiedene Spannungsbögen bzw. Geschichten (u. a. Agieren des Gurkingers, Schulprobleme der Kinder, Kumi-Ori-Gesellschaft im Keller, Misserfolg des Vaters) miteinander verbunden. Im Fall des „Gurkenkönigs" erzeugt der auf der Textebene ablaufende Auftritt des phantastischen Monsters bei den literarischen Figuren Verunsicherung und damit „suspense", also eine schwebende Ungewissheit. Die kindlichen Protagonisten halten sich offen und reagieren locker. Auch auf den (kindlichen) Leser wirkt die Situation nicht beängstigend, sondern unterhaltend, humorvoll, spannend. Eine wirkliche Gefährdung ist nicht zu erkennen, weil Größe, Aussehen wie die skurrile Sprache keinen Zweifel an der Unterlegenheit des Gurkenkönigs lassen und er sich von Beginn an – wie dann der Vater – durch das Missverhältnis von Schein und Sein desavouiert. Gleichwohl gibt es im Bereich der Phantastik Textgruppen, die gerade aus dem Aufbau von Unschlüssigkeit auf der Figuren- wie Leserseite ihre Spannungseffekte ziehen. Im Fall der Schauer- und Horrorliteratur – dafür steht vor allem STEPHEN KING (s. S. 210 ff.) und in der KJL solche neuen Texte wie die Reihe „Der Gruselbus" (1997 ff.) von PAUL VAN LOON – kann das bis zum Entstehen von Gefühlszuständen wie Angst, Schrecken, Schauder gehen.

Unter inhaltlichen, formalen wie wirkungsästhetischen Gesichtspunkten ist es gerade die Verbindung von Phantastischem, Spannung und Humor, die eine Reihe von Texten zu Kinderbuchklassikern gemacht hat. Zu nennen sind neben E.T.A. HOFFMANNS „Nussknacker und Mausekönig" Klassiker wie „Pu der Bär", „Pinocchio", „Pippi Langstrumpf", „Alice im Wunderland", „Jim Knopf", „Momo", „Die unendliche Geschichte", „Der kleine Wassermann", „Sofies Welt", sämtlichst Texte, die auch bei erwachsenen Lesern wie innerhalb der Literaturwissenschaft Wertschätzung genießen. Das hat folgenden Grund: Durch den Einsatz des Phantastischen ergeben sich „Leerstellen", die von kindlichen wie erwachsenen Lesern „konkretisiert" bzw. aufgefüllt werden und eine Vielzahl von Lesarten ermöglichen. Die **Polyvalenzkonvention** (s. S. 10), die eine Mehrdeutigkeit literarischer Texte, also vielfältige Sinngebungen, Bedeutungen, Botschaften meint, ist durch die phantastischen Bilder etwa vom Elfenbeinturm, der Farbwüste Goab oder dem Nachtwald Perelin in der „Unendlichen Geschichte" ebenso gegeben, wie durch das vieldeutige Ende von E.T.A. HOFFMANNS „Nussknacker und Mausekönig".

Um von den verschiedenen Theorieansätzen eine Verständigungsgrundlage zu schaffen, kann man folgenden **Arbeitsbegriff** ansetzen:

Arbeitsbegriff: Phantastisches und Phantastik
Phantastisches ist dadurch gekennzeichnet, dass es von den Wahrscheinlichkeiten einer bestimmten historisch-sozialen Erfahrungswirklichkeit – der so genannten „realistischen Fiktion", bei der Elemente gemäß der Logik ihrer Verknüpfung in der realen Welt auch in der künstlerischen Darstellung miteinander verbunden sind –, dadurch weit abweicht, dass auf der Ebene der literarischen Darstellung die Elemente (Figuren, Handlungen, Episoden, Zustände, Ereignisse) so miteinander in Verbindung gesetzt werden, wie das in der empirischen Wirklichkeit **nicht** oder **noch nicht** möglich ist. Dabei werden die Gesetze der Logik, auch wenn für das inkompatibel erscheinende Zusammenspiel der Elemente eine rationale oder pseudorationale Erklärung gegeben wird (Sciencefiction), zumeist bewusst durchbrochen oder aber ausgeweitet. Mit anderen Worten: Auf der Ebene der Darstellung erscheint Unmögliches als möglich und wird eine die Grenzen empirischer Wirklichkeit überschreitende künstlerische Spielwelt aufgebaut. Dabei ist zu beachten, dass die „Erkenntnis" des Möglichen historisch determiniert ist und damit auch das, was zu einem bestimmten Zeitpunkt für phantastisch gehalten wird oder auch nicht, Wandlungen unterliegt.

Erst wenn das Phantastische zur „systemprägenden Dominante" (H.R. JAUß) wird, d.h., die phantastischen Mittel **komplex** angewendet werden und das Zusammenspiel der Darstellungselemente **entscheidend** bestimmen, sollte von **Phantastik** gesprochen werden. Ausprägungen bzw. Varianten der Phantastik sind – gemessen an ihrem Anteil an phantastischen Elementen –: Märchen, Utopie, Sciencefiction, Gothic Novel, Anti-Utopie, phantastische Erzählung oder Fantasy. Dabei zeichnet sich in der Gegenwartsliteratur eine Tendenz zur **Synthese** unterschiedlicher Formen des Phantastischen ab.

Das Phantastische als Form künstlerischer Darstellung ist ein **genreübergreifendes** Mittel und kann auch in Texten auftreten, die dennoch nicht zur phantastischen Literatur gezählt werden. In der „nichtphantastischen" Literatur treten phantastische Elemente **vereinzelt** auf, sind nur **punktuelle** Störungen in einer ansonsten dem Realen verpflichteten Spielwelt (etwa als Träume). Besonders die **bildhaften Elemente** (Parabel, Allegorie, Hyperbel) und die **sprachlichen Bilder** (Metapher, Metonymie, Vergleich) werden als Mittel des Phantastischen in künstlerischen Darstellungen genutzt (vgl. GANSEL 1988; GANSEL 1993 f.). Nicht zuletzt sind bei Definitionsversuchen wie diachron angelegten Darstellungen zum Phantastischen „**Historizitätsvariablen**" anzunehmen. Das heißt, in einer Epoche, da das menschliche Bewusstsein der Wirklichkeit ein latent phantastisches Potential zugesteht, wo der Glaube an Geister, Werwölfe, Vampire, Hexen oder das Weiterleben nach dem Tod noch ungebrochen existiert, wo das Wunderbare noch nicht verdrängt ist und man der Existenz magischer Kräfte die gleiche Existenz zuschreibt wie wissenschaftlich erklärbaren Phänomenen, wird ein Text, in dem ein solches „Ereignis" eine Rolle spielt als „nicht-phantastisch" und damit als „mimetisch" bzw. „realistisch" gelten. Das hat Folgen: Ein und dasselbe Phänomen, also etwa das Vorkommen eines Geistes, kann je nach dem existierenden kulturellen System „phantastisch" oder eben „nicht-phantastisch" sein. Von daher erweist sich der jeweilige **Wirklichkeitsbegriff** als eine entscheidende „Historizitätsvariable" (GANSEL, 1988; GANSEL 1998a, 1998d; FREUND 1980).

Vorläufer

DIETER PENNING hat das Entstehen des Phantastischen im Zusammenhang mit Entwicklungen des Literatursystems im 18. Jh. und einem „neuen gebildeten Lesepublikums" gesehen, „das bereits ein Bewusstsein für Fiktionalität hat". Für ihn ist darum Phantastik auch ein „Spiel mit dem fiktionalen Bewusstsein des modernen Lesers"(PENNING 1980, 43). Hinzu kommt, dass das phantastische Geschehen mit den realen Lebensbedingungen, also der konkret-historischen Zeit durchaus in Zusammenhang steht. Betrachtet man die **Zeit- und Raummotive** (s. S. 41), dann zeigt sich, in welchem Maße die verschwiegenen und verborgenen Gefährdungen des Menschen durch die von Menschen zu verantwortende Welt die phantastischen Konstellationen bedingen. Allein im Wandel des Gebrauchs des Vampir- oder Schlossmotivs spiegeln sich reale kulturelle Veränderungen wider. E.T.A. HOFFMANNS „Majorat" (1817) ist ein Beispiel für die Übergänge und schrittweisen Veränderungen in der Rolle des Phantastischen wie auch LUDWIG TIECKS „Der blonde Eckbert". Auf den ersten Blick überwiegt nämlich in „Majorat" die klassische Schauerexposition, und auch im Weiteren scheint die englische Tradition übermächtig. Und dennoch zeigen sich schon Modifizierungen. Das Unheimlich-Phantastische wird in den „Nachtstücken" mit neuen Gestaltungsmitteln erfasst. Sie beschreiben in Verbindung mit traditionellem phantastischem Inventar nicht mehr nur einen äußerlichen Spuk (= äußerliche Spannung), sondern *das nächtliche Geschehen spielt sich in den Figuren selbst ab (= innere Spannung)*. Das ist der Grund, warum die Gespenster gewissen „Abnutzungserscheinungen" unterliegen, sie sind auf Handlungen festgelegt, an die in aufgeklärteren Zeiten keiner mehr glauben will. Damit ist auch die Basis für ihre Ironisierung gegeben. Die Verbindung zur jeweils historischen Wirklichkeit zeigt sich auch in der Veränderung der **Raummotive**. Es erfolgt zunehmend eine Einbettung des Phantastischen in großstädtische Lebensräume. Nicht mehr abgelegene Burgen, sondern die Straßen und Städte sind die Aktionsräume für phantastische Ereignisse. Mit der Hereinnahme der Großstädte bekommt der Schauer eine neue Dimension. Das Phantastische durchzieht eine alltägliche Welt und soll vom Leser aufstörend zur Kenntnis genommen werden. Ein derartiger Umbau schlägt sich auch in den phantastischen Texten von E.T.A. HOFFMANN nieder, der damit die Wende zur modernen Phantastik bzw. zur modernen Literatur nimmt. Der durch das Phantastische erzeugte Schrecken kann nur dann eine den Leser erregende Dimension gewinnen, wenn er in seiner alltäglichen Welt auftaucht. Die Festlegung des Bösen in entlegene Enklaven ist zwar literarisch weiterhin möglich, aber sie gerät in den Geruch des Trivialen. Ein ehemals im Zentrum stehendes ursprünglich innovatives Motiv rückt an die Peripherie und wird frei für den allgemeinen literarischen Gebrauch, sei es in der Trivialliteratur oder der KJL. OTTFRIED PREUßLERS „Der kleine Wassermann" (1956) oder die vielfältigen Vampirgeschichten in der KJL sind Beispiele dafür.

Schon mit E.T.A. HOFFMANN gerät das Phantastische ins Umfeld des seit dem Ende des 19. Jh.s existierenden Diskurses von zersplitterter Welterfahrung und fragmentarischer Weltabbildung (vgl. CERSOWSKY 1983, BERG 1991). *Während in der traditionellen Literatur die Wirklichkeit als durchschaubar und kausallogisch erfassbar dargestellt wird, kommt es in der Moderne zur Wirklichkeitsauflösung und damit zur Montage verschiedener Wirklichkeitsebenen.* Der Einsatz des Phantastischen als künstlerischer Darstellungsweise wird damit geradezu herausgefordert. Auch die **Ich- bzw. Figurengestaltung** signalisiert deutliche Unterschiede: In der traditionellen Literatur dominiert, bei allen Selbstzweifeln der Figuren, letztlich doch die Auffassung von einem **festen Ich** als Grundlage eines kausallogischen Denkens und einer ganzheitlichen Wirklichkeitsgestaltung. In der modernen Literatur kommt es nunmehr gerade zur **Auflösung** eines autonomen, festen Ichs. In vielen Fällen führt das zur Ich-Spaltung und Ich-Dissoziation. Verdopplung des Ichs und Ich-Montage sind also Reflex auf eine Wirklichkeit, die eben nicht mehr durchschaubar und kohärent ist. Es ist nur zwangsläufig, dass phantastische Figurendopplungen wie auch die Dissoziation verschiedener Wirklichkeitsebenen zum Grundarsenal der modernen Literatur gehören. *Dies ist ein Grund, warum phantastische Darstellungen in besonderem Maße geeignet sind, die Tiefenschichten des Ichs auszuleuchten.* JOACHIM METZNERS Überlegung, wonach sich das Phantastische in der Literatur durch eine mitunter psychotische Prädominanz der Tiefenstruktur der menschlichen Persönlichkeit definiert, ist darum schlüssig (METZNER 1980, 79 ff.). Aber können derartige Formen eine Rolle in phantastischen Texten spielen, die sich an Kinder wenden, und wann handelt es sich um **moderne** phantastische Literatur für Kinder und Jugendliche? E.T.A. HOFFMANN und LUDWIG TIECK haben hier maßstabsetzend gewirkt und ausgehend von ihnen lassen sich zwei Erzählmodelle entwerfen, die allerdings zu ihrer Entstehungszeit noch nicht als genuin phantastisch bzw. als Kinderliteratur galten. Dabei handelt es sich um **das zweidimensionale bzw. dualistische Kunstmärchen** der Romantik und um das **Wirklichkeitsmärchen** (vgl. EWERS 1990, 124 ff.). Das dualistische Kunstmärchen

(TIECK „Die Elfen"; HOFFMANN „Das fremde Kind") ist im Unterschied zum Märchen zweidimensional, zwei Welten stehen sich gegenüber, wobei die Welten nach unterschiedlichen Gesetzen funktionieren. Der Märchen-Text ist eindimensional, denn die gesamte Handlung bewegt sich in einem Reich des Wunderbaren. Im dualistischen Kunstmärchen agieren die beiden Figurentypen auf zwei Ebenen, verbunden durch so genannte Schleusen, als Grenzgänger funktionieren die kindlichen Figuren. Der Zusammenstoß der zwei Welten bzw. der Figuren findet „real" statt, sie agieren mit- und gegeneinander. Die Begegnung löst bei den Figuren der Realwelt, Erstaunen, Angst, Freude aus. Anders beim Wirklichkeitsmärchen („Nussknacker und Mausekönig"). Auch hier kommen beide Welten miteinander in Verbindung, aber es bleibt dies eine Erfahrung einer einzelnen Figur, die von übrigen Figuren der „Realwelt" (Erwachsene oder Kinder) nicht geteilt wird. *Da der gültige Wirklichkeitsbegriff Wunder entschieden ausschließt, wird die mit dem Phantastischen konfrontierte (kindliche) Figur im Innersten irritiert, ja erschüttert.* Die kindliche Figur geht also mit den phantastischen Ereignissen um, weiß aber nicht, was sie glauben soll. Es stehen sich zwei Wirklichkeitsauffassungen gegenüber, die ihr Bewusstsein zu spalten drohen. Im Rahmen einer realistisch gezeichneten Welt liegt der Schluss nahe, dass die Konfrontation mit dem Wunderbaren im Bewusstsein, in der Psyche des Protagonisten stattfindet. Auf diese Weise entsteht ein psychischer Konflikt darüber, was „wirklich" und was „unwirklich", phantastisch, wunderbar ist. Damit ist ein Grund für das Entstehen eines „Psychodramas" gegeben.

„Nussknacker und Mausekönig" kann daher als ein **Wirklichkeitsmärchen** gelten, denn Marie Stahlbaum, die kindliche Protagonistin, ist sich unschlüssig darüber, wie sie die ablaufenden Ereignisse werten soll. Ist die Schlacht zwischen den Spielzeugfiguren auf der einen und den Mäusen auf der anderen Seite „wirklich" oder nur geträumt? Die Antwort auf diese Frage wird in der Schwebe gehalten, weil der auktoriale Erzähler Maries Sichtweise als „wirklich" bestätigt, während die Eltern eine andere Interpretation geben: Sie sehen Maries Darstellung als Fiebertraum und Wahnvorstellung. Damit bieten sich zwei Leseweisen an: eine eher kindliche, die die Ereignisse als lustiges Märchen einordnet oder aber eine erwachsene, wonach es sich im Kern um eine Art Fiebertraum, möglicherweise gar Bewusstseinsspaltung der Tochter handelt. Das „Wirklichkeitsmärchen" stellt daher eine erste Ausprägung von moderner Phantastik für Kinder dar.

Merkmale und Beispiele

Das Muster von E.T.A. HOFFMANN ist lange Zeit nicht grundlos ohne Nachfolge geblieben. MARIA LYPP hat vermutet, dass die in der modernen Literatur offensichtliche Affinität des Phantastischen zum Unbewussten und zum Innern der Dinge, die erschreckend ans Licht treten, in der KJL kaum Gestalt finden kann. Es hänge dies auch damit zusammen, dass KJL nach herkömmlicher Auffassung das Ich-Bewusstsein stärken und nicht in Frage stellen soll (LYPP 1984, 106), eine Funktion, die das Phantastische in der modernen Literatur übernimmt. Offen zutage treten nämlich die Abgründe des Ichs, dargestellt werden über phantastische Präsentationen die „Nachtseiten" des Seelischen, urplötzlich bricht das tabuisierte Unbewusste hervor und kommt an die Oberfläche. Dazu gehören verschiedene Texte von FRANZ KAFKA, GUSTAV MEYRINKS „Golem" (1915), ALFRED KUBINS „Die andere Seite" (1908), expressionistische Erzählungen von GEORG HEYM oder ALFRED DÖBLIN. Vergleicht man die Rolle des Phantastischen in diesen Texten mit der Funktion, die solcherart Elemente in der KJL haben, dann erscheint es plausibel zu vermuten, es sei schon viel, wenn in ihr die „Entlegenheit des Inneren" mit phantastischen Mitteln erfasst würde. Wollte man unter Bedingungen von Moderne und Postmoderne einen Schritt weiter gehen und eine ergänzende Möglichkeit für die Bewertung gewinnen, dann wäre dem Neuen, dem Modernen der zur Diskussion stehenden Texte mit einem Ansatz von TZVETAN TODOROV beizukommen, der phantastische Literatur eben nicht nur nach Stoffen (z.b. Zeitreisen, fremde Welten) oder Motiven (z.b. Werwolf, Vampir, Gedankenübertragung) einteilt – sondern eine Unterscheidung in **Ich- und Du-Themen** vornimmt und damit an die Tiefenstruktur der Texte kommt (s. S. 39).

In phantastischen Texten lassen sich Ich-Themen erkennen an Vervielfältigungen des Ichs (u. a. Doppelgänger), Ich-Aufspaltungen, Metamorphosen einer Figur. Der Blick richtet sich auf den Protagonisten selbst. Zu den Du-Themen zählen jene Darstellungen, in denen die Figuren mit „fremdartigen Wesen" oder unbekannten Welten konfrontiert sind. Du-Themen zielen auf Präsentation von Außenwelt, auf Aktion und Handlung. Ich-Themen sind weniger handlungsintensiv, erkunden Innenwelten, stellen psychische Vorgänge dar und zielen auf Reflexion. Ausgehend davon lässt sich eine **erste These** aufstellen: *Der Versuch einer literarischen Darstellung auch der kindlichen „Nachtseiten" (Ich-Thema) ist ein Indiz für die literarische Modernität eines Textes* (vgl. GANSEL 1993 f.).

Eine Grundlage für diese literarische Modernität liegt in gesellschaftlichen Modernisierungsprozessen. Wo nämlich in der modernen Gesellschaft die Rolle der Eltern, ihr Verhältnis zu den Kindern, die Institution Ehe usw. unsicher wird, kann das nicht ohne Auswirkungen auf Kinder bleiben. Es nimmt daher nicht wunder, wenn sich – bislang nur vereinzelt – Texte finden, in denen das Phantastische die Funktion hat, das Leiden der Protagonisten an ihrer Außenwelt (äußere Spannung, Du-Thema) mit einer Innenweltdarstellung (innere Spannung, Ich-Thema) zu verbinden.

So spielt in TORMOD HAUGENS „Nachtvögel" auch ein phantastisches Element eine Rolle, das mit die Funktion hat, ein Bild von der seelischen Befindlichkeit des kindlichen Protagonisten Joachim zu geben. Das erklärt, warum weder die Nachtvögel (Alpträume und Ängste des kindlichen Protagonisten) noch die Figur des Doppelgängers einen äußeren „Skandal" (s. S. 93) bewirken. Ja, es bleibt offen, ob es sich beim „Doppelgänger" um eine „real-fiktive" Figur handelt oder aber um eine Figur der kindlichen Phantasie. Die inneren wie äußeren Konflikte Joachims sind gebunden an die Krise der („modernen") Eltern, insbesondere der Vater-Figur. Eben, weil Joachim als gleichberechtigter Partner akzeptiert wird, laden die Eltern ihm gewissermaßen ihre Probleme auch noch auf. Das führt nicht nur zu Angstzuständen, sondern geht bis hin zu einer Art Bewusstseinsspaltung. Sie wird verstärkt durch Angst, die Joachim vor anderen Kindern, besonders den Größeren, hat. Daher rührt der Wunsch des Protagonisten, sich aufzuspalten (GANSEL 1995 b).

Manchmal wünschte Joachim, dass er nicht nur eine einzige Person wäre, sondern mehrere gleichzeitig. Er stellte sich das gerne vor. Dann brauchte er nur zu sagen: „Jetzt möchte ich mit dreien von mir spielen!" Und schon wären drei da. Das wäre toll! Mit denen würde er sich dann auch nicht zanken, denn sie wären sich doch alle gleich und spielten die gleichen Spiele. (HAUGEN 1993, 70)

Über verschiedene Phasen kommt es schließlich zu einer Art Bewusstseinsspaltung. („Er ging hinüber zum Korb, aber irgendwie war es gar nicht er selber... Er sah sich selber zu, wie er die Hand ausstreckte und ein rosa Taschentuch herausnahm." (108)) Joachim glaubt schließlich einen Unsichtbaren, einen „Doppelgänger", entdeckt zu haben, der sich vor ihm versteckt und der möglicherweise vor ihm, Joachim, Angst hat. Die Figur bekommt für Joachim zunehmend Konturen, und es ergibt sich auf diese Weise eine Steigerung der Ich-Dissoziation:

Stufen	Textstellen
Stufe 1	Er kam zu dem großen Gebüsch, in dem Roger sich gewöhnlich versteckte. Der war aber nicht da. Joachim ging um die Sträucher herum, um hinten nachzuschauen. Da bemerkte er etwas Seltsames. Ganz sicher war er sich nicht, aber es kam ihm so vor, als wäre jemand auf der anderen Seite des Gebüsches. (114)
Stufe 2	„Warum bleibst du stehen?", fragte Mama. Joachim antwortete nicht. Er starrte nur. Im Augenblick sah er bloß Büsche und Schatten und glänzende Zweige. Aber es war, als warte jemand hinter den Büschen auf ihn. Als hätte jemand seinen Namen gesagt. Joachim wusste, wer es war: der Geheimnisvolle, der sich damals vor ihm versteckt hatte. (131)
Stufe 3	Er kam zu dem Gebüsch neben der Eiche. Er blieb stehen und horchte. Da war jemand auf der anderen Seite ... „Ich weiß, dass du da bist", sagte er leise. „Ich bin nicht gefährlich." Nichts geschah. „Ich suche meinen Papa", sagte er ... Es war still. Dann hörte er etwas, und ein Schatten tauchte vor ihm aus dem Gebüsch, ein kleiner Schatten, nicht größer als Joachim selber. Es war ein Junge. Er blieb mitten im Gebüsch stehen. Sie konnten sich gegenseitig nicht richtig erkennen, aber Joachim sah ein Glitzern, wo die Augen sein mussten. „Er sitzt dort drüben unter der großen Eiche", sagte der Schatten leise und deutete dabei tiefer ins Dunkel hinein. (139)

Die Ambivalenz, die Unschlüssigkeit, über den Status des auftretenden (phantastischen) Phänomens wird vom Autor über das Textende hinaus nicht aufgelöst, die kindlichen wie erwachsenen Leser bleiben im Unklaren. Doch scheint sich eine Lösung für Joachim – nicht für den Vater – abzuzeichnen: „Joachim schlief ein, und die Nachtvögel waren still." (143) Einen Schritt weiter bei der Darstellung einer phantastischen Ich-Spaltung eines kindlichen Protagonisten geht ANTONIO MARTINEZ-MENCHEN in „Pepito und der unsichtbare Hund" (1985/dt. 1990). Hier erzeugt das Erscheinen des Übernatürlichen allerdings einen „inneren Skandal" („Ich-Thema") und entspricht damit dem, was TZVETAN TODOROV als kennzeichnend für das Phantastische insgesamt angenommen hat, nämlich die „Unschlüssigkeit, die ein Mensch empfindet, der nur die natürlichen Gesetze kennt und sich einem Ereignis gegenübersieht, das den Anschein des Übernatürlichen hat" (TODOROV 1992, 26). In diesem Fall ist der kleine Pepito mit der Erscheinung eines Hundes konfrontiert, den nur er wahrnehmen kann:

„Wie geht's Köter? Schon wieder hier? Hast du", sagte ich zu Juanito, „schon mal einen so hässlichen Hund gesehen?"
Juanito schaute mich an, als würde er Gespenster sehen. Ich begriff, dass irgend etwas nicht stimmte. „Was denn für einen Hund? Warum musst du nur immer so ein dummes Zeug daherreden?"
Ich schaute den Hund an, der neben uns hersprang, und dann in Juanitos ernstes Gesicht. (MARTINEZ-MENCHEN 1990, 17)

Als der kindliche Ich-Erzähler erkennt, dass nur er den kleinen Hund sieht, verheimlicht er seine Existenz, weil er fürchtet, man würde ihn ins Irrenhaus bringen. Die Begegnung mit dem phantastischen Phänomen wird also nicht – wie in Märchentexten – als problemlos angenommen, sondern führt im Gegenteil zu einem *Infragestellen der eigenen (kindlichen!) Identität*, insofern wird also ausdrücklich ein „Ich-Thema" angeschlagen. Der (erwachsene) Leser kann vermuten, dass Pepitos (phantastische) Halluzination bzw. Bewusstseinsspaltung ihre Ursache in der schweren Erkrankung der Mutter hat, die mit dem Tod kämpft. Was es mit dem kleinen Hund aber wirklich auf sich hat, bleibt im Text offen, er verschwindet in dem Augenblick, da die Mutter – wie durch ein Wunder – überlebt. Über das Textende hinaus bleibt die Ambivalenz der phantastischen Projektion erhalten. Pepitos Erlebnis wird nicht rational aufgeklärt, es findet sich keine (erzählerische) Instanz, die wertend eingreift und seine Vision erklärt. Auch in BENNO PLUDRAS „Das Herz des Piraten" (1985) gerät die kindliche Protagonistin in eine krisenhafte Situation angesichts der Konfrontation mit dem Phantastischen: Jessi findet einen Stein, der rot glüht, pulsiert und noch dazu spricht. Als Jessi ihn entsprechend behandelt, wird sie von der Umgebung als verrückt eingestuft. Das Besondere des Textes besteht darin, dass es keine rationale Auflösung des Konfliktes und die Entscheidung für eine Leseweise gibt. Das ist auch in LYGIA BOJUNGA-NUNES Kinderroman „Maria auf dem Seil" (1979/1992) so, in dem die Protagonistin sich gegen den Tod der Eltern durch eine Art Bewusstseinspaltung und Amnesie wehrt.

Mit Blick auf diese Texte lässt sich ergänzend eine *zweite These* aufstellen: *Modern ist eine phantastische Erzählung für Kinder mindestens dann, wenn das Erlebnis wunderbarer, vielleicht auch schrecklicher Welten nicht durch eine rationale Erklärung aufgehoben und damit das erwachsene, rationale Weltverständnis sich durchsetzt.* Je konsequenter ein Text zu den phantastischen Erlebnissen steht und je entschiedener er die rationale Interpretation vom Standpunkt der Erwachsenen abwehrt, desto mehr werden Kinder und ihre Vorstellungen wirklich ernst genommen.

Damit allerdings nutzt dieser Teil der KJL das Phantastische in vergleichbarer Weise wie die moderne Allgemeinliteratur, der es um Verunsicherung geht und die auf rationale Erklärungen für unerklärbare, vermeintlich phantastische Phänomene verzichtet. Dass dies zu komplexeren erzählerischen Strukturen führt, liegt ebenso auf der Hand, wie die Tatsache, dass solche Texte eine artifizielle Verbindung zwischen äußerer und innerer Spannung, zwischen „Ich"- und „Du-Themen", herstellen. Ganz in diesem Sinne modern ist daher CARLOS RUIZ ZAFONS Jugendroman „Der Fürst des Nebels" (1993/dt.1996), in dem das Phantastische bis zum Schluss in der Schwebe bleibt und keine rationale Auflösung erfolgt. Auch CARMEN MARTIN GAITES „Rotkäppchen in Manhattan" (1990/dt.1994) ist ein hochpoetischer Text, der in vielfältiger Weise mit Mitteln von Intertextualität arbeitet. Wie JOSTEIN GAARDERS „Sofies Welt" (1991/dt. 1993) handelt es sich um ein Buch für „Erwachsene ab vierzehn Jahren". Das betrifft nicht nur die wiederholten Anspielungen auf die Märchen, sondern die (Kinder-)Literatur insgesamt. Im Zentrum steht die kleine Sarah, ein modernes Kind, das eine überdurchschnittliche Intelligenz besitzt und bereits über eine ausgeprägte Selbstreflexivität verfügt. Sarah macht sich schon mit drei Jahren Gedanken über die Welt und hat „allein lesen gelernt, ... und für sie war Lesen der größte Spaß überhaupt" (16). Dabei erfindet sie sich zu gedruckten Buchstaben „Fanfaneien", zu der „am Ende des vierten Lebensjahres bereits so unvergessliche Ausdrücke zählten wie ‚Melba', ‚Tarinde', ‚Malzog' und

‚Miranfu'" (29). Einige Worte blieben Sarah im Gedächtnis und erhielten eine Bedeutung, die man mit der Zeit erriet: „‚Miranfu' hieß zum Beispiel ‚Bald geschieht etwas anderes' oder ‚Bald erlebe ich eine Überraschung'" (29). Als das „große Abenteuer" der vielen Kinder-Bücher hat Sarah erkannt, „daß Kinder allein in die große weite Welt hinausgingen, ohne Mutter und Vater, die sie an die Hand nahmen, sie ständig ermahnten und andauernd etwas verboten" (17). Beim Lesen veränderte Sarah die Geschichten „und erfand für jede einen ganz anderen Schluss" (17) und dies auch, weil sie der Meinung war, das Ende sei falsch. An „Alice im Wunderland" stört sie der rational aufklärende Schluss, „als Alice sagt, alles sei nur ein Traum gewesen, warum musste sie das auch sagen!" (S. 18). Der Text, in dem eine personale Erzählweise dominiert, hält durchweg die Ambivalenz und lässt offen, wie Sarahs phantastische Erlebnisse in New York zu deuten sind. Wie in den von ihr gelesenen Büchern macht Sarah sich an ihrem zehnten Geburtstag – dem Märchen von „Rotkäppchen" vergleichbar – auf den Weg nach Manhattan, um die geliebte Großmutter zu besuchen. Ihre phantastische Odyssee findet weder ein Ende, noch führen die phantastischen Erlebnisse zu einem rationalen Schub in der kindlichen Entwicklung, im Gegenteil: Sarah faltet einen Zettel auseinander, den sie von der phantastisch-realen Miss Lunatic bekommen hat, liest ihn und trifft eine Entscheidung:

> *Sarah steckte das Geld in den Schlitz und rief: „Miranfu!", der Kanaldeckel öffnete sich, und sie sprang mit nach vorn ausgestreckten Armen in den Schacht, sofort wurde sie von einem milden Luftstrom aufgefangen, der sie zur Freiheit führte.*
> (GAITE 1994, 175f.)

Für die traditionelle phantastische KJL untypisch kehrt die Protagonistin nicht gestärkt an den Ausgangspunkt zurück, es gibt vielmehr eine „Überraschung", „etwas anderes" beginnt, das Zauberwort „Miranfu" kündigt eine Fortsetzung der kindlichen Suche an.

Solche Texte stoßen keineswegs überall auf Zustimmung. Dies ist ein Grund, warum ein Autor wie der Schweizer JÜRG SCHUBIGER über zwanzig Jahre brauchte, um mit seinen phantastisch-parabolischen Erzählungen wie „Dieser Hund heißt Himmel" (1978), „Das Löwengebrüll" (1988) oder schließlich „Als die Welt noch jung war" (1995) den Durchbruch zu schaffen. Erst in dem Maße nämlich, wie die Grenzen zwischen KJL auf der einen und Erwachsenenliteratur auf der anderen Seite fließender geworden sind, konnte SCHUBIGERS an KAFKA geschulter Umgang mit dem Phantastischen und Wunderbaren auch kindliche bzw. jugendliche Leser erreichen. Die Art und Weise, in der er phantastische Präsentationsarten einsetzt, wie er einen an Märchen und phantastischen Erzählungen tradierten Erwartungshorizont unterläuft und kafkaeske Verfahren nutzt bzw. umbaut, ist prototypisch für eine moderne Phantastik für Kinder. Bei genauerer Betrachtung zeigt sich, dass bereits ASTRID LINDGRENS „Mio, mein Mio" (1955) und „Die Brüder Löwenherz" (1974), allgemein als „Märchenromane" klassifiziert, Beispiele für moderne Phantastik sind (s. S. 202 ff.).

Der Bezug der genannten Texte zum psychologischen Kinderroman ist offensichtlich. Gleichwohl gibt es am Ende der 90er-Jahre unter dem Aspekt von Modernität auch Texte, die dem komischen Kinderroman nahe kommen. Dazu gehört PAUL VAN LOONS „Gruselbus"-Reihe (1991, dt. 1997 ff.). In Band 1 der Serie ist eine Klasse zu Gast im Gruselbus des Schriftstellers Onnoval, der ihnen Gruselgeschichten vorliest. In Wahrheit handelt es sich bei Onnoval um einen Werwolf, der seine Opfer sucht. Einzig durch die Coolness der kleinen Liselore können die Kinder der Katastrophe entkommen, sie tötet den Werwolf mit einem Schuss zwischen die Augen! *Modern – so die* ***dritte These*** *– sind die Texte deshalb, weil* VAN LOON *explizit das „Horror-Genre" zitiert, die Kinderfiguren beständig über Geistergeschichten reflektieren lässt und dabei eine unmerkliche Ironisierung der Gattung und ausgewählter trivialliterarischer Muster erfolgt.*

Vorschläge für den Unterricht

Tormod Haugen
„Die Nachtvögel" (Klassen 5 – 7)

Inhalt
Joachim ist acht Jahre alt, er leidet unter der familiären Situation und hat vielfältige Ängste. Sie verfolgen ihn in der Gestalt von Nachtvögeln bis in den Schlaf hinein. Die Eltern haben zwar Verständnis für Joachim, aber mit ihren eigenen Problemen zu tun. Dies betrifft besonders den Vater, für den sich schließlich Joachim verantwortlich fühlt.

Erzählstruktur
Der psychologische Kinderroman ist in 59 Kapitel gegliedert, wobei die Länge unterschiedlich ist. Im Text dominiert ein personales Erzählen, das an die Figur Joachim gebunden ist. Die Handlung besteht nicht vordergründig aus der Darstellung äußerer Ereignisse, sondern zeigt, was im Innern des Protagonisten abläuft. Die erzählte Zeit erstreckt sich über eine Zeitspanne von 9 Tagen und teilweise Nächten.

Methodische Vorschläge
Der Text regt über den Einsatz der phantastischen Elemente hinaus insbesondere zur Auseinandersetzung mit eigenen Ängsten an. Joachim durchlebt typische Ängste eines modernen Kindes, das mit vielfältigen Aufgaben konfrontiert ist und von den Eltern als gleichberechtigter Partner angesehen wird. Zudem geht es um Probleme, die Kindern sehr nahe sind, z.B. die Schwierigkeiten, sich in einer Gruppe durchzusetzen. Die Verständigung über die Ängste von Joachims Vater zeigt, in welchem Maße auch die als souverän geltenden Erwachsenen davon nicht verschont bleiben. Durch die Beschäftigung mit der Angst-Problematik bietet der Text die Möglichkeit, über Ängste ins Gespräch zu kommen.

➤ Eigene Angstgeschichten schreiben: Wovor ich Angst hatte, als ich klein war.
➤ Herausarbeiten des Handlungsverlaufs (Wandzeitung) und Nachspielen ausgewählter Szenen.
➤ Anfertigen eines Spieles mit dem Titel: Die Angst ist vorbei (Ereigniskarten).
➤ Fiktives Gespräch Joachims mit den Nachtvögeln unter der Voraussetzung, dass Joachim seine Angst verloren hat.
➤ Erzählen aus anderer Perspektive: Joachim wird als Ich-Erzähler eingesetzt.
➤ Die Ängste von Joachims Mutter und Vater in einem Tagebuch notieren.
➤ Achim und der „Geheimnisvolle" – Stationen der Begegnung (s. Textstellen, S. 98).
➤ Der Schluss ist offen: Was gibt es über Joachim „zwei Monate" später zu sagen: Hat er die Angst verloren? Und wie verhält sich sein Vater?

Benno Pludra
„Das Herz des Piraten" (Klassen 5/6)

Inhalt
Die elfjährige Jessica findet am Ostseestrand einen Stein, der eine wundervolle Fähigkeit besitzt, er kann sprechen, er wärmt und er „leuchtete wie die Sonne am Abend" (5). Bei dem phantastischen Gegenstand handelt es sich um das Herz eines Piraten, der bereits seit 300 Jahren tot ist und das ihm beim Niederstürzen aus der Brust gefallen ist. Jesscia entwickelt eine enge Beziehung zu dem Stein, der ihr Geschichten aus der Vergangenheit erzählt. Doch nur Jessica kann hören, was der Stein über William und Clifford Reds, die Schmuggler und Piraten waren, erzählt. Für die anderen ist es ein lebloser, grauer Stein. Das Geheimnis entfremdet Jessica von ihrer sozialen Umwelt, sie fragt sich, ob sie verrückt ist.

Als die Geschichte sich herumgesprochen hat, halten die anderen Dorfbewohner das für erwiesen. Doch Jessica lässt sich nicht von ihrer Meinung abbringen, für sie ist der Stein „real", und sie steht zu ihrem Erlebnis. Sie kann zwar unterscheiden zwischen der ‚normalen Alltagswelt' und dem Übernatürlichen, aber diese Trennung wird von ihr dieses eine Mal außer Kraft gesetzt. Der phantastische Stein wirkt wie eine Art Kommunikationspartner. Jessica wächst ohne Vater auf, sie kennt ihn nicht und ihre Mutter ist berufstätig und hat wenig Zeit sich um die Tochter zu kümmern. Daher ist die Sehnsucht nach dem Vater groß, der plötzlich als Zirkusreiter in einem Nachbarort auftritt und genauso aussieht, wie Jessica ihn sich vorgestellt hat, wie ein Pirat. Jessica versucht die Mutter zu überzeugen, diesen Mann zu heiraten, aber die lehnt selbstbewusst ab. Schließlich muss Jessica erkennen, dass der Vater in der Tat nicht der Richtige ist. Gewissermaßen als Abschluss ihres Traumes wirft sie den Stein ins Meer zurück, er soll dort endlich Ruhe finden. Insofern handelt es sich um eine symbolische Geste, die zeigt, dass Jessica „gewachsen" ist und einen Zauberstein nicht mehr benötigt.

Erzählstruktur
Der Text ist in 20 Kapitel untergliedert, die durchnummeriert sind. Der Anfang erinnert an Sagen und Märchen. Die beiden Geschichten um Jessicas Alltagserlebnisse und die Piraten werden jeweils aus ihrer Sicht erzählt, es dominiert ein personaler Erzähler, der es ermöglicht, Jessicas Innenwelt zu erfassen, ihre Gedanken, Gefühle, Hoffnungen, Träume.

Auffällig ist die sprachliche Gestaltung und die dem Norddeutschen nachempfundene knappe, ja lakonische Sprache (Ellipsen, parataktischer Satzbau, Alltagsrede), die der Mündlichkeit nahe ist.

Methodische Vorschläge
➤ Wegen seines märchenhaften Beginns und der Mündlichkeit eignet sich der Text in besonderem Maße zum Vorlesen (Kapitel 1).
➤ Der Text enthält zwei Motive, die in Märchen und phantastischen Erzählungen eine wichtige Rolle spielen: das „kalte Herz" (WILHELM HAUFFS Kunstmärchen „Das kalte Herz") und die „Seele, die nicht zur Ruhe kommt" („Der Fliegende Holländer"). Die Schüler suchen andere Märchen, in denen diese Motive wiederkehren und entwerfen eigene Geschichten.

- Der Vergleich mit HAUFFS Kunstmärchen soll bewusst machen, welchen Status das Phantastische in den beiden Texten einnimmt (das Phantastische spielt sich in der Innenwelt Jessicas ab – das Phantastische tritt „real" in Erscheinung).
- Herausschreiben von Teilen, die Auskunft geben über Jessicas Gedanken, Gefühle und vergleichen mit HAUFFS Text, Erkennen unterschiedlicher Mittel der Bewusstseinsdarstellung
- Jessica führt Tagebuch und trägt dort ein, was sie davon hält, dass die Mutter nicht in die Stadt zu ihrem Freund zieht, sie erzählt, warum sie den Stein ins Meer geworfen hat.
- Jessica hat sich mit ihrer Freundin Tine Wagenführ wegen des Steines gestritten. Nun ist der Stein wieder im Meer und beide vertragen sich. Entwickeln eines Dialoges zwischen den beiden Freundinnen.
- Problemdiskussion: Verhältnis der Generationen, Familien, Außenseiter, Toleranz

2.4. Jugend- bzw. Adoleszenzroman

Vom Jugendbuch zum Adoleszenzroman – neue Gattungen

Wie in der Literatur, die sich an kindliche Adressaten wendet, wurde auch die Literatur für junge Leute noch bis in die 80er-Jahre hinein unter dem Oberbegriff „Jugendbuch" zusammengefasst. Es existierten weiterhin Bezeichnungen wie *Abenteuerbuch, Detektiv- und Kriminalgeschichten für junge Leser, zeitgeschichtliche und politische Jugendliteratur, Sciencefiction, das religiöse Jugendbuch*. Die Gruppennamen waren an bibliothekarischen Schwerpunktbildungen orientiert, die Definition der Unterbereiche erfolgte anhand der jeweiligen „Stoffe", vermuteter Leseinteressen oder auf der Grundlage wirkungsbezogener Faktoren. Doch das Textkorpus mit seinen veränderten Intentionen, Figurengestaltungen, Wirklichkeitsdarstellung und den literarischen Präsentationsarten machte seit den 80er-Jahren eine solche Einteilung zum Problem. Auch in der Literatur für junge Leser kam es zur Ausbildung vergleichbarer Gattungen wie in der Allgemeinliteratur. Grundlage waren die veränderten kulturellen Bedingungen, die neuen Kindheits- und Jugendbilder. Mit dem Wandel der Lebenswelten haben sich auch die Erfahrungen wie Sichtweisen von Kindern und Jugendlichen weiter ausdifferenziert. So ist es ein Unterschied, ob es um Lebenswelten von Kleinkindern, Vorschulkindern, Grundschulkindern oder von jungen Leuten ab 14, von jungen Erwachsenen oder den sogenannten Post- bzw. Spätadoleszenten geht und über sie erzählt wird. Knapp zusammengefasst, lassen sich folgende äußere Merkmale ausmachen:
- Für heutige Jugend, ja bereits Kindheit ist eine Art „Frühwachsenheit" kennzeichnend. Zwar ist der Zugang zur Erfahrungswelt der Erwachsenen auch noch gegenwärtig bis zu einem bestimmten Alter aus kognitiven Gründen eingeschränkt. Gleichwohl sind die „symbolisch-kulturellen Grenzlinien" aufgeweicht, sie sind nur noch eingeschränkt wirksam, der Erfahrungsvorsprung der Erwachsenen hat abgenommen, in manchen Bereichen sich sogar verkehrt. Die Generationsräume von Erwachsenen und Jugendlichen sind nicht mehr penibel getrennt, sondern miteinander verwoben, die Grenzen fließend.

► Wo der Zugang zu den Erwachsenenerfahrungen immer breiter wird, verwischen sich die Kategorien „Erwachsener" und „Jugendlicher", es kommt für Jugendliche zu einer „Entschränkung", die immer weniger eindeutige altersmäßige Abgrenzungen erlaubt (ZIEHE 1991, 63).

► Der Begriff „Jugend" ist zu einer Art Leitbild für alle Generationen geworden, Jung-Sein gilt in einer (post)modernen Erlebnisgesellschaft als Sinnbild, ja als Wert schlechthin. Die Folge ist, dass die älteren Generationen bemüht sind, möglichst rasch Zeichen von Jung-Sein zu übernehmen. Die Kehrseite liegt auf der Hand: Es wird immer schwerer, Stile zu kreieren, die eben nicht sogleich kopiert werden können. Das ist ein Grund, warum junge Leute sich in der Gegenwart gezwungen sehen, als Mittel der Abgrenzung zu extremen Mitteln zu greifen. Die provokanten Gesten stellen Versuche dar, in einer Zeit des „anything goes" überhaupt wahrgenommen zu werden.

► Unter den aktuellen gesellschaftlichen Bedingungen kommt es nicht nur zur Hochbewertung von Jung-Sein, sondern auch dazu, dass die diesen Lebensabschnitt bezeichnende Phase sich zeitlich ausdehnt. Jugend beginnt einerseits früher und anderseits wird der Übergang zum Erwachsenenstatus hinausgezögert: Heirat, Familiengründung, Berufstätigkeit, Erwerb der sozialen Selbstständigkeit verschieben sich mitunter bis in das dritte Lebensjahrzehnt. Gleichzeitig können in einer Risikogesellschaft selbst Erwachsene im höheren Lebensalter vor der Notwendigkeit einer Neudefinition ihrer Rolle in Familie, Beruf, sozialem Umfeld stehen. An die Stelle der traditionellen „Normalbiographie" tritt die „Bastelbiographie", die „Risikobiographie", die „Drahtseilbiographie", es ist dies ein „Zustand der (teils offenen, teils verdeckten) Dauergefährdung" (BECK/BECK-GERNSHEIM 1994, 13). Anders als noch in früheren Jahrzehnten, in denen eine klare Abgrenzung zwischen Kindheit, Jugend, Erwachsensein möglich war, verwischen sich auch die Grenzen.

► Unter den geschilderten Verhältnissen ist es nur natürlich, wenn die Individualisierung und Pluralisierung der Lebensstile zunimmt, die Lebensentwürfe, die Weltbilder vielfältiger werden, immer neue Gruppen, Szenen, Stile entstehen (BAACKE 1987, ZINNEKER 1985, 1991; FERCHHOFF 1993, DEESE u.a. 1996).

Die geschilderten Veränderungen der Lebenswelt haben Auswirkungen auf die traditionellen Wesensbeschreibungen und Begriffsbestimmungen im Bereich KJL, sie führen zu Veränderungen im „Handlungs- und Symbolsystem" (s. S. 9). Wenn nämlich heutige Jugendliche nicht mehr vor der Notwendigkeit einer fundamentalen Abgrenzung von den Eltern stehen oder die Landkarte früherer Abenteuer- und Geheimniszonen schon von Jugendlichen vermessen wird (Sexualität, Kommunikationsformen, Reisen nach innen und außen), wirkt sich das auf den Status der jugendlichen Leser aus. Was für Autoren wie junge Leser mehr und mehr zählt, sind **Wirklichkeitserkundung, Zeitdiagnostik, Wahrheitssuche**. Diese Intentionen und die gesellschaftlichen Verhältnisse bestimmen die Art und Weise der Darstellung, also das „Was" und „Wie". Es geht nicht zuletzt darum, das Lebensgefühl, die Lebenslage, die Lebenssicht, die Lebensprobleme heutiger Jugendlicher literarisch zu erfassen. Das wird – vergleichbar der Erwachsenenliteratur – Geschichten entstehen lassen, die sich die „Form auf den Leib gezogen haben" und die der Form „lediglich die Aufgabe" zumessen, „die Geschichte unbeschädigt zur Welt zu bringen" (JOHNSON 1984, 33 f.). Eine in dieser Art denkbare Veränderung im Selbstverständnis der Autoren wie der Rezipienten hat auch auf den bisherigen Begriff von „Kinder- und Jugendliteratur" Auswirkungen. Sie wird offener und die Übergänge zur Erwachsenenliteratur fließender. Es ist keineswegs nur ein kokettierender Gestus oder das Bemühen, sich von der doch eher niedrig bewerteten KJL abzusetzen, wenn JOSTEIN GAARDER seinen Erfolgsroman „Sofies Welt" als Buch für „Erwachsene ab vierzehn Jahren" (GAARDER, 1993, 624) bezeichnet.

Im *Handlungs- und Symbolsystem Kinder- und Jugendliteratur ist es also zum Entstehen von vergleichbaren Gattungen wie in der Erwachsenenliteratur gekommen.* Es reicht daher nicht mehr aus, einfach nur von „Jugendliteratur" zu sprechen. Der Begriff **Jugendroman** dagegen meint – wie in der Erwachsenenliteratur – alle romanhaften Darstellungen für Jugendliche. Um Anhaltspunkte für eine weiter gehende Gattungsklassifikation epischer Texte in der Jugendliteratur zu gewinnen und ihre neue Vielfalt zu beschreiben, erscheint es geboten, knapp auf Romanformen in der Erwachsenenliteratur zu verweisen. In der Romanforschung wird zumeist nach zwei Kriterien differenziert. Das sind vor allem a) **formale** oder b) **inhalts-** bzw. **stoffbezogene** Kriterien. Hinzu kommen c) **stilistische** und d) **wertende** Einteilungen. So unterscheidet WOLFGANG KAYSER formal nach der Dominanz von Handlung, Figur und Raum in „Geschehnisroman", „Figurenroman", „Raumroman" (KAYSER 1983, 360 ff.). Der *Geschehnisroman* ist die älteste Form romanhaften Erzählens, in deren Zentrum eine Folge von Handlungen steht (Begegnung, Trennung, Vereinigung). Im *Figurenroman* konzentriert sich die Darstellung auf einen zentralen Helden (CERVANTES: Don Quichote; GOETHE: Werther). Der *Raumroman* stellt einen Helden dar, der durch die Welt geführt wird (GRIMMELSHAUSEN: Simplizissimus). Der Held verfügt nur eingeschränkt über eine Individualität, die episodische Struktur der Handlung unterscheidet sich von jener Geschlossenheit des Geschehnisromans. Diese Bestimmungen sind idealtypisch gedacht und kommen nur selten in Reinform vor. Als *inhaltsbezogene* Begriffsbildungen lassen sich die Termini **Bildungsroman, Erziehungsroman, Entwicklungsroman** ansehen, wobei die Grenzen fließend sind. Es geht grundsätzlich um den psychologischen und intellektuellen Werdegang eines Protagonisten. Unter **Bildungsroman** werden zumeist jene Texte gezählt, in denen „Bildung als zentraler Diskurs thematisiert wird" (SELBMANN 1994). Dazu gehört als bekannteste Ausprägung GOETHES „Wilhelm Meister" (1795/96). Beim *Entwicklungsroman* handelt es sich anders als beim Bildungsroman um kein historisches Epochenphänomen, sondern um einen überzeitlichen Romantypus. Ziel und Weg des Protagonisten sind daher auch an keine spezifische Epoche und Kultur gebunden. Anders als beim Bildungsroman, der sich auf einen bestimmten Zeitabschnitt, zumeist die Jugendphase konzentriert bzw. mit der Etablierung im Berufsleben endet, kann hier der gesamte Lebensweg des Helden Gegenstand der Darstellung sein. Die didaktische Intention ist im Entwicklungsroman zurückhaltender als in den beiden anderen Typen ausgeprägt. Der *Erziehungsroman* – das sagt bereits der Name – stellt den Erziehungsprozess in das Zentrum der Darstellung und führt diesen exemplarisch vor. Dazu benötigt er ein Objekt der Erziehung, den Zögling, wie auch einen Erzieher, der als Mentorfigur fungiert. Damit verlagert sich der Schwerpunkt von einem Haupthelden auf eine Art Figurenpaar. Weitere inhaltlich geprägte Romantypisierungen sind die *Utopie*, als idealtypische Darstellung einer besseren Welt- und Gesellschaftsordnung (THOMAS MORUS' „Utopia", 1516), die *Anti-Utopie* als Antizipation einer Welt- und Gesellschaftssituation, die in der Gegenwart angelegte negative Tendenzen bis ins Extrem gesteigert zu Ende spielt (SAMJATINS „Wir" 1920), HUXLEYS „Schöne neue Welt" (1932), natürlich ORWELLS „1984" (1948), oder BRADBURYS „Fahrenheit 451" (1953). Die Übergänge zum *Sciencefictionroman* oder zum *Horrorroman* sind erneut fließend. Der *historische Roman* meint die fiktionale Darstellung eines historischen Ereignisses in lockerer oder strenger Anlehnung an die Geschichte (W. SCOTT, V. HUGO, L. FEUCHTWANGER). Im *Gesellschaftsroman* geht es um die Schilderung insbesondere einer Gesellschaftsschicht am Beispiel eines signifikanten Einzelschicksals (T. FONTANE). Schließlich gibt es auch die Möglichkeit, von *stilistischen Kriterien* bzw. der dominanten Darstellungsweise ausgehend, eine Typologie zu entwerfen. In diesem Falle kann man vom *satirischen Roman* sprechen, vom *allegorischen Roman*, vom *Dokumentarroman*, vom *Briefroman*. Es existieren auch Begriffsbildungen, die die *wertende Komponente* zum Maßstab machen wie *Trivialroman*, *Unterhaltungsroman*, *Populärroman* (vgl. dazu auch LUDWIG 1995).

Betrachtet man vor diesem Hintergrund die im KJL-System bis in die 70er-Jahre hinein üblichen Begriffsbildungen für Jugendliteratur, dann dominieren wie in der Kinderliteratur buchgeschichtliche Kategorien wie „Abenteuererzählung" (anstelle von „Abenteuerroman"); das „geschichtliche Jugendbuch" (anstelle von „historischer bzw. zeitgeschichtlicher Roman"). Da eine der Allgemeinliteratur vergleichbare Ausdifferenzierung in der Jugendliteratur bis in die 50er/60er-Jahre hinein nicht existiert, fehlen entsprechende romantypologische Unterscheidungen. Doch bereits Hilfsbegriffe wie *Jeansliteratur, problemorientierte Jugendliteratur* oder *Mädchenliteratur* bzw. dann *emanzipatorische Mädchenliteratur* signalisieren, dass seit Ende der 60er-Jahre die Quantität der entstehenden Texte es ermöglicht, sie jeweils zu Gruppen mit bestimmten Merkmalen zusammenzufassen. Schließlich kommt es in den 70er-Jahren zur „Eingemeindung" eines aus der Erwachsenenliteratur stammenden Erzählmusters bzw. dem Entstehen eines für die Jugendliteratur neuen Romantyps, des *Adoleszenzromans*. Es ist dies eine Typenbildung auf Grundlage von **inhalts-** bzw. **stoffbezogenen Merkmalen**.

Dass in Texten für junge Leser zumeist „Adoleszenz" ein Thema ist, darf nicht dazu (ver)führen, die Texte sämtlichst unter diesem gattungstypologischen Muster zu subsumieren. Damit würden die Begriffe *Jugendroman* und *Adoleszenzroman* so nahe aneinander gerückt, dass sie ineinander aufzugehen scheinen. Dies ist mitnichten der Fall: *Der Terminus Jugendroman bezeichnet lediglich einen Oberbegriff, der die Adressatenspezifik wie Inhalt und Struktur eines Textes berücksichtigt.* Das Textkorpus zeigt auch hier eine **gattungstypologische Ausdifferenzierung.** Der Begriff Jugendroman umfasst demzufolge alle möglichen Romanformen für Jugendliche wie z.B. den *Familienroman*, den *historischen Roman*, den *Sciencefictionroman*, die *Utopie* und schließlich den *Adoleszenzroman*. *Nicht jeder Jugend ins Zentrum stellende Roman für junge Leser kann also als Adoleszenzroman gelten* (vgl. KAULEN 1999). Auch frühere Kategorisierungen nach Stoffen bzw. Themen wie „Dritte Welt", „Nationalsozialismus", „Drogen", „Rechtsradikalismus und Gewalt", „Familienbeziehungen", „Kindheit" greifen nur bedingt, weil neben den auf Problemdarstellung orientierten Texten zunehmend solche entstanden sind, die nicht in der Behandlung eines Themas bzw. Problems aufgehen. Im Folgenden sei eine knappe Typologie wichtiger Formen im jugendliterarischen Bereich vorgenommen.

Problemorientierte Jugendliteratur

Merkmale

Seit den 70er-Jahren zeichnet sich die aktuelle Kinder- und Jugendliteratur durch „Problemnähe" wie „Zeitbezogenheit" aus, und sie wird in starkem Maße als ein *zeitdiagnostisches Medium* angesehen. Diese – an sich ganz und gar positiv zu wertende – Tendenz, einen direkten Bezug zu den aktuellen Wirklichkeitserfahrungen, den Problemlagen und Konflikten der jugendlichen Leser herzustellen, hat zur Ausbildung einer neuen Textgattung geführt, der *problemorientierten Jugendliteratur*. Das Erzählgeschehen dieser Texte ist als „realistisch" in dem Sinne zu bezeichnen, als es in einem vom Leser „lokalisierbaren räumlichen und zeitlichen Koordinatensystem" angesiedelt ist und mit wirklichkeitsmodellierenden Verfahren arbeitet. Problemorientierte Texte stellen Teile von Wirklichkeit in das Zentrum der Darstellung, sie folgen dem „Trend zur Segmentierung der Realität in einzelne Problemfelder" (SCHEINER 1984, 38). Vergleichbar wie im **Raumroman** steht ein Held im Zentrum der Handlung, der in einem spezifischen Segment der Wirklichkeit agiert und zumeist mit einem besonderen sozialen Problem konfrontiert ist. Dabei verfügt der Protagonist nur begrenzt über eine Individualität, abgehoben wird vielmehr auf Exemplarisches und Typik (s. S. 38).

Problemorientierte Texte wollen, nahe an der Wirklichkeit bleibend, aktuell aufklären, Einstellungen ändern, für politische und soziale Forderungen sensibilisieren. Das ist neben dem unterhaltenden, leseförderenden Anspruch eine ihrer Aufgaben, der exemplarische Fall steht im Vordergrund. Um die Erfassung von einer Totalität mit existenziellen Sinnangeboten geht es ebenso wenig wie um die Darstellung des Einmaligen wie Unwiederholbaren einer Figur oder die psychologische Analyse. Die Wirksamkeit gewinnen problemorientierte Texte aus der Authentizität des Dargestellten, dem Bezogensein auf jeweils aktuelle Wirklichkeitsfelder und vor allem aus dem Wiedererkennungseffekt.

Während am Beginn der 70er-Jahre allein schon die Behandlung eines bestimmten Themas ein Grund für eine positive Wertschätzung sein konnte, weil damit existierende Tabus durchbrochen wurden (Arbeitslosigkeit, Dritte Welt, Tod, Alkoholismus, Gewalt), reicht in der Gegenwart das Merkmal der stofflich-thematischen Aktualität für sich genommen nicht mehr aus, um einem Text Bedeutsamkeit zu attestieren. Infolge der gesellschaftlichen Modernisierungsprozesse, besonders aber seit der Etablierung der Mediengesellschaft sind bereits im Alltagswissen von Jugendlichen sämtliche brisanten Themen von Umweltzerstörung bis zu Aids mindestens hintergründig präsent. Es bedarf also nicht mehr der *literarischen* Aufklärungsarbeit, um sie öffentlich zu machen oder zu aktualisieren (vgl. GANSEL 1996a). Dies muss zwangsläufig zu einer Veränderung auch in der Bewertung der Texte führen. Da es zu einer „Vergesellschaftung von Alltagswissen" (ZIEHE 1991, 62) gekommen ist, wird die Öffentlichkeit gewissermaßen beständig mit Thematisierungswellen konfrontiert, die dann jeweils auch ihre aktuelle kinder- bzw. jugendliterarische Entsprechung finden. Die hier immer wieder aufs Neue vorgenommene Präsentation soziologischer Befunde im Gewand zumeist einer Erzählung, seltener eines Romans, ist ein auch jenseits der Grenzen der Kinder- und Jugendliteratur anzutreffendes Phänomen, gegen das als solches nichts einzuwenden ist. Gleichwohl sollte bei der Bewertung und beim Einsatz im Literaturunterricht zweierlei bedacht werden: *Erstens* ist zu prüfen, ob die literarisch aufbereiteten Befunde und die gegebenenfalls mitgelieferten Erklärungsmuster die Komplexität der Verhältnisse angemessen reflektieren oder aber durch unzulässige Vereinfachung statt zur Aufklärung zur Klischeebildung beitragen. *Zweitens* ist nach dem Verhältnis von „Inhalt" und „Form" zu fragen, also danach, ob die gewählten Darstellungsformen den Gegenstand adäquat „abbilden". Will das problemorientierte Jugendbuch mehr sein als Aufklärung, Information, Diskussionsangebot, läuft es Gefahr, sich zu überfordern und verlöre seine spezifischen Funktionen. Der Ruf nach epischer Totalität oder psychologisch motivierten Geschichten über Existenzielles setzt einseitig auf „Literarisierung" und damit den Adoleszenzroman.

Das Angebot an problemorientierten Texten ist nach wie vor groß, sie haben nichts von ihrer Bedeutung verloren. Vielmehr hat seit Ende der 80er-Jahre eine Interessenverlagerung stattgefunden. Frühere Themen wie „Arbeitslosigkeit", „Umwelt" „Berufsausbildung" „Aussteiger" sind zeitweise aus der Mode gekommen. Das ist neben dem Verschleißeffekt ein völlig natürlicher Vorgang: Diese Wirklichkeitsausschnitte waren in Zeiten steigenden Wohlstands und geringer Arbeitslosigkeit zum Teil weniger brennend. Inzwischen ist abzusehen, dass mit den verschlechterten wirtschaftlichen Bedingungen eine Renaissance gerade dieser Themen einsetzen wird. Neue Themen der 90er-Jahre waren und sind: Rechtsradikalismus und Gewalt, Kindesmisshandlung und sexueller Missbrauch, Jugendkulturen, Sexualität, Aids, Modedrogen (Ecstasy).

Beispiele

Exemplarisch für einen problemorientierten Text der 80er-Jahre kann MARGOT SCHROEDERS „Ganz schön abgerissen" (1983) stehen. Im Zentrum steht die 15-jährige Brigitte (Cony), die sich zum Punkmilieu hingezogen fühlt, auf Schule „keinen Bock" hat, überhaupt auf der Suche ist. Obwohl sie nach außen provozieren will, sich „cool" gibt und gegen Anpassung opponiert, ist sie innerlich verunsichert und verletzbar. Bei der wirklichkeitsmodellierenden Darstellung und soziologischen Erfassung der subkulturellen Punkszene wird offenbar, dass Äußerlichkeiten eine dominierende Rolle spielen. Wo die Fassade entscheidend ist („Mensch was wäre ich ohne mein Haar", 36; „Weißt du, ich steh eben auf Fassade", 74), bedarf es nur weniger Worte, um sich in der Gruppe zu artikulieren: Haare, Tücher, Hemden, Plaketten („auf Blech gezogene Meinungen"), sind wichtiger. Trotzdem dient gerade die *Sprache als Mittel der Selbstinszenierung.* Durch Konvention in der Gruppe eingeschliffene Begriffe fungieren als gemeinschaftsbildendes Ritual und Abgrenzungselement nach außen: „Ätztypen", „Null-Böcke", „Scheiße", „Saftärsche", „No future", „Scheißsklave", „cool", „Maloche". Die Ausdrucksweise ist beschränkt, Derbheiten überdecken Gefühle und verstecken die innere Befindlichkeit. Paroleartige kurze einfache Sätze oder Ellipsen in direkter Rede („,Na, eine aufgerissen?'", 47; „,Geil, die Häuserwände'", 43; „,Okay, die Musik, aber sonst?'", 35) prägen die Dialoge. Es geht nicht um Argumentation, sondern um Präsentation.

Die Darstellung der jugendlichen Punkszene erfasst authentisch die neue jugendkulturelle Struktur der frühen 80er-Jahre, die sich jenseits des Diskurses bewegt. Sie arbeitet stattdessen mit Stilmitteln der äußeren Regelverletzung, der Maskerade und ausgestellter Coolness. Das geltende Modell ist das des „ethnologischen Diskurses" (BAACKE 1987, 146). In diesem Sinne präsentiert Jugend sich als neue „ethnische Einheit" mit Selbstdarstellungs-Inszenierungen überall dort, wo es auffällt. Die benutzte Typik ist die des enfant terrible, was von der Autorin an der Cony-Figur erfasst wird. Eine Ursache liegt darin, dass jugendliche Bewegungen zunächst in der Öffentlichkeit keine Legitimationsinstanzen besitzen und in dem Fall, da sie sich in einem Wertedissens zur Generation der Erwachsenen befinden, etablierte Systeme verletzen müssen (vgl. BOURDIEU 1970). Die bewusst erzeugte Reaktion der Erwachsenen besteht in Abwehr des Äußeren, Unverständnis, Appell, Neugier, auch in einer gewissen Voyeurshaltung. In „Ganz schön abgerissen" schleicht Lehrer Henning, „der Typ mit seinem ewigen grauen Anzug und seinem ewigen blauen Rolli" (10) den Mädchen auf die Toilette hinterher. Er will einen **Diskurs**, in dem **er** die gültigen Werte festlegt. „Ist Wände beschmieren vielleicht ein Protest?", fragt er. „Lasst euch doch als Klassenvertreterinnen aufstellen, dann könnt ihr eure Beschwerden im Schülerrat vorbringen." Cony und Manu übergehen den Vorschlag, er ist für sie kein Diskussionspunkt mehr. Der Lehrer wirkt hilflos, wenngleich nicht gänzlich unsympathisch: „Wie kannst du auch so rumlaufen" (11) ist eine seiner resignierten Fragen. Auf der *Oberflächenstruktur des Textes* finden sich also durchaus Signale, die den Lesern eine Identifikation mit den jugendlichen Protagonisten ermöglichen, und dies, obwohl ein Er-Erzähler bzw. ein auktorialer Erzähler dominiert. Gleichwohl steht die neutrale Erzählhaltung in Widerspruch zur Tiefenstruktur des Textes, dem Wertsetzungszentrum, dem implizierten Autor. Der nämlich will die Leser dazu führen, dass sie einsehen, wie wenig entscheidend Äußerlichkeiten sind, dass Inhalte maßgeblich sind, Null-Bock nicht reicht, dass es darum geht, sich zu engagieren, dass Punks oder Skins durch die Ritualisierung eigentlich die Ich-Findung einschränken und den Einzelnen unter Gruppenzwang stellen. („Rock- a-Billy auf die Hose gestickt wie 'n braves Mädchen, aber die Haare bunt. Das is Verrat is das, kapierst du?", 18). Die Punksubkultur soll als eine Durchgangsstufe erscheinen, der es möglichst rasch zu entwachsen gilt. An den Stationen und dem Erkenntnisprozess der Cony X. wird das – für den jugendlichen Leser unmerklich – exemplarisch vorgeführt: Cony X. leidet unter der ausgestellten Pose der Gefühlskälte und der vorherrschenden Sprachlosigkeit. Die „Null-Böcke"-Mentalität reicht ihr nicht, sie will sich nicht festlegen lassen, sucht jemanden, mit dem sie reden kann und der sie versteht.

Auf der Ebene der literarischen Darstellung wird nun über verschiedene Stationen die Abkehr von der Fassade der Punk-Szene demonstriert (Staffage der Punkszene, Gespräche mit der alternativen Martina, dem neuen Freund Tissy, schließlich der Mutter, die in ihrer Jugend Sartre, den Existentialismus und schwarze Sachen verehrte). Die Ablösung der Cony X. ist identisch mit der Erlangung von Subjekt- und Handlungsbewusstsein. Auf der sprachlichen Ebene des Textes führt dies vom zunächst maßgeblichen inneren Monolog zum Dialog und auf der Darstellungsebene zum Handeln der typisierten Figur (Unterschriftensammlung, Demo). Dies ist der durch den implizierten Autor anvisierte eigentliche moralische Gehalt, der weltanschauliche Kern der Darstellung, womit dem Leser gezeigt wird, „wo ihn der Autor stehen sehen will" (BOOTH 1974, 80). Auf der Textoberfläche wird zwar mit dem das jugendliche Lebensgefühl der 70er Jahre erfassenden Muster des „etnologische Diskurses" gearbeitet und Verständnis suggeriert, aber der ‚implizierte Autor' hebt dies auf und verweist in der Tiefenstruktur auf das (didaktische) Muster des soziologischen Diskurses (Diskussion, Streitgespräch, Appell, Demonstration). Was sich auf der Darstellungsebene (Textoberfläche) als authentische Präsentation und ein Ernstnehmen jugendlicher Lebenswelt ausweist, wird in der Tiefenstruktur durch den ‚implizierten Autor' korrigiert, es erfolgt eine pädagogische Distanzierung (vgl. Gansel 1994 d). „Ganz schön abgerissen" ist *stofflich* ein Text über jugendliche Aussteiger (Jugendsubkultur), aber *thematisch* führt er die gelungene Wiedereingliederung und Integration vor. Insofern handelt es sich um einen „autoritären Text" (s. S. 27). Nach einem ähnlichen Muster, wenngleich nicht so subtil, funktionieren problemorientierte Erzählungen wie WOLFRAM EICKE „Blitzlicht. Als Kinderstar in der Werbung"; oder MARGRET STEENFATT „Hass im Herzen" (1992) und „Immer mega – immer fun. Spaß um jeden Preis" (1997).

Wirklichkeitsdarstellung	„reale Welt", äußere Wirklichkeit
Struktur von Wirklichkeit	authentische Darstellung eines Segmentes von Wirklichkeit
Art der Darstellung	realistische Darstellung, Arbeit mit dokumentarischen Mitteln
Weg der Wirklichkeitserkundung	soziale Erkundung
Raum, Schauplatz	Welt der Jugendlichen und Erwachsenen
Jugendfigur	Jugendliche im Alltag, die mit einem „Problem", einem Konflikt zu tun haben: nach außen cool, locker, aber unsicher
Aufbau der Hauptfigur	typisiert, zumeist auf Außensicht konzentriert, Fall-Beispiel
Verhältnis Jugend-Erwachsene	Zumeist zwei Gruppen von Erwachsenen: a) Mentor-Figuren (feste Figuren); b) Problem-Figuren (schwache Figuren)
Erzählverhalten	eher auktorial, aber auch personal
Standort des Erzählers	eher allwissend
Erzählperspektive	zumeist Außensicht, über den Erzähler dargeboten
Thema	Du-Thema
Wertsetzungsinstanz („impliziter Autor")	Erwachsener, Gesellschaft sucht in der Tiefenstruktur die moralisch-ethischen Werte festzulegen
Gattungsmuster	Erzählung, vereinzelt Mischformen mit romanhaften Ansätzen

Schaubild: Problemorienierte Jugendliteratur

Vorschläge für den Unterricht

Empirische Untersuchungen kommen zu dem Ergebnis, dass die Textauswahl aus dem KJL-System im Literaturunterricht bevorzugt unter stofflichen bzw. thematischen Gesichtspunkten erfolgt (RUNGE 1996). Oft wird ein „Themenbuch" eingesetzt, um ein für die Sozialisation als maßgeblich empfundenes Problem zum Diskussionsgegenstand zu machen. Einem solchen Anliegen kommt die problemorientierte KJL entgegen, weil sie neben dem sozialkritischen Aspekt der „Problemorientiertheit" zumeist eine Lösung im Sinne des Erziehungsauftrages enthält. Und entsprechend gibt es für den Literaturunterricht auch eine Vielzahl von Unterrichtsvorschlägen. Dies betrifft Texte wie HANS-GEORG NOACKS „Rolltreppe abwärts", HANS-PETER RICHTERS „Damals war es Friedrich" oder MAX VON DER GRÜNS „Vorstadtkrokodile", die im Rahmen der Veränderungen von Deutschunterricht seit dem Ende der 60er-Jahre bis in die Gegenwart eine Spitzenposition einnehmen. Inzwischen sind neue problemorientierte Texte zu Stoffen wie Rechtsradikalismus, Gewalt, Jugendkultur, Dritte Welt hinzugekommen, und eine Behandlung bietet sich vor allem ab der 7. Klasse deshalb an, weil die behandelten Wirklichkeitssegmente Leseinteressen wie Problemlagen der Schüler nahe kommen, aktuelle Diskussionen anregen oder auch eine Arbeit an Textsortenspezifika ermöglichen. Entsprechend können am Beispiel von MARGOT SCHROEDERS „Ganz schön abgerissen" (1983) vor allem die Sozialerfahrungen Jugendlicher der 80er-Jahre eine Rolle spielen und ins Verhältnis zu Texten gesetzt werden, die aktuelle Jugendkultur erfassen (s. S. 176 ff.):

- Gründe für den eigenartigen Namen „Cony X".
- Ideale von Cony X.
- Verhältnis zur Mutter (67, 53, 57, 58, 72, 92, 103, 103) und zur Eltern-Generation („mein Alter nuckelt nur am Bier", 79).
- Zusammenhalt, Regeln, Werte in Conys Peer-Group (18, 36, 44 ff., 74).
- Kennzeichen der verschiedenen Gruppen, Abgrenzungsrituale (18, 68).
- Rolle des Lehrers Henning und der Schule (8, 10 f.).
- „Verliebt sein macht so abhängig" (103f.).
- Stationen der Ich-Suche von Cony X („Sie fühlt sich ziemlich zerrissen, aber das gefällt ihr", 19; „ich weiß nicht, wer ich bin", 26, 60).
- Rollenverhalten (48, 77, 94).
- Zukunftsträume und -ängste (43, 45, 49, 80, 100, 111, 119).

Im Hinblick auf die Präsentation der Erzählung und die Erzählergestaltung spielen folgende Schwerpunkte eine Rolle:

- Figurencharakteristik von Cony X und ihren Freunden, Einsatz von stilistischen Mitteln
Funktion der Nebenfiguren für den Entwicklungsprozess der Heldin,
Funktion der Monologe und Dialoge,
- Verhältnis von Fiktion und Wirklichkeit (Auf welche Weise wird die Punkszene durch den Erzähler dargestellt, handelt es sich um eine authentische Darstellung oder um eine distanzierte Außensicht einer erwachsenen Autorin?).

Da in problemorientierten Texten zumeist ein auktorialer Erzähler die Geschichte präsentiert und Außensicht dominiert, eignen sich durchgängig Verfahren, die einen Perspektivenwechsel ermöglichen:

- Hineinversetzen in Cony, ihre Mutter, Martina, Danny: Verfassen eines inneren Monologs, erlebte Rede, Tagebucheintrag, Brief.
- Verändern der Erzählform einer Episode (von der Er-Erzählweise in die Ich-Erzählweise oder umgekehrt).
- Verändern der Haltung des Erzählers: Wechsel von einer zustimmenden Darstellung der Punk-Szene, der Figuren zu Ablehnung oder Ironie.
- Verändern einer Figur, sodass aus einer sympathischen eine unsympathische Figur wird und umgekehrt, z. B. Lehrer Henning – ein Traumlehrer?
- Cony scheint zum Ende des Textes ihre Probleme zu lösen: – Fünf Jahre später!

Adoleszenzroman

Mittlerweile macht das vorhandene Textkorpus eine historische wie aktuelle Unterscheidung der verschiedenen Spielarten des Adoleszenzromans möglich, die sich besonders für den Einsatz im Literaturunterricht der Sekundarstufen I und II eignen.

Zur Geschichte des Adoleszenzromans

Der Begriff Adoleszenzroman bezeichnet ein Gattungsmuster, das sich erst ab Ende der 1980er-Jahre im Bereich der Kinder- und Jugendliteratur durchgesetzt hat, selbst wenn er in aktuellen Literaturlexika noch nicht zu finden ist. Eine fundierte Zusammenfassung zu Begriff und Geschichte findet sich bei GÜNTER LANGE (LANGE 1997, 1 ff.), wichtige Hinweise zum Adoleszenzroman finden sich u.a. bei DODERER (1980, 1992); EWERS (1989, 1992a, 1992); GANSEL (1994a, 1994b, 1995a, 1998b, 1998c); GRENZ (1990, 1997); KAULEN (1997, 1999), SCHEINER (1984).

In den westeuropäischen Literaturen setzte seit den 50er-Jahren die Renaissance des aus der Erwachsenenliteratur stammenden Musters des Adoleszenzromans der Jahrhundertwende ein, nunmehr aber innerhalb der Literatur für junge Leute. Das Erzählmuster des Adoleszenzromans zeigte in den 70er-Jahren nachhaltigere Wirkung und wurde in den 80er-Jahren zum Bestandteil des jugendliterarischen Bereichs, ein Ergebnis von modernen Entwicklungen im Bereich der Kinder- und Jugendliteratur. Noch bis zur Mitte des 20. Jh.s gehörten Texte, in denen es um jugendliche Selbstfindungs- und Identitätsprobleme von Jugendlichen geht, weder zur intentionalen noch zur spezifischen Jugendliteratur.

Ein literaturhistorischer Blick auf die Entwicklung des Adoleszenzromans zeigt, dass markante Ausprägungen bereits mit JOHANN WOLFGANG GOETHES „Die Leiden des jungen Werther" (1774) und KARL PHILIPP MORITZ' „Anton Reiser" (1785–1790) vorlagen. Mit GOETHES „Wilhelm Meister" setzt sich dann aber der Typus des „Bildungsromans" als neue Gattung durch und wirkt für das 19. Jh. musterbildend. In der Romantik finden sich jene für die Adoleszenz wichtigen Themen der Identitätssuche in der phantastischen Novelle bzw. dem Kunstmärchen wieder (E.T.A. HOFFMANN „Der goldene Topf", 1814; „Der Sandmann", 1816, „Die Bergwerke zu Falun", 1819; LUDWIG TIECK „Runenberg", 1804; JOSEF VON EICHENDORFF „Marmorbild", 1819).

Eine historische Umakzentuierung erfährt die Gattung mit den Schulromanen bzw. -erzählungen um 1900 von ARNO HOLZ „Der erste Schultag" (1889), EMIL STRAUSS „Freund Hein" (1902), RAINER MARIA RILKE „Turnstunde" (1904), HERMANN HESSE „Unterm Rad" (1906), ROBERT MUSIL „Die Verwirrungen des Zöglings Törleß" (1906), FRIEDRICH HUCH „Mao" (1907). Zu denken ist auch an das „Hanno"-Kapitel in THOMAS MANNS „Buddenbrocks" (1901).

Ein neuer Abschnitt der Entwicklung hin zum Adoleszenzroman setzte in den 50er-Jahren mit JEROME D. SALINGERS „Der Fänger im Roggen" (1951, dt. 1956) ein. Im Vergleich dazu hatte der früher erschienene Roman von CARSON MCCULLERS „Das Mädchen Frankie" (1946, dt. 1951) weniger Erfolg. SALINGERS „Der Fänger im Roggen" wurde in der Bundesrepublik wie in der DDR vor allem in den 60er-Jahren mit Begeisterung rezipiert, weil er dem Lebensgefühl einer jungen Generation Ausdruck verlieh, einer Generation, die zunehmend gegen die etablierten gesellschaftlichen Instanzen revoltierte, überkommene Rollenbilder angriff und auf der Suche nach sich selbst war.

So ist auch das Entstehen des modernen Adoleszenzromans Reflex auf den Prozess von Modernisierung, dessen Folgen sich in den USA wesentlich früher abzeichneten, als in westeuropäischen Ländern. Die Wiederentdeckung der Schul- bzw. Adolezeszenzromane um 1900, die auch Eingang in den Literaturkanon der gymnasialen Oberstufe fanden, hing also mit dem Durchschlagen der Effekte von Modernisierung auf die westlichen Gesellschaften zusammen. Frühe Beispiele in der neueren deutschen Literatur nach 1945 waren GÜNTER GRASS' Novelle „Katz und Maus" (1961), PETER WEISS' „Abschied von den Eltern" (1961) wie auch UWE JOHNSONS noch in der DDR geschriebener, aber erst postum erschienener Roman „Ingrid Babendererde". Reifeprüfung 1953. (1956/1985). Zu einem Kultbuch in Ost und West wurde dann ULRICH PLENZDORFS „Die neuen Leiden des jungen W." (1973). Gleichwohl handelte es sich hier – wie bei den anderen Texten – nicht um spezifische Jugendliteratur, die Adressaten waren nicht vordergründig Jugendliche. Dies traf auch für PETER SCHNEIDERS „Lenz" (1973), VOLKER BRAUNS „Die unvollendete Geschichte" (1975), HANS-JOSEF ORTHEILS „Fermer" (1978) zu.

Dem sich abzeichnenden kulturellen Umbruch und der starken Nachfrage unter Jugendlichen nach Texten, die ihre Selbstfindung in den Mittelpunkt stellten, trugen zunehmend Jugendverlage Rechnung, indem sie – verstärkt in den 70er Jahren – Adoleszenzromane aus den USA publizierten (WARREN MILLER „Kalte Welt. Ein Bandenchef berichtet", 1959, dt. 1979; BARBARA WERSBA „Ein nützliches Mitglied der Gesellschaft, 1970, dt. 1972; SUSAN E. HINTONS „Kampffische"1975, dt. 1975). Während also zunächst noch amerikanische Übersetzungen eine besondere Rolle spielten, brachte der Erfolg von ULRICH PLENZDORF dem Adoleszenzroman im deutschen Sprachraum einen Durchbruch. Dafür standen Texte wie LEONIE OSSOWSKIS „Die große Flatter" (1977), OTTO F. WALTERS „Wie wird Beton zu Gras" (1979), IRINA KORSCHUNOWS „Die Sache mit Christoph" (1978), RUDOLF HERFURTHNERS „Rita, Rita" (1984), DAGMAR CHIDOLUES „Lady Punk" (1985), REINHARD KOCHS „Elvis Germany" (1989). Von besonderer Bedeutung waren auch die aus dem Schwedischen übersetzten Titel von INGER EDELFELDT „Briefe an die Königin der Nacht" (1985, dt. 1986) oder „Kamalas Buch" (1986/dt. 1988). Mit der Übernahme der für den modernen Roman kennzeichnenden radikalen Subjektkonzeption kam es im Adoleszenzroman nun zu einer Figurengestaltung, die – anders als in problemorientierten Texten – das Wechselspiel von Außen- und Innenwelt erfasste. *Die jugendlichen Helden sind als Individualitäten gestaltet, die selbstreflexiv ihre widersprüchliche Rolle, ihre krisenhafte Entwicklung und innere Zerrissenheit bedenken.* Dem Ziel, eine solche innere Widersprüchlichkeit literarisch zu erfassen, dient der Einsatz von modernen Techniken psychologischen Erzählens wie Ich-Erzählform, personales Erzählverhalten, innerer Monolog, Bewusstseinsstrom, erlebte Rede, Traumsequenzen. Mit der Nutzung der entsprechenden Erzähltechniken kam es a) zu einer Profilierung der Jugendliteratur und b) dazu, dass die Grenzen zwischen Allgemein- und Jugendliteratur fließender wurden. *Der moderne Adoleszenzroman ist bei aller Jugendspezifik keine dezidierte Zielgruppenliteratur mehr, sondern zeichnet sich durch einen offenen Leserbezug aus.* In den 90er-Jahren schließlich kommt es vor dem Hintergrund des rasanten kulturellen Wandels und der Erfahrung von zunehmender Individualisierung wie Pluralisierung unter Bedingungen einer (post)modernen Risiko- und Erlebnisgesellschaft zu Veränderungen, die sich unter dem Begriff des ***postmodernen Adoleszenzromans*** fassen lassen.

Zum Begriff Adoleszenz

Als Adoleszenz gilt allgemein jene Phase, die den „Abschied von der Kindheit" (KAPLAN 1988) und den Eintritt in das Erwachsenenalter bezeichnet. Die Besonderheit dieser lebensgeschichtlichen Phase besteht im Mit- und Gegeneinander von körperlichen, psychischen und sozialen Prozessen (vgl. FLAAKE/KING 1995, 13). Es geht sozusagen um die „Neuprogrammierung" der physiologischen, psychologischen und psychosozialen Systeme. Unter diesem Gesichtspunkt lässt sich in Anlehnung an REMSCHMIDT (REMSCHMIDT 1992) die Vielschichtigkeit von Adoleszenz auf folgenden Ebenen erfassen:

➤ *Physiologisch* umfasst A. die Gesamtheit der somatischen Veränderungen, wobei die körperliche Entwicklung wie die sexuelle Reifung von besonderer Bedeutung sind.
➤ *Psychologisch* meint A. den Komplex individueller Vorgänge, die das Erfahren, die Auseinandersetzung und Bewältigung somatischer und sozialer Veränderungen betreffen, wobei psychosozialen Faktoren eine wichtige Rolle zukommt.
➤ *Soziologisch* betrachtet, definiert A. eine Art Zwischenstadium, in dem Jugendliche zu einer verantwortungsvollen, aktiven Teilnahme an gesellschaftlichen Prozessen motiviert werden, eine institutionelle Absicherung aber noch nicht besteht.

Bei einer altersmäßigen Festlegung wird grundsätzlich von einer Zeitspanne zwischen dem 11./12. bis zum 25. Lebensjahr ausgegangen. Allerdings gewinnt die sogenannte Postadoleszenz an Bedeutung, die mitunter bis in das dritte, ja sogar vierte Lebensjahrzehnt hineinreicht: politische, kulturelle, partiell soziale Selbstständigkeit ohne gesicherte Ressourcen zur Lebenssicherung (vgl. ZINNECKER 1987, FEND 1988). Die kulturhistorischen Rahmenbedingungen bestimmen, ob Adoleszenz als eigenständige Phase oder einzig in Hinblick auf den Eintritt in die Erwachsenenwelt (Übergangsphase) gesehen wird. *Unter Bedingungen eines Strukturwandels der Jugendphase ist Adoleszenz als eigenständiger Lebensabschnitt anzusehen.* Das für die Jahrhundertwende zutreffende Verständnis von Adoleszenz als Zeit des Erprobens, als Schonraum wird fragwürdig. Mit der „Entstrukturierung" und „Destandardisierung" der Jugendphase bzw. dem „Ende der Jugend" (GILLIS 1980, 239) unter postmodernen Bedingungen wird Adoleszenz mehr zu einer „Lebensphase eigener Form und eigener selbst erlebbarer Qualität" (HURRELMANN 1995, 50). Insofern ist Adoleszenz heute weder eine simple Verlängerung der Kindheitsphase und auch nicht eine einfache Durchgangsphase zum Erwachsenenalter. So verschieden die Qualität dieser lebensgeschichtlichen Phase veranschlagt wird, so einig ist man sich in der Beschreibung der äußeren Merkmale von Adoleszenz.

Die bisherige standardisierte Stufenfolge von Schulzeit, Ausbildung, Berufseintritt, Auszug aus dem Elternhaus, Heirat, Gründung einer eigenen Familie und der damit in Verbindung stehenden wiederkehrenden Handlungsmuster (Abnahme der Bindung an die Eltern, Beginn sexueller Partnerbeziehungen, Ausbildung der Geschlechterrollen, Entwicklung von Fähigkeiten, Wissen zum Einstieg in einen Beruf, Ausprägung des Wert- und Normsystems) ist brüchig geworden. Vielmehr muss von „zunehmend individuell verlaufenden Übergangsprozessen als auch von veränderten Abfolgen der Bewältigung von Entwicklungsaufgaben" (HEITMEYER/OLK 1990, 22) ausgegangen werden. Anders gesagt: In dem Maße, wie die standardisierte Stufenfolge individuell variiert, müssen die Verarbeitungs- und Interpretationsleistungen vom Einzelnen eigenständig realisiert werden. Schon von jungen Leuten ist daher eine aktive Eigenleistung gefordert, es ergeben sich „außerordentlich hohe Anforderungen an die biographische Selbstgestaltung der Lebensphase Jugend" (HURRELMANN 1995, 71). Offen bleibt die Frage, inwieweit die Individualisierung von Adoleszenz dem Einzelnen größere Chancen bzw. Gewinne bietet („Modernisierungsgewinner") oder aber zu einer Einschränkung bzw. Verlusten („Modernisierungsverlierer") führt. Die kulturelle Wirklichkeit der 90er-Jahre bietet jungen Leuten eine Vielfalt an Wahloptionen und damit viele Chancen zur persönlichen Selbstverwirklichung, der Verfügbarkeit und Gestaltung des eigenen Lebens.

Gleichzeitig werden ihnen aber „jenseits sozialer Bindungstraditionen und jenseits sicherheitsgewährender sozialmoralischer Lebensmilieus" (FERCHHOFF 1993, 50f.) Selbstverantwortung und Selbstbehauptung aufgebürdet. Zugleich prallen die Erwartungen der einzelnen Individuen auf gesellschaftliche Rahmenbedingungen – beispielsweise einen enger werdenden Ausbildungs- und Arbeitsmarkt –, die eine Einlösung der persönlichen Hoffnungen auf Selbstverwirklichung erschweren, wenn nicht gar unmöglich machen. Letztlich entscheiden soziale Herkunft, Milieu, finanzielle Absicherungen, persönliche Fähigkeiten darüber, ob der soziale Bewegungsspielraum, die gegebenen Freiheiten in einer konkreten Situation auch wirklich genutzt werden können. *Die Adoleszenz kann in der Sackgasse von persönlicher wie gesellschaftlicher Entfremdung enden oder zu einer Zeit werden, in der es zur Ausbildung einer einzigartigen, multiplen Persönlichkeit kommt.*

Kennzeichen der Gattung Adoleszenzroman

Zur Prägung des Begriffs Adoleszenzroman kam es erst in den 1980er-Jahren, bis dahin gab es keine einheitliche Bezeichnung. Der Terminus wurde in Anlehnung an das Muster der angloamerikanischen „adolescent novel" gebildet. Verallgemeinert lassen sich heute folgende Merkmale für den Adoleszenzroman ausmachen:
➤ Im Zentrum der Darstellung stehen ein oder mehrere jugendliche Helden, wobei sich die Darstellung anders als im Entwicklungsroman auf die Jugendphase konzentriert.
➤ Während im klassischen A. der jugendliche Held zumeist männlichen Geschlechts ist, finden sich im modernen und postmodernen A. auch weibliche Protagonistinnen als zentrale Figuren. Die Übergänge zur emanzipatorischen Mädchenliteratur sind fließend.
➤ Die Zeitspanne ist nicht auf die Pubertät beschränkt, sondern umfasst den gesamten Prozess der Identitätssuche junger Leute, kann also von der Vorpubertät (11/12 Jahre) bis in die Postadoleszenz (in diesem Fall bis in das dritte Lebensjahrzehnt) reichen.
➤ Im Unterschied zur sozialkritischen Problemliteratur geht es – ähnlich wie im modernen Roman – um eine ganzheitliche Darstellung: die Figuren sind weder Personifikation noch Typ, sondern Individuum, also einmalig und unwiederholbar (s. S. 38); neben die Erfassung von Außenwelt tritt die Gestaltung von Innenwelt

(Ich- und Du-Thema), von psychischen Prozessen. Entsprechend kommen Darstellungsweisen des modernen Romans zum Einsatz (s. S. 114).

➤ Die jugendliche Hauptfigur wird nicht nur in einer „existentiellen Erschütterung" und „tiefgreifenden Identitätskrise" (EWERS 1989, 11) angetroffen, sondern sie kann die lebensgeschichtliche Phase lustvoll und offen erleben, als Möglichkeit des Ausprobierens, als Spielchance, als Gewinn bei der Sinn- und Identitätssuche (GANSEL 1998c, 45 f.).

➤ Adoleszenzromane lassen sich an der Gestaltung ausgewählter Problembereiche bzw. Handlungsmuster erkennen, dazu gehören: a) die Ablösung von den Eltern; b) die Ausbildung eigener Wertvorstellungen (Ethik, Politik, Kultur usw.); c) das Erleben erster sexueller Kontakte; d) das Entwickeln eigener Sozialbeziehungen; e) das Hineinwachsen oder das Ablehnen einer eigenen sozialen Rolle (KAULEN 1999, 7). Dabei kennzeichnet den A. zumeist ein ‚offenes Ende' (s. S. 64), die Protagonisten bleiben auf der Suche, eine Identitätsfindung im Sinne eines festen Wesenskerns muss nicht erfolgen und auch nicht angestrebt sein.

Offensichtlich ist, dass es sich beim Adoleszenzroman um eine **inhalts- bzw. stoffbezogene Typenbildung** handelt. Entsprechend müssen die inneren wie äußeren Merkmale der lebensgeschichtlichen Phase in die Begriffsbildung eingehen. Von daher lässt sich der Adoleszenzroman nicht nur bestimmen als ein Gattungstyp, in dessen Zentrum ein jugendlicher Held und seine Identitätskrise steht, sondern in dem es darüber hinaus *um das Spannungsverhältnis zwischen Individuation und sozialer Integration in einer eigenständigen Lebensphase mit eigener selbst erlebbarer Qualität geht.* Die bisher maßgebliche Bestimmung von Adoleszenz als Krise der Individuierung, ja als „existenzielle Krise" der jugendlichen Protagonisten ist durch eine offenere Begriffsbildung zu erweitern. Der wiederholt in Anschlag gebrachte „vollendete Pessimismus" wie auch die „absolute Schwärze" des Adoleszenzromans setzt bevorzugt auf psychoanalytische Theoreme und sieht diese Phase zu stark unter dem Gesichtspunkt des Verlustes. Aber Adoleszenz ist mehr als eine Krise der Individuierung, *es geht in ihr immer auch um den untrennbaren Zusammenhang von individueller und sozialer Veränderung.* Bei Adoleszenz handelt es sich keineswegs nur um eine passive Aufnahme sozialer Reize durch ein handlungsunfähiges Individuum, sondern es gibt sehr wohl Möglichkeiten zu Reaktion und Selbstbestimmung. Problematisch erscheint daher, ein Merkmal, nämlich jenes vom „desillusionierenden Charakter" durchweg als systemprägend für den Adoleszenzroman anzusetzen und dem Texttypus zugleich „zeitgenössische Qualitäten" abzuverlangen.

Wo historische, entwicklungspsychologische wie jugendsoziologische Parameter Beachtung finden, muss mitreflektiert werden, dass Adoleszenz wie literarische Adoleszenzdarstellung am Ende des 20. Jh.s nicht an kulturellen Rahmenbedingungen gemessen werden können, die am Beginn oder der Mitte des 20. Jh.s orientiert sind. Adoleszenzromane aus den USA wie jene von BREAT EASTON ELLIS oder JILL EISENSTADT reflektieren eine hypermoderne jugendliche Subjektivität, in der frühere Grenzüberschreitungen oder Aufstände gegen überkommene Moralvorstellungen entfallen. Das (post)moderne jugendliche Subjekt steht vor anderen Problemen als Holden Caulfield („Der Fänger im Roggen") oder Edgar Wibeau („Die neuen Leiden des jungen W."). Für heutige junge Leute ist es daher zwar rational nachvollziehbar, woran Edgar

Wibeau leidet, sein Protest gegen Mutter, Lehrmeister oder Gesellschaft allerdings erscheint antiquiert. Gänzlich unverständlich könnte schließlich sein, in welchem Maße der jugendliche Held sich an simplen Fakten wie dem Tragen von Jeans oder langen Haaren abarbeitet. Allein dies ist Indikator für einen jugendkulturellen Wandel. In der Gegenwart geht es nicht um Jeans schlechthin, entscheidend ist die Jeans-Marke geworden. Von daher können nicht der Vergangenheit abgezogene Lebensbilder als Parameter für die Wertung von (post)moderner literarischer Adoleszenz gelten. Bei allen Gefährdungen hat der heutige Jugendliche die Chance aus vielen Optionen zu wählen, er muss nicht einzig um Sinn- und Orientierungsverluste trauern. Auch aus diesem Grund erscheint es notwendig, verschiedene – auch historisch determinierte – Ausprägungen des Adoleszenzromans zu unterscheiden.

Klassischer bzw. traditioneller Adoleszenzroman

Noch im klassischen Bildungs- und Entwicklungsroman werden Kindheit und Jugend als Vorstufen für eine geglückte Integration in die Erwachsenenwelt interpretiert. Der literarische Held macht einen Entwicklungsprozess durch, der letztlich zu einer Annäherung seiner hoch gesteckten Ansprüche an jene der gesellschaftlichen Wirklichkeit führt. In den Schülerromanen der Jahrhundertwende funktioniert das Muster der Einpassung nicht mehr, vielmehr kommt es zum Bruch mit der bürgerlichen Gesellschaft. Die Helden bei RILKE, HESSE oder MUSIL scheitern, Identitätsbildung und Sinnfindung sind unter den gegebenen Umständen nicht mehr möglich. Steht im Bildungsroman mit dem Ende der „Wanderjahre" die Einheit von Individuum und Gesellschaft in Aussicht, mündet in den Adoleszenzromanen der unlösbare Konflikt im tragischen Ende, ja in der Katastrophe. Insofern drückt der Adoleszenzroman die Krise der zeitgenössischen bürgerlichen Gesellschaft aus, die eine Identitätsfindung im klassischen Sinne nicht mehr möglich macht. Als bevorzugter Schauplatz/Raum für die gestalteten Adoleszenzkrisen fungiert die Schule, die auf diese Weise *symbolische Bedeutung* erlangt (s. S. 42). In der Schule als literarischem Ort ballen sich gewissermaßen die gesellschaftlichen Widersprüche und treten prototypische Merkmale des klassischen Adoleszenzromans zutage:

- Die Schule funktioniert als Zwangsanstalt, die die Schüler peinigt, schikaniert, diszipliniert und mitunter zu Tode quält.
- Die Lehrer werden von den Schülern als Feinde empfunden. Sie sind unmenschlich, autoritär, brutal und halten sich an eingeschliffene Rituale.
- In der Lehrerhierarchie stehen die am höchsten, die durch besondere Militanz, Brutalität, Gewalt, Gefühllosigkeit gekennzeichnet sind. Es herrscht eine Art Sozialdarwinismus, nur die Brutalsten können sich durchsetzen.
- Den schwachen jugendlichen Helden sind Freunde zur Seite gestellt, die sie gegen die Umwelt zu schützen suchen. Sie funktionieren gewissermaßen als ihr alter ego und bringen entgegengesetzte Eigenschaften in die Freundschaften ein.
- Erzählt wird über die Leiden in der Schule zumeist aus dem Blickwinkel der gequälten Schüler (GANSEL 1993d).

Besonders also für diese historische Erscheinungsform des Adoleszenzromans ist von einer „existentiellen Krise" der jugendlichen Protagonisten zu sprechen, die nicht selten mit dem Tod des Helden endet. Fünfzig bzw. siebzig Jahre später kann von einer *Entdramatisierung der Adoleszenz* gesprochen werden, die ihr zwar nichts von ihrer Krisenhaftigkeit nimmt, aber den Tod als Ausweg unwahrscheinlich macht.

Moderner Adoleszenzroman

Die Voraussetzungen für Veränderungen im Gattungstypus des Adoleszenzromans wie seine neue Blüte in den 1970er-Jahren sind im Rahmen der Modernisierungsphänomene seit der Mitte des Jahrhunderts zu sehen. Die sich abzeichnenden jugendkulturellen Veränderungen bieten – zwar immer noch begrenzt – den jugendlichen Helden neue Chancen. Vor allem J. D. SALINGERS „Der Fänger im Roggen" wirkte gattungsprägend. Einen weiteren Schub erhält der Adoleszenzroman durch die neuen sozialen Bewegungen ab Ende der 60er-Jahre, die Studenten- und Frauenbewegung. Von Bedeutung für die moderne Ausprägung ist auch das Muster des Initiationsromans (novel of initiation), der in MARK TWAINS „Huckleberry Finn" (1885), STEPHEN CRANS „The Red Badge of Courage" (1895) und WILLIAM FAULKNERS „Go Down Moses" (1942) wichtigste Beispiele findet. Nach PETER FREESE läuft die Initiation im „menschlichen Bereich als Individuationsprozess, im zwischenmenschlichen, gesellschaftlichen ... als Sozialisationsprozess und im religiösen als Offenbarungsprozess" ab. Das Ergebnis sei „eine so umfassende und grundlegende existentielle Änderung, dass er als ein Tod des alten und eine Wiedergeburt eines neuen Menschen symbolisiert" werden könne (FREESE 1971, 155 f.). Bereits 1973 nutzt HELLER den Begriff des Adoleszenzromans für Texte, in denen „die unruhige Suche nach einem tieferen Persönlichkeitszentrum und das Bemühen um dessen Bewahrung und Entfaltung" zum Ausdruck komme. Das Ganze sei in eine „pikaresk-episodische Strukturform mit gewissen Elementen des Bildungsromans zu einer neuen Einheit" verschmolzen (HELLER 1973, 15). Die Aufnahme von pikaresken Elementen führt dazu, dass der Adoleszenzroman die Schwere, die „radikale Negativität" der Texte der Jahrhundertwende verliert. *Gleichwohl geht es im modernen Adoleszenzroman weiter um die Dichotomie von Jugend- und Erwachsenenwelt.* Der festgefügten, phantasielosen, kalten Welt der Erwachsenen steht jene entgegen, die voll von Freiräumen für Phantasie, Spiel, Selbstständigkeit, Emotionalität ist. Am Ende behält die Welt der Erwachsenen die Oberhand, die Protagonisten im modernen Adoleszenzroman der frühen 1970er-Jahre scheitern. Zur Geste der Verweigerung avanciert neben den langen Haaren ein Kleidungsstück, die Jeans. Dabei standen die Jeans für mehr, sie standen für eine Lebenshaltung, einen Lebensstil. Diese jungen Leute interessierten sich für die Beatles, sahen mit Begeisterung das Musical „Hair", waren fasziniert von Bob Dylan, Joan Baez bis hin zu Jimmi Hendrix, wurden geprägt von Woodstock und der Hippie-Bewegung. ULRICH PLENZDORFS Held, Edgar Wibeau, brachte es auf den Punkt: „Ich meine, Jeans sind eine Einstellung und keine Hose." (PLENZDORF 1973). Unter dem Terminus „Jeansliteratur" firmierten denn zunächst die Texte in den 1970er-Jahren. KLAUS DODERER bestimmte die „Helden der Jeansliteratur" als „Jugendliche oder jugendliche Erwachsene, welche die übliche, weithin fremdbestimmte Lebensführung in der modernen leistungsorientierten Industrie- und Massengesellschaft ablehnen, an ihr scheitern oder sich von ihr zurückziehen" (DODERER 1982, 320).

Auch wenn die für den **klassischen Adoleszenzroman** typischen Angriffe gegen die Schule und Familie unter Bedingungen einer voranschreitenden Demokratisierung in den wohlfahrtsstaatlichen westlichen Gesellschaften nicht verschwunden sind, haben sie jene existentielle Qualität eingebüßt, die sie im wilhelminischen Obrigkeitsstaat besaßen. Bei allen Unterschieden basieren die modernen Adoleszenzromane wie ihre klassischen Vorgänger auf dem Fundament der Moderne und orientieren sich an entscheidenden Prämissen moderner Subjektivität: Suche nach einem festen Wesenskern, nach einer unverwechselbaren Persönlichkeit, Handlungsautonomie und sozialer Verantwortung (vgl. KAULEN 1999). Im deutschen Sprachraum sind besonders die aus Skandinavien stammenden Adoleszenzromane von INGER EDELFELDT wie „Jim im Spiegel" (1983, dt. 1985); „Briefe an die Königin der Nacht", (1985, dt. 1986); „Kamalas Buch", (1988); von MATS WAHL „Der lange Lauf auf ebener Erde" (1993); „Winterbucht" (1995); „Mauer aus Wut" (1998); HANS OLSSON „Rollenspiele" (1997, s. S. 187) oder PER NILSSON „So Lonely" (1997, s. S.185) wahrgenommen worden. Texte von DAGMAR CHIDOLUE „Lady Punk" (1985), „London, Liebe und all das" (1989), „Magic Müller (1992), PETER POHL „Jan, mein Freund" (1985, dt. 1989), RUDOLF HERFURTNER („Rita, Rita", 1984) oder eben INGER EDELFELDT „Kamalas Buch" markieren früh Übergänge zur emanzipatorischen Mädchenliteratur bzw. zum Adoleszenzroman mit weiblicher Protagonistin (vgl. GRENZ 1997; KEINER 1994; LEHNERT 1996; WILD 1996).

Vorschläge für den Unterricht

Nick Hornby
„High Fidelity" (Klassen 11 – 13)

Der Roman, der noch als moderner Adoleszenzroman gelten kann, wurde für die Auswahlliste zum Deutschen Jugendliteraturpreis (1997) nominiert. Ein Grund dafür ist, dass der Text dem Lebensgefühl einer jüngeren Generation authentisch Ausdruck verleiht, die Stimmung der Londoner Mietsviertel ebenso erfasst wie die der Pubs und die der Vorortenge. Auch die Umgangssprache, der Einbau von Songtexten und das Zitieren von TV-Serien unterstreichen die zeitdiagnostischen Qualitäten. Wie bereits „Fever Pitch" wurde „High Fidelity" zu einer Art Kultbuch. Dabei handelt es sich eigentlich um einen Text über einen Postadoleszenten, denn Rob Fleming, die Hauptfigur, ist bereits Mitte 30. Er ist der Mitinhaber eines schlecht laufenden Plattenladens in London und hat weder Ambitionen noch die Kraft, sich beruflich zu verändern oder Karriere zu machen. Insofern gehört Rob eher zu jener Jugendgeneration der 70er-Jahre, die auf Konsumkritik, Kritik der Warenästhetik und alternative Lebensformen gesetzt hat. Anders als in postmodernen Adoleszenzromanen bewegt der Held sich in den Vorstadtteilen der Mittelschichten, die Nobelviertel Londons geraten nicht in den Blick. Auch die Darstellung der subkulturellen Szene, die sich bewusst von der Welt der Kleinbürger abgrenzt, ist kennzeichnend für diese Art von moderner Adoleszenz bzw. Postadoleszenz. Wie offensichtlich der Protagonist das Ideal einer selbstbestimmten festen Identität verfolgt und sich von einer Patchworkidentität abgrenzt, wird deutlich, als er das Angebot ausschlägt, eine Sammlung von erlesenen Platten für nur 50 Pfund zu übernehmen:

> *Als ich sie durchsehe, erkenne ich sofort, dass dies der Fang ist, von dem ich immer geträumt habe, seit ich anfing, Schallplatten zu sammeln. Da finden sich Beatles-Singles, die ausschließlich für Fanclubs gepresst wurden, das erste halbe Dutzend*

Who-Singles, Elvis-Originale aus den frühen Sechzigern, massenhaft rare Blues- und Soul-Singles und ... da ist ein Exemplar von „God Save The Queen" von den Sex Pistols ... (83)

Der Grund für die Ablehnung: Die Sammlung wird ihm von einer Frau angeboten, die sich an ihrem Mann dafür rächen will, dass er sie mit der dreiundzwanzigjährigen Freundin der Tochter betrügt. Dieser Rob gerät in eine postadoleszente Krise, als seine Freundin Laura ihn ohne erkennbaren Grund verlässt. Mit der ungewohnten Situation vermag er nicht fertig zu werden, er erkennt wie wichtig ihm Laura ist und bemüht sich mit allen Mitteln, sie zurückzugewinnen. Auch Laura hat indes ihren Entschluss bereut, beide finden wieder zusammen, allerdings unter neuen Bedingungen. Nun wird Rob von Laura zielsicher gedrängt und geleitet, sie weckt neuen Ehrgeiz in ihm und reißt ihn aus seiner Lethargie. Es wird einen neuen Anfang geben. Wie für den modernen Adoleszenzroman kennzeichnend, handelt es sich um einen Ich-Erzähler, der gewissermaßen seine Geschichte präsentiert. Dabei werden die Leser an einzelnen Stellen direkt vom Erzähler angesprochen. (132: „Ich nehme an, ihr habt ein Recht darauf, einige Dinge zu erfahren" sowie 18, 49, 62). Der Blick des erzählenden Ich bleibt entsprechend eingeschränkt, über Geschehnisse außerhalb seiner Erfahrungswelt stellt es nur Vermutungen an. Im prologähnlichen ersten Teil des Romans, der an Laura gerichtet ist, wird ein auktorialer Abstand zwischen erzählendem und erlebendem Ich offensichtlich, wobei die Erzählhaltung hier zwischen Wehmut und Zynismus pendelt. Abgesehen von Laura beschränkt sich das Wissen über die Nebenfiguren fast nur auf die Außensicht, der Erzähler lässt sich nicht intensiv mit den Figuren ein, um sie genauer charakterisieren zu können. Dies ist bereits Teil seines persönlichen Problems, er ist zu unsicher, hat Angst vor dem Alleinsein (36) und dennoch Beziehungsprobleme, weil er tiefere Bindungen verhindert. Nachdem Laura ihn verlassen hat, reflektiert er dies in sehr kritischer Form: „Noch vor ein paar Tagen war Seele völlig ausverkauft, jetzt habe ich Unmengen, zu viel, mehr als ich brauchen kann. Ich wünschte, ich könnte sie gleichmäßiger verteilen, würde ich ihr am liebsten erklären, besser damit haushalten, aber das gelingt mir nie. Aber ich sehe schon, dass sie an meinen seelischen Inventurproblemen kein Interesse haben wird, ..." (80 f.). Seine „seelische Inventur" bringt weitere Defizite hervor, die der Selbstcharakterisierung dienen: „Mein großes Talent, wenn ich das so nennen darf, liegt darin, einem Riesenbündel Durchschnittlichkeit eine kompakte Form zu geben ... Wenn ich mit Frauen gut auskomme, dann nicht wegen meiner Vorzüge, sondern wegen der schlechten Eigenschaften, die ich nicht habe" (35). Rob listet schließlich sogar nüchtern jene Gründe auf, die Laura bewogen haben könnten, ihn zu verlassen (97).

Methodische Hinweise
➤ Rob schätzt sich selbst so ein: „Was bin ich? Durchschnitt. Ein Mittelgewicht. Nicht der hellste der Welt, aber auch bestimmt nicht der blödeste" (34). Und in Verbindung damit stellt er eine Liste seiner Lieblingsbücher, -autoren und -filme auf:

Meine fünf ewigen Lieblingsbücher sind Der große Schlaf von Raymond Chandler, Roter Drache von Thomas Harris, Sweet Soul Music von Peter Guralnick, Per Anhalter durch die Galaxis von Douglas Adams und, keine Ahnung, irgendwas von William Gibson oder Kurt Vonnegut ... die besten fünf amerikanischen Filme und deswegen die besten überhaupt: Der Pate, Der Pate II, Taxi Driver, Goodfellas und Reservoir Dogs. (34)

Ausgehend davon wird eine eigene Hitliste von Büchern und Filmen präsentiert, wobei jeweils eine Begründung zu geben ist. Anschließend wird eine Rezension bzw. Werbung zum jeweiligen Buch/Film entworfen.
➤ Rob stellt zunächst seine fünf früheren Freundinnen vor und das Verhältnis zu ihnen. Die Darstellung eignet sich, um im Rollenspiel jeweils Verhalten, Dialoge usw. szenisch zu präsentieren (Alison, 10; Penny, 15; Jacki, 21; Charlie, 26; Sarah, 34; s. S. 184 f.).
➤ Die Freundinnen werden einzig aus der Sicht von Rob dargestellt: Erzählen der Vorgeschichte aus der Sicht von Alison, Penny, Jacki, Charlie, Sarah.
➤ Umgekehrte Sicht der Trennung: Laura berichtet in der Ich-Form über ihre Gründe, Rob zu verlassen.
➤ Im Text spielt Musik der 70er- und 80er-Jahre eine entscheidende Rolle. Die Schüler bringen ihre Lieblings-CDs mit und jeder hat die Möglichkeit, sein Lieblingslied sowie -sänger/in zu präsentieren.
➤ Unterlegen des Textes mit jenen Musiktiteln, die explizit genannt werden. Eine selbst zusammengestellte Kassette wird beim Vorlesen der entsprechenden Episode abgespielt.
➤ Verschiedene Musikstile, -titel und Musiker werden von Rob genannt und bewertet. In Arbeitsgruppen werden einzelne Titel in der Rolle eines DJ vorgestellt. Ausgehend davon wird eingeschätzt, welche Auskunft die musikalischen Vorlieben von Rob über seine Person geben.
➤ Bruce Springsteen und seine Songs werden von Rob als Ausgangspunkt für einen Vergleich genutzt:

In Bruce-Springsteen-Songs kann man entweder bleiben und versauern oder ausbrechen und ausbrennen. Das ist okay, schließlich ist er Songwriter und braucht solche simplen Alternativen in seinen Songs. Aber niemand schreibt mal darüber, wie es möglich ist, auszubrechen und zu versauern – daß so ein Ausbruch in die Hose gehen kann, daß man von der Vorstadt in die Großstadt ziehen, aber am Schluß trotzdem ein schlaffes Vorstadtleben führen kann, genau das passiert den meisten Leuten. (139)

Diskussion eines ausgewählten Textes von Bruce Springsteen, der einen „Ausbruch" schildert. Was meint Rob mit diesem Vergleich?
➤ Vorstellen eines Musik-Videos von Bruce Springsteen oder einer anderen im Text genannten Gruppe. Video-Clips und ihre Produktion (s. S. 174).
➤ Erarbeiten einer Diskographie zu Bruce Springsteen oder einer Band, die im Text besonders hervorgehoben wird (Sex Pistols), in Arbeitsgruppen eine Darstellung zum Thema „Was ist Rockmusik?" geben und ihre Rolle für jugendliches Lebensgefühl beschreiben (Grundlage: Barry Graves u. a.: Rock-Lexikon, 2 Bde. Reinbek b. Hamburg 1998).
➤ Wichtige Textstellen: Angst vor Einsamkeit (36, 79 f.), Beziehungsängste (33, 280); Lethargie und Angst vor Veränderung (35; 153, 261 f.; 284); Frauenbild (268 ff.).

Postmoderner Adoleszenzroman

Betrachtet man die Rolle der Jugendkulturen als einen wichtigen Indikator für die Darstellung von Adoleszenz in der Literatur, dann zeichnet sich mit den 80er-Jahren eine erneute Veränderung ab. Jung-Sein gilt als Sinnbild, ja als Wert schlechthin. Der Begriff

Jugend beginnt sich zunehmend vom biologischen Alter zu trennen, er wird zu einer Persönlichkeitseigenschaft. Der traditionelle Generationenkonflikt hat weiter an Schärfe verloren, die Normalisierung und Entdramatisierung ist weitergegangen.

Was zu Ende der 80er-Jahre sich erst in Ansätzen abzeichnete, findet inzwischen vielfach literarische Gestaltung, sodass sich vom postmodernen Adoleszenzroman sprechen lässt, der Reflex auf eine Tendenz in der Spät- bzw. Postmoderne ist: Unter dem Dach des vergesellschafteten Allgemeinen lebt der Einzelne, auch der Jugendliche, gleichzeitig in Partialwelten, Subsystemen und Öffentlichkeiten. Deren Struktur bestimmt mit, inwiefern allgemeine Probleme in „milieubezogener Perspektive" interpretiert und bewertet werden (vgl. ZIEHE 1991).

Als postmoderne Adoleszenzromane lassen sich Texte bezeichnen wie BREAT EASTON ELLIS' „Einfach unwiderstehlich!" (1987, dt. 1988), CHRISTIAN TRAUTMANNS „Die Melancholie der Kleinstädte" (1990); CHRISTIAN KRACHTS „Faserland" (1995); BROCK COLES „Celine oder Welche Farbe hat das Leben" (1989, dt. 1996); BLAKE NELSONS „Cool Girl" (1994, dt. 1997); BANANA YOSHIMOTOS „Kitchen" (1988, dt. 1992) und „N. P." (1993); IRVINE WELSH' „Trainspotting" (1993, dt. 1996) und „Ecstasy" (1996, dt. 1997); GUISEPPE CULICCHIAS „Knapp daneben" (1994, dt. 1997); ALEXA HENNING VON LANGES „Relax" (1998) oder ENRICO REMMERTS „Looove Never Dies" (1998). *Das für Adoleszenzromane traditionelle Thema der Suche nach der eigenen Identität findet hier im modernen Verständnis nicht mehr statt.* Die Figuren sind nicht mehr auf dem Weg zu sich selbst oder einer festen Identität, vielmehr geht es um die immer wieder neue Suche nach Erlebnissen. Gattungsprägend in diesem Sinne haben die Texte des amerikanischen Autors BRET EASTON ELLIS gewirkt. Sein „Einfach unwiderstehlich!" stimmt schon mit dem Motto auf das Nachfolgende wie die literarische Struktur ein (7):

„Auch wenn sie wie Perlen auf eine Kette gezogen waren, so fehlte den Fakten die rechte Ordnung. Die Ereignisse strömten nicht dahin. Die Fakten waren separat und wahllos und zufällig, auch als sie eintraten, episodisch, gebrochen, ohne sanfte Übergänge, ohne Sinn für Ereignisse, die sich aus früheren Ereignissen entwickeln." (ELLIS 1988, 7)

Verschiedene Ich-Perspektiven der jugendlichen Protagonisten werden im Weiteren nebeneinander gereiht, eben „separat", „wahllos", „zufällig". Das Zusammenspiel der fragmentarischen Redeteile ergibt einzig den Sinn, dass es keinen Sinn gibt. Hinter der von den Jugendlichen auf der Darstellungsebene beschworenen Action steckt in Wahrheit Bewegungslosigkeit. Die Protagonisten selbst sind nur noch Zeichen und Oberfläche, es handelt sich um keine autonomen Charaktere, die ihr Leben selbstbewusst zu gestalten suchen. Sie kennen keine Erinnerung oder Geschichte, was zählt ist die Gegenwart. Dabei ist es keineswegs so, dass die Protagonisten unter den Verhältnissen leiden oder gar mit anklagender Geste gegen Entfremdung und Selbstverlust des Ich angehen, wie es im modernen Adoleszenzroman der Fall ist. Was hier dominiert, ist – wie auch in anderen Texten – ein heiteres Spiel, das zwischen Witz und Zynismus pendelt. Die Erzählhaltung gegenüber den dargestellten Verhältnissen ist keineswegs ablehnend-aggressiv, vielmehr neutral, ja ironisch. Auf moralisierende Wertungen wird verzichtet. Nicht Rebellion gegen die Konsum- und Medienwelt ist angesagt, sondern die eines uneingeschränkten Hedonismus wie einer postmodernen Polyvalenz des Ich. Im deutschen Sprachraum kann CHRISTIAN TRAUTMANNS „Die Melancholie der Kleinstädte" (1990) als frühes Beispiel für den postmodernen Adoleszenzroman gelten. Von der intelligent provokanten Abiturientenpose der drei Protagonisten Robert, Schlesinger und Paul ist in diesem Text nicht viel mehr geblieben als Lähmung und Apathie. Varianten von Gegenverhalten werden nicht mehr beschrieben, weil sie als bekannt vorausgesetzt und als durch Abnutzung verschlissen empfunden werden. Der ehemals jugendliche Protest ist zur Konvention geworden und endet in einer permanenten Katerstimmung. Alles ist schon bis zur Langeweile durchgelebt, Partys, Kneipen, endlose Diskussionen, Drogen. Wie Drogen hat alles den Hauch des „Geheimnisvoll-Verbotenen" verloren, den „es in den Sechzigern gehabt haben musste" (26). „Life ist xerox, we are just a copy" – das könnte in etwa das hinter der Trauerstimmung steckende postmoderne Gefühl sein. Eine Sinnzuweisung oder gar eine welthistorische Perspektive ist nicht mehr auszumachen, sie wird auch nicht angestrebt. Der „Utopiediebstahl" (M. HORX) findet seine Entsprechung in der Gestaltung einer gewissen Ausweglosigkeit gerade jener Figuren, die für die Protagonisten eigentlich Haltepunkte darstellen. Ganz bewusst werden Leitfiguren der Moderne wie James Joyce oder Jim Morrison zitiert. Da der Code als bekannt vorausgesetzt wird, bleibt es beim Zitat. An die Stelle des Arguments treten Sprüche, statt Theorien werden Gags geliefert. Die Auseinandersetzung findet nicht mehr statt, auch weil keiner wirklich zuhört. Hinter der offensichtlichen Apathie könnte stehen: „Wir haben die Welt durchschaut, was brauchen wir sie noch zu verändern." *Mit TRAUTMANNS Darstellung werden gewissermaßen die Schattenseiten der Postmoderne thematisiert, die so genannte „schwarze Utopie",* aber ohne dass in der Tiefenstruktur des Textes eine moralische Verurteilung durchscheint. Für einen Leser, der an zentralen Kategorien der Moderne wie Subjekt – Geschichte – Sinn festhält, kann die unkommentierte Darstellung von Sex, Koksen, Genuss, Bindungslosigkeit, Oberflächlichkeit abstoßend wirken (vgl. GANSEL 1994 d).

Vorschläge für den Unterricht

Brock Cole
„Celine oder Welche Farbe hat das Leben" (Klassen 11 – 13)

Im Zentrum der Texte von BROCK COLE („Celine") und BLAKE NELSON („Cool Girl") stehen zwei weibliche Protagonistinnen. Für beide gelten weitgehend jene bereits genannten postmodernen Veränderungen von Kindheit und Jugend wie Pluralisierung von Familien- und Geschlechterrollen, Entdramatisierung des Generationenkonflikts, Früherwachsenheit, Leben in verschiedenen Realitäten, Mediatisierung von Kindheit und Jugend, Patchworkidentität. Vor allem die Protagonisten in „Celine" gewinnen den mitunter chaotischen Verhältnissen ihre witzige Seite ab und wissen sie für sich zu nutzen. Die Ich-Erzählerin, Celine, ist sechzehn Jahre alt und im vorletzten Jahr der Junior High School und sie berichtet mit Witz und Ironie von den Problemen in Schule und Familie. Bereits zu Beginn des Textes wird offensichtlich, in welchem Maße sich der Text von traditionellen, partiell auch modernen Adoleszenzromanen unterscheidet. So hat Celine ihren Aufsatz über SALINGERS „Der Fänger im Roggen" – er ist während des Zappens am Fernseher entstanden – als unzureichend zurückbekommen und soll ihn nun noch einmal schreiben. Doch sie hat Schwierigkeiten mit der Aufgabe, weil die Probleme Holdens einfach nicht mehr ihren Erfahrungen entsprechen:

Das Aufsatzthema ist mir von Anfang an komisch vorgekommen. Es schien mir nicht richtig, Der Fänger im Roggen als Klassenlektüre lesen zu müssen. Es geht um diesen Jungen, der wahnsinnig feinfühlig ist und mit der Welt nicht zurechtkommt. Er heißt Holden Caulfield, und er ist mir nicht sehr sympathisch, denn ich finde er jammert zu viel, und manchmal, wenn er diesen wirklich rührenden Kitsch von sich gibt, habe ich das Gefühl, er gratuliert sich, dass er ein so süßer missverstandener Junge ist. (COLE 1996, 26).

Damit beginnt ein intertextuelles Spiel mit dem Gattungsmuster des Adoleszenzromans, das sich durch den gesamten Text zieht (26, 44). Celine kann die Faszination ihres Lehrers für den Salinger-Text nicht begreifen, und ihre eigenen Probleme will sie vor ihm schon gar nicht aufdecken. Dann müsste sie nämlich über ihre „Familie" sprechen und darüber, dass ihr sich jung und locker fühlender Vater, ein Französischprofessor, ständig auf Vortragsreisen ist und sie mit seiner erst 22jährigen Freundin Catherine gemeinsam in der Wohnung lebt. Entsprechend verwischen sich traditionelle Rollen, und Celine wird wegen ihres Äußeren schon mal für die heimliche Freundin des Nachbarn Mr. Barker gehalten (50). Die Lockerheit, Liberalität, Freiheit im Umgang der Generationen unterstreicht den Grad an Pluralität, wird aber von Celine durchaus erkannt als Desinteresse, Egoismus, Hedonismus, Hilflosigkeit. Wirkliche Zuwendung erhält Celine durch das Zusammensein mit einem Kind. Ist es bei SALINGERS Holden Caulfield die jüngere Schwester Phoebe, so übernimmt in diesem Fall der sechsjährige Nachbarsjunge Jake die Funktion. Beide kommen mit den Verhältnissen zurecht, vermögen aber sehr wohl das Verhalten der Älteren kritisch zu reflektieren (vgl. KAULEN 1999, 86).

Der Text bietet sich für den Literaturunterricht vor allem an, weil er sämtliche Fragen jugendlichen Lebensgefühls transportiert und heutiges Jung-Sein thematisiert: Schule, Peer-Group, Liebe, Medien, Familie, Künstlerdasein, Partys (s. S. 176 ff.). Folgende Möglichkeiten bieten sich im Unterricht:

➤ Die Medien spielen im Text eine besondere Rolle, Celine äußert sich wiederholt dazu (14, 42, 66, 57 f.):

Eine Fernbedienung eröffnet eine ganz neue Dimension des Fernsehens. Ohne ist das Leben öde und leer. Mit: bunt, neu und aufregend! Man muss sich nie mehr total langweilen. Selbst wenn auf allen Kanälen langweiliges Zeug läuft, kann man zwischen ihnen hin und her springen, kann sich den kleinen Knüller rausklauben und die interessantesten Dialoge erzeugen, indem man immer zwischen dem einen und dem anderen Programm hin und her schaltet. Das ist viel besser. (14)

Was Celine hier praktiziert, kann in Arbeitsgruppen selbst realisiert werden: die verschiedenen Gruppen stellen ihren Zapper-Film (Zeit ca. 5 Minuten) vor.

➤ Zur Struktur des Textes gehört, dass das Zappen durch Fernsehkanäle nicht nur in der Assoziationstechnik seine Entsprechung findet – Celine springt in ihren Gedanken –, sondern auch in das erzählte Geschehen TV-Ausschnitte eingeblendet werden (40: „Scheidungsanwalt"; 110: „Drogenheiler"; 179: der „Ungläubige"; 182: „Gesundbeter"). Die Funktion der eingeblendeten TV-Sendungen im Hinblick auf Celines Befindlichkeit werden untersucht und selbst eigene mögliche „Einblendungen" in den Text vorgenommen.

➤ Celine und ihr(e) Boyfriend(s):

Dermont ist mein ... wie heißt das Wort? Es fängt mit B an. Bauchweh? Bete noire? Basketball? Bronchialkrampf? Ach nein, ich glaube Boyfriend. Ich kann gar nicht mehr sagen, wie es dazu gekommen ist. Mit mir hat es auf jeden Fall nichts zu tun gehabt. Ich habe ihn irgendwie gekriegt, da, am äußersten Ende meiner Hand, wie eine Wucherung.

Ausgehend davon bietet sich ein Rollenspiel an: Celine und Dermont auf der Party.
- Diskussion zum Männer- und Frauenbild (16, 168, 186).
- Da der Text in der Ich-Erzählform erzählt ist, bietet sich ein Perspektivenwechsel an, also das Erzählen aus der Sicht des Vaters, des Lehrers, Jakes usw.
- Für Celine wird der kleine Jake, den sie zunächst als Belastung empfindet, zu einer immer wichtigeren Bezugsperson, mit der sie über ihre Probleme spricht. Beide sehen durchaus optimistisch in die Zukunft, obwohl offen bleibt, wie beide diese sehen. Jake fragt: „Gehst du noch wohin?" und Celine antwortet: „In die Zukunft, ich will wissen, wie ich in zwanzig Jahren aussehe" (210). Diese Frage wird im Unterricht als kreativer Schreibanlass genutzt.

Blake Nelson
„Cool Girl" (Klassen 11 – 13)

Auch in BLAKE NELSON „Cool Girl" steht mit Andrea Marr, eine High School-Schülerin im Zentrum. Die *erzählte Zeit* umfasst drei Schuljahre, aufgeteilt in drei Textteile, die alle etwa ein Jahr behandeln. Die Unterteilung entspricht den Entwicklungsphasen der Hauptfigur: erst unsicher, dann bemüht und suchend, letztlich fast gleichgültig. Die Ich-Erzählerin erzählt über die Jahre des Erwachsen-Werdens mit zeitlichem und – es hat den Anschein – auch räumlichem Abstand in der Vergangenheit. Entsprechend ist die *Erzählhaltung* kritisch, offen, sehr direkt, mitunter der eigenen Persönlichkeit gegenüber schonungslos sowie das *Erzählverhalten* auktorial (s. S. 36). Dabei fragt die Hauptfigur ständig, wie andere über sie denken würden.

Und dann schaute ich an mir runter, und mein idiotisches Outfit war total peinlich, aber Todd und Carla hatte das überhaupt nichts ausgemacht, was nur zeigte, wie spießig und hohl ich war und wie sehr ich auf Äußerlichkeiten stand und wie cool sie waren, weil sie sich nicht über mich lustig gemacht hatten. (114)

Andrea erlebt alle Probleme (post)moderner Teenager auf dem Weg ins Erwachsensein. *Konflikte ergeben sich nicht aus Widersprüchen zu Eltern oder Lehrern, sondern aus den Konsumzwängen einer Erlebnisgesellschaft.* Entscheidend für die Protagonistin sind daher auch nicht die Eltern – anders als Celine lebt sie in einer noch intakten Familie –, sondern die Peergroup. Was für sie vor allem zählt, ist ein ausgefallenes aber aussagekräftiges Outfit, Independent-Musik, der Führerschein und nicht zuletzt Sex. Coolness bedeutet für Andrea ein Image aufzubauen, das sie für die Mehrheit der Mitschüler, Altersgenossen, Musiker, Freunde geheimnisvoll und begehrenswert erscheinen lässt. Dazu muss sie aus den vielfältig zur Verfügung stehenden Möglichkeiten auswählen und sich eine Identität zusammenbasteln. Schule und Familie spielen eine untergeordnete Rolle, wichtig ist, „dass ich zumindest meine Jugend nicht einfach so an mir vorbeirauschen ließ" (196). Nach diesem Prinzip verfährt Andrea und taucht ein in die Rockszene Portlands, wird nicht nur zum Fan von *Sins of our Fathers*, sie wird auch das Groupie von Todd Sparrow. Liebe ist dabei für sie keine Voraussetzung für sexuelle Beziehungen, die sie fast exzessiv auskostet. Entscheidend bleibt, was andere über sie denken. Im letzten Schuljahr (Teil 3) ist Andrea etabliert als „cool girl", doch ihre Freundin Cybil zieht sich zurück, Todd nutzt sie nur aus, Kevin verliert den Reiz des ständig verfügbaren Lovers. Der Kreis um sie bricht auseinander, und so besinnt sich Andrea und stellt sich andere Ziele. Portland ist zu klein geworden, ihre Familie langweilt sie. Andrea drängt es in die Freiheit, was für sie identisch mit dem Studium an einem College ist. Um das zu erreichen, schenkt sie ihren Leistungen mehr Aufmerksamkeit, arbeitet an der Zeitung der High School mit und nimmt einen unbefriedigenden Job bei einem Radiosender an. Andrea passt sich an, ohne allerdings gänzlich ihre Coolness aufzugeben, und sie erreicht ihr Ziel. Das Collegeleben stellt sie sich reif und erwachsen vor: „Und ich würde dieselben Sachen anziehen wie andere auch und pausenlos lernen und Leute kennen lernen und einfach mitten im Collegeleben stehen ... Aber natürlich lief es nicht so. Nicht einmal annähernd." (299) Damit endet der Text, der in gewisser Weise den Wandel zum „Normalen" schildert und und somit eine durchaus mögliche Variante erfasst.

Methodische Vorschläge
➤ Im Text dominiert die Außensicht, was von der Erzählerin auch explizit formuliert wird: „Ich sagte, daß ich nie wußte, was Cybil dachte, ..." (270). Folge: Erzählen aus der Sicht der anderen Figuren.
➤ Die Schüler beschreiben eigene subkulturelle Lebensräume in kurzen Texten, als Orientierung dient die Darstellung der Rockszene im Roman (Skater-Szene, Raver-Szene).
➤ Der Autor (Übersetzer) hat die Sprache dem Alter angepasst. Auf Jungen „fährt man total ab" (13), Dinge sind „in" oder „oberpeinlich" (11), man wird „angemacht" oder findet etwas „geil" (9), es handelt sich um Elemente von Jugendsprache, Diskussion über eigene Sprechweisen und Jugendsprache, Sammeln aktueller Kultwörter („in ist"/„out ist", „cool"/„uncool", usw.).
➤ Der Text legt eine Einpassung der Protagonistin nahe, die zur Auffassung der Schüler ins Verhältnis gesetzt wird: „ ... und es gefiel mir irgendwie, (...) einfach eine ganz normale Person zu sein und nicht immer total cool oder so schockierend." (298)
➤ Die am Ende des Romans nur angedeutete Handlung auf dem College kann ausgestaltet werden. Was ist aus Andreas Vorstellungen wirklich geworden?
➤ Weitere zentrale Textstellen für Problemdiskussion sind: Gedanken/Angst zum Alterwerden (178 f.); Homosexualität (289 f.); sexuelle Erfahrungen (71 ff.; 117; 129 f.; 259 f.); Probleme mit Eltern (59 f.; S. 227); Suizidversuch (140; S. 278 f.); Gewalt (165 ff.); Rockszene/Subkultur (103 ff.; 147 ff.; 166 ff.; 198 f.; 286 f.).
➤ Grundsätzlich wird ein Vergleich zwischen der Darstellung von Jugend in anderen Adoleszenzromanen möglich (HERMANN HESSE, ROBERT MUSIL, JEROME D. SALINGER, ULRICH PLENZDORF).

Merkmale	klassischer Adoleszenzroman (frühes 20. Jh.)	moderner Adoleszenzroman (um 1970)	postmoderner Adoleszenzroman (1990 ff.)
sozialer Hintergrund (Wirklichkeitsentwurf)	(vor)moderne Gesellschaft; Monarchie	moderne Gesellschaft zweiten Grades	Postmoderne
Utopie	keine eigene Utopie	eigener Utopieentwurf	schwarze Utopie, Utopieverzicht
Gesellschaftliche Werte	Existenz von „ewigen Werten" in einem Obrigkeitsstaat	Existenz von festen Werten in einer demokratischen Gesellschaft	Pluralität der Werte und Normen
Verhältnis der Protagonisten zu den Werten	Pars-pro-toto-Kritik an Eltern, Lehrern, Schule; letztlich Akzeptanz und Verinnerlichung	explizite Kritik an der Gesellschaft	Ignorierung der gesetzten Werte/Normen; Distanz, Spiel
Konsum	entfällt	Konsumkritik, alternative Orientierungen	Konsumieren als Genuss und Erlebnis
Medien	entfällt	Medienkritik und -verweigerung	lustvolles Spiel mit den Medien; Medienerfahrung
Familienstruktur und -status	Befehlsfamilie patriarchalisch-autoritär	zunehmende Gleichberechtigung	Verhandlungsfamilie
Generationenverhältnis	existenzieller Generationskonflikt (Vater-Figur)	Abnahme der Generationsunterschiede	Entdramatisierung des Generationenkonflikts
Zeitpunkt der Ablösung von der Herkunftsfamilie	Späte Ablösung von der Herkunftsfamilie	Frühe Ablösung von der Herkunftsfamilie	Späte Ablösung von der Herkunftsfamilie („Nesthockersyndrom")
Sexualität	spielt untergeordnete Rolle	spielt zentrale Rolle	selbstverständlich, bereits hinreichend erprobt
Leitziel	Suche nach einer festen Persönlichkeit, Bemühen um Ich-Findung in der Gesellschaft	Selbstverwirklichung als autonomes Ich, wenn nötig außerhalb der Gesellschaft	Patchwork- und Bastelidentität
Konfliktlösung	oft Scheitern, Tod	oft Selbstverwirklichung	offen
Figurenanlage	oft „schwache" Persönlichkeit mit eindeutig fixierten Eigenschaften: Klage, Depression, existenzielle Gefährdung	oft „starke" Persönlichkeiten mit eindeutig fixierten Eigenschaften: Melancholie, Daseinsernst, partiell Humor, Ironie, Allmachtsphantasien	Persönlichkeit mit wechselnden Eigenschaften (Stilbricolage): Humor, Ironie, Zynik, Selbstreflexivität
Erzähler	zumeist auktorial	oft Ich-Erzähler	Formen der Montage, mehrere Erzählerstimmen, Polyphonie

Schaubild: Typen des Adoleszenzromans im Vergleich

Adoleszenzroman in der DDR

Beispiele

Der Erfolg von ULRICH PLENZDORFS „Die neuen Leiden des jungen W." darf nicht darüber hinwegtäuschen, dass es mit Blick auf die DDR schwer fällt, jugendliterarische Adoleszenzromane zu finden. Das hat Ursachen: Adoleszenz im traditionellen wie modernen bürgerlichen Sinne gab es in der DDR *so* nicht. Wenn „bürgerliche" Adoleszenz den Prozess der Identitätssuche Jugendlicher zum Gegenstand hat und sie dabei in existentielle Erschütterungen und tiefe Identitätskrisen geraten, hat diese Form im „geregelten" DDR-Alltag keinen Platz. ROLF SCHNEIDERS „Reise nach Jaroslavl" (1974), der eine Adaption des Plenzdorf-Musters mit weiblicher Protagonistin darstellt, führt eine DDR-spezifische Variante von Adoleszenz vor. Fragen von adoleszenter Identitäts- und Ichfindung im weitesten Sinne spielen aber auch in Texten von GÜNTER GÖRLICH („Den Wolken ein Stück näher", 1971), GERHARD HOLTZ-BAUMERT („Trampen nach Norden", 1975), JOACHIM WALTHER „Ich bin nun mal kein Yogi" (1975), HANS WEBER („Bin ich Moses", 1976), GUNTER PREUß („Feen sterben nicht", 1987), JUTTA SCHLOTT („Roman und Juliane", 1985) eine Rolle. Mit JURIJ KOCHS „Augenoperation" (1988) und CORDT BERNEBURGERS „Wasserfarben" (1990) liegen zwei Romane vor, die den für den „Real-Sozialismus" brisanten Fragen nach Existenzkrisen Jugendlicher nachgehen.

Fritz RUDOLF FRIES' „Der Weg nach Oobliadooh" (1966/1989) kann als ein früher Adoleszenzroman gelten, der allerdings in der DDR keine Veröffentlichungschance hatte. Arlecq, der Protagonist, zeigt bereits jene „real-sozialistische" Spezifik von Adoleszenz, die selbst hinter das zurückgeht, was den Protagonisten im bürgerlichen Entwicklungsroman noch möglich war (vgl. GANSEL 1990):

> *Arlecq ... notierte sich nicht gelebte Biographien, um zu sehen, was dann noch übrig bliebe. Also: keine psychologischen Konflikte großen Stils. Die Generationsfrage hatte den Krieg nicht überdauert. Wo gab es den jungen Mann, der, sich bildend, die Welt bereist ... Was blieb, ließ sich zu Papier bringen. Geburtsurkunde, Meldelisten, Polizeikarten, Ausweise, Mitgliedskarten, Lesekarten, eine Examensbescheinigung, eine Eintragung auf dem Finanzamt zwecks Steuerklassifizierung, eine Sozialversicherung für Freischaffende. Erst die Krankengeschichten gaben Profil. (76)*

Später wird lakonisch konstatiert: „Seine Biographie nach dem Leben verstimmt ihn, je weiter er damit in die Jahre kommt. Er sollte es besser mit Phantasiestücken versuchen. Das nicht gelebte Leben wäre am Ende das ergiebigste" (113). Damit ist der Unterschied von westlicher und östlicher Adoleszenz frühzeitig – und bis an das Ende der DDR gültig – auf den Punkt gebracht: Der Modernisierungsschub seit den 50er-Jahren leitete in der Bundesrepublik eine Phase von „reflexiver Modernisierung" ein. „Reflexive Modernisierung" meint in Anlehnung an SCOTT LASH (LASH 1992) eine Situation, in der das Subjekt – anders als unter vormodernen Bedingungen – nicht mehr normativen Wegen folgen muss, sondern in einen selbstreflexiven Diskurs über seine Ziele und biographischen Perspektiven eintreten kann und damit gezwungen ist, seine Lebensführung reflexiv zu erzeugen. Eine offene und ungeplante Verlängerung der Bildungszeit wird charakteristisch. Für diese Form von Adoleszenz sind die Übergänge *wenig geregelt*, es kommt zu *Verzögerungen, Unsicherheiten*, ein fester Zeitplan für den Arbeitseintritt existiert nicht. Ganz anders sieht dies unter den von FRIES dargestellten

Bedingungen in der DDR aus. Hier lässt sich von einer „selektiven Modernisierung" sprechen, es gilt ein „selektives Moratorium" (ZINNEKER 1991). Die Bildungszeit folgt einem festgelegten Zeitplan, aus dem nicht auszubrechen ist, der Übergang ins Arbeitsleben ist detailliert vorgeplant. Es gibt so gut wie keinen Raum für Jugend als eine Zeit von Krisen und der wirklichen Suche nach Identität. Aber genau das wollen Arlecq und Pasch: Unabhängigkeit, Bindungslosigkeit, Phantasie, Sinnlichkeit, Bewegung. Sie versuchen aus dem vorgeschriebenen Kreislauf auszubrechen und wollen sich nicht vorschreiben lassen, wo, wie und wann sie „anzukommen" haben.

Für (literarische) Adoleszenz unter Bedingungen der „reflexiven Modernisierung" ist eine frühe Ablösung aus der Herkunftsfamilie kennzeichnend. Der Zeitpunkt der Gründung einer eigenen Familie aber wird hinausgeschoben und die entstandene Zeit für Experimente genutzt, die Erprobung von Partnerschaft und -wechsel, Sexualität, Reisen, was Auswirkungen auf die Oberflächen- und Tiefenstruktur in der modernen westdeutschen KJL hat. Nichts anderes wollen die Helden bei FRIES, aber unter ihren Bedingungen erfolgt eine frühe Neugründung der eigenen Familie, womit die Probephase weitgehend entfällt. Diese Verhältnisse sind es, die FRIES' Protagonisten zur Verzweiflung treiben.

Vergleicht man den frühen Text von FRIES mit späteren wie ULRICH PLENZDORFS „Die neuen Leiden des jungen W." (1972), VOLKER BRAUNS „Die unvollendete Geschichte" (1975/1988), CORDT BERNEBURGERS „Wasserfarben" (1990), dann zeigt sich, wie Adoleszenz in der DDR weiter eingeengt und kontrolliert wird. Eben das schlägt sich auf Parameter von Oberflächen- und Tiefenstruktur der Texte nieder, wobei es zu keinem Wandel kommt, sondern nur zu einer *Bestätigung* des frühen Urteils von FRIES. CORDT BERNEBURGERS „Wasserfarben"(1990) stellt insofern eine zugespitzte DDR-typische Variante des „selektiven Moratoriums" am Ende der 80er-Jahre dar. Das zeigt sich u.a. am Verhältnis von Kinder- bzw. Jugend- und Erwachsenenwelt, dem Generationenverhältnis, den Vater-Sohn- bzw. Mutter-Sohn-Beziehungen, den eingeschriebenen moralischen Werten/Normen. Schon zu Beginn des Romans wird aus der Sicht des jugendlichen Protagonisten, Anton Glienicke, die Institution Schule bewertet und betont, es handle sich um eine „ziemlich durchschnittliche EOS", „nichts Außergewöhnliches". Dazu im Widerspruch steht das Selbstverständnis des Direktors, der zu suggerieren sucht, dass hier die „Elite der Nation" und die „Führungsgarde von morgen herangezogen" werde. Mit „und blablabla" wird dieser Anspruch von Anton kommentiert (9). Für den Protagonisten steht fest, dass „diese ganze Schule eine Nummer zu affig für mich" war (10), und das Ergebnis seiner Einschätzung lautet: „Alles nur fauler Zauber. Die ganze Schule war ein einziger fauler Zauber." (9)

Das Vertrauensverhältnis zwischen Lehrern und Schülern tendiert gegen null. Als Anton danach gefragt wird, warum er sich denn nicht „vertrauensvoll" an seine Klassenlehrer gewandt habe, kann der nur entrüstet denken: „Ich würde eher einen Kleiderbügel als Vertrauensperson wählen, ehe ich zu Schneider renne." (30) In UWE JOHNSONS „Ingrid Babendererde" (1956/1985) hatte Direktor Pius Siebmann „die Macht, mit seinen Worten etwas gut und böse zu machen" (JOHNSON 1985, 90). In BERNEBURGERS Text ist es nicht anders. Jemand, der wie Anton politische Maßgaben zur Ableistung eines längeren Wehrdienstes nicht erfüllen will und noch keinen Studienwunsch hat, kann in den Augen des „real-sozialistischen" Direktors Schneider nur als „Luftikus" gelten. Was im Bildungsmoratorium unter modernen Verhältnissen allgemein anerkannte Voraussetzung und legitimer Ausdruck der Suche nach dem eigenen Ich ist, wird unter den selektiv modernen Bedingungen als „nicht normal" (19) eingestuft. Einem solchen „jungen Menschen" werden „wir kein Reifezeugnis aushändigen" (17). Die westdeutschen Adoleszenzromane der 80er-Jahre zeigen, wie Jugendliche souverän an der Öffentlichkeit als Konsumenten teilnehmen, eine solche Teilhabe ist hier nicht möglich. Die Kontrolle durch gesellschaftliche Instanzen ist im Westen auf die Schule reduziert, es dominieren Kontakte zu Gleichaltrigen. Genau das ist die Grundlage für eine – zwar marktgesteuerte bzw. -beeinflusste – vielgestaltige, relativ autonome Jugendkultur. Diese findet sich in DDR-Texten nur rudimentär, weil eine jugendliche Öffentlichkeit nicht autonom existieren kann und durch Kontrollinstanzen (Schule, Pionierorganisation, FDJ) reglementiert und gesteuert wird. Es gibt wenig Raum für Reflexivität, denn die kann nur da entstehen, wo eine Zone des Unbestimmten, Offenen existiert. Die Darstellung von Beengung ist darum typisch für jene Adoleszenzromane in der DDR, die alle Verhältnisse kritisch erfassen. Damit gehen die Varianten der Selbsterprobung noch hinter die des Subjekts im späten Realismus zurück. Dort gab es für den zumeist männlichen Protagonisten wenigstens noch die Chance, aus einer Menge von Möglichkeiten auszuwählen. Fest stand nur, dass das realistische Subjekt sich am Ende der Jugendphase auf eine invariante Identität festzulegen hatte. Über diese Wahlmöglichkeiten verfügt das „sozialistisch-realistische Subjekt" nicht.

Noch in VOLKER BRAUNS „Unvollendeter Geschichte" war das Schaffen einer surrealen Ausnahmesituation dafür verantwortlich, dass ein von den Jugendlichen undurchschaubares kafkaeskes Räderwerk in Gang gesetzt wurde. In „Wasserfarben" – also Ende der 80er-Jahre – ist es *alltägliche* Erfahrung, ohne Grund in etwas hineingezogen zu werden. Anton leitet daraus Vorsicht im Umgang mit den Machtträgern ab, und dazu gehören insbesondere die Lehrer. Weil Direktor Schneider ihm andauernd „politisch" kommt, wägt er jedes Wort ab: „Ich habe nichts gesagt, was er gegen mich verwenden kann. Das ist es nämlich. Erst machen sie auf vertraulichen Gesprächspartner, und dann drehen sie einem daraus 'nen Strick." (20)

Das Paradoxe an der Situation ist, dass Anton nicht weiß, woran er ist und nicht abschätzen kann „wie heiß es überhaupt war" (20). Kleinste Nuancen können politisch ausgelegt werden. Das Verhalten der Machtträger ist unberechenbar. Anton zieht aus dieser Erfahrung den Schluss: „Man muß immer vorsichtig sein, damit man gar nicht erst in was verwickelt wird. Besonders politisch. Man muss sich höllisch vorsehen, daß sie einen nicht politisch drankriegen." (20)

Genau damit ist ein weiteres Merkmal sämtlicher Texte beschrieben, die über Adoleszenz in der DDR erzählen und Auswirkungen auf die Oberflächen- *und* Tiefenstruktur haben: Die Konflikte der jugendlichen Protagonisten sind Folge einer militanten Politisierung des Lebens, der staatlichen Kontrolle und Beschneidung individueller Lebensstile sowie autonomer kindlicher bzw. jugendlicher Welten. Dadurch werden selbst privateste Probleme zu politischer Bedeutsamkeit aufgebläht. Anton reagiert auf diese Politisierung individueller wie gesellschaftlicher Handlungsfelder – im Unterschied zu Texten bis in die frühen 80er-Jahre – mit einer *unpolitischen Gegenbewegung*. Er geht auf den politischen Code gar nicht mehr ein und sucht ihm auszuweichen. Anton protestiert nicht mehr öffentlich wie Ingrid, er argumentiert nicht wie Jürgen oder übt subversiven Widerstand wie Klaus (alle „Ingrid Babendererde"). Anton opponiert auch nicht wie Edgar Wibeau („Die neuen Leiden des jungen W."), und er wehrt sich nicht wie Karin („Unvollendete Geschichte"). Da Anton das Wissen um seine Machtlosigkeit bereits als gegeben hinnimmt, weiß, wie hilflos er dem ausgeliefert ist („Sie haben uns eben in der Hand", 155), verzichtet er gleich ganz auf Gegenbewegung und Konfrontation. Angesichts dieser Erkenntnis erscheint es ihm nützlicher, sich beobachtend in die Nische zurückzuziehen. Das allerdings geht nur, wenn man „unauffällig" bleibt und nicht „aneckt". Während Edgar Wibeau noch die Flucht ergreift, prüft Anton Vor- und Nachteile, wägt sie ab und entscheidet sich, erst einmal das Abitur zu Ende zu machen. Jugendliche Spontaneität ist seine Sache nicht, weil er nüchtern die Möglichkeiten analysiert. In dieser Hinsicht sind Antons Wertorientierungen hedonistisch-materialistisch orientiert, deuten Veränderungen in der Mitte der 80er-Jahre an und sind durchaus mit dem vergleichbar, was für Teile der westlichen Jugend kennzeichnend ist.

Vorschläge für den Unterricht

Die Auseinandersetzung mit Adoleszenzromanen aus der DDR kann im Rahmen der Diskussion von Jugendbildern in der Literatur erfolgen und ihrem Vergleich, sie kann aber auch Gegenstand einer gesonderten Diskussion zur Literatur in der DDR sein. In diesem Fall bietet sich ein Zugang über „Wende und Erinnerung" (s. S. 155 ff.) an. Insbesondere in den alten Bundesländern wird – wenn nicht zu Beginn – eine Cluster zum Begriff „DDR" für eine Verständigung wichtig sein (Mögliche Kategorien sind: Gründung, das politische System, Alltag, Wende). Denkbar ist auch, wichtige Vorkenntnisse in Form eines von einzelnen Arbeitsgruppen entworfenen Quizspieles zur DDR darzustellen. Das Quiz kann bei der Behandlung der jeweiligen Texte ergänzt werden:

Wie viele freiberufliche Schriftsteller gab es 1988 in der DDR? a) ca. 200; b) ca. 700; c) ca. 1000	In welcher Stadt wurde Erich Kästner geboren? a) Berlin; b) Dresden; c) Leipzig	Wie hieß die ab 1973 ausgestrahlte Jugendsendung des DDR-Fernsehens? a) DT 64; b) rund; c) Beatclub	Zu welchem Bezirk gehörte die Stadt Ribnitz-Damgarten? a) Schwerin; b) Rostock; c) Neubrandenburg
Der Roman „Nackt unter Wölfen" von Bruno Apitz spielt a) im KZ Buchenwald; b) in sibirischen Wäldern; c) an der Front von Stalingrad	Was verstand man unter einem „Zirkel junger Sozialisten"? a) Werkzeug für Architekturstudenten; b) Veranstaltung zur politisch-ideologischen Bildung junger Leute; c) Musikrichtung	Was wurde im Volksmund „Der blaue Würger" genannt? a) spezieller Judogriff; b) hochprozentiger Alkohol; c) Figur in einem bekannten DDR-Krimi	Welche Stadt wurde im Rahmen des Kombinats „Schwarze Pumpe" fast neu gebaut? a) Cottbus; b) Pirna; c) Hoyerswerda
Welcher Film, in dem Manfred Krug die Hauptrolle spielte, wurde nach dem 11. Plenum 1965 verboten? a) Spur der Steine; b) Mir nach, Canaillen!; c) Wege übers Land	Welchen Namen hatte das in der DDR erstmals aus Presspappe serienmäßig produzierte Auto? a) Trabant; b) P 70; c) Wartburg	Wer schrieb die Nationalhymne der DDR? a) Willi Bredel; b) Hermann Kant; c) Johannes R. Becher	Wer schlug nach dem 17. Juni 1953 vor, die DDR-Regierung möge „sich ein anderes Volk wählen"? a) Peter Huchel; b) Christa Wolf; c) Bertolt Brecht

Cordt Berneburger
„Wasserfarben" (ab Klasse 10)

Zur Behandlung des Textes bieten sich folgende Schwerpunkte an:
1. Einstieg in das zweite Kapitel mit folgenden Orientierungsfragen:
   ➤ Was erfährt man über Anton, wie ist die Figur angelegt? (s. S. 38)
   ➤ Wie ist Antons Haltung zur Schule und den Lehrern?
   ➤ Was erwartet Schulleiter Schneider von seinen Schülern, wie sieht das Lehrer-Schüler-Verhältnis aus?
   ➤ Diskussion der Textstelle: „Man muss sich höllisch vorsehen, dass sie einen nicht politisch drankriegen" (2).
2. Die Kapitel 3 bis 9 sollten selbstständig gelesen werden. Es wird gemeinsam eine Übersicht über das Figurenensemble erarbeitet, die auf einer Tapetenrolle jeweils ergänzt werden kann. Dazu gehören: Anton, Antons Bruder, Antons Eltern, Antons Freundin Silke und ihre Eltern, Antons Freund Andre, Schuldirektor Schneider, ausgewählte Lehrer. Zur Orientierung kann die Checkliste zur Figurenanalyse dienen (s. S. 39 f.). Mögliche Diskussionsanlässe sind:
   ➤ Was bedeutet, „sich nicht mehr selbst zu gehören"?
   ➤ Welche Erwartungen haben Gesellschaft und Schule an die Jugendlichen?
3. Für die nachfolgenden Kapitel werden jeweils Schwerpunkte für die Diskussion benannt:
   ➤ Antons Probleme mit seiner Sexualität
   ➤ Antons Vorstellungen von der Zukunft (45 ff.)
   ➤ Lehrer Drost und seine Sicht auf die Schüler (95 ff.)
   ➤ Antons Aussage: „Ach überhaupt – weißte, ich lebe in einer total verrückten Welt" (141 f.)
   ➤ Studienzulassung als Prinzip (144 ff.), Wahlen ohne Wählen (155 f.)
   ➤ Antons Abituraufsatz (159 ff.)
   ➤ „Aber auch die blöden Verhältnisse blieben. Diese Verhältnisse, die die Wahrheit bloß verdunkeln" (164)
   ➤ Die Farbe der Jugend: wasserfarben (190 f.)
   ➤ „Sollzialismus" (199): sollen und müssen.
   ➤ Leffs Liedtext und seine Bedeutung: „Entweder du kapierst oder nich'/Glaube an gar nichts und glaube an dich/Leg dich zu Ruh oder leg dich schräg/Geh vor die Hunde oder geh deinen Weg" (205).

Produktions- und handlungsorientierte Vorschläge:
   ➤ Anton schreibt Tagebuch und notiert rückblickend Wichtiges der letzten Monate
   ➤ Rollenspiel: fiktives Gespräch zwischen Anton und Andre
   ➤ Graphisch-bildliche Darstellung der Handlung

Zum Vergleich bietet sich Jurij Kochs Adoleszenzroman „Schattenrisse" an, der 1988 unter dem Titel „Augenoperation" in der DDR erschien.

3. Stoffe, Themen und Motive

3.1 Rechtsradikalismus und Gewalt

Deutungsmuster und mediale Inszenierung

Angesichts von Hoyerswerda, Rostock, Fulda, Lübeck ist die Frage gestellt worden, ob der Rechtsextremismus auf dem Vormarsch ist. Empirische Daten, die eine Zunahme rechtsextremer Einstellungen und Gewalttaten belegen, sind bekannt, neu allerdings ist, in welchem Ausmaß seit Beginn der 90er-Jahre rassistische Parolen, nationalsozialistische Zeichen und Symbole sowie der Hass auf Fremdes gezeigt und ausgelebt werden. Und neu ist auch, in welchem Maße dies in der Öffentlichkeit registriert wird. Dabei sind in der Zwischenzeit Muster der Präsentation entstanden. Dies zeigen Berichte über die rechte Szene insbesondere im Fernsehen.

Nachrichten – nicht nur in den audiovisuellen Medien – leben vom besonderen Ereignis, der Faszination der Bilder und sind auf der Suche nach politischer Unterhaltung. Dazu gehört die Information über Randgruppen der Gesellschaft – Enklaven, über die der Durchschnittsbürger aus eigener Erfahrung wenig weiß. Beim Zuschauer ist hier mit Aufmerksamkeit, Neugier und Mitleid ebenso zu rechnen wie mit entschiedener Ablehnung und Abwehr. In diesem Pool von „Themen" bieten sich Rechtsextremisten als Objekte der Neugier ebenso an wie als solche der Ausgrenzung und Verurteilung: Sie erscheinen als unbelehrbar, bevorzugen eine öffentlich inszenierte Selbstdarstellung, lassen sich leicht klassifizieren. Da knallen die Hacken, die Kamera zeigt Runen, blanke Stiefel, kurzgeschorene Köpfe, Hakenkreuze und NS-verwandte Sprachmuster sowie Parolen werden präsentiert. Das alles macht es leicht, in den so Porträtierten die „Ewiggestrigen" zu sehen und das Problemfeld moralisch auf ein einfaches Gut-Böse-Schema zuzuschneiden. Die expressive Darstellung von rechter Symbolik lässt die Überlegung gar nicht erst aufkommen, inwieweit eine Verbindung zu eigenen autoritären Denk- und Verhaltensweisen und Dialogunfähigkeit besteht, die selbst ausländerfeindliche Statements nicht ausnimmt. Aber müsste nicht hier eine ernsthafte Auseinandersetzung auch im Unterricht ansetzen? Ist nicht darüber nachzudenken, auf welche Weise und warum militante Haltungen von rechts *in der Mitte* der Gesellschaft entstehen können?

HANS GERD JASCHKE hat früh auf Probleme verwiesen, die bei der massenmedialen, insbesondere der audiovisuellen Bearbeitung von Rechtsextremismus bestehen:

Das Massenmedium Fernsehen benutzt rechtsextremistische Phänomene von heute, um das Gestern der NS-Vergangenheit noch einmal zu bekämpfen. Daher dominiert ein verknotetes Bündel von Sensationsberichterstattung, moralischem Aufschrei und volkspädagogischem Pathos auf der einen, Ignoranz und Verharmlosung auf der anderen Seite. Die politische Ausgrenzung des Rechtsextremismus aus dem ‚Konsens der Demokraten' ist die Substanz fernsehspezifischer Bearbeitungsformen. Auf der Strecke bleibt das Angebot an den Zuschauer, selbst zu urteilen, eigene Maßstäbe zu entwickeln auf der Basis sachlicher Information. Das Mißtrauen in und die Angst vor dem Zuschauer sind die heimlichen Regisseure. (JASCHKE 1992, 87f.).

Von sachlicher Information kann nicht die Rede sein, wenn undifferenziert ein Bild vom tumben rechten Tor kolportiert wird, der angetrunken explosionsartig den rechten Arm nach oben stößt, aber ansonsten intellektuell über keine Fähigkeiten verfügt. Ein Blick auf Jugendliche wie Jugendgangs, die rechtsextreme Einstellungen zugeben und bereits zu Tätern wurden zeigt, dass sie durchaus über einen erfolgreichen Schulabschluss und eine entsprechende Berufsausbildung verfügen, zu ihnen auch Studenten und Techniker gehören. Dem Phänomen der sogenannten „Neuen Rechten" ist so schon gar nicht beizukommen. Dennoch wird weiterhin auf Oberflächenphänomene abgehoben, rechtsextremistische Ausschreitungen in den neuen wie alten Bundesländern geraten zu einer Art Medienereignis, wobei die mediale Präsentation nach einem Videoclip-Muster (s. S. 174 f.) funktioniert. WALTER WÜLLENWEBER hat auf diese Art von Schnitttechnik aufmerksam gemacht:

> *Der gesamte Rechtsextremismus wurde schließlich zu einem einzigen Videoclip, den wir alle längst auswendig kennen: ein unförmiger Glatzkopf trommelt mühsam im Takt. Schnitt. Springerstiefel trampeln übers Kopfsteinpflaster. Schnitt. Bomberjacken brüllen fanatisch ‚Sieg Heil'. Schnitt. Jugendliche posieren mit Hitlergruß und Bierflasche vor einer Reichskriegsflagge. Schnitt. Ein Molotowcocktail zerplatzt an der Fassade des Asylbewerberheims in Rostock-Lichtenhagen. Die Flammen schlagen bis hinauf zum vierten Stock. Schnitt. Auf einer Bahre liegt ein schwarzer Plastiksack. Darin eine tote Türkin in Mölln. Schnitt. In der Dämmerung mahnt das verkohlte Gerippe eines Dachstuhls in Solingen.* (WÜLLENWEBER 1996, 139 f.).

Bei aller Kritik an den medialen Darstellungen muss eingestanden werden, dass die fernsehspezifische Bearbeitung der rechtsextremistischen Szene – wie auch die Literatur – vor einem Dilemma steht. *Ziel müsste sein, die Analyse eines Phänomens zu bieten, also hinter die Kulissen von politischer Exotik zu sehen*, Informationen über Lebensläufe, subjektive Hintergründe und Denkmechanismen zu liefern oder Zusammenhänge zwischen demokratischer Mitte und politischem Extremismus zu zeigen (vgl. GANSEL 1994 e). Das Herausfinden von rechtsextremen Motivationen steht jedoch vor dem Problem, möglicherweise untergründig Sympathien für jene Personen zu erzeugen oder gar noch eine indirekte Werbung für ihre Anschauungen zu betreiben. Eben das haben die Protagonisten rechter Gruppierungen längst erkannt und nutzen es für ihre gezielt berechneten Medienauftritte. Die Diskussionen um WINFRED BONENGELS Dokumentarfilm „Beruf: Neonazi" waren ein Ausdruck für eben dieses Dilemma und den schmalen Grat, auf dem sich Versuche bewegen, *in den Medien* analytisch dem Phänomen rechtsextremer Entwicklungen auf die Spur zu kommen. Literarische Texte stehen vor vergleichbaren Darstellungsproblemen, haben jedoch die Chance, durch die Art und Weise der literarischen Bearbeitung, Ursachen für das Entstehen von Rechtsradikalismus und Gewalt auf die Spur zu kommen. In dem Fall aber, da Literatur sich vordergründig auf praktische Ziele bezieht, didaktisch wirken will, eine einseitig auf Warnung ausgerichtete Wirkungsabsicht verfolgt, besteht die Gefahr, dass die Texte lediglich der literarischen Einkleidung sozialpsychologischer Erklärungsmuster dienen. Grundsätzlich finden sich folgende Erklärungsmuster für das Anwachsen von Gewalt und Rechtsradikalismus:

1: In der jugendsoziologischen und (sozial)pädagogischen Diskussion dominiert das so genannte **Desintegrationstheorem**. Dabei werden Ursachen für jugendliche

Gewalt in sozialen, beruflichen und politischen Desintegrationsprozessen der Auflösung, Zerstreuung, Pluralisierung ehemals fester Verbindungen gesehen. (vgl. insbesondere HEITMEYER 1995).

2: In enger Verbindung mit dem Desintegrationsphänomen steht das **Deprivationstheorem**. Danach sind diejenigen, die Gewalt ausüben vor allem in Jugendkreisen zu finden, deren Lebenslage durch soziale Defizite und „deprivierte" Lebensumstände gekennzeichnet ist (u. a. Arbeitslosigkeit, Armut, unterdurchschnittliche Bildung, soziale Isolation). Hinzu kommen düstere Lebensaussichten und fehlende Lebensperspektiven.

Zum Problem beider Thesen:
– Die Täter sind als Randfiguren der Gesellschaft auszumachen und dadurch leicht ausgrenzbar.
– Als Gewalttäter gelten immer „die anderen", im Kern der Gesellschaft gibt es dann kein Gewaltproblem.
– Nicht erklärbar ist, warum ein großer Teil der jugendlichen Gewalttäter aus der „Mitte der Gesellschaft" kommt.

3: Die so genannte **„interaktionistische Perspektive"** begreift Gewalthandlungen als Merkmal sozialer Situationen. Gewalt kann danach grundsätzlich am Ende einer Handlungskette stehen, in der Akteure mit unterschiedlichen Interessen auf einandertreffen. (Diese Auffassung spielt in der allgemeinen Debatte nur eine untergeordnete Rolle.) Als Erklärungsmuster ist diese These besonders anwendbar auf situationsspezifisch entstehende Gewalthandlungen (etwa im Stadion durch Hooligans).

4: Das so genannte **„sensation seeking"-Theorem**, betont die Bedeutung von **aktions- und erlebnisorientierten Motiven** beim Entstehen von Gewalt und Rechtsradikalismus. Es ist dies auch ein Motiv für politisch motiviert erscheinende Gewalt. Das gezielte Überschreiten existierender Normen und Werte ist für die Jugendlichen dabei a) faszinierend, b) die Chance auf Abenteuer, c) eine der wenigen verbleibenden Möglichkeiten zur Provokation und zur Grenzüberschreitung.

5: Das so genannte **dominanztheoretische Theorem**, wonach Gewalt deshalb so häufig ist, weil sie für viele immer noch eine der erfolgversprechendsten Strategien zur Durchsetzung eigener Interessen und Bedürfnisse ist.

Die Kenntnis der sozialpsychologischen wie politikwissenschaftlichen Erklärungsansätze stellt eine Voraussetzung für den Unterricht in zweifacher Hinsicht dar: a) bildet das Wissen um die Hypothesen eine Voraussetzung, um Problemdiskussionen oder Streitgespräche zum Thema zu führen und b) wird es für Lehrer wie Schüler möglich, die in literarischen Texten dargestellten Konflikte, Figurenkonstellationen, typische Schlusssituationen auf mögliche soziologische Muster zurückzuführen. Gleichwohl bedeutet die Beachtung soziologischer Theorien nicht, dass literarische Texte auf Fallbeispiele oder die Präsentation soziologischer Befunde reduziert werden können. Dies bedeutete eine einseitige didaktische Instrumentalisierung von Literatur. Denn: als literarische Texte können und müssen sie mehr bieten als nur Information oder Aufklärung über ein aktuelles gesellschaftliches Phänomen. Sie haben die Aufgabe, auf ihre Weise Einblicke zu geben in kleinste Verästelungen der menschlichen Psyche, sie müssen das Denken, Fühlen und Handeln von (jungen) Menschen einsehbar machen.

Formen der Darstellung

In der KJL ist die Auseinandersetzung mit dem Rechtsradikalismus und Gewalt ab Beginn der 80er-Jahre zunehmend in Gang gekommen. MALTE DAHRENDORF macht für die Jahre zwischen 1980 bis 1990 ca. zwölf Texte aus, die von „neonazistischen Umtrieben und Aktivitäten" handeln, eine quantitativ vergleichsweise bescheidene Zahl (DAHRENDORF 1992, 98 ff.). Für diese Phase als repräsentativ können Texte wie HERBERT FRIEDEMANS „Kalle Durchblick" (1980) und „Mensch Mücke" (1984), HEINZ KNAPPES „Wolfslämmer" (1984), MANFRED MAIS „... und brennt wie Feuer" (1985), GERHARD EIKENBUSCHS „Eingemacht und durchgedreht" (1986) gelten. Besondere Bedeutung für den Literaturunterricht erlangten zwei Übersetzungen: MORTON RUES aus dem Amerikanischen übertragener Schulroman „Die Welle" (1984) und aus dem Niederländischen JAN DE ZANGERS „Dann eben mit Gewalt" (1987). Zu einer neuen Phase ist es in der KJL nach der Vereinigung der beiden deutschen Staaten seit Beginn der 90er-Jahre gekommen, es war dies auch eine Reaktion auf anwachsende rechtsextreme Haltungen unter Jugendlichen. GÜNTER LANGE hat für den Zeitraum von 1990 bis 1997 das Erscheinen von 26 Texten ausgemacht (LANGE 1998, 13). Dazu gehörten viel diskutierte Kinder-, Jugend- bzw. Adoleszenzromane sowie problemorientierte Erzählungen: MARGRET STEENFATT „Hass im Herzen" (1992), MARIA HAGEMANN (d. i. Elisabeth Zöller) „Schwarzer Wolf, Skin" (1993), GÜNTHER SAALMANN „Zu keinem ein Wort" (1993), GÜNTHER PREUß „Stein in meiner Faust" (1993), THORSTEN NÄTER „Die Bombe tickt" (1993), KIRSTEN BOIE „Erwachsene reden. Marco hat was getan" (1994) und „Nicht Chikago. Nicht hier" (1999), MICHAEL WILDENHAIN „Wer sich nicht wehrt" (1994), UWE MICHAEL GUTSCHHAHN „Betreten verboten" (1995), LUTZ VAN DIJK, „Von Skinheads keine Spur" (1995), JANA FREY „Besinnungslos besessen" (1995), DIETER BONGARTZ „Makadam" (1997).

Betrachtet man das inzwischen vorliegende Textkorpus unter gattungstypologischen Gesichtspunkten, dann lassen sich zwei bzw. drei Darstellungsmuster ausmachen: *erstens* die problemorientierte Exempel- bzw. Beispielgeschichte und *zweitens* der moderne problemorientierte Kinder- bzw. Jugendroman (s. S. 107 ff.). Die Übergänge zwischen diesen beiden Gattungsmustern sind fließend. Zu einem *dritten* Muster gehören Texte, die in Form von Anthologien Beiträge von Autoren, Schülern, Betroffenen zum Thema Gewalt und Rechtsradikalismus enthalten oder bei denen es sich um Dokumentationen bzw. um Biographien oder Autobiographien zum Gegenstand handelt.

MALTE DAHRENDORF hat das erste Muster, die Problemerzählung, auf den Punkt gebracht:

> *Es handelt sich in der Regel um junge Männer, die sich von neonazistischen Gruppen und deren Gedankengut einfangen lassen, weil diese Alternativen zu haben scheinen ... Doch nähere Erfahrungen mit den Neos, ihre Bereitschaft zur Gewalt, besonders gegen Ausländer, die Simplizität ihrer Erklärungen (stoßen) sie mehr und mehr ab, sodass sie sich wieder zu lösen beginnen und von den Neonazis abwenden. Oft bringt sie ein Anschlag ... endgültig zur Besinnung.* (DAHRENDORF 1992, 6)

Dass die Beispielgeschichte für solcherart zeitgeschichtliche Themen ein nach wie vor gebräuchliches literarisches Modell darstellt, ist nur natürlich, und keineswegs pauschal abzuwerten. Die Texte eignen sich vor allem für solche Unterrichtszusammenhänge, in denen leseunmotivierte Schüler zum Lesen zu bringen und sie überhaupt erst für einen möglichen Problemdiskurs zu öffnen sind. Gleichwohl sind die Grenzen der Texte mitzudenken, denn es ist nun einmal eine Spezifik der Warn- bzw. Exempelgeschichte, dass Handlung, Figuren, Konflikt Mittel zum Zweck bleiben. Mit dem Texttyp wird das Ziel verfolgt, auf junge Leser präventiv zu wirken, sie vor gefährlichen Verstrickungen zu warnen. Dass dieses moralische Ansinnen keineswegs auf Zustimmung bei den potentiellen Lesern treffen muss, haben empirische Daten hinreichend unterstrichen (vgl. ENGELHARD 1996). Gleichwohl hat dies bisher nichts an der Erwartungshaltung geändert, mit der ein Teil der Literaturvermittler an die Bewertung dieser Texte geht. PETER MALINA beschreibt den Anforderungskatalog so:

> *Was also sollen, was können Bücher bei der Aufarbeitung des „Rechtsextremismus" also bewirken? Sie sollen Mut machen, Alternativen aufzeigen, „Einsichten" (das heißt: die Auseinandersetzung mit sich selbst und den eigenen Voraussetzungen und Belastungen) bewirken; sie sollen Argumente liefern, Wissen und Informationen bieten, aber auch sensibel und aufmerksam machen für die Brüche und Widersprüche in der Welt der Erwachsenen.* (MALINA 1993, 10)

Offensichtlich also wird Literatur zum Thema „Rechtsextremismus" in erster Linie als Sozialisationsliteratur (s. S. 13 f.) verstanden. Es werden also aus dem vielfältigen Spektrum axiologischer Werte (s. S. 12) nur einige wenige herausgehoben. Der literarische Wertungsprozess konzentriert sich einseitig auf einzelne „inhaltliche" (textbezogene), „relationale" (wirklichkeitsbezogene) sowie „wirkungsbezogene" (leserbezogene) Werte. Nimmt man MALINAS Anforderungskatalog, so sind entscheidend: *Erkenntnis*, *Moralität* bzw. political correctness, *Humanität* (= „inhaltliche Werte"); von den „relationalen Werten" interessieren nicht *Neuheit/Innovation*, *Abweichung* oder *Normbruch*, sondern vor allem *Angemessenheit* (Wahl wie Gestaltung des Themas in Hinblick auf die öffentliche Diskussion). *Realismus*, *Wirklichkeitsnähe*, *Wahrheit*, diese „relationalen Werte", die sich auf die Wirklichkeit beziehen, werden für diese Gruppe von KJL-Texten nur eingeschränkt in Anwendung gebracht. Um eine detailgetreue Wiedergabe (Wirklichkeitsnähe) geht es nur bedingt. Von daher muss der Text auch nicht dem Kriterium der „Authentizität" standhalten. Was dagegen zählt, sind vor allem „wirkungsbezogene Werte" wie *Erkenntnisbedeutsamkeit*, *Betroffenheit*, *Handlungsorientierung*, *Sinnstiftung*, *Rührung*, *Identifikation/Distanz*. Offensichtlich ist: Es geht einem Teil der Autoren, der Kritik, der Vermittler insgesamt nicht um die „mimetische Relation" (Werk-Realität), also um aktuelle Wirklichkeitserkundung, sondern um die „pragmatische Relation" (Werk-Rezipient), letztlich also die *vorgestellte Wirkung*. Die **ästhetisch-literarische Konvention** wie die **Polyvalenz-Konvention** (s. S. 10) spielen für die Bewertung eine untergeordnete Rolle. Unter diesen Voraussetzungen erweist sich dann die Beispielgeschichte als besonders geeignet. MARGRET STEENFATTS Erzählung „Hass im Herzen" ist – wie auch HANS CHRISTIAN KIRSCHS/HARALD TONDERNS „Die Nacht die kein Ende nahm. In der Gewalt von Skins" ein Exempel für dieses Muster. STEENFATT lässt in ihrer Erzählung den jugendlichen Protagonisten, Tono, in den Aktionkreis einer rechten Gang geraten, wobei als Begründung die Perspektiv- und Trostlosigkeit des eigenen Lebens dient, denn Tono wohnt in „einer Großraumsiedlung des sozialen Wohnungsbaus" (STEENFATT 1993, 6). Das dargestellte Milieu weist alle Merkmale „deprivierter" Lebensumstände auf, es ist gekennzeichnet durch Arbeitslosigkeit, unterdurchschnittliche Bildung, soziale Isolation. Hinzu kommt die innerfamiliäre Situation Tonos, der ohne Vater aufwächst und dessen Mutter, Anke Baginski, „häufig wechselnde Männerbekanntschaften" (11) hat. Mit dem derzeitigen Partner der Mutter, der „nichts anderes im Sinn hatte als seine Bequemlichkeit" (46), gerät Tono in Konflikt, als der ihn schlägt (52). Ein eigenes Zimmer besitzt Tono nicht, er muss auf der Couch im Wohnzimmer schlafen. Auch die Lebenslage der anderen Figuren (Kess, Assel, Panzer) weist soziale Defizite auf: Kess hat keine Mutter und wird von ihrem Vater geschlagen (131), Assel wohnt seit seiner Geburt bei der Großmutter (83), Panzers Mutter kommt mit ihrem Leben nicht zurecht (108). Einzig Fred, der Chef der „Killing Detectives" besitzt eine eigene Zwei-Zimmer-Wohnung außerhalb des sozialen Wohnungsbaus. Die Warngeschichte um Tono, in der ein Wechsel zwischen auktorialem und personalem Erzählverhalten stattfindet, folgt einem Dreistufenschema (DAHRENDORF 1993): a) der Protagonist gerät in den Sog der Gang; b) es kommt zur Auseinandersetzung und Distanzierung von der rechten Szene; c) Tono steigt aus der Gruppe aus, die problematische soziale Situation der Mutter ändert sich. Um die Abwendung vom Rechtsradikalismus zu motivieren, entwirft die Autorin innerliterarisch eine Figur, die mit einer kritischen Denkfähigkeit ausgerüstet ist und gewissermaßen resistent gegenüber den neonazistischen Parolen bleibt. Mit Blick auf die potentiellen Leser werden durch Figurenaufbau wie auktoriale Kommentare sämtliche Wertungen bzw. Lösungen im Sinne einer „moralischen Botschaft" direkt mitgeliefert. Als Tono mit Propagandaschriften konfrontiert wird, erweist sich seine Souveränität:

> *Tono war geübt im Lesen, im Allgemeinen begriff er leicht und schnell, worum es ging, doch was hier gedruckt stand, konnte nicht gedacht oder verstanden werden, es waren aneinander gereihte Beschimpfungen: „Systemparteien und ihre Hintermänner, das Kapital", „hereinströmende Fremdarbeitermassen", „Rassenmischung", „Mischrasse", „Feinde der Völker", „Überfremdung"* – *Schlagworte, mit denen die kurzen Abschnitte gespickt waren, die bedrohlich klangen in einer unwirklichen Art, wie Tono sie aus Horrorfilmen kannte.* (STEENFATT 1992, 88)

Damit wird der im Text vertretene Wertungsstandort („implizierte Autor") direkt formuliert. Die Funktion, den politisch korrekten Wertungsstandort zu vermitteln, erfüllen zudem zwei Mentor-Figuren, die dem Typ des „antifaschistischen Mahners" entsprechen und dem Protagonisten an die Seite gestellt werden: der Lehrer Wedemeier (39) und der „kauzige" Theo Albers (12f.), der Krieg und Faschismus noch erlebt hat. Es ist denn auch der engagierte Lehrer, der die im Text intendierte Botschaft explizit auf den Punkt bringt. Als Tonos Mutter bei ihm Hilfe sucht, entwickelt sich folgender Dialog: „,Zur Zeit ist er wirklich nicht allzu gesprächig', sagte Wedemeier. ,Aber eines sollten Sie wissen: Er ist nicht dumm und macht sich Gedanken. Ich glaube, es hat im Augenblick keinen Zweck, ihn zu bedrängen.' ,Aber was soll ich tun?' ,Ihn gern haben', sagte Wedemeier." (82) Damit legt der Text eine „Lösungsstrategie" nahe, die im Widerspruch zur Brisanz des dargestellten „Problems" steht und in ihrer Vereinfachung als gänzlich unangemessen bewertet werden muss. Bei „Hass im Herzen" handelt es sich trotz der Montageelemente (Auszüge aus Schulungsmaterial rechtsextremistischer Gruppen) um eine „geschlossene Form" der problemorientierten Erzählung.

Es nimmt nicht wunder, wenn Texte des Modells 1 wegen der eindeutigen Präsentation der anzustrebenden Werte sowie der harmonisierenden Konfliktlösungen unter pädagogisch-politischen Gesichtspunkten positive Wertschätzung erfahren. Im Unterschied dazu sind Darstellungen, die gattungstypologisch dem Muster 2 folgen, von Teilen der Kritik distanziert bewertet und mitunter sogar als gefährlich eingestuft worden. Für Texte des Musters 2, die dem modernen Kinder- bzw. Jugendroman zuzuordnen sind, haben entsprechend „formale" Werte (z. B. *Polyvalenz, Komplexität, Offenheit*) sowie „relationale Werte" (z. B. *Wirklichkeitsnähe, Authentizität*) größere Bedeutung, dagegen treten „wirkungsbezogene Werte" zurück. Als Text, der für diesen Typus steht, kann MARIE HAGEMANNS Ich-Erzählung „Schwarzer Wolf, Skin" gelten. Bereits im Vorwort wird explizit auf die Authentizität des Dargestellten verwiesen: „Diesem Buch liegen authentische Fälle zugrunde, die sich in den letzten Jahren in verschiedenen Städten der Bundesrepublik Deutschland ereignet haben. Die Autorin hat das authentische Material zu einem Fall zusammengezogen, aber dennoch nicht überzeichnet. Dabei ging es nicht darum, bestimmte Personen zu entlarven, sondern ausschließlich Haltungen und Handlungsweisen aufzuzeigen, die symptomatisch für die Skinszene sind. Bei den abgedruckten Liedern handelt es sich um Originaltexte. Bewusst haben der Verlag und die Autorin darauf verzichtet, das Geschehen zu kommentieren und so den eigenen Standpunkt mit einzubringen – so schwer es allen Beteiligten auch fiel. Die brutale Realität muss für sich sprechen." (HAGEMANN 1993, 5) Im Zentrum der auf einer journalistischen Recherche aufbauenden fiktiven Geschichte steht ein jugendlicher Skin, der von sich erzählt:

> *„Schwarzer Wolf", sagt einer aus dem Hintergrund. Nur so aus Jux.*
> *„Echt stark!" Jon strich mit der Hand über die Bahn, die er mit der Haarschneidemaschine gerade abrasiert hatte. Mitten über meinen Kopf lief eine völlig kahle Bahn. Sah witzig aus.*
> *„Schwarzer Wolf". Ich schaute in den Spiegel. Ich sah mich an. Mein richtiger Name ist Wolfgang Schwarzer. Aber alle sagen zu mir: „Schwarzer Wolf". Ich habe schwarze Augen. Schwarze Jeans. Meine Bomberjacke. Bin halt ein Schwarzer Wolf: stark, schwarz, gefährlich, saugut eben."* (HAGEMANN 1993, 7)

Durch die Ich-Erzählform schafft die Autorin sich die Möglichkeit, das Denken und Fühlen, die Innenwelt des jugendlichen Protagonisten, zu erfassen. Während in MICHAEL WILDENHAINS „Wer sich nicht wehrt" der Ich-Erzähler als Beobachter außerhalb der rechten Szene steht, gehört Schwarzer Wolf zu ihr, spricht aus ihr heraus, ist einer der Täter. Für die Sicht der Opfer ist damit kein Platz. Insofern folgt HAGEMANNS Text einer antiautoritären Intention, die bei CHRISTIAN ADOLF OVERBECK lautete: „Hier spricht, wenn ich's gut gemacht habe, wirklich ein Kind". Nur handelt es sich im vorliegenden Fall um einen Skin, der von „Plattmachen" oder „auf die Schnauze hauen" redet und dessen Lebens- wie Moralauffassung widersprochen werden muss. Vor dieser Aufgabe allerdings stehen die Leser, denn im Text bieten sich auf der Oberflächenstruktur wegen der durchgehaltenen Ich-Erzählform auf den ersten Blick zunächst keine Hinweise für eine Korrektur der Haltung. Da zudem auf auktoriale Kommentare verzichtet wird, entfällt eine offensichtliche Desavouierung, die junge Leser auf „Distanz" bringen könnte. Es scheint also keine Instanz zu geben, die „inhaltliche Werte" vermitteln würde. Doch gibt es durchaus Hinweise auf eine Distanzierung von den vorgeführten Denk- und Verhaltensweisen: Die *wertende Einstellung* zum Geschehen kommt dabei indirekt durch den „implizierten Autor" (s. S. 26) zum Ausdruck, der – wegen des Verzichts auf auktoriale Eingriffe – identisch mit dem Ich-Erzähler ist.

Die Autorin lässt nämlich den Protagonisten in inneren Monologen sowie Bewusstseinsströmen (stream of consciousness) in einer Art über das Geschehen reflektieren, die in Widerspruch zu der ansonsten im Text erkennbaren gefühlsmäßigen, intellektuellen, sprachlichen Disposition steht. So finden sich nahezu lyrische Passagen, als Schwarzer Wolf über die Rettungsaktion seines Freundes Andy reflektiert, die in einem Gegensatz zur ansonsten dominanten Sprache der Gewalt stehen: „Ich glaube, Andy war selbst ein brennendes Haus und hat sich da hinausgetragen. Sich selbst. Das Kind. Hat sich gerettet. Und ist doch tot und gerettet." (111) sowie „Es gibt Nächte ohne Stern, ohne Traum, ohne Zeit" (112).

Auch an anderen Stellen finden sich – zumeist in Form des inneren Monologs – Signale, die eine kritisch-analytische Sicht auf die rechte Szene bedeuten (16, 20, 45, 53, 69 f., 86 f., 92, 97). Insofern kommt es hier zu einer Distanzierung des Ich-Erzählers von sich selbst. Es handelt sich um ein auktoriales Erzählverhalten, das sich in Absetzung von STANZEL auch als **auktoriale Ich-Erzählweise** (s. S. 35 f.) bezeichnen lässt und die Rezeption lenken soll. Insofern werden hier „wirkungsbezogene" Werte zum Ausdruck gebracht und durch den „implizierten Autor" das den Text ausmachende Wertsetzungszentrum formuliert. Mit anderen Worten, es wird gezeigt, wo die Autorin den Leser in der Welt der Werte stehen sehen will. Dies allerdings ist im vorliegenden Fall nur um den Preis einer Überfrachtung der Ich-Figur zu haben, zutreffend war von einer „Kunstfigur im Dienste der Autorin und im Interesse der Sache ‚Information'" (GERMANN 1993, 61) die Rede.

Gleichwohl handelt es sich bei „Schwarzer, Wolf, Skin" um einen modernen Jugendroman, der die für „problemorientierte Literatur" ansonsten herrschende Geschlossenheit durch seine subjektive Erzählperspektive, die Montage authentischen Materials wie auch die Rückwendungen (s. S. 76) aufbricht. Betrachtet man abschließend, welche sozialpsychologischen Deutungsmuster der Text für das Entstehen von Gewalt und Rechtsradikalismus gibt, dann dominieren auch hier das Desintegrations- und Deprivationstheorem. Es sind insbesondere drei Rückwendungen, die die Funktion erfüllen, Auskunft über Wolfs Sozialisation zu geben (s. Schaubild S. 141).

In formaler Hinsicht trägt das Verfahren dazu bei, die Figur des Wolf nicht auf eine Personifikation oder einen Typ (s. S. 38) zu reduzieren, sondern das Einmalige und Unwiederholbare der Figur herauszustellen. Die Figur wird durch eine Vielzahl von Details gekennzeichnet: Sprache, soziale Situation, Herkunft, Aussehen, Charakter. Sie verfügt damit über ein eigenes Profil und passt nicht in ein vereinfachendes „Gut-Böse-Schema". Das bietet die Chance, einer tieferen Auseinandersetzung mit der Figur wie auch dem Phänomen von Rechtsradikalismus und Gewalt. Die Rückwendungen haben zudem die Funktion, das „So-Geworden-Sein" von Wolf zu begründen, und wirkungsbezogen erwecken sie Mitgefühl. Der Hinweis, dass jüngere Leser Wolfs Verhalten möglicherweise wegen seiner trostlosen familiären Situation entschuldigen, ist kein Grund für eine Ablehnung des Textes, weil gerade hier die Diskussion ansetzen kann und muss.

Die Übergänge zwischen den Erzähltypen 1 und 2 sind fließend, weil – wie „Hass im Herzen" zeigt – durchaus auch die problemorientierte Beispielgeschichte auf Psychologisierung der Figur setzt (personales Erzählen), wenngleich sich nicht von einer „Reflektorfigur" wie beim modernen Kinder- bzw. Jugendroman sprechen lässt. Um Adoleszenzromane allerdings handelt es sich weder bei „Schwarzer, Wolf, Skin", noch

Rückwendung	Textstelle	Funktion
Rückwendung 1	Klasse. (...) Wir haben uns gefühlt wie Großstadtkids. New York oder so. Hatten 'nen Kassettenrecorder dabei, der ziemlich laut dröhnte, Störte hier keinen. Wir waren frei. Haben auch kleine Diebstähle gemacht. (...) Wir fühlten uns oft zusammen. Da fing es auch an, dass wir nachts nicht nach Hause gingen. Mein Vater machte sowieso immer nur Randale. (...) Alles war gut. Bis zum Winter. Wir hielten zusammen. Waren Kumpels, Kids. Bis die Polizei uns schnappte. (...) Wir kriegten Scherereien. Auch Gerichtsverhandlungen. Das steckten wir aber noch locker weg. Das war eben so. Danach ging's zum Bahnhof, und bald waren wir bei den Skins. Erst wollte ich das nicht, aber dann hat's mir Spaß gemacht: das Aussehen, die Kumpels, die Blicke der Leute. Das war fast wie vorher in der Bande, nur dass wir jetzt stärker und auch für jeden sichtbar zusammengehörten. Skins! (27 f.)	• Hinweise zur Sozialisation • Hintergründe für den „Weg" zu den Skins • Betonung des Zusammengehörigkeitsgefühls • Faszination an der schockierenden Wirkung nach außen
Rückwendung 2	Von draußen hörte ich schon meinen Vater in der Wohnung brüllen. Der Alte hatte wahrscheinlich wieder gesoffen. Aber diesmal hatte ich nicht so eine Angst wie früher, wenn er nachts nach Hause kam. Und das war fast jede Nacht. Jahrelang. Als ich neun war, als ich zehn war, als ich elf war, als ich zwölf war. Als ich dreizehn war, bin ich dann zum ersten Mal abgehauen. Mein kleiner Bruder Günther kam oft abends zu mir ins Bett gekrochen. (...). Er zitterte, der Kleine. Wir haben nie richtig geschlafen, bis der Alte kam. (...) Er prügelte irgendwohin. (...) Einmal ist ein Nachbar gekommen. (...) Einmal bin ich zum Jugendamt gegangen. (...) Einmal bin ich am nächsten Morgen los und hab in der Schule einen, der mir so'n bisschen weich kam, einfach mal verdroschen... (43 ff.)	• Präzisierung der familiären Situation (Rolle des Vaters, der Mutter, Angsterfahrung) • Begründung für das Entstehen von Gewalt als Lösungsmittel • Wertung der Gesellschaft
Rückwendung 3	Meine Schwester Manu lebt nicht mehr. Als mein Alter mal auf sie drauf wollte – er hatte sie natürlich erst mal wieder kräftig durchgeprügelt –, ist sie auf den Balkon. (...) Natürlich kamen noch Rettungswagen und Sanitäter und alles. Aber sie war tot, mausetot. Und da auf einmal, mitten in der Nacht, da wurden auch die Leute wach, standen alle auf den Balkonen und gafften. Warum nicht vorher? Weil sie doch alle Angst haben. Alle haben Angst. Und jeder versteckt seine Angst, so gut er kann. Das ist auf jeden Fall meine Meinung. (48 f.)	• soziale Situation • Wertung der Gesellschaft • Angst als gesellschaftliches Phänomen

bei Texten wie JANA FREYS „Besinnungslos besessen", MICHAEL WILDENHAINS „Wer sich nicht wehrt", LUTZ VAN DIJKS „Von Skinheads keine Spur". GÜNTER PREUß „Stein in meiner Faust", in dem der jugendliche Rechtsextremismus nur ein Element innerhalb des Textganzen darstellt und der auch als Roman über jugendliches Lebensgefühl, ihre Sinn- und Orientierungssuche nach der Wende gelesen werden kann, kommt dem Muster des Adoleszenzromans – bei aller Problematik – noch am ehesten nahe.

Vorschläge für den Unterricht

Versuche, Jugendlichen in prophylaktischer Absicht und mit warnender Intention Beispielgeschichten vorzuführen, werden immer weniger angenommen. Bei Jugendlichen, die mit Argumenten sympathisieren, die der „rechten" Szene zugeordnet werden oder die selbst dazu gehören, stoßen auf Typisierung ausgerichtete Darstellungen, die vorab die negativen Figuren auf der Seite der „Rechten" festlegen und auf das Erzeugen von Schuldgefühlen ausgerichtet sind, auf deutlichen Widerspruch, erzeugen Abwehr und provozieren Trotzreaktionen nach dem Prinzip „Dann-erst-recht". Für den Einsatz im Unterricht sind Texte notwendig, die das mitunter Unfassbare, rational nicht Nachvollziehbare der Vorgänge darzustellen suchen, die Hintergründe zeigen, danach fragen, wie und warum junge Leute zu Tätern werden, was sie denken und fühlen oder wie die Umwelt reagiert. Über die traditionell gebaute Warngeschichte mit ihren Typisierungen und Handlungsmustern ist dies allerdings nicht erreichbar, denn um die Innenwelt etwa eines Täters darzustellen bedarf es avancierterer literarischer Techniken.

Kirsten Boie
„Erwachsene reden. Marco hat etwas getan." (Klasse 8 – 11)

Inhalt
In der Verlagsankündigung von dtv (pocket plus) war der Inhalt treffend so beschrieben: „Der 15-jährige Marco legt Feuer in einem von Türken bewohnten Haus. Dabei kommen zwei Kinder ums Leben. Marcos Umwelt gibt sich schockiert, doch die 13 unkommentierten Interviews zu diesem Vorfall von Personen aus seiner Umgebung fügen sich zu einem erschreckenden Bild latenter Ausländerfeindlichkeit."

Erzählstruktur
Der Text folgt in Form und Struktur BERTOLT BRECHTS epischem Theater. Eine Handlung im klassischen Sinne findet sich nicht, es gibt keinen Erzähler und auch keine handelnden literarischen Figuren. Der Text setzt sich stattdessen aus fiktiven Gesprächsprotokollen zusammen. Der Journalist, der die Statements auf Tonband aufgezeichnet hat, taucht im Text nicht als Figur auf, er wird nur einmal direkt angesprochen. Seine Fragen sind nicht genannt und einzig aus den Antworten rekonstruierbar. Die Aussagen geraten auf diese Weise in den Status eines inneren Monologs, der unvollständige Sätze, Gedankensprünge, Einschübe enthält. Dies erhöht den Eindruck der Authentizität des Dargestellten. Im Prolog des Textes ist die Ausgangsfrage formuliert, die lautet: „Wie wird einer zum Mörder? Wie wird so einer zum Mörder." Der von der Autorin eingesetzte Journalist, der die Tat recherchiert, kennt ihre Vorgeschichte nicht, womit es notwendig wird, das Geschehen analytisch vom Ende her aufzurollen (s. S. 65 f.). Die Leser werden ihrerseits in die Position des Reporters versetzt, der sich von dem Tathergang und den Umständen, die anscheinend zur Tat geführt haben, selbst ein Bild machen muss. Erst fortschreitend ergeben die einzelnen Mosaiksteine ein annäherndes Bild von den Vorgängen. Ins Gewicht fällt, dass die Autorin darauf verzichtet, Angaben zu den Befragten zu machen, einzig Daten wie Alter, Beruf und Namen werden genannt.

Methodische Anregungen
Grundsätzlich: Wegen der Brisanz des Themas und der notwendigen Kenntnisse zum Gegenstand sollten Formen des Projektunterrichts genutzt werden.
Einstieg: Zeitungsausschnitte zum Thema, ein TV-Gespräch

Variante 1:
Ziel ist es, das Persönlichkeitsprofil von einigen Figuren zu entwerfen. Dazu werden zunächst Gruppen mit jeweils ca. 4 Schülern gebildet, die sich mit je einer Person aus dem Text auseinander setzen und dabei ihre Position zur Tat darstellen (Bürgermeister, Grundschullehrerin, Schulleiter, Klassenlehrer usw.). Die Aussagen der Figuren werden in der Gruppe gelesen. Es wird nunmehr jeweils ein Interview mit den Grundaussagen der Personen erstellt. Ausgehend davon stellen jeweils 2 Schüler das Interview szenisch dar.

Interviewbeispiel (R.: Reporter, Journalist; N.: Nachbarjunge):
R.: Kanntest du Marco gut?
N.: Naja, gut ist zu viel gesagt, als wir klein waren, haben wir ab und zu zusammen gespielt. Aber der war mir immer schon zu blöd. Hat immer Scheiße gebaut, für die ich dann den Ärger kassiert habe.
R.: Was denn zum Beispiel?
N.: Also der hat mir oft was am Fahrrad kaputt gemacht und dauernd gestänkert.
R.: Haben sich die Eltern nicht um ihn gekümmert? Oder was denkst du, warum Marco so war?
N: Doch, der war total verwöhnt, hat immer alles gekriegt, was er wollte. Computerspiele, CD's, Klamotten. Ich musste bis Weihnachten warten, der brauchte bloß lange genug rumzuschreien, schon ist seine Mutter losgerannt und hat es ihm gekauft.
R.: Bist du mit ihm in die gleiche Schule gegangen?
N.: Ja, aber nur bis zur 6. Klasse. Dann ist er von der Schule geflogen, weil er nicht mitkam. Wir waren alle froh, als er endlich weg war.

Auf diese Weise verschaffen sich die Schüler einen Einblick in die Charaktere der Figuren und ihr Denken. Nach jedem Interview formulieren die Schüler gemeinsam an der Wandzeitung Kernaussagen zur Einstellung der Person. Vorteil ist, dass die Schüler den Text nicht unbedingt als Ganzes gelesen haben müssen, sondern jede Gruppe ein Teilstück erarbeitet. Das Puzzle setzt sich dann langsam zusammen.

Kommentare an der Wandzeitung
Bürgermeister: *Beide distanzieren sich von der Tat und meinen, dass sie nichts mit Schule wie Ort zu tun haben. Ihre einzige Sorge gilt dem öffentlichen Ansehen. Das eigentliche Thema lassen sie nicht an sich herankommen, beim Bürgermeister zeigt sich sogar eine versteckte Ausländerfeindlichkeit.*

Grundschullehrerin: *Sie fand Marco von Beginn an anders und kommt mit seiner renitenten Art nicht zurecht. Nachdem ihr Versuch gescheitert ist, mit den Eltern eine Lösung zu finden, resigniert sie und schreibt Marco innerlich ab.*

Schulleiter: *Er ist vor allem um das Image seiner Schule besorgt. Die rechtsextremen Aktivitäten seiner Schüler werden verharmlost, Marcos Tat als Einzelfall hingestellt. Man solle es nicht überbewerten, wenn Schüler Türkenwitze erzählen oder ein paar Hakenkreuze an die Wand malen. usw.*

Variante 2:
Unter der Überschrift „Marcos Weg in die Katastrophe" – wie konnte es dazu kommen? werden zusätzliche Interviews geführt bzw. Darstellungsvarianten erprobt. Es werden dazu jene Figuren ausgewählt, die im Text nicht vorkommen (Marco, Marcos Eltern, eine Freundin Marcos) und neue Episoden spielerisch erprobt. Darstellungsformen sind der innere Monolog, das Interview, der Dialog. Es wird darüber nachgedacht, warum die Autorin sie in ihren Interviews nicht zu Wort kommen lässt. Auf Grundlage der vorliegenden Interviews soll ein innerer Monolog Marcos entworfen werden, wobei es darum geht, Marcos Sprach- und Stilebene zu treffen (Ideolekt). Dazu werden zunächst Kleingruppen (je 4 Schüler gebildet) und in einer zweiten Phase die Einzelergebnisse im Sinne einer redaktionellen Kontrolle verbessert. Als Ausgangspunkt werden jene drei entscheidenden Situationen des Tages gewählt, die letztlich zum Auslöser wurden: Marcos „Fünf" in der Schule, Marco beim Tankstellenpächter, Marco im Jugendclub.

Marcos „Fünf"
Na, mal sehen, wie dir meine Arbeit geschmeckt hat. Diesen Mist über das Dritte Reich kannste anderen erzählen. Wenn du diese Propaganda glaubst, ich nich. Ich schreib' nich, was du hören willst, nur um mich einzuschleimen. Hab' schließlich meinen Stolz und kriech nicht wie die anderen, bloß um 'ne gute Zensur abzukassieren. Soll bloß froh sein, dass ich ihm nicht noch was von wegen linker Propaganda an den Latz geknallt habe... Na gib schon her den Wisch! Bin gespannt, wie er drauf reagiert hat. Was guckt der denn so blöd. Was, ne Fünf, ne... Das kannste doch nicht machen, ist doch bloß die eine Frage nicht beantwortet, es war doch nur eine Aufgabe...

Marco beim Tankstellenpächter
Mal gucken, was heute hier abgeht. Ist der überhaupt da? Ja, da isser ja, macht wieder an 'nem Auto rum, Ölfilter oder was? Nee, heute keinen Bock, irgendwas zu machen, obwohl ich das ja sonst ganz gerne mache. Nee, dazu hab' ich heut absolut keinen Bock und Nerv mehr nach all dem Scheiß!...
Hey, was steht' n da für'n Schlitten?! Merecedes 300 SEL! Gehört wahrscheinlich wieder so 'nem Kanaken. Fahren die dicken Karren, während wir Deutschen keine Arbeit mehr haben. Oder kassieren Stütze, klauen, betrügen und schaffen uns mit ihrer Mafia die ganzen Drogen 'rein und kaufen dann von der Kohle die dicken Schlitten.

Marcos Rauswurf im Jugendclub
Mensch der Wichser von S.! Nur weil ich dem seine linke Propaganda nicht glaube und geschrieben habe, bin doch nicht dem seine Schallplatte! Haut der Kerl mir deswegen gleich 'ne Fünf rein. Ich hätte ihn erwürgen können, ja ja, hätt's fast auch gemacht. Der Abschluss is weg. Scheiße. Kann froh sein, wenn ich noch ne Lehrstelle krieg, wenn überhaupt, wenn die nicht schon vorher von so 'nem Kanaken besetzt wird, die nehmen uns Deutschen doch sämtliche Arbeit weg. Und wir lassen uns das gefallen, nix wird getan, immer nur geredet. Wir sind doch allen scheißegal. Alle denken das doch, aber keiner macht was dagegen. Hey Frank, komm, mach keinen Scheiß, was soll'n das..., hier komm hier, haste auch 'n Bier!

Entsprechende innere Monologe lassen sich auch für andere Personen (Mutter, Vater, Freundin) entwerfen. Ziel ist es, ihre Gedanken und Gefühlswelt zu ergründen und jene Positionen darzustellen, die bei Jugendlichen eine Rolle spielen. Weitergehend bieten sich folgende handlungs- und produktionsorientierte Varianten an:

- Der Klassenlehrer schreibt Marco vor der Verhandlung einen persönlichen Brief.
- Reporter interviewen Marco bei seiner Entlassung aus der Jugendhaftanstalt.
- Marco ist entlassen, hat den Hauptschulabschluss erworben und bewirbt sich beim Tankstellenpächter als KFZ-Mechaniker. Darstellungsform: Dialog, Vorstellungsgespräch.
- Marco trifft als 21-jähriger Zivildienstleistender den Gemeindepastor in einer benachbarten Stadt wieder. Darstellungsform: Gespräch

Variante 3:
Die Schüler haben im fächerübergreifenden Unterricht knappe Dokumentationen und Beiträge gesammelt. Anhand von Presseberichten werden verschiedene Darstellungsmöglichkeiten diskutiert und selbst erprobt. Sie verfassen selbstständig einen Zeitungsartikel, in dem jeweils eine bestimmte Begründung für die Tat gegeben wird, die entweder sachlich berichtend oder aber sensationell aufreizend ist (2 Beispiele).

Zeitung A
Wieder Brandanschlag auf Asylbewerberheim
2 Kinder sterben – 15-Jähriger als Täter festgenommen
In einem kleinen Dorf wurde gestern wiederum ein Anschlag auf ein Asylantenheim verübt. Das Haus, in dem sich eine türkische Familie aufhielt, wurde bei dem Brand völlig zerstört. Zwei kleine Kinder kamen dabei ums Leben, die Eltern waren außer Haus. Der mutmaßliche Täter, ein 15-Jähriger aus dem Ort, wurde kurze Zeit später festgenommen. Die Polizei teilte auf Anfrage mit, dass der Täter vermutlich einer ortsansässigen rechtsradikalen Gruppe angehöre, jedoch dauerten die Ermittlungen zur Zeit noch an.

Zeitung B
2 Kinder verbrennen im Asylbewerberheim!
15jähriger Rechtsradikaler: Eltern schuld
Wieder brannte vergangene Nacht ein Asylbewerberheim. Dabei kamen zwei Kinder ums Leben. In dem Haus, in dem sich viel morsches Holz befand, breitete sich das Feuer rasend schnell aus, die Kinder hatten keine Chance! Der Täter, die Hintergründe, Seite 2
Seite 2:
Der erst 15 Jahre alte Täter konnte noch am gleichen Abend festgenommen werden. Er gehört einer rechtsradikalen Gruppe an, die zu einer rechtsradikalen Partei des Ortes gehört. Der Täter selbst hat zwar die Tat gestanden, bezeichnet sich aber als unschuldig. Die Eltern der Kinder waren an dem Abend nicht zu Hause, als das Feuer gelegt wurde, wären die Türken häuslicher gewesen, wären die Kinder jetzt noch am Leben. Er hätte den Türken nur Angst einjagen und ihnen zeigen wollen, dass sie in dem Ort unerwünscht seien; wären sie in der Türkei geblieben, könnten sie jetzt noch ein schönes Leben führen.
Der Bürgermeister des Ortes gab sich distanziert und teilte mit, es handle sich um die Tat eines Einzelnen. Dass man nicht ausländerfeindlich sei, habe der Ort letztes Jahr durch Lichterketten bewiesen.

Variante 4:
Es wird eine Szenenfolge für eine Gerichtsverhandlung erarbeitet, in der die Rollen von Richter, Schöffen, Verteidiger, Zeugen, Marco zu besetzen sind. Dabei können möglichst viele Schüler beteiligt werden. Der Text der jeweiligen Rollen wird erarbeitet und dann szenisch dargestellt.

Variante 5:
Streitgespräch oder Talkrunde zum Thema „Gewalt – Rechtsradikalismus". Dabei gilt es grundsätzliche Regeln zu beachten, die vor der Arbeit bekannt sein müssen (vgl. MEYER 1987, 293). Dazu gehört, dass die Schüler die von ihnen übernommenen Rollen, Positionen, Auffassungen mit möglichst stichhaltigen Argumenten vertreten. Für das Streitgespräch sind mindestens vier Rollen zu besetzen:

Regeln für ein Streitgespräch
1. Der Moderator, der das Gespräch leitet, achtet darauf, dass die verschiedenen Positionen zum Ausdruck kommen, erteilt das Wort und kontrolliert die Einhaltung der Regeln.
2. Der Befürworter, der seine Position darstellt und sie verteidigt.
3. Der Gegner, der versucht, Argumente zu finden, die die Position widerlegen.

Regeln für ein Streitgespräch
1. Der Gesprächsleiter oder Moderator, der das Gespräch leitet, darauf achtet, dass die verschiedenen Positionen zum Ausdruck kommen, das Wort erteilt, auf die Einhaltung der Regeln achtet.
2. Der Befürworter, der seine Position darstellt und sie verteidigt.
3. Der Gegner, der versucht, Argumente zu finden die die Position widerlegen.
4. Der Beobachter bzw. das Publikum: Beide übernehmen das Amt eines Schiedsrichters bzw. die Funktion der ersten Auswertung.

Alle Positionen können mehrfach besetzt werden. Die verschiedenen Rollen sollten auch optisch voneinander abgesetzt werden.
Bei der Vorbereitung und Durchführung von Streitgesprächen sind folgende Hinweise zu beachten:
- Das Gesprächsthema muss sich für ein Streitgespräch mit „Pro" und „Contra" eignen. Es muss möglich sein voneinander abgrenzbare Positionen zu markieren.
- Die Schüler müssen sich vor Beginn des Streitgesprächs ausreichend in das Thema und ihre Rollen vertieft haben. Insofern bietet es sich an, das Gespräch an das Ende der Einheit zu stellen. Sie können in Arbeitsgruppen Argumente bereits erarbeitet haben.
- Es muss klar sein, dass jeweils nur eine Rolle gespielt wird.
- Es sollte aus den Arbeitsgruppen jeweils Vertreter geben, die als Souffleur oder Ghost-Speaker einspringen können, wenn die Argumente ausgehen.
- Der bzw. die Beobachter müssen einen klaren Beobachtungsauftrag haben.
- Nach dem Streitgespräch muss in jedem Fall eine Auswertung stattfinden, wobei abschließend die in der Diskussion eingebrachten Argumente geprüft und ergänzt werden können.

Dieter Bongartz
„Makadam. Chronik eines Mordes" (Klasse 9 – 13)
Inhalt
Es werden drei Tage aus dem Leben einer Skin-Gruppe erzählt. Im Mittelpunkt steht Hanschu, 17 Jahre alt, blass, schlaksig, aus intellektuellem Elternhaus. Die Gruppe trifft sich regelmäßig bei ihrem Anführer, Bernd Joppen. Dass sie einen polnischen Arzt töten, geschieht zunächst „einfach so, aus einer Laune heraus" (12). Mit Hanschu gestaltet Bongartz einen jungen Mann, der „seine Mitte verloren hat" (131). Hanschu leidet an dem Verlust der Mutter, die die Familie verlassen hat, er liebt seine Schwestern und entwickelt auch Gefühle für Merli, die sich aus dem Milieu befreien will. Doch Hanschu kann sich von der Gruppe selbst dann nicht lösen, als sie ihn brutal misshandeln. Er folgt ihr weiter und wird von den Skin-Gefährten brutal erschlagen. Der Text war Grundlage für eine Filmfassung mit dem Titel „Kahlschlag".

Erzählstruktur
Bei der Chronik über die drei Tage im Leben der Skin-Gruppe handelt es sich um montierte Szenen, die die vier Jungen und das Mädchen aus wechselnden Perspektiven zeigen. Bei den personal erzählten Passagen, die teilweise wie Regieanweisungen wirken, findet ein Wechsel der Erzählperspektiven statt, die partiell auktoriale Erzählform wird durchbrochen durch eine personale Erzählinstanz, die wiederum an verschiedene Mitglieder der Gang gebunden ist. In die kurzen Szenen – sie werfen nur Schlaglichter auf die Szene – baut der Autor knappe Texte aus Polizeiprotokollen ein, die Andeutungen über die Täter machen. Von den agierenden Figuren erhält nur Hanschu mehr Raum; Rückblenden und Traumsequenzen geben Einblick in seine Lebensumstände sowie seine Innenwelt.

Methodische Anregungen
Dieser Text – wie auch andere zum Rechtsradikalismus und Gewalt – eignet sich in besonderer Weise für eine Buchvorstellung und Lesung. Gerade bei einem so brisanten Thema bietet sich eine Diskussion mit dem Autor an, weil eine unmittelbare Diskussion über Darstellungsintentionen wie gewählte Form bzw. Gattung möglich wird. Die Lesung wird in Arbeitsgruppen vorbereitet:
➤ Arbeitsgrupppe 1: Rechtsradikalismus Jugendlicher in der unmittelbaren Umgebung und im jeweiligen Bundesland (Begriff, Gruppierungen und Ziele, Ursachen und Motive, Treffpunkte). Ziel ist die inhaltliche Auseinandersetzung mit dem Thema.
➤ Arbeitsgruppe 2: Auseinandersetzung mit dem Text (Kontaktaufnahme zum Autor, Vergleich von Text und Filmfassung, Lesarten zum Text, Informationen zum Autor). Ziel ist die Vorbereitung einer Moderation mit einem entsprechenden Konzept.
➤ Arbeitsgrupppe 3: Rechtsradikalismus und Literatur für junge Leute (Erstellung eines Handzettels, z.B. Vergleich mit anderen Texten zum Thema, „Schwarzer Wolf, Skin" oder „Erwachsene reden. Marco hat was getan", Buchempfehlung, Vorbereitung einer Ausstellung mit unterschiedlichen Textauszügen, evtl. Bildern). Ziel ist die Auseinandersetzung mit möglichen literarischen Formen, dem Einsatz der spezifischen Mittel und ihrer Funktion.
➤ Arbeitsgrupppe 4: Öffentlichkeitsarbeit (Verfassen eines Werbetextes, Interview mit dem Autor oder Porträt, Schreiben eines Berichts über die Lesung für die Lokalzeitung, Plakatentwurf). Ziel ist die Entwicklung kreativer Schreibfähigkeiten und die Erfahrung, selbstständig einen journalistischen Text zu gestalten.

Moderation:
Das Konzept für die Moderation wird nach Präsentation der ersten Arbeitsergebnisse diskutiert und im Rollenspiel erprobt, die Schüler führen ein, leiten die Diskussion, der Lehrer übernimmt die Rolle des Autors. Dabei werden Regeln der Gesprächsführung bzw. einer Diskussion erarbeitet bzw. wiederholt.

Texteinstieg:
Die Diskussion über den Jugendroman setzt ein mit einer Szene, in der die Gruppe in „Aktion" ist:

> *Schon auf dem letzten Kilometer, als sie wie Marodeure durchs Zentrum der Stadt walzen, fühlen sie sich unbesiegbar. In der Bahnhofsgegend zwinkert ihnen eine*

nach Hause stöckelnde Prostituierte zu, ein mageres, vogelhaftes Geschöpf – verfroren, übernächtigt wie sie.
„Kein Geld, nur Schönheit!", schreit Hanschu quer über die Straße, und Tom lacht scheppernd, „Oi, Oi, Deutschland!", und sie marschieren weiter.
Ja, das Leben,
sie haben ein großes Stück aus seinem Kuchen geschnitten, und es wird weitergehen, angefangen mit dem Tänzchen bei Weinczek bis zur der Flucht übers Feld, und sie, Hanschu und Tom, die Freunde, sind die Sieger in all diesen Abenteuern. (89)

Ergebnis der Arbeitsgruppe 4:
Gespräch mit dem Autor:
- Was steckt hinter dem Begriff Makadam, wie kamen sie gerade auf dieses Wort? Uns ist aufgefallen, dass sie das Wort im Zusammenhang mit dem Geräusch der Springerstiefel auf Asphalt benutzen (69, 106, 137), ist das Absicht, wenn ja, was steckt dahinter?
- Warum stellen sie eine Verbindung gerade zum russischen Autor Jurij Trifonow her? (211) „Was ist mein Vermächtnis? Die Blüten im Frühling, der Kuckuck auf den Hügeln, die Blätter im Herbst."
- Ist für Sie das Nazi-Sein das unauslöschliche Zeichen oder das Kostüm um das Zeichen?
- Sie geben im Text als einzigen Grund für Hanschus Verhalten sein Elternhaus an. Denken Sie, dass dies wirklich der einzige Grund ist?
- Warum steigt Hanschu nicht aus, obwohl ihm verschiedene Möglichkeiten geboten werden, wie z.B. durch Merli?
- Im Film „Kahlschlag", für den Sie einige Motive übernommen haben, endet die Geschichte positiv, in „Makadam" jedoch tragisch. Was ist der Grund für diesen Unterschied?
- Welches Publikum haben Sie für Ihre Bücher, speziell „Makadam" im Auge?
- Glauben Sie, dass man heute noch Menschen für das Thema Rechtsradikalismus sensibilisieren kann?

Marie Hagemann
„Schwarzer Wolf, Skin" (Klasse 9 – 11)

Inhalt: siehe oben
Erzählstruktur: siehe oben
Anregungen
- Figurenbeschreibung (Täterprofil – Einfühlung in die Rolle, s. S. 185).
- Interview mit einer ausgewählten Figur
- „Warum handeln Menschen gegen ihren Willen?" (110) – eine Problemdiskussion. unter Berücksichtigung von Figurenpositionen (26, 33, 40 f., 77 f., 113 ff.).
- Umfrage zum Text (s. Beispiel).
- Meinungsäußerung und Buchvorstellung, Vergleich mit Schülermeinungen.
- Gestaltung eines Bucheinbandes.

Meinung einer Schülerin zu „Schwarzer Wolf, Skin":
Das Buch hat mich ziemlich hin und her gerissen, denn einerseits ist man ja gegen Ausländer und unterstützt die Rechten, andererseits sind das doch auch nur Menschen, so wie der Andy. Er wusste nicht, wo er hingehört, erst als es zu spät war, merkte er, dass er nicht dazu gehört. Aber das war das Gute an den Glatzen: Sie hielten zusammen, waren füreinander da und halfen sich auch. Obwohl an einigen Seiten sehr stark übertrieben und sehr brutal an die Sache herangegangen wurde. Ich finde es gut, dass einer sich gegen alle stellt, dass einer Mut hat, auch allein dazustehen, das finde ich voll in Ordnung. Die Schriftstellerin hat so manchen zum Nachdenken angeregt, weil sie den Alltag beschrieb und den Frust, der in jedem Jugendlichen steckt, wenn er keine Lehrstelle bekommt oder Ärger zu Hause hat. Wie würde ich reagieren, wenn ein Ausländer die Lehrstelle bekommt und man abgeschoben wird. Auch die Sprache ist wie der richtige Alltag. Ich finde das Buch gut und würde es auf jeden Fall weiterempfehlen. (Madlen, 16 Jahre)

Renate Welsh
– Sonst bis du dran!
Eine Erzählung zum Thema „Gewalt in der Schule" (Klasse 5)

Inhalt
Michel geht in die Klasse 4a. Er wird Zeuge, wie Klassenkameraden Arnold auflauern und quälen. Michel schweigt, er mag Arnold nicht besonders und außerdem gibt es die Drohung: Sonst bist du dran. Doch schließlich vertraut Michel sich seinen Eltern an, die ihm zuhören und vorsichtige Ratschläge geben, entscheiden aber muss er selbst. Schließlich will Michel sich bei Arnold entschuldigen, aber er weiß nicht wie. Die Lehrerin, Frau Hafner, ahnt, was in der Klasse vor sich geht, und sie gibt den Kindern die Möglichkeit über das sie bedrückende Thema zu sprechen.

Erzählstruktur
Die Geschichte wird durch einen personalen Erzähler vermittelt, der das Geschehene aus der Sicht Michels erfasst. Die moderne Erzählstruktur ermöglicht dem Leser Einblicke in die kindliche Außen- und Innenwelt.

Einstieg
Im Sitzkreis erzählt jeder von einer erlebten Gewaltsituation. Hintergrund für diesen Einstieg ist die Episode, in der Frau Hafner, die Lehrerin eine ungewöhnliche Hausaufgabe erteilt: „Ich gebe jetzt jedem von euch einen Zettel. Denkt zu Hause nach, wann ihr Gewalt ausgeübt oder erfahren habt, und schreibt mir einen Satz auf – oder auch mehrere. Ihr könnt mit Blockschrift schreiben oder den Satz in die Maschine tippen, dann weiß niemand, von wem der Satz ist." (77) Jeder in der Runde sucht also ohne Kenntnis des Textes nach einer Antwort. Danach steht in der Mitte des Sitzkreises ein Kästchen, in dem sich Zettel befinden, die jene Ergebnisse enthalten, die die Schüler der Klasse 4a notiert haben.

- *Ich schlage manchmal meinen Bruder. Ich werde immer traurig, ich bin dann auch gemein, ich komme mir vor wie ein Mörder, ich denke immer, ich verletze meinen Bruder.*

- *Als ich eines Tages vom Judo nach Hause fahren wollte, kam mir ein Mann mit dem Auto entgegen, der hatte ein Messer in der Hand und fuhr mir nach.*
- *Über meine Mutter sagten sie immer hinter meinem Rücken, sie ist eine WC-Ente. Das tat mir sehr weh.*
- *Ich habe meiner Schwester ein Büschel Haare ausgerissen, plötzlich bin ich sehr erschrocken, weil ich dachte, ich bringe sie noch um. (...)*
- *Einmal hat mich eine Frau geschlagen, obwohl ich nichts getan habe. Und dann habe ich einen Umweg gemacht. Und die Frau blieb immer stehen und sah sich um.*
- *Ich habe meinen Bruder im Keller eingesperrt, wo so viele Spinnen sind.*
- *Wir haben eine tote Taube im Rinnsal gefunden, und einer hat gesagt, wir müssen auf ihr springen, das ist eine Mutprobe, und dann hat jeder eine blutige Feder ausgerissen und eingesteckt.*
- *Eimal hat mein Vater das falsche Ende vom Gürtel erwischt, und die Gürtelschnalle hat mir den Hintern aufgerissen, wie er mich verprügelt hat.*
- *Meine Kusine stottert, da haben wir sie ausgelacht, da hat sie noch mehr gestottert.*
- *Mein Vater und meine Mutter haben gestritten, da hatte ich Angst.*
- *Ich spüre Gewalt, wenn ich im Fernsehen höre, dass es Krieg gibt, denn wenn es Krieg bei uns gibt, dann sind wir alle verloren... (87 ff.)*

Um die Erfahrungen der Schüler zum Ausgangspunkt der Beschäftigung mit dem Text zu machen, hat sich auch folgende Schrittfolge als produktiv erwiesen:
➤ Die Schüler schreiben auf, welche Konfliktsituationen für sie in besonderer Weise bedrängend waren oder sind.
➤ Aus diesem Pool von Konflikten werden jeweils einzelne ausgewählt und in einem Rollenspiel mit mehreren Beteiligten dargestellt. Die szenische Präsentation geht bis zu dem Punkt, wo die jeweilige Lösung bevorsteht und es möglicherweise zum Umschlagen in Gewalt kommt. Sofern möglich, wird das Rollenspiel auf Video aufgezeichnet.
➤ Nun werden verschiedene alternative Lösungsmöglichkeiten – auch unter Einsatz der Videoaufzeichnung – diskutiert.
➤ Auf die Frage: Ist Michel ein Feigling? werden an der Tafel bzw. auf einer Endlosrolle Gedanken zusammengetragen.

Wer ist feige? *Wer Schwächere schlägt*
  Wenn er/sie mit mehreren auf einen geht
Wer ist mutig? *Wer Schwächeren hilft*
  Wer sich nicht unterkriegen lässt

➤ Es wird am Text gezeigt, wie Michel seine Angst, ja seine Feigheit überwindet.
➤ Einzelne Szenen des Textes werden erarbeitet. Die Übergänge im Text werden von einem Erzähler vorgetragen. Bühnenbilder können auf großen Papierrollen entstehen.

3.2 Vorwende und deutsche Einheit

„Das Vergangene ist nicht tot..."

Der viel zitierte Eingangssatz aus CHRISTA WOLFS „Kindheitsmuster" lautet: „Das Vergangene ist nicht tot; es ist nicht einmal vergangen. Wir trennen es von uns ab und stellen uns fremd." (Wolf 1976, 9). Es ist dies ein Diktum, das sich gegen gesellschaftliche Erinnerungslosigkeit richtet. Aber wie ist es nun mit dem Vergangenen und wie war es „wirklich"? Diese Frage wird nach dem Untergehen der DDR ebenso oft gestellt, wie jene danach, wie die „Wende" zustande kam. Offensichtlich ist, dass Vergangenheit nur mittelbar rekonstruiert werden kann und es keine einheitliche Auffassung von *der* Geschichte gibt. Was entsteht, sind *Bilder*, von der „Jetztzeit" bestimmt und an das suchende, interpretierende Ich und seine Erfahrungen gebunden. Wer das akzeptiert, muss eingestehen, dass es immer viele Sichten auf das Vergangene gibt und geben *muss*. Aber was sind das für Bilder, die von der DDR oder der „Wende-Zeit" heute existieren? Wollte man sie beschreiben, dann dominieren in der öffentlichen Diskussion vor allem Geschichten von Verfall, Verdrängung, Opfern, Tätern, Helden. Diese Metaphern mögen zutreffen, aber hat man damit *die* Geschichte? Gerade deswegen sind verschiedene Geschichten-Bilder ergänzend, kontrastierend, korrigierend nebeneinander zu stellen. Problematisch wird es nämlich immer dann, wenn ein Bild-Produzent den Monopol-Anspruch auf die *richtige*, die *einzige*, die *wahre* Geschichte stellt. So eben können dämonisierende Phantombilder entstehen, in denen der Einzelne weder seine moralischen Niederlagen noch sein *gebremstes Leben* wieder erkennt. Wo aber die Koordinaten der Vergangenheit im Gewühl der *einen Wahrheit* untergehen, erübrigt sich die durchaus willige Suche nach eigenen möglichen Schuldanteilen. Andererseits wächst die Mentalität, sich selbst zu sehen. Unmoral sieht man in diesem Fall zumeist nur beim Anderen. Und der mutiert damit zum Fremden, den es auszugrenzen gilt. *Verdrängung als Selbstverteidigung* und damit ein ewiger Kreislauf?

Viele in der vergangenen DDR haben bis in die Gegenwart das Gefühl, „ungerecht" behandelt zu werden und das vor allem, weil sie der Auffassung sind, dass die Bewertungsmaßstäbe für moralisches Verhalten in einer „geschlossenen Gesellschaft" (DDR) nicht einseitig aus den Erfahrungen des Lebens in einem „offenen System" (Bundesrepublik) abgeleitet werden können. Mechanismen, die Menschen klein machen, wirken in allen Gesellschaften, nicht nur so genannten „geschlossenen". Wer ist schon wirklich bereit, um der Gemeinschaft willen sich eben von dieser ausgrenzen zu lassen? CHRISTA WOLF hat in ihrer „Dankrede für den Geschwister-Scholl-Preis" (1987) in Hinblick auf ihre Generation von einem „Hang zur Ein- und Unterordnung" gesprochen, von „Autoritätsgläubigkeit", „Übereinstimmungssucht", vor allem aber von der „Angst vor Widerspruch und Widerstand, vor Konflikten mit der Mehrheit und dem Ausgeschlossenwerden aus der Gruppe". Doch sind dies keine Eigenschaften, die nur an einer Generation oder dem Leben in der DDR festzumachen sind. Das Scheitern der DDR gestaltete sich als ein *Prozess* mit fließenden Übergängen, für die meisten unmerklich, weil eine schleichende Gewöhnung einsetzte. Erst als das Ende da war, offenbarte sich das wirkliche Ausmaß. Auch darum ist es heute schwer, die Punkte zu finden, wo Kompromisse, Schweigen, Anpassung, Funktionieren in den Status von moralischer Schuld gerieten. Weil das so ist, kommt der Literatur ein besonderer Status zu, wenn es um das Erinnern von Geschichte geht. Dabei haben die Jahre seit 1989 gezeigt, dass Fragen von persönlicher Moral – wenn es nicht zur Farce werden soll – des Gesprächs, der sachlichen Analyse und nicht zuletzt der unspektakulären (literarischen) Erkundung bedürfen.

Kriterien der Wertung und historisches Bewusstsein

Zu fragen ist, welche Prinzipien beim (literarischen) Umgang mit diesem Thema sich inzwischen herausgebildet haben und wie dies zu werten ist (vgl. GANSEL 1996, 32 ff.). Ein Blick auf das vorliegende Textkorpus unterstreicht einmal mehr, in welchem Maße die aktuelle Kinder- und Jugendliteratur durch *Problemnähe* oder *Zeitbezogenheit* gekennzeichnet ist und wie sehr sie als ein zeitdiagnostisches Medium angesehen wird. Zweierlei sollte bedacht werden:

Erstens ist zu fragen, ob die literarisch aufbereiteten Befunde und Erklärungsmuster die Komplexität der DDR-Verhältnisse angemessen reflektieren oder aber durch unzulässige Vereinfachung statt zur Aufklärung zur Klischeebildung beitragen.

Zweitens ist das Verhältnis von *Inhalt* und *Form* einer genaueren Prüfung zu unterziehen, also über welche Darstellungsformen Bilder von der „Wende" geliefert werden und inwieweit sie in der Lage sind, das „Was" adäquat zu präsentieren.

Bei der Frage nach „Wende"-Bildern handelt es sich um ein *darstellungsästhetisches* Problem mit stoff- bzw. motivgeschichtlichem Hintergrund. Ausgewählt werden im Weiteren Texte, bei denen das Erzählgeschehen in einem gegenwärtigen, vom Leser lokalisierbaren räumlichen und zeitlichen Koordinatensystem angesiedelt ist und die vorzugsweise mit narrativen und wirklichkeitsmodellierenden Verfahren arbeiten. Ein Text wie HENNING PAWELS „Wie ich Großvater einschloss, um die deutsche Einheit zu retten. Die Enkel packen aus" (1991) bildet eine Ausnahme, weil er sich phantastisch-surrealer Mittel bedient und Wirklichkeit verfremdet: Auf einem „Ersten Gesamtdeutschen Enkel-Kongress" erzählen die Enkel von ihren Verdiensten um die deutsche Einheit. So berichtet der Stiefsohn eines verantwortlichen Stasi-Generals darüber, wie er diesen auf der Toilette einschließt, damit den Countdown der „Deutschland-einig-Vaterland-Verhinderungsanlage" (29) hintertreibt und mit seinem „Steinlied" schließlich die Berliner Mauer zum Einstürzen bringt. Klar ist, dass es hier weder um die „Darstellung der Menschen in ihren schwierigen Lebensbedingungen" geht, noch darum, „Kenntnisse" über die DDR zu liefern. Das Wissen um die historisch verbürgten Ereignisse des Jahres 1989 und das Ende der DDR werden vielmehr vorausgesetzt. Auch HELMUT SAKOWSKI macht sich mit seinen „Katja Henkelpott"-Geschichten frei von dem Zwang, ein direktes Abbild von DDR-Wirklichkeit der Endachtziger geben zu wollen. Wie PAWEL setzt auch SAKOWSKI auf den „Kinderblick". Unabhängig von den Erwartungen und Wertsetzungen der Erwachsenenwelt kommen die kindlichen Erfahrungsweisen der fünfjährigen Ich-Erzählerin zur Sprache. Was entsteht, ist ein Text, der unverstellt die kindliche Befindlichkeit, Katjas Denken, Fühlen, Erleben, Wahrnehmen zur Darstellung bringt und auf eben diese Weise ironisch-humorvoll mit den Verhältnissen vor und nach 1989 umgeht. Dies trifft auch für HELMUT SAKOWSKIS Kinderroman „Prinzessin, wir machen die Fliege" (1993) zu, in dem ein 13-jähriger Ich-Erzähler davon berichtet, wie er ein kurdisches Mädchen vor einem ausländerfeindlichen Anschlag rettet. Auch in diesem Text leiht der Autor dem Protagonisten seine „Stimme", um aus dem kindlichen Erlebnis- und Wertungsstandpunkt heraus Wirklichkeit darzustellen.

Im Unterschied zu PAWEL und SAKOWSKI handelt es sich bei den meisten anderen „Wende"-Texten um solche, die durch einen direkten Wirklichkeitsbezug gekennzeichnet sind und die sich eine „realistische", ja authentische Darstellung der Lebensverhältnisse vor und nach 1989 zum Ziel setzen. Damit ist der für Literatur wesentliche Zusammenhang von historischem Gedächtnis und kulturellem Wissen auf der einen, deren literarischer Verarbeitung auf der anderen Seite berührt.[1] Es ist also nach dem ausgewählten Wirklichkeitsmaterial und seiner „Beschaffenheit" zu fragen.

Bei der Betrachtung wird offenbar, dass sich bei der Modellierung des historischen Bewusstseins und bei der Auswahl des „Wirklichkeitsmaterials" Vereinfachungen, mitunter sogar Stereotype finden. Nun hat das Prinzip der Einfachheit für die Kinder-, wie auch für die Jugendliteratur trotz aller Modernisierung nichts von seiner Bedeutung eingebüßt. Gemeint ist damit zum einen die vereinfachte Darstellung der äußeren und inneren Welt, zum anderen die Verwendung einfacher sprachlicher und künstlerischer Mittel. Aber muss das Programm von Einfachheit nicht an Grenzen stoßen, wenn es um die literarische Darstellung so komplexer historischer Sachverhalte wie der Vorgänge in der DDR vor und nach 1989 geht? Besteht nicht die Gefahr, dass genau das eintritt, was CHRISTOPH HEIN kritisch eine „Aufarbeitung auf die schnellstmögliche Art durch Vereinfachung" (GANSEL/HEIN 1993, 466) genannt hat? Bei der Auswahl und Verarbeitung des historischen Materials gerade für fiktionale Texte kommt hinzu, dass persönliche Betroffenheit, Sozialisation, Erinnerung, Erfahrung ebenso mitspielen wie praktische Orientierungs- und Aufarbeitungsbedürfnisse – und zwar nicht die der Jugendlichen, sondern die von Erwachsenen. Es ist daher nicht gleichgültig, ob die literarische „Wende"-Darstellung von einem Autor mit ost- oder westdeutscher Sozialisation stammt und die unterrichtliche Diskussion in den alten oder neuen Bundesländern erfolgt. In jedem Fall können Produzenten wie Rezipienten sich nicht frei von der Schwierigkeit machen, dass nämlich „moralisch-politische Urteile der Gegenwart relativ ungefiltert auf die Interpretation der DDR-Geschichte durchschlagen" (KOCKA 1993; 9 ff.). Dieses für die historische Forschung benannte Problem ist in Teilen der KJL bereits zur Realität geworden. Ost- wie westdeutsche Autoren liefern über die Bildung von Stereotypen Bilder von der DDR, die, gewollt oder ungewollt, an einem problematischen neuen historischen deutschen Bewusstsein mitwirken und sich in ein solches auch widerstandslos werden einpassen lassen.[2] Problematisch erscheint der Vorgang immer dann, wenn die Vereinfachungen die „logische Form" eines Urteils haben, „das in ungerechtfertigt vereinfachender und generalisierender Weise, mit emotional-wertender Tendenz einer Klasse von Personen bestimmte Eigenschaften oder Verhaltensweisen zu- oder abspricht" (QUASTHOFF 1973, 28). In Ergänzung dazu wäre zu sagen, dass sich Stereotypenbildungen auch da finden können, wo historische Sachverhalte eine verkürzte Darstellung erfahren.

Da den Autoren aber daran gelegen ist, dass die kindlichen und jugendlichen Leser ihre Geschichten für „wahr" halten, wird man fiktionalen Texten eine nicht zu unterschätzende Bedeutung bei der Konstituierung historischer Vorstellungsbilder zusprechen müssen. Es wäre zu fragen, wie es zur Herausbildung solcher historischen Bilder kommt und über welche zentralen Metaphern, Topoi, Stereotype dies funktioniert. Demnach wäre zu fragen:

➤ Was wurde aus dem historischen Material ausgewählt, welche Prinzipien waren für die Auswahl leitend, von welchen Modellen bzw. narrativen Schemata wurden sie gesteuert?
➤ Wie sind die Proportionen der Darstellung geartet? Welche Ereignisse, Denk- und Verhaltensweisen werden dargestellt, welche ausgelassen? Wie und durch wen erfolgt ihre Bewertung, in welchen Kontext sind sie gestellt und welches Beziehungsgeflecht wird aufgebaut?

Eine unter diesen Gesichtspunkten geführte Auseinandersetzung stößt auf eine Reihe von wiederkehrenden Stereotypen, wovon drei im Folgenden zur Sprache kommen sollen: der Täter-Opfer-Topos, der Widerstandstopos und das Feindbild Lehrer/Eltern[3]. Diese Stereotype werden hier aus den Texten herausgefiltert, um Darstellungsprobleme offensichtlich zu machen, die für zeitgeschichtliche fiktionale Texte insgesamt gelten.

Wende-Darstellung und Stereotypenbildung

Täter-Opfer-Topos

Wird in den untersuchten Texten nach Gründen für das Ende der DDR gefragt, dominiert folgendes Erklärungsmuster: Eine amoralische, inkompetente Funktionärsclique habe den Staat DDR in den Ruin getrieben und die Bevölkerung systematisch belogen. „Die Verbrecher da oben", so flucht der Vater von Isabell Krause in GUNTER PREUß' Erzählung „Vertauschte Bilder", wenn er ausreichend Alkohol getrunken hat, um gleichzeitig der Tochter einzureden, „er habe nichts gesagt. Und sie habe nichts gehört" (12). In ELISABETH ZÖLLERS Erzählung „Alex belogen" schimpft das alte Ehepaar Poschke zornig auf die nicht näher qualifizierten „Großen": „Aber der Weg war falsch. – Betrogen haben sie uns. Je länger, desto mehr." (62) „Die Großen da oben, die haben sich schön den Rahm abgeschöpft." (62) „Gelogen und betrogen und immer wieder vertröstet." (64) „,Die haben uns alle belogen', sagte sie, ,Belogen und Betrogen'." (63) GÜNTER SAALMANN lässt den Vater seines Protagonisten Alfred Anfang November beim Frühstück äußern: „,Hätt' unsereins gewusst, wie die Bonzen sich vierzig Jahre lang bereichert haben..."" Und selbst über die den DDR-Staat mitrepräsentierende Lehrerin heißt es: „Das alte, totalitäre Regime hat sie schwer enttäuscht und betrogen, das will sie gar nicht bestreiten." (SAALMANN, 182, 179)

Damit werden „die da oben" in dämonisierender Weise für die Verhältnisse verantwortlich gemacht, ohne dass im Text nachvollziehbar wird, wofür die DDR-Führung, die SED-Funktionäre bzw. „die Bonzen" nun konkret Verantwortung zu tragen hätten (vgl. GANSEL 1996a).

Nicht nur in diesem Kontext werden in den literarischen Texten bevorzugt Bezüge zur NS-Zeit hergestellt. Dazu dient die Einführung von Figuren aus der Großelterngeneration, die das Dritte Reich noch erlebt haben und die über diese Zeit in kurzen Sequenzen Andeutungen machen (PREUß, ZÖLLER, VAN DIJK, GÜNTHER). Für jugendliche Leser kann dies zu einer unreflektierten Gleichsetzung von NS-Staat und DDR führen. Nicht der Vergleich beider Systeme als solcher ist kritikwürdig – wohl aber eine Gleichsetzung, die ohne nachvollziehbare Ausführung (durch Vorgänge, Verhaltensweisen, Fakten, Episoden) erfolgt, die also bloße Behauptung, schiere Suggestion bleibt.

Widerstandstopos

Der Täter-Opfer-Topos ist verbunden mit dem Herausstellen eines indirekten wie offenen Widerstands in der DDR. Die alten Poschkes aus ZÖLLERS Erzählung, die nach 1945 mit Begeisterung dabei waren, wollten „nicht schweigen, nicht lügen" und resümieren für sich: „‚Wir haben's versucht'... ‚immerhin versucht'". (63) Dies scheint auch Alex zu wissen, denn er nickt bestätigend: „Ja, das stimmt. Der Poschke hat immer geredet, der hat immer erzählt, auch immer kritisiert." Um den Stellenwert dieser widerständigen Haltung zu verdeutlichen, folgt eine direkte politisch-moralische Wertung: „Und das war gefährlich." (64) Da weder ausgedrückt wird, was Poschke kritisiert hat, noch warum es „gefährlich" war, muss für den kindlichen Leser der Eindruck entstehen, dass im DDR-Alltag ein allgegenwärtiger Repressionsapparat eine beständige Atmosphäre der Bedrohung und Angst erzeugte.[4] Dass sich gegen eine derart verhasste Staatsmacht der Widerstand aller richten musste, scheint nur zu erklärlich: „Ich empfinde mein Leben als einzige Lüge. Ich darf als Lehrerin keine Versammlungen organisieren oder auch nur daran teilnehmen. Sie werden mich verhaften, wenn es herauskommt", so in der Erzählung von ELISABETH AHRENDT (15).

Auch bei GUNTER PREUß gerät die noch nicht 13-jährige Protagonistin während der Wende-Zeit in eine oppositionelle Gruppe, erlebt den Widerstand und die Verfolgung.[5]

Um das widerständige, subversive Potential der DDR-Bevölkerung herauszustellen, spielen zusätzlich zu den dargestellten Varianten des Protestes Fragen von Flucht und Ausreise vor und nach 1989 durchgängig eine Rolle (AHRENDT, VAN DIJK, PREUß, ZÖLLER). „So viele Gespräche hatte es gegeben – über das Rübergehen." (ZÖLLER, 31) „‚Die hauen ab!' sagt Jan laut. Erschrocken hält er seine Hand vor den Mund. Aber niemand hat ihn gehört. Abhauen ist gefährlich. Das weiß jeder in der DDR. Wer abhaut, ist republikflüchtig und gilt als Verräter." (AHRENDT, 11) Bei einem so konturierten Bewusstsein ist es nur natürlich, wenn die ohnehin widerständige Bevölkerung bei der ersten Gelegenheit das Land verlässt (PREUß, 1991, 20; ZÖLLER, 1991, 14; AHRENDT, 1994, 61). Dies allerdings nimmt der Protagonist der Ahrendtschen Erzählung dann schon entsetzt wahr:

Tag für Tag fahren hoch bepackte Autos in Richtung Westen. Viele gehen deshalb, weil sie Angst davor haben, dass die Grenze wieder geschlossen werden könnte. Und so hört das Weggehen nicht auf. Es wird von Tag zu Tag schlimmer. Manchmal ist die Stadt wie ausgestorben und die Straßen wirken öde und verlassen. Die Geschäfte bleiben geschlossen, und in die Schule geht auch keiner. (61)

Abgesehen davon, dass hier eine Vereinfachung am Werk ist, die die historischen Realitäten verzerrt, haben die Täter-Opfer- und die Widerstands-Stereotype letztlich folgenden Effekt: Was schon für einen großen Teil der Jugendliteratur zum „Dritten Reich" kennzeichnend war, wiederholt sich bei der Darstellung der Vor-Wende-Zeit: Die DDR-Bevölkerung wird als Opfer einer kriminellen Führung dargestellt. Das Funktionärskorps gerät durch die betriebene Dämonisierung – wie schon bei Hitler und seinem Regime – zu einem deus ex machina. Nach deren Entmachtung dürfen die Bürger demnach ruhigen Gewissens wieder zur Tagesordnung übergehen. Dass die DDR über vierzig Jahre von einem Großteil der Bevölkerung mitgetragen wurde, weil Ideale wie Frieden, Freundschaft, Solidarität, Antifaschismus, soziale Sicherheit als gemeinschaftsbildend wirkten, gerät ebenso aus dem Blick wie die Tatsache, dass der dissidentische Widerstand zunächst zu einem nicht geringen Teil reformkommunistisch orientiert war. Der Herbst 1989 stand nämlich zunächst unter dem Signum der Erneuerung einer sozialistischen DDR. Ungeachtet dessen lässt AHRENDT (60) ihren kindlichen Protagonisten (!) bereits einen Tag nach der Grenzöffnung am 9. November notieren: „Am nächsten Tag schreibt Timm mit großen roten Buchstaben vorne in sein Geschichtsbuch: Wir sind ein Volk. Jetzt ist Deutschland wieder ein Staat." Grundsätzlich gilt: Wer Widerstand für alle reklamiert, verkleinert die Leistung jener, die ihn wirklich geleistet haben! An diesem Punkt zeigen sich Unterschiede zwischen Autoren, die gewissermaßen als westdeutsche Beobachter über die DDR und die Wende erzählen, und solchen, die in der DDR gelebt haben. Die Autoren mit west-deutscher Sozialisation (AHRENDT, VAN DIJK, ZÖLLER, STOLLWERCK) neigen – sicher im subjektiven Bemühen um eine vorurteilsfreie Sicht – dazu, der DDR-Bevölkerung als Ganzes ein Widerstandspotential zuzubilligen, suchen Verständnis für deren schwierige Lage zu erwecken und sie letztlich zu entschulden. Die DDR-Autoren SAALMANN, PREUß oder UWE SAEGER in „Landschaft mit Dornen" (1993) wissen um die Notwendigkeit, eine kritische Betrachtung der jeweiligen subjektiven „Schuldanteile" anzuregen, geraten mitunter aber doch in Vereinfachungen, indem sie Figuren- und Konfliktanlage auf einen schemenhaften Gut-Böse-Gegensatz reduzieren.

Feindbild Lehrer/Eltern

Als Negativ-Stereotyp fungieren in einer Reihe von Texten – vor allem denjenigen der ostdeutschen Autoren – durchgängig Lehrer- und Elternfiguren. Sie bilden die Figurengruppe, auf die schuldhaftes Verhalten konzentriert, um nicht zu sagen: bei denen es entsorgt wird. Was bis 1989 ein wichtiges Darstellungsprinzip war und bei wichtigen Autoren wie SAALMANN, PREUß, PLUDRA, SPILLNER, WELLM, PLENZDORF, KOŽIK, U. KANT, BESELER, GÖRLICH, HOLTZ-BAUMERT funktionierte, kann so ungebrochen nicht auf die Zeit nach 1989 übertragen werden, weil u. a. die Gefahr besteht, auf Kosten einer bestimmten Gruppe eine Antwort auf die Frage nach dem Scheitern des Realsozialismus zu geben. Zudem hatte eine so geartete Darstellung vor 1989 eine grundsätzlich andere Basis, denn: Bei einem grundsätzlichen Festhalten am Gesellschaftsbezug und dem „Zukunftsversprechen DDR" ging es wichtigen Autorinnen und Autoren darum, mit dem Konflikt zwischen angepasst-parteikonformen Erwachsenen und ihren Kindern symbolisch den Widerspruch zwischen Wirklichkeit und Ideal zu erfassen.

Das ist heute gänzlich anders: Die DDR gibt es nicht mehr und auch darum erscheint es für die Gegenwart zu einfach, bestimmte Figurengruppen, Einzelpersonen usw. für das Scheitern verantwortlich zu machen. Es reicht nicht mehr aus, beispielsweise Lehrer oder Erwachsene zu Prototypen des Dogmatischen aufzubauen, die – wie die neuen Texte zeigen – ausgestattet sind mit Eigenschaften wie mangelnde Zivilcourage, Heuchlertum, Anpassung, Parteihörigkeit. So ist es kein Zufall, wenn die Lehrerfigur bei GUNTER PREUß „Chamäleon" heißt: „Er forderte sie zur offenen Diskussion heraus und ließ dann doch nur die vorgeschriebene Meinung gelten, die er mit guten Zensuren honorierte." (14) Auch die Lehrerin bei GÜNTER SAALMANN, Frau Schultheiß, ist bei allem Verständnis, das ihr die Schüler entgegenbringen, doch der Prototyp einer gläubigen Staatsbürgerin. Ein auktorialer Erzähler übernimmt es, ihren Wandlungsprozess zu kommentieren:

Nur wenige Pädagogen, führt sie aus, besaßen in der Vergangenheit die Courage, für die Einheit unseres deutschen Vaterlandes einzutreten. Und sie selbst hat es auch nur versteckt getan, durch die Blume. (SAALMANN, 178).

Erneut zeigen sich Parallelen zur Darstellung des Nationalsozialismus in der Kinder- und Jugendliteratur. Auch dort waren es fanatisch-gläubige Lehrerfiguren wie Päker (LOVIS CORINTH, Die Sache mit Päker, 1956/DDR) oder Jähde (LEONIE OSSOWSKI, Stern ohne Himmel, 1958, BRD 1978), die als Bündelungspunkte für schuldhaftes Verhalten fungierten. In enger Beziehung zum Feindbild Lehrer steht in Texten ostdeutscher Autoren der Bruch der jugendlichen Protagonisten mit der Eltern-Generation. Auf die Spitze getrieben wird diese konfliktreiche Figurenkonstellation, die bereits für die Kinder- und Jugendliteratur der DDR typisch war, in GUNTER PREUß' „Stein in meiner Faust" und UWE SAEGERS „Landschaft mit Dornen". In den beiden, das Motiv der „lost generation" variierenden Texten, schlägt der grenzenlose Hass auf die elterlichen „roten Wendehälse" realsozialistischer wie christlicher Provenienz in Gewalt und atavistische Riten um.

Die Texte – vor allem der ostdeutschen Autoren – finden in der Darstellung von neu entstandener Gewalt übereinstimmend eines ihrer zentralen Themen (PREUß, SAALMANN, SAEGER, SAKOWSKI, aber auch VAN DIJK). Bei PREUß (1993) wird durch den Figurenaufbau wie die Konfliktanlage das Entstehen von Gewalt auf die Generationskonflikte zwischen den linientreuen „roten" Eltern und ihren frustrierten „rechten" Kindern zurückgeführt. Dies stellt eine Vereinfachung dar, selbst wenn man in Rechnung stellt, dass PREUß um des dramatischen Effektes willen keine *exemplarische* Geschichte erzählen will, sondern viele Varianten von deformierter DDR-Kindheit und Jugend in der Biographie mehrerer Figuren gewissermaßen zusammenbaut.[6] Die so konstruierten Figuren lassen allerdings nur bedingt Rückschlüsse auf das „wirkliche" Verhalten von DDR-Jugend zu. Soziologische Untersuchungen kommen nämlich zu dem Ergebnis, dass der größere Teil die Schizophrenie zwischen offizieller und informeller Welt in den späten 80er-Jahren sehr aufmerksam registriert hat (HENNING/ FRIEDRICH 1991; MELZER u. a. 1991).

Anders aber als bei PREUß' literarischen Figuren war es diesen (realen) Jugendlichen nahezu problemlos möglich, mit der „Schere im Kopf" zu leben. Dabei wurde das radikale Umschalten nach 1989 am intensivsten von „jenen Jugendlichen wahrgenommen, die über günstige sozio-kulturelle Ressourcen verfügten, die besten Schulleistungen aufzuweisen hatten und sich in der Regel auch mit Ambitionen für eine weiterführende Bildungslaufbahn trugen" (KÜHNEL 1994, 407). Die mit der Wende eintretenden sozialen Desintegrationsprozesse haben deshalb auch nur in Einzelfällen zu einem „Pluralisierungsschock" (MÖLLER 1993, 59 ff.) geführt; es ist im Gegenteil durchaus damit zu rechnen, dass die ostdeutschen Jugendlichen zu einem nennenswerten Teil mit der nunmehr selbstständig zu führenden „Wahl-" bzw. „Bastelbiographie" zurechtkommen. (BECK/ELISABETH BECK-GERNSHEIM 1994, 13 ff.)

Der Hinweis auf sozialwissenschaftliche Erklärungsansätze bedeutet auch hier keineswegs, dass diese zum Wertungsmaßstab für *literarische Texte* zu machen wären. Da es aber darum gehen soll, über literarische Texte die existierende „Mauer in den Köpfen" abzubauen, die Unkenntnis westdeutscher Jugendlicher über die DDR-Geschichte zu verringern und durch authentische Darstellung an der Ausbildung adäquater historischer Vorstellungsbilder mitzuarbeiten, stellen sich doch Bedenken ein.

Es kann dann nicht gleichgültig sein, wenn sozialwissenschaftliche Befunde der fiktionalen Welt und ihren Kausalitäten zuwiderlaufen. GUNTER PREUß' „Stein in meiner Faust" vermag literar-ästhetisch durchaus zu überzeugen: Die dem modernen Roman verwandte montagehafte, episodische Struktur, die vorgeführte Ich-Dissoziation sowie die Wirklichkeitsauflösung und -verfremdung ist für den jugendliterarischen Bereich außergewöhnlich. Dem Anspruch aber, „mit Wahrheit Wirklichkeit zu heilen" (PREUß 1993, 300) wird er nicht gerecht; als einen authentischen Zeitroman sollte man ihn nicht ansehen, die „Wende"-Zeit fungiert hier eher als Stofflieferant.

Gelebtes Leben oder dämonisierende Phantombilder

Zahlreiche jugendliterarische Texte über die DDR und deren Ende treten entweder auf oder werden wahrgenommen als Texte, die zu dem Zwecke historisch-sozialer Wirklichkeitserkundung verfasst worden sind. Tatsächlich hat sich die neue Kinder- und Jugendliteratur in beträchtlichem Maße die soziale Wirklichkeitserkundung zur Aufgabe gemacht. Für den Autor bedeutet dies, die Forderung nach einer unvoreingenommenen und gewissenhaften sozialen Beobachtung zu erfüllen. Literarische Wirklichkeitserkundung als Auftrag unterscheidet sich daher von dem, was im traditionellen Verständnis von der Kinder- und Jugendliteratur als einer Sozialisationsliteratur gefordert worden ist. Wo (aktuelle) Wirklichkeitserkundung das Ziel ist, bekommt anstelle der „pragmatischen Relation" (Werk-Rezipient) wie schon bei Darstellungen zum „Dritten Reich" oder zu „Rechtsradikalismus und Gewalt" die „mimetische Relation" (Werk-Realität) größeres Gewicht. Ein Aspekt dieser mimetischen Relation ist der Umgang mit dem historisch bzw. zeitgeschichtlich Tatsächlichen. Von CLEMENS HESELHAUS stammt der Hinweis, dass es in der „dichterischen Fiktion des Realismus nicht mehr nur um Wahrscheinlichkeit wie im 18. Jh. geht, sondern um die Dokumentation durch die *Tatsächlichkeit gelebten Lebens*"(HESELHAUS 1969, 352). Der Stellenwert dessen, was man Tatsachenstimmigkeit nennen könnte, ist gewiss ein höchst unterschiedlicher. Wenn in einem Text, der vorgibt, DDR-Wirklichkeit vor der Wende zu erfassen, DDR-Bürger nach Brot anstehen, Jugendliche froh sind, einen „Rias-Mitschnitt" auf Tonband zu haben, man „Freie Deutsche Jugend" (FDJ) und „Junge Pioniere" verwechselt oder der Empfang von „Westsendern" bewundernd zur Kenntnis genommen wird, hat dies mit der „Tatsächlichkeit gelebten Lebens" wenig zu tun. Es handelt sich schlicht und einfach um Verfälschungen: Im Einzelnen sind hier *erstens eine falsche Verortung von Wirklichkeitselementen zu beobachten sowie zweitens eine historisch nicht zu vertretende Auswahl von Fakten und Ereignissen, zu denen sich oft noch fragwürdige politisch-moralische Wertungen gesellen.*

Ein Beispiel dafür wie die „Tatsächlichkeit gelebten Lebens" Schaden nimmt, ist ELISABETH AHRENDTS Erzählung „Hauptsache zusammen". Ein Rezensent hat nicht ohne Grund bemerkt: „Die Handlung ist eine peinliche Mischung aus Klischees und Ungenauigkeit, mit Pathos zusammengekittet."(ELSTNER 1995, 21) So zeigt sich eine falsche Verortung der Wirklichkeitselemente etwa darin, dass die Bezirkshauptstadt Schwerin zur verschlafenen Kleinstadt wird, dass dort bereits im August 1989 konspirative Versammlungen stattfinden (9), im September systemkritische Veranstaltungen auf verschiedenen Plätzen *öffentlich* abgehalten werden (9 ff.), dass Demonstrationen von der Polizei brutal aufgelöst werden (14, 17), dass schließlich die Stadt Schwerin sich wegen der massenhaften Flucht im September geradezu entvölkert (14 ff., 25 ff.). Zunächst kann der Eindruck entstehen, dass die für die „Wende" wesentlichen Ereignisse sowie entsprechende Denk- und Verhaltensweisen erfasst sind: kritische Haltung, Gegenbewegung, Demonstrationen, Fluchtwelle, später Wende-Frust, Einheitsprobleme. Aber gerade weil diese Elemente falsch verortet sind, entsteht ein schiefes *Gesamtbild*, das weder dem DDR-Alltag noch der Wende-Zeit gerecht wird. Öffentliche Versammlungen hat es im September in der dargestellten Form nicht gegeben. Die kirchlichen Friedensgebete hatten einen anderen Hintergrund, und sie waren lange Zeit konzentriert auf die Zentren der DDR, also Leipzig oder Berlin. Auch die Polizeieinsätze sind in der geschilderten Form nicht abgelaufen, auch hier handelt es sich um genau lokalisierbare Vorgänge in einzelnen Städten.[7]

Die falsche Verortung und Kombination von historischen Fakten fällt gerade bei Autoren auf, die die DDR nicht aus eigener Erfahrung kennen. Ihre Darstellung führt zu einem DDR-Bild, das den 60/70er-Jahren abgezogen ist, aber nicht das Ende der Achtziger Jahre kennzeichnet (vgl. AHRENDT, VAN DIJK, STOLLWERCK, ZÖLLER). Dass durch derlei Unstimmigkeit auch Texte fragwürdig werden, die ansonsten literarisch durchaus zu überzeugen vermögen, zeigt sich exemplarisch an LUTZ VAN DIJKS Dokumentarroman „Von Skinheads keine Spur". Ausgegangen wird von dem authentischen Fall aus dem Jahre 1992, in dem namibische Jugendliche, die kurz vor der Wende 1989 zur Ausbildung in die DDR kamen, von einer Gruppe ostdeutscher Jugendlicher angegriffen und aus dem dritten Stock eines Wohnblocks gestürzt wurden. Erzählerisch ist der Text insofern interessant, als die Biographien von einem der Täter und einem der Opfer gegeneinander gestellt werden. Aber bereits die Parallelisierung der Erlebnisse des Namibiers (Letzter Schultag, Verhaftung, Folter usw.) mit jenen des DDR-Jugendlichen führen zur partiellen Gleichsetzung von zwei Welten, die so nicht zusammenpassen. Das Bemühen, durch die Ich-Erzählperspektive in kleinste Verästelungen der Psyche des ostdeutschen Jugendlichen vorzudringen, wird unglaubwürdig, weil die Wirklichkeitspartikel ein DDR-Bild liefern, das eine Mischung aus Elementen der 50er- und frühen 70er-Jahre darstellt (lange Haare als schulischer Konfliktgrund, ein FDJ-Tribunal für jemanden, der gar nicht in der FDJ ist, der Empfang von Westsendern als vermeintliche Besonderheit und Ausdruck von „Gesinnung", „Ausreiseanträge" nach Ungarn, eine „schon ganz abgeleierte Kassette, den RIAS-Mitschnitten" als Kleinod usw.).

Die Beispiele zeigen, wie problematisch es ist, über narrative Texte ein differenziertes Bild dessen vermitteln zu wollen, was die DDR einmal war. Wo man nicht korrekt mit dem Wirklichkeitsmaterial umgeht, kann schwerlich Verständnis für die „schwierigen Lebensbedingungen" im Osten geweckt werden. Die Mehrzahl der vorhandenen jugendliterarischen Texte sind daher für eine solche historische Bewusstseinsbildung wenig geeignet. Daher ist ein Jugendbuch wie KARIN KÖNIGS „Ich fühl mich so fifty-fifty" unter den im urspünglichen Sinn „realistisch" erzählten Texten hervorzuheben, weil es weitgehend authentisch über die „Wende"- und Nachwendezeit berichtet: Die Protagonistin, die ihr Abitur hinter sich hat, verlässt im Sommer 1989 die DDR über Ungarn. Entsprechend erlebt sie die Veränderungen des Herbstes nur „von außen". Damit schafft die Autorin sich die Möglichkeit einer eher dokumentarischen Darstellung der Wende-Zeit (Briefe, TV-Bilder) und umgeht eben jene Stereotypenbildung, die beim Versuch „realistischen" Erzählens auszumachen war.[8]

Ein abschließender Blick zeigt: Denjenigen, die mit Hilfe von literarischen Texten im Literatur- und Sozialkundeunterricht DDR-Verhältnisse vor und nach 1989 zum Gegenstand der Erörterung machen wollen, bleibt vorläufig zu empfehlen, auf dokumentarische Zeugnisse zurückzugreifen, weil hier Authentizität garantiert ist bzw. sein sollte. Wer dagegen auf das Erscheinen großer zeitgeschichtlicher Romane wartet, sollte sich fragen, ob es „mit jedem weiteren Bericht, der über Flucht-, Stasi- und Wende-Schicksale jetzt erscheint", nicht „unwahrscheinlicher (wird), dass Romane der alten Art zu solchen Schicksalen noch entstehen" (SEILER 1994, 203). THOMAS BRUSSIG bestätigt mit „Helden wie wir" (1996) diese Vermutung. Ein derzeit (vielleicht) gangbarer Weg der literarischen Darstellung von DDR-Vergangenheit besteht eher in der grotesken Überzeichnung und der Arbeit mit Mitteln von Humor, Ironie und Satire. „Bildungsziele" allerdings sind mit derartigen Texten schwerlich zu erfüllen, und es ist fraglich, ob mit literarischen Texten Aufklärungsarbeit über die DDR geleistet werden kann.

Vorschläge für den Unterricht

Schüler – vor allem in den neuen Bundesländern – sind von der Wende des Jahres 1989 direkt betroffen, im Positiven (Konsum, Musik, Computer, Reisen, Haus, verbesserte finanzielle Situation) wie im Negativen (Arbeitslosigkeit der Eltern, angespannte familiäre Situation, verschlechterte finanzielle Lage, Verlust der Freunde). Hier wie da sind Barrieren zwischen den Deutschen in Ost und West wahrzunehmen. Unterschiede in der Emotionalität, den Denkweisen, den Verhaltensmustern zeigen sich, werden als solche erkannt, überschätzt oder sogar konstruiert. Enttäuschung und Misstrauen können trotz der offensichtlichen Wandlungen gegenseitige Schuldvorwürfe wie Vorurteile verfestigen oder gar neue produzieren. Eine „Mauer in den Köpfen" ist für Schüler selbst erfahrbar. Vor diesem Hintergrund gewinnt die literarische Auseinandersetzung mit der jüngeren Geschichte besondere Bedeutung. Interessant ist, *dass* und *wie* Vergangenes dargestellt und erinnert wird.

Ziele
- Die Schüler sollen zunächst eigenen und fremden Erinnerungen auf die Spur kommen und nach Wegen suchen, wie dies geschehen kann.
- Die Schüler sollen sich dabei bewusst machen, inwieweit „frühe Prägungen" aus Kindheit und Jugend gegenwärtiges und zukünftiges Dasein zu beeinflussen vermögen. Es wird also dafür sensibilisiert, die Bedeutung von Ereignissen und persönlichen wie historischen Rahmenbedingungen (familiäre, gesellschaftliche) zu erkennen und ihre Folgen für die Biographie zu reflektieren.
- Vor diesem Hintergrund werden die in den Texten dargestellten Denk- und Verhaltensweisen herausgearbeitet, nach Ursachen für ihr Entstehen gefragt und – sofern möglich – in Bezug zu aktuellen Schwierigkeiten deutsch-deutschen Verstehens gesetzt.
- Die Schüler werden bei der Diskussion ausgewählter Texte motiviert, von sich aus Fragen zu stellen und mögliche Antworten im folgenden Umfeld zu suchen:
  - Besitze ich eine eigene Geschichte und wodurch ist sie geprägt?
  - Wie ist meine Biographie durch persönliche und gesellschaftliche Rahmenbedingungen, Ereignisse, Erlebnisse beeinflusst worden?

- Wie stehe ich zu dem, was ich nach 1989 über die frühe Ost-West-Geschichte gehört habe?
- Wie sehen meine Eltern/Großeltern die Zeit vor und nach 1989, was erinnern sie, was nicht und wie stehen sie zum Vergangenen?
- Gibt es Muster, die ich als Kind (in der DDR bzw. der Bundesrepublik) aufgenommen und verinnerlicht habe? Welche sind es?
- Bin ich in der Lage, entstandene Verhaltens- und Denkmuster zu erkennen, motivieren sie mich oder stellen sie ein Hindernis dar?
- Sehe ich Unterschiede zu Jugendlichen, die in den alten bzw. neuen Bundesländern groß geworden sind und wie werte ich sie?

Einstieg

Der Einstieg in die „Wende"-Thematik sollte nicht über die unmittelbare Konfrontation mit den Texten erfolgen. Vielmehr kann durch das Vergegenwärtigen der eigenen Schwierigkeiten mit dem Erinnern Verständnis für die Texte und ihre literarische Struktur geweckt werden.

Beim Einstieg in die Diskussion von „Wende-Texten" lässt sich bei einer Freizeitbeschäftigung von Jugendlichen anknüpfen: dem MUSIKHÖREN.

- Der auch der jüngsten Generation bekannte Titel der Rockgruppe City „Susann!" bildet den Ausgangspunkt (CD: The Best of City, ARIOLA MÜNCHEN, 74321103732) und liegt auf einem Arbeitsblatt (Arbeitsblatt 2) vor. Auch mit einem Sketch, Zeitungsausschnitt, Gedicht – ist ein direkter Bezug zu Debatten hergestellt, die seit 1989 geführt werden. Die Diskussion über den Berlin-Song von „City" erbringt, dass eine Kindheit und Jugend in der geteilten Stadt Berlin vor und nach dem Mauerbau erinnert wird. Der Text ruft Episoden, Freunde, damalige Symbole und Probleme ins Gedächtnis zurück. Der Eltern- bzw. Großelterngeneration werden Gedankensplitter zur eigenen Auffüllung angeboten, die den jungen Leuten nicht gänzlich unbekannt sind. Der Bogen reicht bis zu jener Generation, die bereits in die Teilung „hineingeboren" wurde und von der der City-Text spricht: Susann!
- Selbst bei angeregter Diskussion zeigt sich, dass die historischen Kenntnisse (Entwicklung nach 1945, Gründung zweier deutscher Staaten, Bau der Mauer 1961 usw.) erfahrungsgemäß auch in dem Fall wenig detailliert sind, da in Klasse 10 (Geschichts-bzw. Sozialkundeunterricht) eine Behandlung der 50er-Jahre erfolgt ist. Insofern bietet sich an, von Arbeitsgruppen vorab wichtige Phasen der Entwicklung der beiden deutschen Staaten knapp umreißen zu lassen, wobei dokumentarisches Material zur Geschichte in Ost und West genutzt werden kann.
- Günstiger erscheint es, bei einem historischen Abschnitt anzuknüpfen, den die Schüler aus eigener Erfahrung ansatzweise noch miterlebt haben: DDR und Bundesrepublik am Ende der 80er-Jahre, die Wende 1989, die Aufhebung der deutschen Teilung. Die Frage, was heutige Jugendliche von der DDR wahrgenommen haben, erbringt dabei zumeist wenig Erinnertes.
- Gemeinsam wird daher versucht, hinter Gründe für die Schwierigkeit des Erinnerns zu kommen und sie aufzubrechen. Zu diesem Zweck werden an der Tafel Stichworte gesammelt, die das Erinnern anregen können. (Arbeitsblatt 1)
- Folgender Schreibauftrag wird formuliert: Verfasse einen Text, in dem du über

eine oder mehrere Episoden deiner Kindheit berichtest. Dabei sollte auch die Möglichkeit eingeräumt werden, in der dritten Person und auch unter einem anderen Namen über sich zu schreiben. Als Hilfe kann ein weiteres Arbeitsblatt dienen, auf dem mögliche persönliche wie gesellschaftliche Gedankensplitter zusammengetragen sind (Arbeitsblatt 3).

Arbeitsphase 2
Schwierigkeiten beim Erinnern werden diskutiert und offenbaren, dass Schreiben ein Weg ist, um Vergangenes gegenwärtig zu machen.
Mit Fragen wie: Wie fühle ich mich beim Erinnern? Welche Schwierigkeiten habe ich beim Erinnern? Was geht mir beim Erinnern sonst noch durch den Kopf? wird das Weiterschreiben angestoßen.

Arbeitsphase 3
Eine Auswertung der Schreibergebnisse bildet den Auslöser für Überlegungen, wie das Gedächtnis und die Erinnerung funktionieren. Von den eigenen Erfahrungen ausgehend, erkennen Schüler, dass vieles vergessen wird, Unbedeutendes nicht mehr erinnert wird, aber auch Wichtiges durch das Netz der Erinnerung fällt. Gleichzeitig zeigt sich, dass es so etwas gibt wie „Tricks der Erinnerung". Beispiele im persönlichen wie gesellschaftlichen Leben werden gesucht. Die Überlegung, ob derartige „Tricks" auch während und nach der Wende mit Blick auf die DDR eine Rolle spielen, wird dann im Rahmen der Texte diskutiert.

Arbeitsblatt 1

Erinnerung (allgemein)

ein Foto	ein Buch	eine Zeitung
ein Gedicht	eine Rockband	ein Möbelstück
ein Feld	eine Blume	ein Märchen
ein Geruch	eine Wiese	ein Lied
ein Kinderreim	ein Sandmann	ein Auto

Erinnerung (persönlich)

Arbeit	Eltern	Geschwister
Schule	Westpakete	Kindergarten
junge Pioniere	Spiele	TV-Serie
Geburtstag	Weihnachten	Weinen
Angst	Lob	Tadel
Großeltern	Bienchen	Urlaub
Bilder	Wohnung	Reisen

Erinnerung (gesellschaftlich)

Pionier	Erich Honecker	Freundschaft
Was Hänschen nicht lernt, lernt Hans nimmermehr!	Seid bereit! Immer bereit!	Sag mir wo du stehst.
Frieden	Der Gegner	Kapitalismus
Schule	FDJ	Dem Frieden die Freiheit!
rotes Halstuch	ABC-Zeitung	Neues Deutschland

Vorwende und deutsche Einheit 163

Arbeitsblatt 2

Z. B. Susann
Ich kenn den Friedhof hinterm Gaswerk, wo's nach Teer und Efeu roch.
Ich kenn den Wind beim Trümmerbunker und meinen Drachen seh ich noch,
verboten dicht am Schornstein fliegen, der sich zu Stalins Ehren streckt.
Die Mauern, über die wir stiegen, warn grau und weiß vom Taubendreck.
BERLIN.
Da fuhren noch die Straßenbahnen bis an den Streifen Niemandsland,
wo für die armen Zonenkinder ein Wanzenkino offen stand.
Heut seh ich vom Balkon bei Mutter da drüben den Mercedes-Stern,
Reklame für McDonalds-Futter und Türken, die die Straße kehrn.
In Berlin.
Am Dönhoffplatz traf sich die Clique mit Jumping Jack und Lucy Sky.
Im Dschungel an der Hochbahnbrücke war Rudi auch noch mit dabei.
Wir haben was von langen Haaren und viel von echten Jeans gewusst.
Da ging die erste große Liebe vom Frühling bis in den August.
In Berlin.
Seitdem brach Wohlstand aus den Poren und bunte Kacheln aus Beton.
Es wurde manches neugeboren – so zum Beispiel du, Susann.
In Berlin. (Text: City)

Arbeitsblatt 3

GEDÄCHTNIS UND ERINNERUNG
„Die Fähigkeit zur Erinnerung bedarf eines allgemeinen geistigen Wachzustandes, d.h. besondere, aktive, schaffende, geistige Helle." (MAURICE HALBWACHS)
„Je tiefer unsere Erinnerung geht, umso freier wird der Raum für das, dem all unsere Hoffnung gilt: der Zukunft." (CHRISTA WOLF, Kindheitsmuster)
„Das Gedächtnis nährt sich von unscharfen, globalen oder unsteteten Erinnerungen, besonderen oder symbolischen, ist zu allen Übertragungen, Ausblendungen, Schnitten oder Projektionen fähig." (PIERRE NORA)
„Wirst dich fragen müssen, was aus uns allen würde, wenn wir den verschiedenen Räumen in unseren Gedächtnissen erlauben würden, sich zu öffnen und ihre Inhalte vor uns auszuschütten?" (CHRISTA WOLF, Kindheitsmuster)

Helmut Sakowski
„Katja Henkelpott" (Klasse 5)

Inhalt
Katja wohnt in den neuen Bundesländern, in Rostock. Nach der Wende verlieren ihre Eltern, die auf der Werft gearbeitet haben, ihre Arbeit und sie müssen umschulen. Hinzu kommt die Schließung des Kindergartens, weswegen Katja für einige Zeit zu ihrer Großmutter aufs Land zieht. Pälitzhof ist ein idyllisches Dorf in Mecklenburg. Katja lernt dort schwimmen und sie kann ihre enge Beziehung zu Tieren ausleben.

Erzählstruktur
Bei „Katja Henkelpott" handelt es sich um einen modernen psychologischen bzw. komischen Kinderroman. Im Text wird konsequent die Ich-Erzählform durchgehalten, es ist einzig Katja, die in kurzen Kapiteln von ihren Erlebnissen erzählt.

Vorschläge

Die Katja-Henkelpott-Geschichten eignen sich in besonderer Weise für handlungs- und produktionsorientierte Arbeitsformen.

Folgende Schüleraufträge können ausgehend von dem Textanfang (5 ff.) als Einstieg dienen:
- Katja betrachtet sich gern im Spiegel. Nimm einen Zeichenblock und male, was Katja im Spiegel sieht.
- Katja sagt, das Heu duftet nach Kräutertee. Welche anderen Teesorten gibt es und wie duften sie? Sucht zu Hause Teeproben heraus und bringt sie mit in den Unterricht. Vergesst dabei nicht, die Namen aufzuschreiben. Gemeinsam werden wir eine Tee-Duft-Straße bauen. Da Katja auch Blumen liebt, könnt ihr jeder eine Blume mitbringen.
- Katja Henkelpott erzählt von ihren Abenteuern. Zu Beginn berichtet sie davon, wie sie Flix und Flax etwas Gutes tut. Welche Idee hat Katja? Stellt euch vor, nicht Katja würde darüber erzählen, sondern ein Nachbar oder Katjas Eltern. Erzählt diese Geschichte neu.
- Katja hat einen richtigen Nachnamen: Wie heißt sie und warum wird sie Katja Henkelpott genannt? Kennt ihr eine Figur aus anderen Büchern, die so ähnlich wie Katja Henkelpott aussieht oder den Erwachsenen auch solche Streiche spielt?
- Katjas Großmutter meint: „Die Katze lässt das Mausen nicht. Es ist ihre Natur." Was meint sie damit? Kennt ihr andere Sprichwörter oder Lebensweisheiten. Fragt eure Eltern oder Großeltern und notiert drei Sprüche.
- Katja sagt einmal, sie wünschte sich, „ich wäre nicht Katja Henkelpott, sondern Schneewittchen" (29). Warum werden im Buch noch andere Märchen genannt (Aschenputtel, 42; Rotkäppchen, 45, 54)? Erzählt die Märchen nach. Bringt zur nächsten Stunde euer Lieblingsmärchen zum Vorlesen mit in den Unterricht.
- Katjas Oma hat einmal eine Gruselgeschichte erzählt, leider erfahren wir nicht, welche? Denkt euch eine Gruselgeschichte aus.

Sheila Och
„Karel, Jarda und das wahre Leben" (Klasse 5/6)
Der Kinderroman wurde 1997 mit dem Deutschen Jugendliteraturpreis ausgezeichnet.

Inhalt:
„Augenzwinkernd und mit viel Situationskomik entwirft Sheila Och ein Bild der Prager Nachwendezeit. Sie lässt ihre zwölfjährigen Helden Karel und Jarda auf intelligent groteske Weise die Prinzipien der freien Marktwirtschaft entdecken. Wenn es schon die Eltern nicht schaffen, die Segnungen des kapitalistischen Systems Gewinn bringend zu nutzen, dann müssen es eben die beiden gewitzten Knaben tun. Deren Devise heißt: billig ein- und teuer verkaufen. Mit Fahrkarten, Regenwürmern und Blumen vom Friedhof wird man aber nicht reich. Schuldner denunzieren und Reklame-Zähneputzen bis aufs Blut bringen da schon mehr ... Ein einzigartiger wortkarger Ratgeber der Jungen ist der Großvater, der ihre Einfälle mit einer Prise Lebensweisheit kommentiert."
(Aus der Begründung der Jury)

Erzählstruktur

Aus der Sicht des 12-jährigen Ich-Erzählers Karel werden in 12 Kapiteln die Erlebnisse im Prag der Nach-Wendezeit dargestellt. Auf diese Weise kommen die kindlichen Erfahrungsweisen zur Sprache, wird das Denken, Fühlen, Erleben, Wahrnehmen der Protagonisten unverstellt präsentiert, ein ironisch-humorvoller Blick auf die veränderten Verhältnisse geworfen. Das Wertsetzungszentrum, der „implizierte Autor", und der kindliche Protagonist sind identisch.

Vorschläge

- Die Schüler ziehen jeweils einen Zettel, auf dem Begriffe verschiedener Waschmittel, Autos, Jugendzeitschriften, Sportartikel usw. stehen, also Spee, Ariel, BMW, Adidas, Nike usw. Der jeweilige Gegenstand ist nun vor der Gruppe zu beschreiben. Dazu werden jeweils Slogans aus der Werbung genutzt. Bei Bedarf können weitere Hinweise gegeben werden, also etwa zur Funktion, zum Preis, zur Käufergruppe.
- Ausgehend davon wird darüber nachgedacht, wie man etwa für den Kauf von Regenwürmern werben könnte. Damit ist die Überleitung zum Text geschaffen. Es wird die Familienvorstellung Karels vorgelesen („Also – das ist meine Familie" bis „und mit Urgroßvater zusammenwohnen kann...", 8–11). Daran schließt sich die Frage an, wo der Text spielen könnte (Hinweise auf die Namen: Karel, Jarda).
- Jarda spricht den grundlegenden Satz aus: „Wir müssen reich werden" (15) – Verschiedene Varianten, was „Reich-Sein" bedeutet, werden auf einer Endlosrolle gesammelt und mit den Auffassungen der Protagonisten verglichen (15 ff.). Es wird eine Hitliste jener Produkte aufgestellt, die die Schüler sich – wenn sie denn genügend Geld hätten – kaufen würden oder für die sie sparen. Die aktuelle Hitliste wird verglichen mit empirischen Daten:

Artikel	Gesamt in Prozent	Jungen in Prozent	Mädchen in Prozent
Fahrrad, Mofa	25	27	22
Computer, PC-Spiele	22	31	11
Spielzeug	14	16	11
Musikgeräte	13	13	14
Kleidung	6	3	11
(Quelle: Horizont/IJF/Schüma 93)			

- Danach werden aus Zeitschriften oder aus dem Fernsehen bekannte Slogans der Kinderwerbung vorgespielt. Die Schüler erhalten die Aufgabe, einen neuen Slogan für das jeweilige Produkt zu entwerfen.
- Es werden Arbeitsgruppen gebildet, die jeweils eine Szene für einen Werbespot entwickeln. Der Werbespot wird szenisch dargestellt und von der gesamten Klasse bewertet. Es wird reflektiert, welche Mittel die Werbung besonders interessant machen können (Musik, Geräusche) bzw. wie eine Zielgruppe erreicht werden kann (Kinder, Jugendliche, Großeltern). Folgende Elemente von Kinderwerbung sind bekannt:

> **Kinderwerbung**
> - bewirbt Produkte, die für Kinder relevant sind: Spielzeug, Süßigkeiten, Getränke, Spiele
> - arbeitet mit auffälligen und schnell zu erfassenden Kompositions-, Farb-, Schnitt- und Musikeffekten
> - nutzt Cartoon, Comics, Animationsspots
> - wiederholt einfache und gleiche Handlungsabläufe
> - zeigt Kindern eine Familiensituation bzw. einen Familienalltag, der ihnen bekannt ist, ohne Probleme und Konflikte

➤ Die Diskussion kann weiter fortgesetzt werden bis hin zum Entwerfen eines Konsumsteckbriefes, des „Traumgirls, -boys des Jahres" oder der Frage „Heute ‚in' und morgen ‚out'".

➤ „Es ist vieles anders geworden. Jetzt weht ein neuer Zeitgeist" (66) – diese Aussage bildet den Ausgangspunkt für ein Interview, das die Schüler in ihrem sozialen Umfeld in Gruppen machen. Es ist die Aufstellung eines Fragekatalogs möglich, der die eigenen Erinnerungen betrifft sowie jene der Eltern und Großeltern. Zentral ist die Frage: Was hat sich nach 1989 verändert?

➤ Die Erkenntnis der Protagonisten wird diskutiert: „Die Marktwirtschaft hat nur eine sehr einfache Regel, und die lautet: billig einkaufen, teuer verkaufen" (30).

Karin König
„Ich fühl mich so fifty-fifty" (Klasse 9 – 10)

Inhalt
Leipzig 1989: Sabines älterer Bruder, Mario, hat eine Besuchserlaubnis erhalten und ist nicht in die DDR zurückgekehrt. Sabine weiß nicht, was sie tun soll: hier bleiben oder nach „drüben" gehen. Sabine entscheidet sich für den Weg in die Bundesrepublik, über Ungarn gelangt sie in den „Westen" und wird dort mit einer Welt konfrontiert, die sie nicht kennt.

Erzählstruktur
In 20 Kapiteln wird – zwischen auktorialem und personalem Erzähler wechselnd – ein Bild von der Wende bzw. Nach-Wende-Zeit gegeben. Durch den Einsatz von Dialog, szenischer Darstellung sowie durch die vereinzelte Gestaltung von Träumen, Briefsequenzen, Tagebuchnotizen versucht die Autorin Einblick in die Innenwelt der Protagonistin zu geben. Der Text kann der problemorientierten KJL zugeordnet werden.

Vorschläge
➤ Die Behandlung des Textes erfolgt weniger, um formal-ästhetische Fragen zu erörtern, sondern ist Ausgangspunkt für Problemdiskussionen.
➤ Einstieg: Das 1. Kapitel schließt mit einer Erinnerungssequenz: „Ihre Gedanken schweiften weit zurück. Sie ist wieder in Leipzig. Der Kalender rückt sechs Monate zurück. Sabine erinnert sich." (10) Die Aufgabe, sich zu erinnern, kann den Ausgangspunkt der Textbetrachtung bilden. (s. S. 162)
➤ Zur Einführung kann auch der Musiktitel „Traumpaar" von Tamara Danz und „Silly" eingespielt werden, der metaphorisch die Schwierigkeiten zwischen Ost und

West erfasst (ARIOLA EXPRESS, LC 08637). Der Text des Rock-Songs liegt den Schülern vor und bildet den Beginn einer möglichen Diskussion unter der Überschrift „Ossi – Wessi – Wossi".

➤ Im Text kommen vor allem die Gedanken und Gefühle von Sabine zur Sprache. Es bietet sich an, einen Perspektivenwechsel vorzunehmen und aus der Sicht von Mario, Thomas, Tanja zu erzählen bzw. die auktoriale bzw. personale Erzählweise in einen Monolog Sabines zu verändern.

➤ Der Text eignet sich in besonderer Weise, existierende Klischees vom jeweils anderen zu problematisieren: „Die komischen Ossis", die „arrogante West-Tussi" (114). Die Einbeziehung von UWE JOHNSONS Essay „Versuch, eine Mentalität zu erklären. Über eine Art DDR-Bürger in der Bundesrepublik Deutschland" (1970) bringt eine Reihe von Anregungen und ist zu empfehlen. (In: U. JOHNSON: Berliner Sachen. Frankfurt/M. 1975, S. 52 – 63)

➤ Das 15. Kapitel nimmt eine zentrale Stellung ein: Am 9. November mischen sich in Sabines Bewusstsein Bilder der Gegenwart und Vergangenheit. Sabine fühlt sich erdrückt. Sie fragt sich: Wohin gehöre ich. Sabines Erinnerungen werden ergänzt: Arbeitsgruppen tragen aus Zeitungen vor 1989 Informationen zu ausgewählten Ereignissen zusammen. Eine Arbeitsgruppe führt Interviews über den 9. November. Zur Vorbereitung dienen die Darstellungen in Zeitungen aus Ost und West. In die Diskussion ist die Auffassung von Thomas einzubeziehen: „Es wird nie gesagt, dass wir nicht nur viel gewonnen, sondern auch etwas verloren haben" (116).

➤ Wichtige Textstellen: Gespräch der beiden Frauen an der Kasse (96); Äußerungen der Mitarbeiter eines Pflegeheimes (78 ff.); Was bedeutet Familie (44, 122); Haltungen ausgewählter Figuren zur DDR (27f.; 24; 34 ff., 82); „Ihr habt keine Ahnung von der DDR" (110); „Keiner will es gewesen sein" (111); Wohin gehöre ich (122).

➤ Fast zu Ende des Textes heißt es im Tagebucheintrag von Sabine: „Ich werde versuchen... beide Teile, den Osten und den Westen, in mir zu vereinen. Vielleicht entsteht dadurch etwas Neues" (123) und: „Es kann doch sein, dass ich in zehn Jahren überall zu Hause bin, in New York genauso wie in Moskau" (123). Die Schüler können eine Episode entwerfen: Sabine – zehn Jahre später!

3.3 Phantastische Welten zwischen Märchen, Discworld-Novel und Anti-Utopie

Grundmodelle und Tendenzen

Unter stofflich-inhaltlichen Gesichtspunkten lassen sich Varianten und Grundmodelle des Phantastischen unterscheiden. Dies betrifft insbesondere die Art und Weise, wie das phantastische Ereignis eintritt, die Figuren sowie Schauplätze des Geschehens. Im Weiteren werden Grundmodelle dargestellt und ihnen aktuelle Texte zugeordnet. Die musterbildenden und erfolgreichen phantastischen Texte der 50er- und 60er-Jahre in der KJL der Bundesrepublik werden in ihrem Kern repräsentiert durch Übersetzungen aus dem Englischen und Skandinavischen: PAMELA L. TRAVER „Mary Poppins" (1943 – 1952), ASTRID LINDGREN „Pippi Langstrumpf" (1949), PAULINE CLARKE „Die zwölf vom Dachboden" (1962), MARY NORTON „Die Borgenmännchen" (1952/1955), „Eine tolle

Hexe" (1957), ALEXANDER KEY „Die Tür zu einer anderen Welt" (1965), C. S. LEWIS' „Narnia"-Zyklus oder EDITH NESBITS frühe Texte „Geheimnisvolle Reisen mit Psammy" (1906), „Die Kinder von Arden" (1908). Versuche, die Entwicklung des Phantastischen in der KJL nach 1945 zu periodisieren, finden sich bei GANSEL (1988, 67 ff.; 1989, 66 ff.; 1998, 597 ff.), KIRCHHOFF (1990, 357 ff.), LEHNERT (1990, 55 ff.), MATTENKLOTT (1989, 68 ff.) oder TABBERT (1992, 74 ff.). Will man aktuellen Varianten des Phantastischen in der KJL auf die Spur kommen, so liegt es nahe, von den inzwischen existierenden Typologien auszugehen (HAAS 1978, 340 ff.; HAAS u. a. 1984). Eine solche Sichtung der Erscheinungsformen ermöglicht eine *Beschreibung von Tendenzen* und zeigt, wie in der KJL inzwischen feste „Darbietungsformen" des Phantastischen existieren. Geht man von diesen Grundtypen aus, dann lassen sich auch Texte der 80er- und 90er-Jahre drei Modellen zuordnen, die jeweils nach dem Verhältnis von real-fiktiver und phantastischer Handlungebene fragen:

> **Grundmodell A:** *In die real-fiktive Welt treten plötzlich Figuren, Gegenstände, Erscheinungen, die aus einem phantastischen Handlungskreis kommen oder innerhalb der real-fiktiven Welt laufen phantastische Veränderungen (Verwandlungen) ab.*

Zu denken ist an Klassiker wie PAMELA TRAVERS „Mary Poppins", CHRISTINE NÖSTLINGERS „Wir pfeifen auf den Gurkenkönig", IRINA KORSCHUNOWS „Wenn ein Unugunu kommt". Der Grundtyp A stellt die wohl bekannteste Variante des Phantastischen dar und wird auch in den 80er/90er-Jahren in modifizierter Form genutzt. Es lassen sich so unterschiedliche Texte wie JO PESTUMS „Der Pirat auf dem Dach" (1986), BEA DE KOSTERS „Verhext und zugenäht" (1996), HANS MAGNUS ENZENSBERGER „Der Zahlenteufel" (1997), CORNELIA FUNKES „Zottelkralle das Erdmonster" (1994), JOSTEIN GAARDERS „Durch einen Spiegel in einem dunklen Wort" (1996) typologisch diesem Modell zuordnen. Vor dem Hintergrund der technologischen Modernisierungsschübe in den 90er-Jahren ist eine neue Variante hinzugekommen, die inzwischen ein eigenes Subgenre bildet, die „Discworld-Novel" oder besser: die Cyberspace-Novel.

> *Bei den Cyberspace-Novels handelt es sich um Texte, die zwar traditionelle Motive des Phantastischen nutzen wie Verwandlung, Zeitreise, Sprung in andere Welten, Gedankenlesen, aber diese – rationale Gesetzmäßigkeiten überschreitenden Ereignisse – durch den Einsatz von AV-Medien bzw. Computern motivieren. Nicht geheime Mächte oder phantastische Fähigkeiten führen zur Wirklichkeitsdehnung, sondern die Computer- bzw. Mediensimulation. Die scheinbar gegen Gesetze der Kausalität verstoßenden Vorkommnisse erhalten auf diese Weise – wie schon in der Sciencefiction – eine rational-logische Erklärung.*[9]

Um Beispiele zu geben: In CHLOE RAYBANS „Echt unecht" (1996) verlässt die Protagonistin nach einer „Virtual Reality-Ausstellung" das Medienstudio geschlechtsumgewandelt als junger Mann. Bei ANDREAS SCHLÜTER in „Der Ring der Gedanken" (1995) findet der Computerfreak Ben in einem Elsternest einen Ring, der Gedanken lesen kann. Wie bei RAYBAN wird auch bei SCHLÜTER das phantastisch anmutende Geheimnis letzten Endes rational aufgeklärt, im „Ring der Gedanken" ist ein Computerchip eingebaut.

> **Grundmodell B:** *Durch bestimmte Schleusen gelangt man aus der real-fiktiven Welt in die phantastische und zurück. Diese klassische Variante ist besonders in Texten der Romantik ausgeprägt.*

In LUDWIG TIECKS „Die Elfen" oder E.T.A. HOFFMANNS „Das fremde Kind" fungieren die kindlichen Protagonisten als Grenzgänger, die zwei Welten miteinander in Verbindung bringen, die real-fiktive und die phantastische (s. S. 95 ff.). Im Rahmen romantischen Selbstverständnisses wird einzig Kindern die Eigenschaft zugeschrieben, in beiden Welten heimisch zu sein; Kinder sind es, die noch nicht das Rationale favorisieren, sie nehmen das Wunderbare an, sind sensibel und offen gegenüber anders gearteten Wirklichkeitserfahrungen. Romantisch motiviert ist die Entgegensetzung von Kinder- und Erwachsenenwelt in OTFRIED PREUßLERS Klassiker „Der kleine Wassermann", hier symbolisiert im Streit zwischen Menschenmann und kleinem Wassermann. Dort, wo die kindlichen Figuren Grenzgänger zwischen real-fiktiver und phantastischer Welt sind, existieren *Schleusen*. In LEWIS CARROLLS „Alice im Wunderland" ist der Umsteigepunkt ein Mauseloch, bei ERICH KÄSTNERS „Der 35. Mai oder Konrad reitet in die Südsee" funktioniert die Tür eines Kleiderschrankes als Schleuse. Neuere Texte, die mit dem Motiv des Grenzgängertums arbeiten und eine Verbindung zwischen zwei Welten schaffen, sind: TORMOD HAUGENS „Die Juwelen des Zaren" (1995) – hier wird wie in romantischen Texten ein Spiegel zum Tor zwischen den Welten – oder JOSTEIN GAARDERS „Das Kartengeheimnis" (1995), wo wie in MICHAEL ENDES „Unendlicher Geschichte", ein Junge über ein Buch in eine phantastische Welt gerät. Auch PEGGY CHRISTIANS „Die erlesenen Abenteuer der Maus Cervantes" (1997) funktioniert nach diesem Prinzip: Cervantes, die Buchladenmaus flüchtet ins Phantastik-Regal und fällt in einen mittelalterlichen Folianten. Auf rätselhafte Weise gerät sie selbst in die Geschichte, die darin erzählt wird. Die veränderten technischen Möglichkeiten im Medienzeitalter haben auch hier zu einer Variante der Cyberspace-Novel motiviert: Über den Computer geraten die Protagonisten in eine andere, zumeist virtuelle Welt. Bei ANDREAS SCHLÜTERS „Level 4 – Die Stadt der Kinder" (1994) wird aus einem Computerspiel „Wirklichkeit". In SCHLÜTERS Text „Die Zeitfalle" (1996) ist es ein Cyberspace-Tunnel, der die Protagonisten in das Florenz des 16. Jh.s führt, eine aktuelle Variante des traditionellen Motivs der Zeit-Reise. Auch in GILIAN CROSS' „Auf Wiedersehen im Cyberspace" ermöglicht der Computer das Umsteigen in eine virtuelle Welt, ebenso wie in EVA-MARIA LAMPRECHTS „Karo, die Computerhexe" (1997). In DIETMAR RÖSLERS „Störtebecker im Netz" (1997) erproben die beiden Protagonisten – Meike und Klaas – ein Virtual-Reality-Programm und geraten dabei zunächst direkt hinein in den Kampf des berühmten Seepiraten Klaus Störtebeker. Der Text, der ohne die oft vereinfachende Medienkritik auskommt, sucht auch formal nach Mitteln, den Wechsel zwischen den Welten plastisch zu machen. So etwa im Zwei-Spalten-Druck, über den der Autor sich die Möglichkeit schafft, den Erzählstandort zu wechseln und aus unterschiedlichen Figuren- wie Zeitperspektiven zu erzählen.

Grundmodell C: *Die Konstruktion von eigenen phantastischen Welten, die in verfremdeter Form Spiegelbild der realen sein können.*

J. R. R. TOLKIENS „Herr der Ringe" oder „Der kleine Hobbit" sind klassische Beispiele für eine Variante des Phantastischen, in der die Existenz von zwei Handlungskreisen (real-fiktive Ebene vs. phantastisch-fiktive Ebene) aufgehoben wird zugunsten der Konstruktion einer phantastischen Eigenwelt. Eine nicht minder erfolgreiche moderne Variante hat TERRY PRATCHETT in seinen „Scheibenwelt-Romanen" entworfen. Der Umfang der Scheibenwelt beträgt „dreißigtausend Meilen, und umgeben ist sie vom Kranz des Randfalls: In einer gewaltigen Kaskade strömt das Wasser der Meere über die Kante ins All... Die Scheibenwelt dreht sich einmal in achthundert Tagen, was bedeutet: Mit Ausnahme der Mitte enthält ein volles astronomisches Jahr acht Jahreszeiten, jeweils zwei der klassischen vier..." (PRATCHETT/BRIGGS 1996, 224). Texte dieser Art stehen dem **Märchen** insofern nahe, als der gesamte Text sich auf einer (wunderbar-phantastischen) Ebene bewegt, es existiert *ein* (fantastischer) Handlungskreis. Diese Texte sind abzugrenzen von einem Subgenre, der **Fantasy**, in der Magie, Zauber, Ritual und vorchristliche Welten eine entscheidende Rolle spielen. Der bekannteste deutsche Fantasy-Autor ist WOLFGANG HOHLBEIN. Beispiele für erfolgreiche Fantasy-Texte sind: DEAN R. KOONTZ „Die Nacht der Zaubertiere" (1988/1992), PATRICIA WRIGHTSONS „Wirrun-Triologie" (1977/1985) oder CHRISTOPHER ZIMMER „Die Steine der Wandlung" (1996). CHRISTOPHER ZIMMER gehört neben RALF ISAU mit seiner „Neschan"-Triologie („Die Träume des Jonathan Jabbok", „Das Geheimnis des siebten Richters", „Das Lied der Befreiung Neschans") und dem Roman „Das Museum der gestohlenen Erinnerungen" (1997) zu jenen wichtigen deutschsprachigen Autoren, deren phantastische Texte die nach wie vor existierende Grenze zwischen so genannter populärer und Hochliteratur durchlässig machen. Den Texten ist mit herkömmlichen Typisierungsversuchen des Phantastischen nicht beizukommen, sie stellen vielmehr Gattungsmischungen dar und sind nicht einem der genannten phantastischen Muster zuzuordnen. Bei ISAU finden sich Anspielungen auf Mythen, Märchen, Philosophien und nicht zuletzt literarische Texte. Auch die Fantasy-Texte von WOLFGANG HOHLBEIN – zuletzt u. a. „Katzenwinter" (1997, gemeinsam mit HEIKE HOHLBEIN) oder „Die Nacht des Drachen" (1998) – sind nicht pauschal abzuwerten. Am Ende der 90er-Jahre zeigen sich neue Varianten beim intertextuellen Bezug auf die Märchen (vgl. GANSEL 1998a; GANSEL 1998e):

1. *Märchen werden auf der Darstellungsebene direkt zum Gegenstand der Auseinandersetzung zwischen den Protagonisten* (Beispiel: HENKY HENTSCHELS „Die Charlies haben die Märchen geklaut", 1997).
2. *Das intertextuelle Spiel mit den Märchen durch a) direktes Zitieren der alten Märchentexte und b) die Übernahme einzelner Figuren (König, Prinz, Prinzessin, Zauberer, Hexe) oder c) die Nutzung ausgewählter Märchenmotiven* (Beispiel: YAK RIVAIS „Fiffi und die Hexe", 1996 als moderne Mächenadaption; DONNA JO NAPOLI „Im Zauberkreis", 1996 mit Bezug auf das Hänsel-und-Gretel-Motiv; BIANCA PITZORNO „Die unglaubliche Geschichte von Lavinia",1997 mit Bezug auf ANDERSENS „Kleine Streichholzverkäuferin"; DIETER KÜHN: „Der fliegende König der Fische", 1996 mit Bezug auf das Hänsel-und-Gretel-Motiv;
3. *Das Neu-Erzählen und Bearbeiten der alten Märchen, Sagen, Mythen* (Beispiel: PETER HACKS „Prinz Telemach und sein Lehrer Mentor", 1997, mit Bezug auf Homers „Odysse")
4. Postmoderne Märchen: Für diese Variante steht ein Texttyp, den PHILIPP RIDLEY entwickelt hat und der eine Mischung darstellt aus Märchen, Sciencefiction, Gesellschaftssatire, Horrorroman, Comic, Video-Clip. RIDLEYS Textwelten wirken surreal, indem sie die bekannte (post)moderne Wirklichkeit durch den Einsatz märchenhafter bzw. phantastischer Elemente verfremden (Beispiel: PHILIPP RIDLEY: „Dakota Pink", 1995; „Der Meteoritenlöffel", 1996; „Kasper und der Glitzerkönig", 1997).

Gattungstypologisch gehören zum Grundmodell C auch die **Anti-Utopien**.[10]

Anti- bzw. Warn-Utopie – sie sind von den Utopien, die harmonische Welten entwerfen und der Idylle nahe stehen, zu unterscheiden – dienen der literarischen Anti-

zipation von möglichem Zukünftigem, aber absolut zu Verhinderndem. Zu den bekannten Anti-Utopien gehören Texte wie SAMJATINS *„Wir" (1920),* HUXLEYS *„Schöne neue Welt" (1932),* ORWELLS *„1984", oder* BRADBURYS *„Fahrenheit 451" (1953). Die Anti-Utopie erlaubt das Durchspielen einer Situation, deren reales Eintreten nicht nur für den Einzelnen, sondern für die gesamte Menschheit tödlich wäre. Sie verdichten durch Verfremdung, verzichten zumeist auf phantastische Elemente und damit auf alles, was den Leser ablenken könnte. Die phantastische Verfremdung besteht eigentlich einzig darin, dass auf einer literarischen Spielebene bis ins Extrem gesteigerte Bilder einer sich auslöschenden, ja einer zerstörten Zukunft entstehen. Zentrale Kommunikationsabsicht sind die Warnung und die Aktivierung des Lesers.*

Zu den in den 80er- und 90er-Jahren entstandenen Anti-Utopien zählen BEN BOVA „Gefangen in New York" (1981), CHARLOTTE KERNER „Geboren 1999" (1990), THEA DUBELAAR „Das Experiment" (1995/dt. 1996), IVA PROCHAZKOVA „Eulengesang" (1995), LEONARDO WILD „Unemotion. Roman über die Zukunft der Gefühle" (1996), KARIN HESSE „Phoenix Rising" (1997), KURT WASSERFALL „Digital Life oder Laras Lieblingsbuch" (1997); REINHOLD ZIEGLER „Version 5 Punkt 12" (1997), ELEANOR NILSSON „PLANspiel" (1998). Mit der Zuordnung zu Grundmodellen ist grundsätzlich – das muss beachtet werden – wenig über die Textspezifik, die Funktion des Phantastischen oder Märchenhaften wie die literarische Qualität gesagt.

Aktuelle Requisiten und Medienkritik

Bei der Beschreibung von Entwicklungen im Bereich des Phantastischen lassen sich Zusammenhänge herstellen zu dem konkreten historisch-kulturellen Umfeld, also den Entstehungsbedingungen eines Textes, dem jeweiligen Kulturcode, der Zeitströmung, dem Zustand des gesellschaftlichen Bewusstseins. Für die Gegenwart stellt sich die Frage, ob Modernisierungsphänomene wie die Pluralisierung von Lebenswelt-Erfahrungen zu Veränderungen im Gebrauch des Phantastischen in stofflicher, thematischer und struktureller Hinsicht geführt haben. Bei den Cyberspace-Novels ist zunächst eine *stoffliche Anpassung* des Phantastischen an die realen technischen Möglichkeiten in einer Mediengesellschaft zu vermerken.

Ihr Entstehen kann allerdings nicht als Indiz von literarischer Modernität gewertet werden. So war CHLOE RAYBANS Geschlechtertausch-Geschichte „Echt unecht" dem Grundmodell A zugeordnet worden: Innerhalb der real-fiktiven Welt kommt es zu einer „phantastischen" Veränderung, denn die Protagonistin Justin verlässt nach einem misslungenen bzw. abgebrochenen „Virtual-Reality"-Experiment geschlechtsumgewandelt als ihre männliche Version die Vorführkabine. Der Text benötigt keinen zweiten phantastischen Handlungskreis, sämtliche Ereignisse laufen auf der real-fiktiven Ebene ab. Das phantastische Ereignis produziert weder einen Schock noch wird Unschlüssigkeit bei der Protagonistin oder beim Leser erzeugt. Beide wissen von Beginn an um die Ursache für die eingetretenen Veränderungen. Die *Funktion* des phantastischen Elements steht damit von vornherein fest und wird auf der Figurenebene von der Protagonistin formuliert:

> *Es galt, die Gelegenheit beim Schopf zu ergreifen und voll auszunutzen. Ich wollte alles über das andere Geschlecht herausfinden, was ich nur irgendwie rauskriegen konnte* (RAYBAN 1996, 31).

Durch den Computerfehler entstehen vielfältige Verwicklungen, die den Blick auf männliche und weibliche Klischees eröffnen, aktuelle Lebenseinstellungen, Bewusstseinslagen und Zeitströmungen werden karikiert. Schließlich stellt sich heraus, dass auch noch die computergesteuerte Geschlechtsumwandlung nur eine Simulation war. Das phantastische Requisit erfüllt damit die „äußere Funktion", eine traditionelle Geschlechtertausch-Geschichte zu motivieren und das seit der Antike bekannte Muster den aktuellen technischen Entwicklungen anzupassen. Dies gilt vergleichbar für jene Texte, in denen der PC bzw. Computerspiele als Umsteigepunkt in fremde Welten funktionieren. Anders als bei *Grundmodell A* werden hier zwei Welten miteinander in Beziehung gesetzt.

In GILIAN CROSS' „Auf Wiedersehen im Cyberspace" ermöglichen Gürtel, Handschuh und Spielhelm den Einstieg in den Cyberspace. Die Protagonistin des Textes versinkt als Testspielerin in computersimulierte Welten und ist fasziniert von der Möglichkeit, mit einem unbekannten Gegenüber in einen Wettkampf zu treten. Schließlich wird sie mit ihren eigenen Ängsten konfrontiert und findet – misstrauisch gemacht – heraus, dass die Spieler durch die ausgehenden Reize abhängig gemacht werden sollen. Der aufklärerische Impetus ist unübersehbar, denn die jugendlichen Protagonisten (und mit ihnen die Leser) erkennen die Gefahr, die im vermeintlichen Verwischen der Grenzen von Fiktion und Wirklichkeit ausgehen.

„Modern" sind Texte dieser Art also vor allem im Hinblick auf die „stoffliche" Weitung und die modische Aktualisierung der Darstellungsebene, was auch für SCHLÜTERS „Level 4 – die Stadt der Kinder". Das „Wie" der literarischen Darstellung bleibt traditionell, die schnelle Schnittfolge, das Auflösen narrativer Strukturen, Multiperspektivik – sämtlichst Kennzeichen einer Medienästhetik – spielen keine Rolle. Anders TERRY PRATCHETT („Nur Du kannst die Menschheit retten", 1992, dt. 1994) oder MONIKA PELZ („True Stories", 1988), die in ihren Cyberspace-Novels Verfahren einer Medienästhetik zu nutzen suchen. Gleichwohl bleibt dies die Ausnahme, wiederholt dienen die phantastischen Elemente gerade der literarischen Einkleidung von Medienkritik. Vor dem Verwischen der Grenzen von Fiktion und Wirklichkeit wird gewarnt und auf negative Folgen für die Entwicklung der kindlichen bzw. jugendlichen Protagonisten verwiesen. Solche Tendenzen zeigen sich bevorzugt in jener Textgruppe, die gattungstypologisch dem Subgenre der Anti-Utopie folgt, also etwa THEA DUBELAARS „Das Experiment" (1996), LEONARDO WILDS „Unemotion" (1996) oder KURT WASSERFALLS „Digital Life"(1997). Bei KURT WASSERFALL kommt es zu einer direkten Entgegensetzung von „Buch" und „Medien", von alter und neuer Welt, von Vormoderne und (Post)Moderne. Die Kritik an aktuellen Entwicklungen wird durch Handlung wie Figurenrede explizit formuliert: „Ich habe nie an die Segnungen der modernen Welt geglaubt. Das ist alles nur Schein und lenkt die Menschen von den eigentlichen Problemen ab." (WASSERFALL 1997, 91) Die Auffassung bleibt zwar nicht gänzlich unwidersprochen, aber Protagonisten wie „implizierter Autor" bestätigen sie. Es dominiert die Botschaft „Fernsehen macht dumm und ist einfach Mist" (72), der Medienrezeption wird das Lesen als Alternative entgegengestellt:

> *Lesen hält die Leute bewusster, was sie ja nicht sein sollen. Kinder sowieso. Mit Kindern geht es nicht so einfach. Und Kinder, die Bücher lesen, haben Phantasie. Da kann DL (Digital Life – C.G.) nichts mehr machen... (73)*

Zwar bleibt Leseförderung ein entscheidendes Anliegen, und es gibt hinreichend Gründe für Medienkritik, problematisch allerdings erscheint das Schema nach dem „Gut-Böse"-Prinzip, wonach Medienkonsum ein verzerrtes Wirklichkeitsbild erzeuge, und dies betrifft Tatsachen, soziale Bedingungen, Normen, Werte. Da das Weltbild der Medien nicht mit der „realen Welt" übereinstimme, bestehe gerade für Kinder die Gefahr von Orientierungslosigkeit. Fast durchgängig ist den Texten eine Denkfigur eingeschrieben, die von einer Verdrängung der „wirklichen Wirklichkeit" durch Medien ausgeht und annimmt, Medienrezeption führe zur „Enteignung von Erfahrung". Nicht zufällig werden daher Protagonisten eingeführt, die in ein Reich der Träume flüchten oder solche, denen der Medienkonsum keine Zeit mehr für eigene Erfahrungen und Kontakte lässt. Der kulturkritische Impetus stellt eine Vereinfachung dar. Lässt sich wirklich davon ausgehen, dass „Primärerlebnisse" in den Hintergrund treten, die „tatsächliche Welt an den Rand der Wahrnehmung" (JANKE/NIEHUS 1995, 140) gedrängt wird und die Möglichkeit zu ursprünglicher Erfahrung abnimmt? Kann man begründet sagen, dass es zu einem „Schwund eigener Erfahrungsbestände angesichts der Dauerkonfrontation mit beliebig... inszenierten Wirklichkeiten" kommt? Die Medienwirklichkeit ist komplexer und differenzierter. Nicht nur für ausgesprochene Computerfreaks ist die Aneignung und Anwendung des PCs eingebunden in ein „komplexes Verhältnis von Wissen, Erfahrungen und (sub)kulturellen Deutungsmustern" (VOGELSANG 1995, 59). Dem sollten Texte wie ihre Behandlung im Literaturunterricht Rechnung tragen.

Vorschläge für den Unterricht

Cyberspace-Novels – Darstellung virtueller Welten

Ausgangspunkt ist die Tatsache, dass für Kinder und Jugendliche die Nutzung verschiedener Medienformen wie PC, Computerspiel, Internet, CD-ROM, Video-Clip, Film zunehmend zum Alltag gehört. Die Rahmenrichtlinien vieler Bundesländer orientieren auf einen kognitiv-analytischen wie handlungsorientierten Umgang mit den Medien, also den Vergleich verschiedener Medien, die Beurteilung der Qualität von Medienprodukten, den Einsatz von Textverarbeitungs- und Lernprogrammen, das visuelle und auditive Gestalten von Texten. Trotz dieser Hinweise steht in den curricularen Vorgaben letzten Endes die Literaturverfilmung im Mittelpunkt, weil sich hier enge Bezüge zu den traditionellen Arbeitsgebieten des Deutschunterrichts herstellen lassen. Aktuelle Evaluationen unterstreichen zudem, dass selbst beim Einsatz von Filmen diese mehr der „Veranschaulichung" und der Schaffung von Ruhepausen dienen, denn der medialen Analyse:

> *Man spielt Filme vor, belässt es bei selbst erklärenden Unterrichtsphasen, kann auf weitere analytische Arbeit an und mit den Medien verzichten, was sich wiederum in ermittelte kulturpessimistische Grundüberzeugungen und Abwehrstrategien einfügt.* (GAST 1998, 506)

Der Einsatz von Cyberspace-Novels im Unterricht kann daher als eine Art „Einstieg" in ein fächerübergreifendes Projekt dienen, in dem Lehrer wie Schüler in gemeinsamer Arbeit Erfahrungen gewinnen, die so kompakt sonst nicht möglich sind. Dabei geht es unter einem stofflich-thematischen Aspekt zunächst um die Frage, auf welche Art und Weise virtuelle Welten in verschiedenen Medien Gestaltung finden. Insofern stehen literarische Texte neben Computerspielen, filmischen Darstellungen, Video-Clips. Bei Einsatz entsprechender literarischer Texte kann man bereits in Klasse 6 ansetzen und darauf aufbauen. Dabei ergeben sich auch Übergänge zum Themenkreis Jugendkultur.

Cyberspace-Stationen	Varianten zur Auswahl	Aufgaben
Station 1: Literarische Texte	1: Gillian Cross: Auf Wiedersehen im Cyberspace 2: Monika Pelz: True Stories 3: Terry Pratchett: „Nur Du kannst die Menschheit retten"	Lesen des Textes; Entwerfen eines Werbeblattes, Einfügen neuer Figuren, Erzählen aus verschiedenen Figurenperspektiven, szenische Gestaltung, Entwickeln eines Spieles, Montage von Elementen (PC-Anweisungen, Internet).
Station 2: PC-Spiele	1: Moose Crossing 2: ExploreNET 3: Starbright 1 [11]	Erproben der subjektiven Kamera-Perspektive, Navigieren im Raum, Erarbeiten von Bewertungskriterien.
Station 3: Filme	1: „Der Rasenmähermann" (USA 1991) 2: „Cyber-World" (USA 1992) 3: „Matrix" (USA 1999) [12]	Einsatz von Tricktechniken, Kameraführung, Montage, Wort-Bild-Beziehungen, Musik, Schreiben einer Filmkritik.
Station 4: Musik-Videos	1: Produktion 2: Kennzeichen 3: Darstellungstechniken	Informieren über Produktion von Videoclips, Unterscheiden der Form von Videoclips, Darstellungsmittel, Hitliste der aktuellen Top-Clips, Bewertungskriterien.
Station 5: Selbstproduktion	1: kreatives Schreiben 2: Erarbeitung einer Theaterfassung 3: Hörspielsequenz	„Virutelle Welten" (cluster); „Ein Computer-Programm verselbstständigt sich"; Präsentation eines Textes im Internet-Café, Fortsetzen der Geschichte durch verschiedene Autoren.

Die Varianten wie auch die Aufgabenstellungen können von den Schülern ergänzt werden. Alle fünf Stationen sind zu durchlaufen, aus jeder Station ist eine Variante auszuwählen, dies betrifft auch die Aufgaben. Es wird in Abhängigkeit von Klassenstufe und -situation vorab festgelegt, welche Fragestellungen verbindlich sind und welche nicht. Für die verschiedenen Stationen sind jeweils ca. 2 Stunden zuzüglich einer Auswertung mit dem Zusammenführen der Arbeitsergebnisse vorgesehen.

Die zentrale Frage im Unterricht sollte sein, mit welchen literarischen Techniken die virtuellen Welten dargestellt werden, also ob spezifische Darstellungstechniken gewählt werden, die in Verbindung mit einer Medienästhetik stehen. Dazu zählen Kursivdruck, Zwei-Spalten-Druck, schnelle Schnitte, Szenenwechsel, Zeitwechsel, Multiperspektivik. Musik-Video-Clips bieten sich als Vergleichsmaß für die Diskussion an, (s. die Schaubilder auf S. 175, siehe u. a. NEUMANN-BRAUN u. a. 1997).

Formen von Videoclips	Merkmale
Präsentationsvideos (= Performanceclips)	Protagonist/in, Sänger/in, Gruppe wird in ein oder mehreren zusammengeschnittenen Szenen, Situationen singend präsentiert.
Narratives Video	Um einen Sänger/in, Gruppe oder um eine Liedstory wird filmisch eine Geschichte erzählt.
Konzeptvideo	Beim K. werden in assoziativ-illustrierender Form Bild-Ton-Text-Musik verbunden. Dabei kann eine Geschichte „erzählt" werden (vgl. narrative Videos) oder aber es werden Assoziationsketten eröffnet.

Schaubild: Formen von Videoclips

Kennzeichen	Beschreibung
Aufbau	Kombination von scheinbar beliebig ausgewähltem dokumentarischem Material mit Studioaufnahmen, Trickfilmen, Computerbildern oder/und Überlagerung bzw. Verbindung mit Szenen aus alten Filmen, kunstgeschichtlich überlieferten Bildern, mythischen Inszenierungen
Bildfolge/ Folge der Sequenzen	Die Mischung bzw. das Sampling erfolgt mit hoher Schnittgeschwindigkeit (Schnittfrequenzen von einer halben Sekunde und darunter).
Handlung	Zumeist ist wegen der quantitativ hohen Anzahl der Schnitte, der Wiederholungen, der Ein- und Überblendungen, Überlagerungen, der surrealistisch anmutenden Verbindungen usw. keine eindeutige fortlaufende Handlung auszumachen, ein traditioneller Erzählstrang fehlt.
Kohärenz	Es besteht eine zumeist nur lockere assoziative Verbindung zwischen den einzelnen Bildern, was den Eindruck erzeugen kann, dass sie einer Traum- bzw. Alptraumlogik folgen.
Darstellungsmittel	Bei Konzeptvideos existiert ein spezifisches Mischungsverhältnis von Bild, Musik, Text. Gearbeitet wird dabei mit Medienzitaten (Intertextualität), wodurch eine thematische Vieldeutigkeit bzw. Mehrdeutigkeit entstehen kann (Polyvalenz, Polysemie). Insofern ist der Clip mit einem offenen Text vergleichbar, den der Rezipient selbstständig auffüllt. Der Zuschauer konstruiert jeweils seine eigene Geschichte oder baut seine Collage zusammen.

Schaubild: Kennzeichen von Videoclips

Andreas Schlüter
„Level 4 – Die Stadt der Kinder" (Klassen 5/6)

Inhalt
Endlich bekommt Ben, der Computerfreak, das neue PC-Spiel „Die Stadt der Kinder" geschenkt. Doch etwas stimmt mit dem Spiel nicht, er schafft es nicht, auf die Ebene

„Level 4" zu kommen. Ben bricht das Spiel ab. Bald darauf macht er eine schlimme Entdeckung: Alle Erwachsenen sind verschwunden und die Kinder allein. Aus dem Spiel ist „Wirklichkeit" geworden, es gibt nur noch eine „Stadt der Kinder". Entsprechend müssen Ben und seine Freunde ein Chaos verhindern und das Leben in der Stadt organisieren. Daneben haben sie es mit Kolja und seiner Bande zu tun. Bis zum Schluss bleibt die Frage, ob die Kinder es schaffen.

Erzählstruktur
Im Text ist durchgängig ein auktorialer Erzähler anwesend, der allwissend und kommentierend agiert. Die Handlung zielt auf das Erzeugen von äußerer Spannung, was in der Innenwelt der Protagonisten geschieht, bleibt offen.

Vorschläge
Der Text eignet sich aufgrund seiner einfachen Struktur und der genutzten Momente von Spannungserzeugung für den Einsatz in leseschwächeren Klassen. Wegen der behandelten Thematik – Kinder müssen das Zusammenleben in der Stadt organisieren – kann der Text auch fächerübergreifend genutzt werden.

➤ Der Einstieg kann über den Text selbst, das Cover, den Klappentext, das Layout (Schriftbild und Darstellung einzelner PC-Tasten) erfolgen, Vermutungen über den Inhalt und schließlich Anlesen der Seiten 5–12.
➤ Ausgehend davon steht die kreative Schreibaufgabe: „Ich, Ben, habe eine Idee" – Es soll eine Variante entwickelt werden, wie das Problem (alle Erwachsenen sind verschwunden) zu lösen ist.
➤ Für das Lesen empfiehlt sich das Anlegen eines Lesetagebuches. Da in dem Text die Kinder selbst zu Akteuren werden und das Leben in der Stadt regeln, ist die Bildung von Arbeitsgruppen wichtig, die jeweils handlungs- und produktionsorientierte Aufgaben erhalten. Die Teamarbeit setzt bei der Aussage von Miriam an: „Ich wette, ihr habt auch schon mal davon geträumt, euch in einem Kaufhaus nach Herzenslust bedienen zu können. Ihr wollt es nur nicht zugeben." (40)
  Gruppe 1: Entwickeln eines Rollenspiels „Ben und seine Freunde in der Schule – die große Krise"
  Gruppe 2: Pantomime „Szene im Kaufhaus"
  Gruppe 3: Collage „Chaos im Kaufhaus"
  Gruppe 4: „Sensation – Erwachsene verschwunden!" – Journalisten unterwegs
➤ Das Kapitel „Feuer" bildet den Ausgangspunkt für eine Lesung im Sitzkreis (abgedunkelter Raum, Teelichter, Lesung (27–89); es steht die Frage: „An welcher Stelle könnte ich Hilfe leisten?"
➤ In neuen Arbeitsgruppen werden nun eigenständig drei ausgewählte Problemkreise bearbeitet: Gruppe 1: Kolja – „Was ist das für ein Typ?"; Gruppe 2: „Ein Stadtparlament wird gegründet"; Gruppe 3: „Achtung, die rasenden Reporter kommen". Dabei werden folgende Arbeitsformen erprobt: Steckbrief verfassen, Interview, Reportage, Gründung eines Stadtparlamentes und Besetzung der Aufgabenbereiche entsprechend der Textvorlage (Eindämmung der Gewalt, Versorgung der Tiere im Zoo, Lebensmittelversorgung, Installation eines Warnsystems, Organisation der Feuerwehr, Müllentsorgung, Wasser).
➤ Präsentation der Arbeitsergebnisse

3.4 Jugendliche Subkultur

Darstellungen bis Ende der 80er-Jahre

Bei Texten, die Jugendkultur bzw. jugendliche Subkulturen literarisch erfassen, bildet erneut ein Segment von Wirklichkeit den Ausgangspunkt der Darstellung. Solange in der KJL ein „Schonraumdenken" und die Tendenz zur Tabuisierung dominierte, konnte Subkulturelles schwerlich zum Gegenstand von literarischen Texten werden, eine Gestaltung findet daher erst statt, seit sich in der Bundesrepublik der 60er-Jahre der Status Jugend veränderte. Gattungstypologisch erfolgt eine Darstellung jugendlicher Subkulturen in Texten, die sich zwischen „problemorientierter Jugendliteratur" und Adoleszenzroman bewegen (s. S. 104 ff.). In amerikanischen Forschungen werden Subkulturen verstanden als „relativ kohärente kulturelle Systeme", die innerhalb des Gesamtsystems Kultur „eine Welt für sich darstellen". Ausgehend davon, wird als subkulturelles Kennzeichen angenommen, dass sie „strukturelle und funktionale Einheiten" entwickeln, die ihre Mitglieder in „gewissem Grade von der übrigen Gesellschaft unterscheiden" (BAACKE 1987, 87).
Bei jugendlichen Subkulturen kann es sich handeln um
➤ eine besondere Form von abweichendem (jugendlichem) Verhalten
➤ eine Widerstands-, Absetz- oder Protestbewegung
➤ einen Katalysator und Indikator gesamtgesellschaftlicher Probleme
➤ eine Speerspitze sozialen Wandels und eine gesellschaftsverändernde Potenz

Der Sammelbegriff „Subkultur" ist für sich genommen historisch und umfasst Phänomene auf einer gleitenden Skala: die Peergroups der 50er-Jahre, die Teenager-Kulturen, den Mainstream der Popmusik, die stärker gesellschaftliche Werte in Frage stellenden Jugendszenen der 60er-Jahre ebenso wie die Ausdrucksformen der radikalen Verweigerung in den 70er-Jahren. Repräsentanten von Subkultur sind die Beatniks, die Rock'n Roller, Hippies, die Teds, Mods, Punks, Skinheads, Rocker, Fußballfans, die verschiedenen alternativen Szenen der 70er-Jahre, die „postmodernen" Schicki-Mickis der Endachtziger, die Techno- und Rave-Bewegung der 90er-Jahre. Allein die Betrachtung der Beatniks der 50er-Jahre signalisiert, in welchem Maße Haltungen der *Rebellion* und *Unkonventionalität* maßstabsetzend sind. Hier tauchen Figurationen und Handlungsstrukturen auf, die sich in der Jugendsubkultur späterer Jahre wiederfinden. Die in der Bundesrepublik entstehenden jugendlichen Subkulturen fanden ihre Bezugspunkte in den USA und führten erst mit Verspätung zu gesellschaftlichen Konfrontationen. Sie gingen einher mit der Studenten- und Protestbewegung Ende der 60er-Jahre. Das ist ein Grund, warum frühe jugendliterarische Texte im Umfeld „Subkultur" Adoleszenzromane aus den USA sind. Dazu gehört als musterbildend J. D. SALINGERS „Der Fänger im Roggen" (1951, dt. 1954) wie auch BARBARA WERSBAS „Ein nützliches Mitglied der Gesellschaft" (1970, dt. 1972). In SALINGERS Roman sind Momente enthalten, die auf die sich entwickelnde Beatnik-Szene der 50er-Jahre verweisen. Für Holden Caulfield, den Protagonisten, ist nämlich die amerikanische Wettbewerbsgesellschaft ein Trauma, dem er entgehen möchte. Hier hat seine Angst vor Sexualität und vor dem Älter-Werden eine Ursache. Insofern gibt es unterschwellige Verweise auf die damalige jugendkulturelle Ablehnung des American way of life. Wenngleich sich äußerliche Übereinstimmungen nur bedingt finden lassen, weisen zwei textbestimmende Momente auf die *strukturelle Beziehung* zu Subkulturellem: Holdens zeitweiliges *gesellschaftliches Außenseitertum* und die Feier des *Unterwegsseins*, symbolisiert in der nächtlichen Irrfahrt durch New York. Dass Holden Caulfields Eltern für die Existenzkrise keine Rolle spielen und gewissermaßen außerhalb der Struktur des Textes stehen, entspricht dem Ansatz des jugendlichen Protestes der frühen 50er-Jahre. Es geht um *keine Generationsfrage*, sondern um den Widerspruch einer Jugend zu den institutionalisierten Einrichtungen der etablierten Gesellschaft. Eine Personalisierung des Konfliktes wird mit der Abwesenheit der Eltern ausgeschlossen (vgl. FLAKER 1975). Allerdings endet Holdens Odyssee dann mit Eingliederung und „Ankunft". Letztlich wird er – wie der Romanschluss nahe legt –, nach überstandener Krankheit doch ein College besuchen und mit hoher Wahrscheinlichkeit nicht weiter auf Verweigerung und Entwicklungslosigkeit bestehen. Auch bei BARBARA WERSBAS zwanzig Jahre später publiziertem Adoleszenzroman „Ein nützliches Mitglied der Gesellschaft" geht es nicht darum, Wirklichkeit authentisch abzubilden. Was bei SALINGER keine Rolle spielt, bildet bei WERSBA zentrale Achsen. Die im Rückblick erzählte Lebensgeschichte des Ich-Erzählers Davy zwischen seinem fünften bis neunzehnten Geburtstag enthält in einer Mischung von Beatnik- und Hippie-Bewegung Momente subkultureller Erfahrungen der 50er- und 60er-Jahre: die Entgegensetzung von Spießer/Selfmademan und Hipster, das Erleben von Zuständen wie: to be hooked (rauschgiftsüchtig sein), to be hot (Extase, freie Dichtung, Musik), to flip out (total Wegsein), to be stoned (betrunken, berauscht sein), to take off (über die Nadel Narkotika einnehmen). Kunst und Literatur spielen – der Hippie-Bewegung entsprechend – eine maßgebliche Rolle für das Selbstverständnis der Protagonisten. Alternative Lebensformen werden in der Praxis unter Zuhilfenahme von Rauschmitteln erprobt. Eine entscheidende Veränderung des WERSBA-Textes besteht darin, dass der strukturbildende Konflikt innerfamiliär und generationsspezifisch motiviert wird: im Widerspruch Vater – Sohn. Das kann als harmonisierend gewertet werden, aber zweifellos ist auch darin ein Ausdruck sich wandelnder Vorstellungen zu sehen: Die Generationsfrage gerät zeitweise ebenso ins Zentrum wie die Auffassung, dass die Veränderung des Einzelnen Basis für eine Veränderung der Welt ist. Die Personalisierung literarischer Konflikte ist *eine* Konsequenz.

In der KJL der Bundesrepublik findet die literarische Darstellung von Jugend- bzw. Jugendsubkultur in den 70er- und frühen 80er-Jahren insbesondere in problemorientierten Texten statt und hier besonders unter dem Aspekt „Aussteiger". Den Weg von der Protest- zur Aussteigergeneration nachzeichnend, beschäftigen die Autoren sich mit nunmehr dominanten jugendlichen Problemfeldern (Außenseiter, Drogen, Alkoholismus, Kriminalität, Freitod, Terrorismus). In diesem Rahmen spielt die Darstellung von Action-Elementen als einer Variante jugendkulturellen Verhaltens eine besondere Rolle. Action gilt als ein gemeinschaftsstiftender Bezugspunkt und findet in den Männertugenden wie Mut, Kraft, Coolness, Reaktionsschnelligkeit verbreitenden Filmhelden einen Bezugspunkt. Über den „implizierten Autor" wird dabei – entgegen der aktuellen Bedürfnislage von Jugendlichen – nicht selten die aufklärerische Absicht verfolgt, die Action-Pose als kontraproduktiv für das Gewinnen einer eigenen Identität vorzuführen. IRENE RODRIANS „Blöd, wenn der Typ draufgeht" (1976) ist ebenso ein Beispiel, wie Texte von GERD SCHNEIDER „Geld, Motorrad – sofort. Ein Fehlstart" (1990), MARIA

NICOLINI „Brenzlig wurde es für Jan erst später" (1987) oder MICHAEL KLAUS' Buch über Fußballfans „Nordkurve" (1982). Aus den USA ist zu denken an SUSAN E. HINTONS „Kampffische" (1975). Als „systemprägende Dominante" spielt die Darstellung von jugendlichen Subkulturen allerdings nur vereinzelt in problemorientierten Jugendbüchern eine Rolle. Exemplarisch dafür steht MARGOT SCHROEDERS „Ganz schön abgerissen" (1983), in dem es um die Punkszene geht (s. S. 109 ff.). Mit den Mitteln der problemorientierten Darstellung allein war den der 80er-Jahre nicht beizukommen, weil der Verlust von eindeutigen Zuordnungen der jugendkulturellen Szenen eine *typisierende* literarische Darstellung – wie für problemorientierte Texte kennzeichnend – zunehmend erschwerte. Die mit dem Prozess von Modernisierung in Gang gebrachte Pluralisierung wie Individualisierung führte zu Veränderungen in den Formen von Jugendkultur, die sich so zusammenfassen lassen:
1. Für die Jugendkulturen geht seit 1968 der Weg von einer Überbetonung der **Appellfunktion** zu einer Überbetonung der **Ausdrucksfunktion** (s. S. 181). Mit der Ablehnung von Intellektualisierung und Theoretisierung gewinnen Äußerlichkeiten an Bedeutung. Der Weg geht von der Diskussion der „Inhalte" zur Präsentation von Äußerlichkeiten. Damit sind dem Erzählerischen notwendig Grenzen gesetzt.
2. Subkulturell wie gesamtgesellschaftlich verblasst mit Zersplitterungstendenzen der „Linken" ab Mitte der 70er-Jahre die Faszination des „soziologischen Diskurses", was ein Grund dafür ist, warum die politisch eingreifende Literatur von GÜNTER WALRAFF, ROLF HOCHHUTH, PETER WEISS, FRIEDRICH CHRISTIAN DELIUS u. a. an Bedeutung verliert.
3. Das frühere jugendliche Protestpotential „vergreist", die Hoch-Zeit von alternativen Szenen, Basis-Bewegungen, Utopien ist verblasst. An die Stelle von sozialem Engagement, Einsatz für andere tritt zunehmend selbstbezogener Lebensgewinn. In den Augen der „postmodernen" Jugend sind alle Formen kollektiven Widerstandes gescheitert (vgl. BRUCKNER/FINKIELKRAUT 1981; Heinzen/Koch 1985; GUGGENBERGER 1987; HORX 1985; HORX 1987; SPINNLER 1989; Deese u. a. 1996).

Es ist dies ein Grund, warum Jugendkulturelles ab Mitte der 80er-Jahre zunehmend in jugendliterarischen Adoleszenzromanen gestaltet wird, in Texten also, denen es in besonderer Weise darum geht, jugendlichem Lebensgefühl mit seinen Krisen wie Allmachtsphantasien nachzuspüren. RUDOLF HERFURTNERS „Rita Rita" ist ein Adoleszenzroman mit weiblicher Hauptfigur, der die Veränderungen in der (subkulturellen) alternativen Szene erfasst: Ironisierend ordnet die Protagonistin ihren „Traummann" seinem äußeren Erscheinungsbild nach in das vermutete subkulturelle Milieu ein:

> *"Du hast eine Matratze in einer WG. Zum Frühstück gibt's Müsli – Kern und Korn aus dem Ökoladen. Gelesen wird die TAZ. Abends: Teestube oder linke Musikkneipe – Schickis raus! Und zum Einschlafen: Michael Ende. Ja, und am Wochenende: Infostand auf dem Stadtteilfest."*
> *„Noch was?", fragte er.*
> *"Ja," sagte sie: "Friedensdemo mit Friedens-Rock und Friedensmüsli".*
> *"Fertig?"*
> *Sie war ganz zufrieden. Sie hatte gut geraten, auf ihre Vorurteile konnte sie sich verlassen.* (HERFURTNER 1984, 58)

Das humorvolle Anspielen auf Michael Ende ist ein Symptom für das zurückgehende Bedürfnis nach globalen Sinnangeboten und Utopien. Das Lebensgefühl von Jugendlichen findet seinen Ausdruck weniger im gemeinsamen Lesen eines „Kultbuches", es neigt sich vielmehr optischen und akustischen Signalen zu (Video-Clips, Filme, Bars, Kleidung, Frisuren). Die Faszination, die für die Rita-Figur vom Flipper-Automaten ausgeht, ist ein Ausdruck dafür. Der Abstand der jugendlichen Protagonistin zur Alternativ-Szene ist im Text keineswegs nur als Vorurteil einer „yuppisierenden" Flipper-Queen interpretierbar. Die Krise eines gegenkulturellen Images wird mit der Alternativ-Figur Rollo angedeutet. Er, der nachts Graffitis an die Betonwände der Fußgängerzone sprayt, gesteht ein: „Ist doch Scheiße, wir Alternativen sind ja dafür bekannt, dass wir ewig problematisieren wie die Weltmeister..." (64) Aber das hindert ihn nicht daran, trotzig an seinen Idealen festzuhalten:

> *Es gibt Leute, die wollen dich totmachen. Und trotzdem arbeitest du für die Aufgabe, die du hast: Aufklärung. Die müssen ja alle hier durch, wenn sie tagsüber konsumieren, tagsüber. Ist ein riesiger Platz zum Sprayen. Hier kannst du echt Gegenöffentlichkeit schaffen, wenn alle Medien gleichgeschaltet sind. (66)*

HERFURTNERS Text arbeitet letztlich gegen eine „feeling"-Dominanz (Ritas Eingangshaltung) ebenso wie gegen radikalen Aktivismus. Das Misslingen der geplanten Spray-Aktion mit Sprüchen wie: „Gegen alle Väter und Betonierer der Welt! ... Gegen den Beton der Väter" (148) mag das Überzogene und unter den gegebenen Verhältnissen Aussichtslose dieser Art jugendlichen Protestes andeuten, wenngleich der „implizierte Autor" diese Position stützt. Auch auf der Darstellungsebene wird mit dem einsetzenden Entwicklungs- und Bewusstwerdungsprozess der Rita-Figur an der Vorstellung von notwendigem gemeinschaftlichem Engagement festgehalten.

Die Erfassung von jugendlichen Subkulturen geht in der Jugendliteratur Ende 80er-Jahre zurück. Das hängt damit zusammen, dass Jugendkulturen im engeren Sinne nicht mehr der Jugend gehören, sondern maßgeblich in den Marketingetagen hergestellt und vermarktet werden. Aus der durch Abgrenzung motivierten Gegen- und Subkultur der 70er- und frühen 80er-Jahre ist die „statusbetonte Alltagskultur" der Endachtziger geworden (vgl. BÖHNISCH/BLANC 1989). Selbst die provozierende Geste des Hässlichen wie im Punk verliert in der stetigen Wiederholung ihren subversiven Effekt, wird einzig zum Ritual und lässt sich vermarkten.

Das eklektizistische Kombinieren von Versatzstücken verschiedenster Subkulturen mit anderen Traditionen findet seinen Ausdruck etwa in der Kombination von künstlich zerschlissenen Jeans mit einem Nobel-Jackett von Boss. DAGMAR CHIDOLUES „Lady Punk" (1986), der auch der emanzipatorischen Mädchenliteratur zuzuordnen ist (vgl. GRENZ 1997, 277 ff.), gewinnt derartigen Entwicklungen eine spielerische Seite ab. Um eine mehr „postmoderne" Variante am Beginn der 90er-Jahre handelt es sich bei CHRISTIAN TRAUTMANNS Adoleszenzroman „Die Melancholie der Kleinstädte" (1990).

Aktuelle Tendenzen

Die Art und Weise der Darstellung von Jugendkultur zeigt, wie schwierig der Zugang zu den sich rasch ändernden Jugendkulturen zu finden ist, ohne deren Kenntnis auf die Darstellung von Gegenwärtigem verpflichtete Texte nicht auskommen. Die Tatsache, selbst jung gewesen zu sein, ist mitnichten Gewähr, um spätere Jugend zu verstehen und ihren Gefühlen künstlerisch Ausdruck zu geben. Der „Rückzug" auf das sichere Terrain der eigenen Kindheit und Jugend in den 50er- und 60er-Jahren ist daher ein erklärlicher Vorgang – so erzählt ROLF SILBER in „Helter Skelter" (1993) über die 70er- oder WOMMY SCHMIDT in „Beat" (1995) über die 60er-Jahre. Mittlerweile lässt sich sagen, dass Erzählungen und Romane über Kindheit und Jugend zu einem der wichtigsten Sujets der 90er-Jahre avanciert sind. Dazu gehören so unterschiedliche Texte wie: MARTIN AHRENDS „Der Märkische Radfahrer" (1992) und „Mann mit Grübchen" (1995), FRIEDRICH CHRISTIAN DELIUS „Der Sonntag, an dem ich Weltmeister wurde" (1994), CHRISTOPH HEIN „Von allem Anfang an" (1997), STEPHAN KRAWZYK „Der irdische Kind" (1996), PETER WAWERZINEK „Das Kind das ich war" (1994), BIRGIT VANDERBEKE „Friedliche Zeiten" (1996), RALF ROTHMANN „Flieh mein Freund" (1998), JOACHIM HELFER „Cohn & König" (1998), HELLA ECKERT „Hanomag" (1998) oder ANDREAS STEINHÖFEL „Die Mitte der Welt" (1998). Der Erfolg gerade von STEINHÖFELS Text bei jungen Leuten wie Erwachsenen zeigt, in welchem Maße bestimmte *Stoffe*, *Sujets*, *Themen* generationenübergreifendes Leseinteresse zu erzeugen vermögen. Das für jugendliche Leser wichtige Moment von aktueller Zeitdiagnostik muss in dem Fall nicht bedient werden, da sie über Vergangenes erzählen. Für Texte aber, die gegenwärtiges Jugendgefühl zu erfassen suchen, spielen „relationale" (wirklichkeitsbezogene) Werte wie Wirklichkeitsnähe, Wahrheit, Authentizität eine entscheidende Rolle (s. S. 12). Damit stehen die Texte vor einem Problem, denn gegenwärtig kann von einer Jugendkultur im ursprünglichen Sinne nur noch bedingt die Rede sein. Eine Mainstream-Kultur und die revoltierende Undergroundkultur gehen ineinander über. Frühere subkulturelle Minderheitenkulturen präsentieren heute – wie der Erfolg der Grunge-Band „Nirvana" zeigt – den Mainstream, von den kulturellen Rändern führt der Weg ins gesellschaftlich anerkannte Zentrum. Ein Vergleich der den jugendkulturellen Bewegungen zugrunde liegenden Kommunikationsformen unterstreicht den Wandel.

Kommunikationsformen	Merkmale
Modell des soziologischen Diskurses (60er-/70er-Jahre)	Diskussion, Streitgespräch, Appell, Überzeugung, Demonstration, Besetzung, Kampf; Orientierung auf Veränderung der Welt
Modell des ethnologischen Diskurses (80er-Jahre)	Dominanz von Äußerlichkeiten, Verzicht auf Diskurs, Selbstdarstellung, Inszenierung, Regelverletzung
Modell des spielerischen Diskurses	Ironisierung, Pluralisierung, anything goes, sich selbst zum Maßstab machende Orientierungen

Folgen des Wandels sind auch in den 90er-Jahren mindestens da erkennbar, wo aktuelle Befindlichkeiten von jungen Leuten zum Darstellungsgegenstand gemacht werden. Es lassen sich vier Muster ausmachen:

1. Problemorientierte Exempel- bzw. Beispielgeschichte:
Grundsätzlich ist mit dem Bewusstwerden neuer Problemfelder jeweils der Effekt verbunden, dass literarische Texte problemorientierend, pädagogisierend bzw. sozialisierend wirken wollen. Texte wie MARGRET STEENFATTS „Immer mega – immer fun. Spaß um jeden Preis" (1997) oder MARLIESE AROLDS „Voll der Wahn. Verena steht auf Ecsta-

sy" (1997) nutzen die jugendlichen Figuren und ihre Szene vor allem als *warnende Exempel*, was die Authentizität der Darstellung einschränkt und bei jungen Lesern auf Widerspruch stößt, weil die ihre Szenen besser kennen.

2. Problemorientierter Jugendroman:

Die Übergänge von der Problemerzählung, die sich zumeist stofflich einem spezifischen Gegenstand zuwendet, also etwa Techno oder Ecstasy, zu romanhaften Darstellungen und Entwicklungsgeschichten, in deren Zentrum Jugendliche stehen, sind fließend. In ARNULF ZITTELMANNS „Kein Ort für Engel. Die Geschichte des Amos Filip" (1998) werden Musik, Marken, Sport, Computer, Werbung in der Geschichte um die Selbstfindung des 17-jährigen Amos zitiert. Der Protagonist wird als positiver Held aufgebaut, der einen Ausweg aus seinen Problemen findet und einem jugendlichen Dealer das Handwerk legt. Das Wertsetzungszentrum, der „implizierte Autor" ist in die jugendliche Figur gelegt, die über eine erstaunliche Abgeklärtheit, politische Wachheit, vielfältige künstlerische Interessen verfügt. Amos ist von Dostojewskis „Brüder Karamasow" begeistert, er erinnert Christian Morgenstern-Verse, liebt alte Pink Floyd-Titel, das Musical „Hair", Franz Schuberts „Winterreise" und liest zustimmend Beiträge aus der Wochenzeitung „Die Zeit" – etwa über die „Verratene Jugend". Darüber hinaus – und dies bleibt in der KJL die Ausnahme – gibt das Nachwort des Autors, in dem mangelnde Zukunftsperspektiven der jungen Generation kritisiert werden, explizit Auskunft über die Textintentionen wie Zielgruppe.

3. „Abenteuer-Krimi-Problembuch":

ANDREAS SCHLÜTERS „Die Mega-Stars" (1988) führt zu einem weiteren Text- bzw. Funktionstyp, der eine Genre-Mischung darstellt. Angesprochen ist hier eine jüngere Zielgruppe um 12 Jahre. Im Zentrum der Geschichte, die in Berlin spielt, steht eine Jugendgruppe, der „Kurierdienst Rattenzahn" –, die in Kontakt zur Erfolgsband „Ching Chang Chong" (= Tic Tac Too) kommt. In der Handlung spielen neben der Darstellung von Segmenten der Popszene u. a. Fragen von Rechtsradikalismus, Gewalt, Antifa, Punk, Freizeit, Schule eine Rolle. Der „implizierte Autor", also das Wertsetzungszentrum, ist weitgehend mit Positionen des Erwachsenen identisch. Die Figuren wenden sich gegen Rechtsradikalismus und erkennen abschließend, dass Erfolg im Musikgeschäft mit der Aufgabe der eigenen Persönlichkeit gekoppelt sein kann.

4. Fan-Pop-Literatur (FPL):

Texte dieses Sub-Genres sind nicht denkbar ohne den Hintergrund einer Medienkultur. Entsprechend zielen sie nicht mehr nur auf *eine* kindliche bzw. jugendliche Zielgruppe, sondern gleichsam auf mehrere. Ein Text, der sich im Untertitel als einer „für alle Fans von Take That" ausweist, orientiert sich an anderen Lesern als jener, der auf die Fans der Kelly Family ausgerichtet ist. Texte dieser Art verfügen nur über eine begrenzte (literarische) „Haltbarkeit", denn mit dem Verblassen der im Zentrum stehenden Pop-Gruppe versiegt das Interesse an ihnen. In Texten diesen Typs kommt eine Desavouierung der Szene bzw. Gruppe nicht in Frage, was es vordergründiger Didaktik schwer macht und positiv zu vermerken ist. Dennoch finden sich auch hier pädagogisierende Elemente: „In ihrer Klasse schwärmten jetzt zwar die meisten für East 17 oder die Backstreet Boys, viele auch für diese Schmuddel-Kellys, weil TT sich ja aufgelöst hatten – aber wer seine Idole wechselt wie die Unterwäsche, bekommt, was er verdient, fand Julia" (VON RATH 1991, 19). Das Entstehen von FPL zeigt wie eine Produktions- bzw. Kommunikationsstrategie, die dem Prinzip des „mainstreams der Minderheiten" (HOLERT/TERKESSIDIS 1996) folgt, auf den KJL-Bereich durchschlägt. Generiert wird ein Massenprodukt, das gleichzeitig den Schein erweckt, nur für eine bestimmte (Rezipienten)Gruppe zu stehen. Der Hauch des Exotischen, der Differenz wird hier weniger durch eine besonders innovative Erzählweise erreicht, als vielmehr durch die Behandlung eines spezifischen Gegenstandes, eines besonderen Phänomens, eines Wirklichkeitspartikels, der die Chance bietet, dass jene sich dafür interessieren, für deren Leben bzw. Lebensabschnitt er eine besondere Rolle spielt. Da die Darstellung der jeweiligen Gruppen, Stile, Modetrends, Beats usw. mit kompetenten Lesern rechnet, ja auf sie abzielt, ist im Detail Authentizität gefordert. Die Texte folgen einem Muster: So bildet die jeweilige Gruppe den Aufhänger für eine Liebesgeschichte, die entweder zum fiktiven Happyend mit einem Mitglied der jeweiligen Band führt („Mein Happyend mit Brian. Ein Roman für alle Fans der Backstreet Boys") oder aber mit einem der jugendlichen Protagonisten im Umfeld („Back für you, Julia! Der Roman für alle Fans von Take That"). Insofern können die Texte gleichzeitig als eine (neue) Spielart der traditionellen Mädchenliteratur angesehen werden, traditionell mindestens insofern, als die weiblichen Protagonisten letztlich an Werten orientiert bleiben, die eher den Generationen der Erwachsenen zuzuschreiben sind. Trotz aller Schwärmerei stellen die Mädchen-Figuren eine kritische Distanz zum Medien- und PR-Rummel her und bleiben auf dem Boden der Tatsachen. Mit Blick auf die potentiellen Leserinnen wird betont: „Ich kann schließlich Traum und Wirklichkeit unterscheiden. Jede Menge Mädchen wollte sich umbringen, als THAKE THAT sich aufgelöst haben – das geht mir nun echt zu weit..." (VON RATH 1991, 22). Die Protagonisten verweisen immer wieder auf das Wesen der Dinge, verfolgen also eine Strategie des soziologischen Diskurses. Wichtig sind ihnen die Inhalte der Songs, die Bandmitglieder werden geliebt, weil sie „echt Bescheid" wissen, weil sie „normale Typen" geblieben sind, die für ihren Erfolg hart gearbeitet haben, selbst texten, komponieren, singen.

5. Adoleszenzromane:
Texte, die diesem Typus zugeordnet werden, sind durch einen offenen Leserbezug gekennzeichnet und erzählen *authentisch* über junge Leute. Eine Reihe von Texten zeigt, dass dies vor allem Autoren gelingt, bei denen der Abstand zu ihrer Jugend gering ist bzw. die selbst noch im postadoleszenten Alter sind. Dies trifft gerade auch für (Adoleszenz)Romane ab Mitte der 90er-Jahre zu, die Jugend zum Gegenstand des Erzählens machen wie SELIM ÖZDOGAN „Es ist so einsam im Sattel, seit das Pferd tot ist (1995); NINA GOLD „Ein Girlie packt aus" (1997), BENJAMIN VON STUCKRAD-BARRE „Soloalbum" (1998); JUDITH HERMANN „Sommerhaus" (1998), RALF BÖNT „Icks" (1998), TANJA DÜCKER „Spielzone" (1999). Offensichtlich aber ist, dass sämtliche dieser Texte zwar von jungen Leuten mit Begeisterung gelesen, aber bis auf wenige Ausnahmen – etwa ANDREAS STEINHÖFELS „Die Mitte der Welt" (1998) – außerhalb des „Handlungssystems KJL" entstanden, vermittelt und rezipiert werden. Auch wenn es sich also nicht um „spezifische Jugendliteratur" handelt (s. S. 8 f.), hat ihre literarische Qualität zunehmend dazu geführt, die Texte auf Auswahllisten zum Deutschen Jugendliteraturpreis zu platzieren bzw. sie mit dem Preis auszuzeichnen (vgl. GANSEL 1999c). Dabei ist es mehr

als die Kenntnis der jeweils aktuellsten Mode oder Szene, was – bei allen Unterschieden – das Gemeinsame diese Texte ausmacht. Der Erfolg bei jungen Lesern hat damit zu tun, dass sie für das durch eine Medien- und Erlebnisgesellschaft geprägte Lebensgefühl, das Bewusstsein wie Unterbewusstsein der Jungen adäquate erzählerische Formen finden: Die Autoren treten gänzlich hinter ihre Figuren zurück, es wird auf jegliche Kommentierung oder versteckte Wertungen verzichtet, der „implizierte Autor", das Wertsetzungszentrum des Textes, ist mit den Jugendfiguren identisch. Wie in den Medien, der Werbung, der Musik, den Clips spielen Oberflächen eine entscheidende Rolle. „Erst wenn man die Oberfläche der Dinge kennen gelernt hat, kann man sich aufmachen, um herauszufinden, was darunter sein mag. Doch die Oberfläche der Dinge ist unerschöpflich", dieses Zitat aus ITALO CALVINOS „Herr Palomar", stellt ENRICO REMMERT („Loove Never Dies") seinem Roman als Leitmotiv voran. In Texten dieser Art gibt es schnelle Schnitte, die Erzählperspektiven wechseln, die Identitäten wandeln sich. Aus den kurzzeitig aufblitzenden Stimmungen, Launen, Affekten, Beobachtungen, Absurditäten wird ein Bild von jungen Leuten entworfen, die zwar keinen festen Wesenskern im Sinne eines ausgeprägten und stabilen Sinn-Mittelpunktes besitzen und die vielleicht gerade darum – wie bei ENRICO REMMERT – von ihrem „unaufhörlichen Versuch" erzählen, „der Welt einen Sinn zu geben und uns zu erklären, was geschieht". Gleichwohl ist BENJAMIN VON STUCKRAD-BARRES Hinweis ernst zu nehmen, der in der 7. Auflage (!) von „Soloalbum" nicht ohne Grund notieren lässt: „Als Symbol für ein Lebensgefühl stehe ich nicht zur Verfügung" (248 f.).

Verallgemeinernd lässt sich sagen: Auf der einen Seite kommt es in der KJL zur Grenzüberschreitung in Richtung auf die Allgemeinliteratur und auf der anderen Seite zur Zunahme der Nischen- bzw. Zielgruppenliteratur. Sich von vornherein auf eine bestimmte, eng begrenzte potentielle Leserschaft zu orientieren, ist keineswegs ein Merkmal, das die Kinder- und Jugendliteratur kennzeichnet und ihre vermeintlich mindere Qualität ausmacht. Neu ist auch der Grad an Ausdifferenzierung, der mit einiger Wahrscheinlichkeit zu neuen Subgenres bzw. Textgruppen mit ganz spezifischen Funktionen führen wird.

Vorschläge für den Unterricht

Einstiegsvariante (Klassen 8 – 12)

Gesellschaftlicher Hintergrund:
Heute können 12-, 13- oder 18-Jährige schwer sagen, wann für sie der Status des Erwachsenseins erreicht sein wird, weil durch längere Ausbildungszeiten die Jugendphase im Vergleich zu den Eltern bzw. Großeltern mitunter um fast zwanzig Jahre länger ist. Auf der einen Seite gibt es also bereits in jüngsten Jahren einen hohen Grad an politischer, sozialer, sexueller Selbstbestimmung, auf der anderen Seite existiert eine sehr lange ökonomische Abhängigkeit. Zukunft kann nur als offen, unberechenbar, wenig steuerbar gesehen werden. An die Stelle der traditionellen „Normalbiographien" sind längst die „Drahtseil-" bzw. „Bastelbiographien" getreten, die Chancen, aber auch Risiken mit sich bringen: Eine falsche Entscheidung und aus dem vermeintlichen Modernisierungsgewinner ist ein Verlierer geworden. Was nimmt es also wunder, wenn diese Unsicherheit eine Gegenwartsorientierung junger Leute zur Folge hat und für sie Konsumtion, Erlebnis, Fun, Geld immer

wichtiger werden. Wo man Zukunft nicht planen kann, müssen mit Notwendigkeit so genannte „postmoderne Sinnkrisen" die Folge sein. Genau diesen „Befindlichkeiten" hat Literatur nachzuspüren, ja dies stellt in einer Mediengesellschaft eine einzigartige Chance dar. Mindestens aber erklärt es, warum gerade Literatur, die sich an junge Leute wendet, zunehmend als zeitdiagnostisches Medium funktioniert. Für den Einsatz im Unterricht eignen sich daher besonders jene Texte, die diesen Prinzipien entsprechen, und dies sind vor allem Texte im Umfeld des Adoleszenzromans. Dabei ist von folgender Überlegung auszugehen: Die Behandlung von Texten, die direkt Jugend bzw. einzelne Segmente von Jugendkultur zum Gegenstand machen, erfordert in jedem Fall eine auf Schüler bezogene handlungs- und produktionsorientierte Arbeitsweise.

Einstieg (Problemorientierte Diskussion)

Schritt 1: In zwei Arbeitsgruppen werden aus Jugendzeitschriften Äußerungen von Jugendlichen zu den Themen „Freundschaft und Liebe" und „Meine Zukunft" zusammengestellt. Anschließend wird das erste Thema diskutiert: Wie entstehen Freundschaften, warum will man „miteinander gehen", wie erfolgt die „Annäherung" an jemanden, der einem gefällt. Dazu werden Varianten der „Kontaktaufnahme" ausgetauscht und wenn möglich im Rollenspiel in der Klasse erprobt. Die notwendige Lockerheit für das szenische Spiel ist gegeben, weil die Schüler über ein vielfältiges Reservoir an (fiktiven) Geschichten verfügen. Heutigen Jugendlichen sind eine Fülle von Konstellationen bekannt, in denen Liebe, Sexualität, Hass, Intrigen, Gewalt, vorkommen. Mit Blick auf Zweierbeziehungen weist das real wie fiktiv erfahrene Spektrum alle Schattierungen vom „Macho" bis zum „Vamp" auf. Das erleichtert das Erspielen möglicher „Beziehungskisten". In Abhängigkeit davon, für welchen Schauplatz die Schüler sich entschieden haben („Pause", „Klassenfahrt", „Disko"), erfolgt die szenische Darstellung. In vielen Klassen steht die Disko an der Spitze. Die Diskussion über die jeweiligen Varianten der szenischen Darstellung provoziert Fragen, ermöglicht einen Austausch über Sozialisation, Selbstbild, wie auch warum man auf jemanden „besonders steht" (Aussehen/Auftreten, Verhältnis zum anderen Geschlecht). Um eine Einfühlung in die Rollen zu ermöglichen, sind *Leitfragen als Mittel der Orientierung* sinnvoll, die auch Anlass für Schreibaufträge sein können (vgl. SCHELLER 1993, 49 ff.).

Schritt 2: Nach der Diskussion über Rollenverhalten wie Stereotypen wird ein zweites Arbeitsblatt entworfen, das jeweils auf einer Skala von 1 bis 4 („sehr wichtig" bis „spielt keine Rolle") Parameter zum Komplex „Mein Wunschfreund – Meine Wunschfreundin" enthält. In der Diskussion werden Kriterien jeweils präzisiert: a) Aussehen (groß, sportlich, schlank, lange Haare usw.), b) Eigenschaften (lebhaft, bescheiden, cool, intelligent usw.), c) Hobbys (Musik, Tanzen, Reisen, Sport, Haus, Garten usw.), d) Beruf (Manager/in, Maurer, Schauspieler/in, Lehrer/in, Kraftfahrer/in usw.), e) Geld bzw. Vermögen. Die Erfahrungen zeigen, dass bei der Diskussion über die „Wunschpartner" bereits in Klasse 8 Fragen angesprochen werden, die Selbstbild wie Zukunftsvorstellungen betreffen. So kann jetzt die Zusammenstellung zum Thema „Meine Zukunft" herangezogen und ergänzt werden. Dabei spielen Beruf, Geld, Familie, Kinder, Wohnung eine besondere Rolle. Der erste Gedankenaustausch in der Gruppe sollte durch Überlegungen zu Hause weitergeführt werden; die Namensnennung sollte freiwillig sein. Eine Arbeitsgruppe kann dann im Team eine Auswertung vornehmen und vorstellen.

Orientierungsfragen zum Einfühlen in eine Figur und die eigene Person	
Alltag – Arbeit – Schule	Wie sieht dein Arbeits-/Schulalltag aus? Welche Qualifikationen sind dafür erforderlich? Wo arbeitest/lernst/studierst du? Mit wem und für wen arbeitest du? Wie wichtig ist dir die Arbeit/Schule? Was hältst du von deinen Lehrern? Wie stehst du zur Schule? Welche Fächer gefallen dir und welche nicht? Welche Tätigkeiten übst du besonders gern aus und welche nicht? Was verdienst du oder woher bekommst dein Geld? Was machst du mit dem Geld? Wie verbringst du deine Freizeit? Wie viel Zeit steht dir zur freien Verfügung? Mit wem verbringst du deine Freizeit? Was tust du am liebsten und mit wem? Welche Interessen hast du? Was würdest du gern tun, wofür dir die Möglichkeiten (noch) fehlen. Wie stehen deine Eltern zu deinen Hobbys? Erhältst du Unterstützung?
Selbstbild	Wo lebst du und mit wem? Wie sieht deine Familie aus? Welche Probleme hast du und gibt es Ängste? Was sind deine Träume? Was hältst du von der Zukunft und wie sollte sie aussehen? Was magst du an dir und was nicht? Was gefällt dir an anderen und was nicht? Welche Emotionen gefallen dir besonders und welche nicht? Welches Verhältnis hast du zu deinem Körper und zur Sexualität? Worüber denkst du am meisten nach? Was hältst du von Politik? Welches ist deine Lieblingstätigkeit?
Aussehen und Auftreten	Wie siehst du aus, beschreibe dein Äußeres. Wie sind Körperbau, Gesicht, Frisur? Wie kleidest du dich? Wie bewegst du dich? Wie gehst du? Wie stehst du? Wie sitzt du? Wie ist deine Mimik und Gestik? Wie sprichst du? Welches sind deine derzeitigen Lieblingswörter? Welche Ausdrücke kannst du gar nicht vertragen? Wie verhältst du dich, wenn du dich (nicht) beobachtet fühlst, wenn du dich in der Öffentlichkeit bewegst, in der Gruppe, in der Klasse, beim Tanzen?
Verhältnis zum anderen Geschlecht	Was bedeuten dir Männern/Frauen? Was weißt du über sie? Welche Erwartungen hast du an sie und welche Forderungen? Welche Männer bzw. Frauen magst du besonders (Aussehen, Figur, Charakter, Intelligenz)? Welche machen dir Angst und warum? Wie möchtest du, dass sie sich dir gegenüber verhalten? Wie verhältst du dich gegenüber Männern/Frauen? Wie wirst du von ihnen wahrgenommen? Was für eine Beziehung wünschst du dir? Was möchtest du mit ihm/ihr zusammen unternehmen? Welche Pläne hast du für eine gemeinsame Zukunft?

Schaubild: Rollenschreiben

Per Nilsson
„So Lonely" (Klassen 9 – 10) Deutscher Jugendliteraturpreis (1997)

Inhalt
Im Zentrum des Textes steht ein 16-jähriger Junge, dessen Name nicht genannt wird. Für ihn ist die erste große Liebe zerbrochen, und er ist verzweifelt. 16 Gegenstände liegen auf einem Tisch vor ihm, die alle in Zusammenhang mit Ann-Katrin, genannt „Herztrost" stehen und ihn an ihre Beziehung erinnern. Der Protagonist, der allein zu Hause geblieben ist, zieht Bilanz: von der ersten Begegnung im Bus über das Kennenlernen, den ersten sexuellen Kontakt bis zum Bruch. Die Monologsituation mit den Erinnerungsszenen gibt Einblick in die Innen- wie Außenwelt des Protagonisten. Zur Sprache kommen seine Gedanken und Gefühle, Liebe, Sehnsucht, Eifersucht, ja sogar kurzzeitige Selbstmordgedanken.

Erzählstruktur
Es handelt sich hier um einen Adoleszenzroman, der die Möglichkeiten modernen Erzählens innovativ nutzt. Der Textanfang, der einen Rahmen bildet, erinnert an eine Art Drehbuch mit Regieanweisungen (Erzählverhalten: auktorial). Es findet dann mit dem Wechsel auf eine zweite Handlungsebene ein Wechsel des Erzählstandortes (von allwissend zu begrenzt) sowie der Erzählperspektive (von Außen- zu Innensicht) statt, was durchgängig für den Text kennzeichnend ist. Dabei handelt es sich um ein analytisches Erzählen, denn die Geschichte beginnt mit dem Ende. Die Erzählzeit beträgt vier Stunden. Das Ende bleibt offen, mehrere Alternativen sind denkbar.

Vorschläge
➤ Einstieg: Auf einem Tisch können jene 16 Gegenstände verteilt sein, die die Struktur des Textes ausmachen bzw. den Erinnerungsprozess des jugendlichen Protagonisten bestimmen: eine Buskarte, eine Ansichtskarte, eine deutsche Grammatik, eine Topfpflanze, eine Seite aus einem Liederbuch, eine Packung Kondome usw.
➤ Der Text eignet sich wegen seiner Struktur in besonderer Weise zur szenischen Gestaltung bzw. Interpretation. Dazu können in einer ersten Stufe die ersten 3 Kapitel in verteilten Rollen gelesen werden. Auf diese Weise wird auch die Struktur des Textes mit den wechselnden Erzählperspektiven erlebbar. Damit sind zudem Impulse für eine Diskussion gegeben wie auch für kreative Schreibanlässe: Woran erinnert die Geschichte? Welche Raumsituation herrscht vor? Worum könnte es gehen? Wie entwickelt sich die Geschichte weiter?
➤ Der Protagonist spricht selbst von einer Vorstellung: „HERZTROST, Drehbuch & Regie: Er selbst (Oder vielleicht sie... denkt er.) In der Hauptrolle: Er selbst (Oder vielleicht sie ... denkt er.) Frei ab 15 Jahre" (12). Wiederholt ist die Rede davon, dass hier ein Film abläuft, der von „Verliebtheit und Eifersucht und Sehnsucht und ... und Sex ... und von einem Supertrottel" handelt (138). Es bietet sich daher zunächst ein Ein-Mann-Stück im Sinne eines Sprechmonologs an, ebenso ist ein szenischer Dialog denkbar, der die verschiedenen Stationen der Liebe erspielt (Herztrost im Bus, 16; Herztrost reicht ihm den Apfel, 51).
➤ Das zentrale Kapitel „Herztrost und er und er" (107 ff.) ist in Form eines Filmskripts geschrieben, es treten drei Figuren auf: Umsetzung der Szene und Ergänzung durch Rollenmonologe und innere Dialoge.
➤ An einer Stelle ist von einem „schwarzen chinesischen Notizbuch" die Rede, einer „Art Tagebuch" (102), und es heißt später: „Ihr schreiben, über sie schreiben, über sich selbst und all das neue Unbekannte, das in ihm brodelte, das ihn warm und kalt werden ließ..."(102). Was konkret in dem Tagebuch steht, ist nicht zu erfahren. Entsprechend der Situation wie der Gefühlslage ergeben sich Möglichkeiten die Tagebuchaufzeichnungen nachzutragen.
➤ Durchgängig wird aus der Sicht des Jungen erzählt, das provoziert geradezu, die weibliche Protagonistin zu Wort kommen zu lassen. Auch kann die männliche Perspektive im Text jeweils durch die nicht explizit ausgeführte weibliche ergänzt werden (Schreiben aus unterschiedlichen Perspektiven).
➤ Als es zum ersten Gespräch nach dem Bruch kommt, gesteht „Herztrost": „,Ich hab mindestens hundertmal versucht, dich anzurufen. Ungefähr. Und bin bestimmt schon zwanzigmal hiergewesen und hab an der Tür geklingelt', fuhr sie fort."

‚Schreib einen Brief', flüsterte er, ohne zu lächeln." (144) Was mag die Protagonistin gedacht haben, was hätte in dem Brief stehen können?
➤ Szenische Gestaltung der entscheidenden Episode, in der er begreift, „dass er draußen war. Dass er am Ende war, Dass er aus dem Spiel war. Dass er aus dem Spiel geflogen war." (124) Durchspielen der verschiedenen Versionen, die der Protagonist selbst entwirft (Version 1 bis Version 5, 125 ff.).
➤ Weitere wichtige Textstellen (Bezug zu GOETHES „Werther", 120; Selbstmordgedanken, 130; Schlussszene, 158)

Hans Olsson
„Rollenspiele" (Klassen 9–10)

Inhalt

Johan Alexander Lindström ist 15 Jahre alt und könnte zufrieden sein: Er hat Erfolg, ist witzig und ironisch, das Familienleben funktioniert, in der Clique hat er einen guten Stand und vor allem, die Mädchen sind hinter ihm her. Doch Johan hat ein Problem: er ist schwul. Damit kommt er nicht zurecht, und er versucht sich gegen seine Gefühle zu wehren. Johan weiß nicht, mit wem er über seine Probleme sprechen soll. Die Ereignisse überstürzen sich, als Johan sich in einen anderen Jungen verliebt und fast verzweifelt, weil auch er bestimmte Stereotypen von sozialen Rollen verinnerlicht hat. Doch schließlich erkennt er, dass er seinen eigenen Weg finden muss.

Erzählstruktur

In 52 Kapiteln wird von dem Ich-Erzähler seine Geschichte erzählt, er nimmt als ‚erlebendes Ich' selbst an der fiktiven Handlung teil. „Implizierter Autor", also das Wertsetzungszentrum und Ich-Erzähler sind identisch, es finden sich keine Kommentare, die die Haltung des Ich-Erzählers relativieren.

Vorschläge

➤ Einstieg: Im Mittelpunkt des Textes steht zwar ein männlicher Protagonist und das Thema „Homosexualität" spielt eine entscheidende Rolle. Doch geht es um mehr, zur Sprache kommen Schulprobleme, erste Liebe, Freizeit, Zukunft. Die in dem Text diskutierten Fragen nach der Sexualität junger Menschen berühren zudem in gleicher Weise Mädchen. Der Schwierigkeit, im öffentlichen Raum über Fragen von Sexualität zu diskutieren, muss Rechnung getragen werden. Als Einstieg in den Text wird eine Textstelle gewählt, in der Johan mit seinem Freund Stisse ein längeres Gespräch führt („Wir kannten einander, Stisse und ich" bis „Ich lachte. Typisch Stisse", (28–32). Die Episode wird in verteilten Rollen gelesen. Ziel ist es, eine Art Persönlichkeitsprofil zu erstellen. Was ist der Figur wichtig, wie wertet sie, welche Meinung hat sie von Mädchen usw. Es schließen sich Fragen an, die das *Selbstbild der Figur* betreffen und die durchgängig weiter zu verfolgen sind: Was denkt die Figur über sich, wie verhält sie sich, welche Ängste hat sie und warum, welche Vorstellungen hat sie von Sexualität?
➤ Da für den Text die Auffassungen von bestimmten sozialen Stereotypen eine Rolle spielen, ist die Verständigung über bestimmte eigene Vorstellungen besonders wichtig und Voraussetzung für das Erkennen der Textstruktur.

> *Soziale Rollen szenisch darstellen:* Es werden verschiedene soziale Rollen (Mann, Frau, Macho, Softy, Girlie, Prol, Hausfrau, Hausmann, Chef, Karrierefrau) bis hin zu so sensiblen Bereichen wie der Sexualität (schwul, hetero, lesbisch, bi) diskutiert. Dabei werden äußere Kennzeichen herausgearbeitet und bestimmte Muster erkannt. Ausgehend davon erfolgt eine szenische Darstellung von entsprechenden Körperhaltungen der jeweils entworfenen Typen. Ziel ist in diesem Fall, sich in die Rollen bzw. Figuren des Textes einzufühlen. Dazu ist es notwendig, über sinnliche Vorstellungen und physische Handlungen, eigene Erfahrungen, Erlebnisse, Phantasien, Gefühle zu aktivieren, um sie auf die Figur(en) des Textes zu übertragen, ihr Verhalten nachzuvollziehen, ihre soziale Umgebung aus deren Blickwinkel zu erfassen. Folgende Hinweise können zur Orientierung dienen:
> 1. *Entwickelt eine Vorstellung von äußeren Haltungen:* Macht euch Gedanken über das Aussehen (Größe, Körperbau, Gesicht, Haare), Kleidung, Körperhaltung, Gestik, Sprechweise (Lautstärke, Betonung, Stimmhöhe, Wortwahl), kennzeichnende Redewendungen. Notiert Stichworte, die der Kennzeichnung des jeweiligen Typs dienen. Stellt den jeweiligen Typ szenisch dar und begründet eure Darstellungsweise. Versucht nun einen Zusammenhang herzustellen zur möglichen inneren Haltung der Figur.
> 2. *Erarbeiten von Körperhaltungen:* Zur Orientierung werden nacheinander die Figuren-Typen in folgenden Köperhaltungen gezeigt: a) Gehhaltung: Durch den Raum gehen und nach einer Haltung suchen, die zu der Figur passt. Dabei sich vorsagen, was die Figur gerade denkt. b) Sitzhaltung: Erproben von unterschiedlichen Sitzhaltungen und Entscheidung für jene, die der vorgestellten Figur am nächsten kommt, auch hier Äußern der möglichen Gedanken. c) Stehhaltung: Durch den Raum gehen, an verschiedenen Stellen stehen bleiben und sich für eine Haltung entscheiden. Äußern, was die Figur gerade denkt.
> 3. *Öffentliche und private Körperhaltungen erarbeiten:* Menschen verhalten sich in öffentlichen und privaten Räumen unterschiedlich. Führt vor, wie sich eure Figur in einer Situation benimmt, die sie in der Öffentlichkeit zeigt und wie in einer privaten, wo sie sich unbeobachtet fühlt. Zeigt die jeweilige Haltung.
> 4. *Sprechhaltungen erarbeiten (öffentlich/privat):* Die Vorstellung von einem Typ bzw. einer Figur zeigt sich auch in der Art und Weise wie sie spricht bzw. was sie sagt. Demonstriert eine mögliche Variante, die den Typ in besonderer Weise kennzeichnet (vgl. SCHELLER 1993, 86 ff.).

Schaubild: Soziale Rollen szenisch darstellen

➤ Die szenische Erarbeitung von Figuren-Typen macht sensibel für gesellschaftliche Stereotype, Klischeevorstellungen und Vorurteile, die ungerechtfertigt zu Ablehnung, Diskriminierung einzelner Menschen, sozialer Gruppen usw. führen. Dies betrifft auch Fragen der Sexualität. Nach den Rollenspielen ist damit der notwendige Rahmen für die Diskussion der zentralen Stelle des Textes gelegt: Johan fasst sich endlich ein Herz und klärt seinen besten Freund über seine Situation auf (Brief: 139-142). Der Text wird gemeinsam gelesen. In außerschulischen Kontexten kann ein Fragebogen erarbeitet werden, der genau jene Fragen enthält, die mit dem Text angesprochen werden. (Hast du diesen Brief gelesen? Wie reagierst du? Wie würdest du auf deinen Freund/Freundin reagieren?)

Weitere zentrale Textstellen: Johans Gedanken im Sexualkundeunterricht und seine Angst, mit Stisse zu sprechen (37. Kapitel, 192–201); Textende (52. Kapitel, 290–292).

4. Autoren und Literatur – Projekte

4.1 Literaturunterricht und Autor-Stereotypen

Die Klasse schraubt sich von den Stühlen hoch. Die Lehrerin wartet bis alle stehen... „Freundschaft"!
„Freund Schaf!" Der gewohnte Leierchor. „Wir haben heute viel vor", sagt sie. „Daher keine Leistungskontrolle."... Frau Schultheiß eröffnet locker das Unterrichtsgespräch mit der Routinefrage, wer Friedrich Schiller war.
„Mein Opa mütterlicherseits" antwortet Alfred. Die Klasse ist nicht zu ernsthafter Arbeit aufgelegt. „Eine Art Nationalgoethe gegen Absolutismus und preußischen Militarismus" klappst Löffel... Frau Schultheiß lächelt nachsichtig, erklärt geduldig, ordnet zeitlich ein. Und dann beginnt sie, das Drama Wilhelm Tell zu behandeln (SAALMANN 1993, 35).

Der Ausschnitt aus GÜNTER SAALMANNS Jugendroman „Zu keinem ein Wort" (1993) scheint unzweideutig zu signalisieren, wo man sich befindet: im Literaturunterricht (in der DDR) – konfrontativ, lehrerzentriert, ideologisierend, sozialisierend, langweilend. Wenig später fallen dann jene Signalfragen, die als Kennzeichen für einen einseitig kognitiv-analytischen Umgang mit Literatur gelten: „Was wollte Schiller seinen Zeitgenossen mit diesen Versen sagen?" und „Und was kann der Dichter uns Heutige lehren?"(37). SAALMANNS kritische Darstellung von Literaturunterricht ist kein Einzelfall und trifft bei aller Überspitzung auch heute noch. Das karikierte unterrichtliche Vorgehen steht im Widerspruch zu Intentionen junger Leute, die – wenn sie denn lesen – in erster Linie am „Was" der literarischen Darstellung, am Inhalt, an der Handlung Interesse haben und Texte bevorzugen, die spannend sind. Fragen nach dem „Wie", nach der Machart des Textes, nach literarischer Innovation, nach modernen Erzählverfahren, nach Motiv- oder Gattungstraditionen spielen für den „Normalleser" zunächst keine Rolle. Aus diesem Grund ist die Verbindung von kognitiv-analytischen mit produktions- und handlungsorientierten Methoden für den Literaturunterricht so wichtig, ohne die eine gegen die andere auszuspielen. Und von ebenso großer Bedeutung ist die Auswahl der Autoren und Texte. Dabei ist – in Abhängigkeit von Autor und Werk – auch zu diskutieren, unter welchen historischen Bedingungen Texte entstanden sind, wie literarische Schaffensprozesse aussehen, welche möglichen Intentionen Texte haben, wie die Individualität von Autoren beschaffen ist und welche Rolle sie in der Gesellschaft spielen. Dies betrifft Fragen nach den „inneren Bedingungen" von Autorschaft (Fähigkeiten, Begabungen, Bedürfnisse, Motivationen) wie solche nach der sozialen Rolle (Stellung in der Gesellschaft). Aber was ist ein Autor? MICHEL FOUCAULT hat diese Frage unter den Bedingungen einer modernen Informationsgesellschaft – und in der spielen Texte neben bewegten Bildern eine entscheidende Rolle – gestellt. Keineswegs jeder, der namentlich einen Text zeichnet und zu dessen „Urheber" wird, ist gleichsam ein „Autor". „Ein Privatbrief kann einen Schreiber haben, er hat aber keinen Autor; ein Vertrag kann wohl einen Bürgen haben, aber keinen Autor. Ein anonymer Text, den man an einer Hauswand liest, wird einen Verfasser haben, aber keinen Autor" (FOUCAULT 1991, 19). Der entscheidende (ökonomische, soziale, politische, kulturelle) Einschnitt liegt Ende des 18. Jh.s: Im Rahmen einer allgemeinen gesellschaftlichen Ausdifferenzierung entsteht ein eigenständiges, ein autonomes Handlungs- und Sozialsystem Literatur (s. S. 9 f.). Erst mit der Entstehung des Literatursystems, also mit der Existenz von Autoren, Vermittlungsinstanzen, Rezipienten, ja der Existenz eines literarischen Marktes wird Autorschaft primär als Urheberschaft an Texten, als Werkherrschaft über Geschriebenes verstanden. *Der Autor ist damit* **Produkt eines Prozesses von gesellschaftlicher Modernisierung** (s. S. 48 ff.). Der Aufstieg des Autors ist an den Autonomie-Anspruch der Literatur gebunden, also dass „Literatur als Kunst" nicht bestimmten Zwecken zu unterstellen ist. Den Kern des neuen Literaturverständnisses bildet also eine „Ästhetik der Autonomie" mit ihrem Geniebegriff, die an die Stelle der bis dahin gültigen Regelpoetik tritt. GOTTSCHEDS viel zitierter Satz aus der „Critischen Dichtkunst" (1751) kann vom neuen Autoren-Typus nicht mehr akzeptiert werden: „Zuallererst wähle man sich einen lehrreichen moralischen Satz, der in dem ganzen Gedichte zum Grunde liegen soll..." Die neue Schreibregel „Schreibe wie du selbst" verlegt dagegen die Konkurrenz in die unveröffentlichte Individualität der Seele, Dichtung ist Selbstausdruck des Ichs und eben nicht geschrieben mit Blick auf einen bestimmten Adressaten (vgl. BOSSE 1981, VOLLHARDT 1995). Dieser Autonomie-Anspruch gilt allerdings für die KJL nur eingeschränkt, es dominiert weiterhin eine Auffassung von Literatur, die das Gewicht auf Belehrung und Erziehung legt. Ja in Absetzung zum Literaturbegriff der Geniebewegung verstehen die aufgeklärten Pädagogen sich als „Erziehungsschriftsteller" (S. BAUR, 1790, vgl. EWERS 1998, 7). Für KJL-Autoren scheint vorab entschieden, für wen und was geschrieben wird. *Entsprechend gelten die Autoren dann als Produzenten von Zielgruppenliteratur, als Schreiber von „heteronomer", von nicht-autonomer Literatur.* In einem Literatursystem, das auf Autonomie, auf Zweckfreiheit, Individualität, Genialität setzt und einen entsprechenden Literaturbegriff favorisiert, müssen die im KJL-System Handelnden (Autoren, Vermittler, Rezipienten) eine mindergeachtete Rolle akzeptieren, weil ihnen die Ausrichtung auf einen konkreten Adressaten, also Kinder und Jugendliche, als Behinderung der Autonomie ausgelegt wird – egal, ob dies im Einzelfall zutrifft oder nicht. Es ist vor allem der Typus des Erziehungsschriftstellers, den PETER HÄRTLING meint, wenn er mit Blick auf die Geschichte der KJL polemisch anmerkt:

> *Immer wieder und immer anders geriet die Literatur für Kinder unter die Fuchtel von Pädagogen, Theologen und Ideologen, also allen denen, die sich im Grunde das paternalistische Recht der Erziehung anmaßten... Nur selten schrieben sie ganz unverstellt, blieben bei sich, um so mehr krümmten sich unter realen oder eingebildeten „Aufträgen"* (HÄRTLING 1991, 5).

Doch sind indes keineswegs alle Autoren als „Erziehungsschriftsteller" einzustufen. HANS-HEINO EWERS hat ein zweites Stereotyp benannt, das des „kinderliterarischen Erzählers" (vgl. EWERS 1998, 11; GANSEL 1998 f, 5). Dessen Absichten liegen nicht mehr vordergründig in der Erziehung, der Belehrung, der Unterweisung, sondern darin, die kindlichen Leser zu unterhalten, indem ihnen eine spannende Geschichte erzählt wird. ASTRID LINDGRENS Motivation zum Schreiben von „Pippi Langstrumpf" ist dafür exemplarisch:

> *Geboren wurde sie eigentlich eines Abends im Jahre 1941. Karin, meine damals siebenjährige Tochter, lag mit Lungenentzündung im Bett und bat mich oft: „Mama, erzähle mir bitte etwas." „Was soll ich dir denn erzählen?", fragte ich nach Mütterart.*

„Erzähl mir von Pippi Langstrumpf", sagte Karin eines Abends. Sie hatte diesen Namen im Augenblick erfunden, und ich begann zu erzählen, ohne zu fragen, was für eine Figur diese Pippi Langstrumpf sei (LINDGREN 1967).

Beim Erzählen für Kinder kann dabei eine gänzlich neue Geschichte entstehen, in der die Autorin wie bei „Pippi Langstrumpf" ihrer Phantasie freien Lauf lässt, es kann aber auch – was häufiger ist – auf bekannte Texte zurückgegriffen werden. Es handelt sich darum, diese – wie bei den Bearbeitungen von Mythen, Sagen, Legenden – für Kinder neu zu erzählen. Die beiden ersten Typen sind als „Zielgruppenliteratur" erkennbar und haben wenig zu tun mit jenem von der Geniebewegung im 18. Jh. ausgehenden Anspruch, Dichtung müsse Selbstausdruck der Gefühle, Gedanken, Schmerzen des Dichters sein. Gleichwohl hat auch dieser Autor-Typus in abgewandelter Form Eingang in die KJL gefunden. In Anknüpfung an EWERS sollen diese mit der deutschen Spätromantik in der KJL auftauchenden Dichter-Rollen bezeichnet werden als **naiver Kinderdichter** und **sentimentalischer Kindheitsdichter**. Ersterer ist einer, der auch als Erwachsener sich kindliche Eigenschaften bewahrt hat, Naivität, Unbekümmertheit, Schlichtheit, der in seinen Texten von sich spricht, aber in dem, was er ausdrückt und wie dies geschieht, Kindern „verständlich und nahe zugleich" ist (EWERS 1998, 13). Stellvertretend für diesen Typus stehen EICHENDORFF, WILHELM HEY, HOFFMANN VON FALLERSLEBEN, im 20. Jh. auch hier ASTRID LINDGREN:

Das Pferdezeitalter – das war eine Zeit mit ganz anderen und viel langsamerem Rhythmus als die unsrige. Ich glaube, es war schön, in jener Zeit Kind zu sein. Jedenfalls war meine Kindheit eine glückliche, und als ich „Rasmus und der Landstreicher" schrieb, war mir, als kehrte ich in ein verlorenes Paradies zurück. Ich will nicht behaupten, dass jene Welt für Oskar, den Landstreicher, oder für Rasmus, das elternlose Kind, ein Paradies war, sondern will mir sagen, dass sie für mich ein Paradies war und dass es herrlich war, dorthin zurückzukehren, als ich mein Buch schrieb, dass es wunderbar war, in diesem Paradies wieder ein Kind sein zu dürfen.
(LINDGREN 1963)

FRIEDRICH SCHILLER hat in seinem Aufsatz „Naive und sentimentalische Dichtung" (1796) eine für Autor-Typen nützliche Unterscheidung getroffen: Wenn die Wirklichkeit sich so darstellt, wie sie den Idealen des Dichters entspricht, dann ist im literarischen Werk die „naive" Widerspiegelung der Wirklichkeit möglich. Dieses Gefühl der Harmonie stellt sich zumeist bei der Betrachtung ausgewählter Wirklichkeitssegmente ein: bei Natur, Tages- und Jahreszeiten, bei Tieren, beim Blick auf eine behütete und von Schmerzen freie Kindheit. ASTRID LINDGRENS „Rasmus" oder die „Bullerbü"-Bücher sind Beispiele dafür.

Anders sieht dies bei der Bestimmung des Sentimentalischen aus, hier besteht zwischen dem Dichterideal und der Wirklichkeit ein Widerspruch, weswegen die literarische Darstellung des Ideals eine Art Gegenentwurf zur Wirklichkeit bildet. Auch hier gerät Kindheit als eine Art „verlorenes Paradies" in Erinnerung, aber eine Rückkehr zu ihr wird ausgeschlossen. Wehmut, Trauer, Melancholie können daher die literarische Darstellung durchziehen, die sich bevorzugt märchenhafter oder phantastischer Formen bedient. Vor allem einzelne phantastische Texte von LUDWIG TIECK, E.T.A. HOFFMANN, ANDERSENS Märchen oder ASTRID LINDGRENS phantastische Kinderromane stehen für den Typ des „sentimentalischen Kindheitsdichters". Die Herstellung einer Einheit von Welt und Ich erfolgt in der dichterischen Phantasie, bei der literarischen

Darstellung gehen Wirklichkeit und Traum ineinander über, wobei der literarische Text diese Verbindung der zwei Ebenen nicht auflöst oder rational erklärt, das „Doppelsinnige" bleibt erhalten. E.T.A. HOFFMANNS Wirklichkeitsmärchen „Nussknacker und Mausekönig" ist ebenso ein Beispiel wie ASTRID LINDGRENS „Mio, mein Mio" und „Die Brüder Löwenherz". Dem Wesen nach handelt es sich bei diesen Texten um moderne phantastische Literatur für Kinder.

Schließlich entstand der „kritische Kindheitsdichter" bzw. der „authentische Wirklichkeitserkunder" in Verbindung mit der sozialkritisch-realistischen Großstadtliteratur am Beginn des 20. Jh.s (s. S. 49 f.) sowie der proletarisch-revolutionären KJL der 20er-Jahre. Nach 1945 bzw. in Folge der endsechziger-Jahre gewinnt dieser Autor-Typus besondere Bedeutung. Autoren, die den modernen Kinderroman repräsentieren, treffen den Typus des kritischen Kindheitsdichters: KIRSTEN BOIE, DAGMAR CHIDOLUE, PETER HÄRTLING, RUDOLF HERFURTNER, GUDRUN MEBS, CHRISTINE NÖSTLINGER, GUDRUN PAUSEWANG, BENNO PLUDRA, GÜNTER PREUß, GÜNTER SAALMANN, WOLF SPILLNER, RENATE WELSH. Ihnen kommt es darauf an, kindliches Dasein mit allen seinen Facetten zum Gegenstand der Darstellung zu machen, sie agieren gewissermaßen als soziale Beobachter und sind Anwälte der Kinder.

Diese Autoren setzen sich von Erziehungsaufträgen ab, und es geht ihnen nicht primär darum, das eigene Selbst zum Gegenstand der Darstellung zu machen, sondern ihre Ziele bestehen in Wirklichkeitserkundung wie Wahrheitsfindung. Dies bestätigt, dass die Meinung, Autoren, die für junge Leute schreiben, würden das „Was" und „Wie" der literarischen Darstellung von vornherein auf eine kleine Gruppe zuschneiden, so

Autor-Typen	Kennzeichen, Funktion, Methode	Adressat
kinderliterarischer Erzieher (Erziehungsschriftsteller)	Erziehung, Belehrung, Unterweisung; Stoffe aus dem Leben von Kindern und Erwachsenen, Wiederverwertung alter Stoffe, Grundprinzip des Kompilierens	Kindliche Leser als Zielgruppe
kinderliterarischer Erzähler	Unterhaltung der kindlichen Leser/Zuhörer; zurückgreifen auf Vorhandenes oder neu erzählen für Kinder, Grundprinzip: Erzählen von Geschichten	Kindliche Leser als Zielgruppe
naiver Kinderdichter	Selbstverständigung über das eigene Dasein; reden von sich durch Darstellung harmonischer Beziehungen, Einheit von Ich und Welt, Grundprinzip: Beobachtung und Erinnerung	Selbstverständigung des Dichter-Ichs, Erwachsene und Kinder
sentimentalischer Kindheitsdichter	Wehmütige Erinnerung an die eigene Kindheit als verlorenes Paradies, Kindheitsdarstellung aus der Sicht des Erwachsenen, Widerspruch von Ich und Welt, Grundprinzip: Erinnerung	Selbstverständigung des Dichter-Ichs, Kinder und Erwachsene
authentischer Wirklichkeitserkunder	Wirklichkeitserkundung, kritische Darstellung der aktuellen Situation von Kindern, Grundprinzip: Beobachtung, Analyse	Kindliche und erwachsene Leser als Zielgruppe

Schaubild: Autor-Typen

nicht mehr haltbar ist. „Ich denke mir nichts aus, um damit Kindern gefällig zu sein", betont BENNO PLUDRA, „es stellt sich vielmehr von selbst etwas her: ein Vorgang, eine Idee, allmählich kommt eine Geschichte..." (PLUDRA 1993, 8). Die verschiedenen Autor-Typen lassen sich wie im Schaubild S. 193 zusammenfassen.

Im Literaturunterricht kommt es darauf an, im Kontext mit Fragen zum literarischen Schaffensprozess und seinem kulturellen Bedingungsgefüge den neuen wie alten Autor-Typen mehr als bisher Rechnung zu tragen und anschaulich zu machen, wie diese sich in Abhängigkeit von den Poetikauffassungen wandeln.

4.2 Romane für Kinder – Erich Kästner

Erich Kästner und seine Autor-Rollen

ERICH KÄSTNER hat sich wiederholt mit der Rolle von Autoren im KJL-System beschäftigt, wobei er sich selbst – trotz der Erfolge – eher zu den Außenseitern zählte: „Auch ich bin kein zünftiger, kein regulärer Jugendschriftsteller", notierte er 1960 und gab folgende Begründung:

> *So selbstverständlich es für mich immer war, Schriftsteller zu werden, so fernab von diesem Wunsch und Plan und Ziel lag mir der Gedanke an Kinderbücher. Ich war in den zwanziger Jahren, in den eignen und denen des Jahrhunderts, etwa das, was man heute einen „zornigen jungen Mann" nennt. Ich attackierte die herrschenden Zustände, die verlogene Gesellschaft, die Parolen der Parteien, die Dummheit der Wähler, die Fehler der Regierung und die der Opposition... Zeitkritik und Satire, das war mein Metier...Wie um alles in der Welt hätte ich darauf verfallen sollen, Kinderbücher zu schreiben? Kinderbücher waren mir Hekuba!* (KÄSTNER 1998, VI, 659).

Hekuba im Sinne von „gleichgültig" waren dem jungen Autor, der auch unter dem Pseudonym „Hekubus" schrieb, zunächst Kinderbücher. Aber wie kam Kästner dennoch dazu? KÄSTNER beschreibt seine kinderliterarische Erweckung in einer Anekdote, wonach Edith Jacobsohn, die Verlegerin der „Weltbühne", es war, die ihn zum Schreiben von Kinderbüchern animierte. Er habe sich auf die „befremdliche Anregung" eingelassen, weil er auf seine „Talente neugierig" gewesen sei. Also nicht eigener Antrieb, Selbstausdruck, Erinnerung an die Kindheit, Wirklichkeitserkundung, Wahrheitsfindung waren der Schreibanlass, sondern eine Aufforderung von außen. Gleichwohl erfüllt die Anekdote keinen Selbstzweck, sie hat die Funktion, auf Defizite im Bereich KJL aufmerksam zu machen. Fast beiläufig heißt es nämlich:

> *Ich habe von mir als von jenem Jugendbuchautor erzählt, ... weil es mir zweckvoll erschien, gerade auf das Autorenproblem hinzuweisen. Hier ist das vielgeschundene Wort „Problem" am Platze. Die Fachleute sollten, scheint mir, häufiger und energischer aus dem Kreise der Untersuchungen hinaustreten, die sich mit den Jugendschriften, und den Kindern und den Kategorien des Lesealters beschäftigen. Auch die sorgfältige analytische Untersuchung derer, welche die Bücher geschrieben haben, könnte der Sache dienen, der großen gemeinsamen Sache.* (KÄSTNER 1998, VI, 661).

KÄSTNER fordert *zum einen*, man solle keine implizite Poetik der KJL aufstellen, also überzeitliche Regeln vorgeben, an die die Autoren sich mit Blick auf die kindlichen Adressaten, ihre vermeintlichen Wünsche, Bedürfnisse, Fähigkeiten zu halten hätten. Damit vertritt KÄSTNER eine moderne Auffassung von KJL. *Zum anderen* solle man auch jene Autoren einer Analyse unterziehen, die aus einem Bereich kommen, der allgemein als wenig avanciert gilt: die Kinder- und Jugendliteratur. Die Hinweise haben nichts daran geändert, dass KÄSTNER bevorzugt in der Autor-Rolle des „Erziehungsschriftstellers", des Aufklärers, des Moralisten gesehen wurde (vgl. GANSEL 1999 a). Und in der Tat liefern seine Vor- und Nachworte, die auktorialen Kommentare oder die Leseranreden in den Kinderromanen einen ganzen Wert- und Tugendkatalog. In den 16 „Nachdenkereien" von „Pünktchen und Anton" präsentiert er eine Liste von Werten, an denen sich Kinder wie Erwachsene orientieren sollen (u. a. Pflichten einer Frau und Mutter, Hilfsbereitschaft, Mitgefühl, Wahrhaftigkeit, Freundschaft, Familienglück). Auch KÄSTNERS Hinweis darauf, dass nicht eigener Antrieb zum Schreiben des ersten Kinderromans führte, sondern eine Anregung „von außen", erscheint archetypisch für den „Erziehungsschriftsteller". In dem Maße, wie diese betont wurden, gerieten jene Seiten des „kinderliterarischen Erzählers", der seine kindlichen Leser zu unterhalten suchte und ihnen spannende Geschichten erzählen wollte, in den Hintergrund. „Das fliegende Klassenzimmer" beginnt so: „Diesmal wird es eine regelrechte Weihnachtsgeschichte. Eigentlich wollte ich sie schon vor zwei Jahren schreiben." Und im „Nachwort" heißt es: „So nun habe ich euch meine Weihnachtsgeschichte erzählt." Die Einmischungen des „realen" Autor-Erzählers suggerieren, dass hier eine selbst erlebte oder gehörte Begebenheit aus dem wirklichen Leben erzählt wird. KÄSTNER spielt mit dem Bild des „kinderliterarischen Erzählers" und auch seine Nacherzählungen („Till Eulenspiegel", „Der gestiefelte Kater", „Münchhausen", „Don Quichotte", „Gullivers Reisen") weisen ihn als solchen aus.

KÄSTNER nutzt bzw. bedient sich verschiedener Autor-Stereotypen, wobei er sie selbst in einem Text wechselt bzw. mischt. Im „Fliegenden Klassenzimmer" finden sich neben dem Typus des „kinderliterarischen Erzählers" eben auch Hinweise auf den „sentimentalischen Kindheitsdichter", eine Rolle, in der der Autor sich der eigenen Kindheit erinnert. In der Rede zur „Naturgeschichte des Jugendschriftstellers" (1960) findet sich, ähnlich wie bei ASTRID LINDGREN, das Bekenntnis:

> *Die entscheidende Voraussetzung für den Jugendschriftsteller ist nicht, dass er Kinder, sondern dass er seine Kindheit kennt. Was er leistet verdankt er nicht der Beobachtung, sondern der Selbsterinnerung.* (KÄSTNER 1998, VI, 662).

KÄSTNER hat sich dem Prinzip des „sentimentalischen Kindheitsdichters" am prägnantesten in seinem späten Text „Als ich ein kleiner Junge war" genähert und es gleichzeitig überschritten. In der Erinnerung wird das Sentimentalische aufgebrochen, als „verlorenes Paradies" wie bei einzelnen Autoren der Romantik erscheint die Kindheit nicht. Die „zweite Abteilung des Vorwortes" im „Fliegenden Klassenzimmer" enthält ex negativo den Hinweis auf jene spezifische Art, in der KÄSTNER sich des Vergangenen zu vergewissern suchte:

> *Schließlich nahm ich ein Kinderbuch vor, das mir der Verfasser geschickt hatte, und las darin. Aber ich legte es bald wieder weg. So sehr ärgerte ich mich darüber! Ich will euch auch sagen, warum. Jener Herr will den Kindern, die sein Buch lesen, doch*

tatsächlich weismachen, dass sie ununterbrochen lustig sind und vor lauter Glück nicht wissen, was sie anfangen sollen! Der unaufrichtige Herr tut, als ob die Kindheit aus prima Kuchenteig gebacken sei. Wie kann ein erwachsener Mensch seine Jugend so vollkommen vergessen, dass er eines Tages überhaupt nicht mehr weiß, wie traurig und unglücklich Kinder zuweilen sein können? (KÄSTNER 1998, VIII, 46).

Für KÄSTNER ist das Erinnern von Kindheit ein selbstreflexiver Vorgang, bei dem Trauer, Leid, Schmerz nicht ausgespart sind, womit er den „sentimentalischen Kindheitsdichter" fortschreibt und zum „kritischen Kindheitsdichter" übergeht. Doch KÄSTNER geht noch einen Schritt weiter, es findet sich in seinem Werk bereits die Ausprägung des modernen „authentischen Wirklichkeitserkunders". Zunächst scheint KÄSTNERS kinderliterarisches Werk wenig Hinweise darauf zu enthalten. Im Gegenteil, es wurde nicht nur im Rahmen der 68er Bewegung kritisiert, in welchem Maße er Wirklichkeit besser darstelle als sie ist, indem er die „Moral vom guten Schupo" vermittle, eine Lächerlichmachung der Erwachsenen praktiziere oder das Happyend durch den „reichen Papa" anbiete. In der DDR formulierte FRED RODRIAN die Grundopposition so: „KÄSTNERS Kinderbücher sind ein wirklicher Fortschritt in der Kinderliteratur und zugleich eine Gefahr. KÄSTNER hat die moderne Kinderliteratur der Mitte, des Neutralismus, begründet." RODRIAN stellte den Kästnerschen „Realismus" unter Kritik. Ausgehend von seinem Erziehungskonzept würde der nämlich „die Welt (auch die Kinderwelt) nicht so (schildern) wie sie ist, sondern er schlägt vor, wie sie sein könnte, wenn zum Beispiel auch Fabrikdirektoren einsichtig wären" (RODRIAN 1960, 117 ff.). Was RODRIAN forderte, war das Programm eines kinderliterarischen Realismus, in dem die Figuren wie die Leser auf das wirkliche Leben durch authentische Darstellung vorbereitet werden. Die Analyse traf durchaus Momente von KÄSTNERS kinderliterarischem Konzept, denn in der Tat hatte der sich sehr bewusst für einen gemäßigten Weg der Konfliktdarstellung entschieden (vgl. GANSEL 1998f.,1999a). In seinen Kindheitserinnerungen notierte KÄSTNER „Als ich ein kleiner Junge war" (1957) programmatisch:

„Nicht alles, was Kinder erleben, eignet sich dafür, dass Kinder es lesen!" (KÄSTNER 1998, VII, 10).

Und dennoch finden sich bei KÄSTNER im „Emil", im „Fliegenden Klassenzimmer", im „35. Mai" und sogar im „Doppelten Lottchen" Hinweise, die einer Verklärung von Kindheit wie Familie entgegenarbeiten und zumindest Risse in einer ansonsten harmonischen Kinderwelt zeigen. So macht KÄSTNER – lange bevor dies in der KJL eine Rolle spielt – Scheidung zu einem Thema, und er geht damit in die Richtung des psychologischen wie des komischen Kinderromans („Das Doppelte Lottchen", das Theaterstück „Klaus im Schrank"). Im „Doppelten Lottchen" merkt der Autor-Erzähler im Kontext mit der Anekdote um Shirley Temple, die zwar in Filmen mitspielt, sie sich aber wegen ihres Alters nicht ansehen darf, an:

Wenn man aber den Kindern zumutete, unter diesen Umständen zu leiden, dann sei es doch wohl allzu zartfühlend und außerdem verkehrt, nicht mit ihnen darüber in verständiger und verständlicher Form zu sprechen! (KÄSTNER 1998, VIII, 192).

Der Satz könnte in einem modernen Kinderroman der 90er-Jahre stehen. Aber noch in anderer Hinsicht ist KÄSTNER modern: Er macht selbstbewusste Kinder zu Helden, die sich in einer modernen Welt (Autos, Eisenbahn, Reklame, Geld, Werbung, Film) auskennen und im positiven Sinne geschäftstüchtig sind (vgl. GANSEL 1999a, MATTENKLOTT 1998). Freilich belässt KÄSTNER es bei Andeutungen, wählt einen gemäßigten Weg der Konfliktdarstellung, orientiert sich am Happy-end und setzt das „Prinzip Wirklichkeitserkundung" nicht konsequent um. Der neu edierte Band „Interview mit dem Weihnachtsmann" (1998) zeigt jedoch den „kritischen Wirklichkeitserkunder" und unterstreicht, inwieweit der Autor den Weg einer schonungslosen Darstellung von Wirklichkeit bereits in Texten der 20er-Jahre realisiert hatte. Doch allem Anschein nach fand er die Texte wegen ihres „harten Realismus" als nicht geeignet für Kinder. Manche dieser Texte wird die Weltbühnen-Verlegerin, Edith Jacobsohn, gekannt haben, als sie KÄSTNER aufforderte „Schreiben Sie einmal nicht nur über Kinder, sondern auch für Kinder!". Das Ergebnis des veränderten Schreibansatzes war „Emil und die Detektive". Doch was sind das für Texte, die über, aber nicht für Kinder erzählen? Es scheint, hier würde von Dingen geschrieben, die für junge Leser wenig geeignet sind. Die Rede ist von traurigen Kindern, von schlechten Eltern, bösen Erwachsenen, trostlosen Alten, ja sogar von Selbstmord. *Für die Texte spielen Kindheitserinnerungen wie autobiografische Bezüge ebenso eine Rolle, wie die kritische Beobachtung von Wirklichkeit.* Wiederholt tauchen in den Erzählungen Mutterfiguren auf und manche der dargestellten Schrecknisse gehen auf Selbsterlebtes zurück. Da steht ein kleiner Junge, Peter, vor der verschlossenen Wohnungstür und gerät in panische Angst, weil er befürchtet, die Mutter hätte sich etwas angetan – eine Situation, die KÄSTNER mehrfach durchlitten hat. Verzweifelt setzt sich also Peter auf die Treppe und sieht zum Schlüsselloch hinüber, „als sei es ein verzaubertes Auge". Was folgt, ist ein phantastischer „Traum", der den Jungen sogar in eine „Kaserne für böse Eltern" führt. Hier werden die Eltern behandelt, „wie sie ihre Kinder behandelt hatten, und durften nicht eher wieder nach Hause gehen, bis sie schriftlich erklärten, gute Eltern werden zu wollen" (KÄSTNER 1998). Dieses Motiv taucht dann in abgemilderter Form im „35. Mai oder Konrad reitet in die Südsee" auf. Im vorliegenden Fall hält KÄSTNER das Dargestellte in der Schwebe, die Ambivalenz der phantastischen Projektion bleibt erhalten, es findet sich keine wertende Instanz, die die Vision explizit als Traum herausstellt. Insofern ist *Kästners früher Text ein Beispiel für moderne Phantastik* (s. S. 99), denn das kindliche Erlebnis wird nicht rational aufgeklärt. Auch andere der Texte lassen sich als Vorgriffe auf eine moderne Kinder- und Jugendliteratur lesen. Besonders „Ein Musterknabe" und „Ein Menschenleben" gehören in diese Kategorie, denn KÄSTNER erzählt hier über Tabubereiche, die man Kindern lange nicht zugemutet hat, über Verzweiflung, Unmenschlichkeit, Sterben, kurz über verfehltes Leben. Dies hat erst seit den 70er-Jahren in der Kinderliteratur seinen Platz gefunden. In diesen Texten geht es um *authentische Wirklichkeitserkundung*, die Kinder sind mit Dingen konfrontiert, die ihnen bekannt sind und sie erfahren hier auch etwas von den Leiden der Erwachsenen. Insofern ist der „Musterknabe" der gleichnamigen Erzählung gänzlich anders gebaut als KÄSTNERS sonstige Vorbildfiguren. Die übermenschliche Anstrengung, immer vorbildlich und musterhaft zu sein, führt zu einem Punkt, wo der Erzähler erkennt: „Er wusste jetzt, dass er ein Leben ohne Jugend zu büßen habe. Zwanzig Jahre zu früh hatte er begonnen: Pflichtgefühl zu zeigen; zwanzig Jahre zu spät: Wünschen zu folgen." (KÄSTNER, 1998). Ähnlich ausweglos erscheint das Schicksal eines Mannes, der ungeliebt am Leben vorbeigelebt hat, nun allen zur Last fällt und dem einzig die Erinnerungen an die eigene Kindheit bleiben („Ein Menschenleben"). Was ihm bleibt, ist der Tod.

Vorschläge für den Unterricht

"Parole Emil" – ein Erich Kästner-Tag (Klassen 5/6)

Grundlage für die Gestaltung des Tages, in dem der Autor ERICH KÄSTNER im Zentrum steht, ist sein Klassiker "Emil und Detektive". Die Überlegungen beachten die kognitiven Möglichkeiten der Schüler, setzen auf das Interesse an der gestalteten aktions- und spannungsreichen Geschichte, wobei das handlungsorientierte, spielerische Moment im Vordergrund steht. Zur Vorbereitung wird eine Wandzeitung erarbeitet. Darauf sind die zehn einführenden Zeichnungen des Romans von WALTER TRIESE auf A3-Format kopiert und der Geburtstag KÄSTNERS gewürdigt. Zu den verschiedenen Texten und den Verfilmungen von KÄSTNER-Texten finden sich Meinungsäußerungen von Schülern unterschiedlicher Klassenstufen.

"Emil und die Detektive" – ein Detektivspiel

Einführung
Als Grundlage für das Spiel dient die kriminalistische Handlung des Textes. Ausgehend von der gestalteten Wandzeitung, wird der Schriftsteller ERICH KÄSTNER vorgestellt. Anschließend erfolgt eine kurze Einführung in die Handlung "Emil und die Detektive" anhand der leicht gekürzten Fassung des fünften Kapitels. Wie es weitergeht, das bleibt offen. Die Schüler entwickeln Varianten und machen Vorschläge für ein Weiterschreiben der Geschichte. Die Kinder wissen, dass der Romanfigur Emil von einem "Mann mit steifem Hut" 140 Mark gestohlen wurden.[1] Das Detektivspiel beginnt.

Vorbereitung
Wandzeitung gestalten; Gelände (ca. 1 km²) und Routen festlegen; Hinweisschreiben anfertigen und verteilen; Material (2 x 4 Umschläge mit Weghinweisen, 4 Steckbriefe, Fuß- u. Handabdrücke, Armbänder, Verkleidung für den Dieb) vorbereiten; Spuren ausschneiden und vor dem Spielbeginn anbringen; Gruppenzuteilung (pro Gruppe 1 Betreuer) festlegen; einige anliegende Geschäfte und Lokale informieren; Einführung in den Text planen; Polizei und Presse zur Mitarbeit gewinnen; Gruppen über Dauer des Spiels (1,5 Std.) informieren

Durchführung
Der Dieb ist im Innenstadtbereich unterwegs. Vier Gruppen machen sich auf die Suche nach ihm. Zweimal erhalten die Gruppen schriftliche Hinweise und eine Steckbriefzeichnung. Auf getrennten Routen folgen sie ausgelegten Spuren, ehe die vier Gruppen an einem zentralen Platz zusammentreffen und den Dieb fassen.

Spielablauf
Nach der Einführung in die Romanhandlung kommt eine Person in den Raum und berichtet, dass ihrem Sohn beim Einkauf 140 Mark gestohlen wurden. Sie bittet die Kinder um Unterstützung bei der Suche nach dem Dieb.
   Die Gruppen werden gebildet, jedes Kind erhält eine Armbinde aus Krepppapier in der Farbe der jeweiligen Gruppe. Die Gruppen erhalten von ihren Betreuern einen Umschlag mit ersten Hinweisen, die jeweils nach Gruppe modifiziert kurze Hinweise

zum Fluchtweg des Diebes enthalten und vom „Opfer" stammen. Beispiel: „Dieb in der Otto-Verkaufsstelle, Katharinenstr. gesehen. Dort erhaltet ihr weitere Nachrichten von mir. Ihr müsst euch leise und unauffällig verhalten, sonst bemerkt euch der Dieb und flieht. Die Parole nicht vergessen! Parole Emil!"

Die Detektive kommen zur ersten Anlaufstelle, nach Nennung der Parole erhalten sie einen weiteren Umschlag ausgehändigt. Darin findet sich der folgende Hinweis: „Brauche eure Hilfe! Habe den Dieb vor dem Filmpalast gesehen. Dann ist er in Richtung Innenstadt gegangen. Parole Emil!" Zusätzlich befindet sich im Umschlag eine „Steckbriefzeichnung", auf der der markante Hut und ein roter Schal zu erkennen sind.

Auf ihren Routen entdecken die Gruppen die ersten Spuren, sammeln sie ein und folgen ihnen. Von den Betreuern werden die Kinder ermutigt, in einzelnen Cafés und Geschäften nach dem Verbleib des Diebes zu fragen. Eingeweihte Verkäufer/Kellner weisen den Weg Richtung Platz, von den übrigen erhalten die Schüler keine Informationen – das erhält die Spannung.

Die letzte feste Station bildet ein Hotel oder Geschäft. Die Trupps erreichen den Platz etwa zur gleichen Zeit und fangen den Dieb.
Die Polizei nimmt den Täter fest, die Pressevertreterin befragt die kleinen Detektive. Der Dieb wird abtransportiert, die Gruppen erhalten eine Belohnung.

Varianten
Die Gruppen können untereinander im Funkkontakt stehen. Die Zusammenführung der Gruppen darf allerdings nicht vor dem Zielort erfolgen. Ein Lokalradio könnte Informationen über den Sender weiterleiten. Jede Gruppe muss in diesem Fall mit einem Radio ausgestattet sein.

Hinweise
- Als Zielort wird ein zentral gelegener Platz gewählt, am Tag des Spiels sollte z. B. Markttreiben herrschen. Damit wird dem Dieb die Möglichkeit gegeben, sich zu verstecken und den Kindern eine größere Spannung bei der Suche geboten.
- Der Zielort liegt in einer verkehrsberuhigten Zone, da die Kinder im Sucheifer Regeln schnell vergessen.
- Mit den Armbändern in der Farbe der jeweiligen Gruppe schafft man ein Gefühl der Zusammengehörigkeit, sie dienen den Betreuern und dem Dieb zur Orientierung.
- Um das Spiel nicht nur originell sondern auch wirksam zu beenden, werden Polizei und Presse zur Mitarbeit gewonnen.
- Eine Parole steigert den Spielspaß, entspricht der Textvorgabe und passt zum Spielcharakter.
- Den Gruppen wird eine Verhaltensstrategie vermittelt. Sie sollen sich leise und unauffällig bewegen, um den Dieb nicht zu vertreiben. Dies dient auch der Disziplin während des Spiels und erleichtert den Betreuern die Arbeit.
- Der Dieb unterscheidet sich in seiner Verkleidung deutlich von anderen Passanten.
- Das Verlegen von Spuren erweist sich als motivationsfördernd.
- Das Spiel sollte am Schluss aufgelöst werden. Die Jagd nach dem Dieb darf nicht als „wirkliches Ereignis" verstanden, sondern muss als fiktives Spiel kenntlich werden. Dies kann man mit dem Buch oder dem Video erreichen, der Auswertung auf einer Wandzeitung und durch die Diskussion nach dem Spiel.

„Emil und die Detektive"

„Emil und die Detektive" findet sich in den Lektüreempfehlungen einer Reihe von Bundesländern. Der Text kann wegen der möglichen Kenntnis des Films sowie der Medienerfahrungen der Schüler auch ausschnittweise behandelt werden. In Klasse 9 oder 10 bietet es sich an, unter medienspezifischem Blickwinkel die verschiedenen Filmadaptionen zum Gegenstand eines Projekts zur Filmanalyse zu machen. Nachfolgend sind Vorschläge eines Lese-Projektes mit den entsprechenden handlungs- und produktionsorientierten Aufgabenstellungen sowie dem Leseheft knapp zusammengefasst.

Stationen	Schwerpunkte/Aufgaben/Hilfsmittel	Leseheft
Einstieg	Polizeiberichte aus der Tagespresse, Gegenstände aus dem Text (Hupe usw.), Bilder von Walter Trier (s. oben)	Das Leseheft begleitet uns bei der Arbeit. Es enthält zu den verschiedenen Kapiteln unterschiedliche Fragen und Aufgaben, deren Ergebnisse wir eintragen...
Emil im Zug (Kapitel 1, 2)	Welche Figuren treten auf? Was macht Emil im Zug? Was erfahren die Leser über Herrn Grundeis?	Fragen, die schriftlich zu beantworten sind: Wie heißt Emil mit Nachnamen? Was ist seine Mutter? Als was arbeitet Emils Mutter? Wohin soll Emil fahren? Wer soll ihn abholen und wo? Wie viel Geld soll die Oma erhalten? Wohin steckt Emil das Geld?
Emil in Berlin (Kapitel 4,5,6,7)	Leseaufgabe	Warum läuft Emil in Berlin nicht sofort zur Polizei? Emil verfolgt den Dieb, aber er hat keine Straßenbahnfahrkarte, warum kann er trotzdem weiterfahren? Welche Figuren lernen wir im 7. Kapitel kennen?
Emil und Gustav (Kapitel 8)	Wie fühlt Emil sich vor der Begegnung mit Gustav? Wie beschreibt der Erzähler Gustav? Wie findet Gustav das Verbrechen? Warum ist die Begegnung mit Gustav für Emil so wichtig? Gruppenarbeit: Herstellen von Fingerpuppen (AG 1= Emil; AG 2= Gustav); Anfertigen von „Bühnenbildern" zur Episode Emil-Gustav; Lesen der Dialoge, Rollenspiel	Einkleben der angefertigten Fingerpuppen sowie der Bühnenbilder.
Die Verfolgungsjagd (Kapitel 9, 10)	„Emil war direkt glücklich, dass ihm das Geld gestohlen worden war." Wie ist diese Aussage zu erklären?; Wer ist der Organisator der Verfolgung?; Wodurch zeichnet sich der Professor aus? Was unterscheidet ihn von den anderen? (Figurencharakteristik, s. S. 38)	Stelle dir vor, du bist der Professor und organisierst die Verfolgung. Am Abend notierst du einen Bericht für das Tagebuch. Du kannst an folgender Stelle beginnen: „Der Dieb stand noch vor dem Café."
Das Gespräch (Kapitel 11)	„Am Ende der Verfolgung ist der Dieb im Hotel, Gustav in seiner Nähe, die Detektive liegen erschöpft im Bett und schlafen. Emil und der Professor, nun allein im Hof, führen ein Gespräch." Was erfährst du über beide Familien? Was unterscheidet sie? Spielt das Gespräch nach.	Emil und der Professor unterhalten sich über ihre Eltern. Es heißt: „Emil und seine Mutter haben sich kolossal lieb". Welche Beweise findest du dafür? Notiere sie.

Romane für Kinder – Erich Kästner 201

Stationen	Schwerpunkte/Aufgaben/Hilfsmittel	Leseheft
Die Verhaftung Kapitel 12, 13, 14	Szenische Darstellung der Bankepisode. Dazu Gruppenarbeit: Figurenrollen verteilen, Ablauf der Szene festlegen, Dialoge umreißen, Äußeres der Figuren bestimmen; Erarbeitung eines Bühnenbildes	Bühnenbilder einkleben.
Der Schluss Kapitel 15, 16, 17	Lesen der Kapitel: Was wird die Polizei von Emil wollen? Was werden die Journalisten für einen Bericht geben? Womit wird die Polizei nach dem Dieb gefahndet haben?	Von einer der drei Aufgaben kannst du dich für eine entscheiden: 1. Polizeibericht: Du bist Emil und schreibst für die Polizei einen Bericht. Beginne mit der Zugfahrt. Der Bericht muss knapp und sachlich sein; 2. Du bist der Journalist Kästner und schreibst für die Zeitung eine interessante Reportage. Finde eine gute Überschrift; 3. Gestalte einen Steckbrief des Diebes (Angaben über vermutliches Alter, Größe, Gewicht, Kleidung, Art des Verbrechens usw.)
Die Lehre Kapitel 18	Lesen des Kapitels: Welche Lehre ziehen die einzelnen Figuren aus dem Fall (Mutter, Emil, Großmutter). Welche hat dich am meisten überzeugt?	Was ist deiner Meinung nach die wichtigste Lehre aus der Geschichte um Emil. Notiere sie. Gestalte abschließend das Deckblatt des Leseheftes.

Pünktchen und Anton (Klassen 5/6)

Textproduktive Verfahren
➤ Zum Titel oder zu Schlüsselwörtern werden von den Schülern Assoziationen aufgeschrieben. Beispiele: Pünktchen und Anton, reich, Armut, betteln, Freundschaft, Einbruch.
➤ Es wird eine mögliche Vorgeschichte zu einer einzelnen Figur geschrieben: „Frau Pogge war als Kind wirklich reizend ...".
➤ Schreiben eines inneren Monologs, der erlebten Rede oder einer Tagebuchnotiz zu einer Figur: Fräulein Andacht erhält einen Brief von ihrem Verlobten; Frau Gast notiert wichtige Gedanken des Tages.
➤ In der Ich-Form stellen Schüler die Figuren des Textes vor: „Ich bin Pünktchen und ...".
➤ Der Schluss des Textes wird selbst weitergeschrieben. Nach dem Kapitel 12 wird abgebrochen mit: „Klepperbein verdient zehn Mark und eine Ohrfeige".

Szenische Gestaltung (Aufteilung in Gruppen, s. S. 188)
➤ Episode aus „Ein Polizist tanzt Tango" darstellen: Figuren: Herr und Frau Pogge, Berta, drei Polizisten, Pünktchen und Anton, Robert der Teufel; Requisiten für die Figuren. Beginn mit einem Standbild: Herr Pogge öffnet die Tür.
➤ Pantomimische Darstellung der Episode, in der Fräulein Andacht, Pünktchen, Anton betteln. Auf Requisiten wird verzichtet.
➤ Konstruktion von Hilfs-Ichs bzw. Doppelgängern. Ausgangspunkt: die Nachdenkereien als Einstieg in die jeweilige Figur, z. B. „Frau Pogge dachte".
➤ Pünktchen führt Tagebuch und trägt wichtige Gedanken ein.

Visuelle Gestaltung

Entwerfen von Bild-Collagen zu einzelnen Textstellen (Pünktchen „hatte die rote Morgenjacke ihres Vaters angezogen und ein Kopfkissen darunter gewürgt, so dass sie einer verbeulten Teekanne glich. Die dünnen nackten Beine, die unter der Jacke vorguckten, wirkten wie Trommelstöcke" (KÄSTNER 1998, VII, 457).

Konferenz der Tiere

Die Schüler erhalten ein Arbeitsblatt mit einem Brief der Tiere. Sie schreiben in Einzel-, Partner- oder Gruppenarbeit eine Antwort.

Liebe Kinder,
ihr wisst, dass wir euch zu uns mitgenommen haben, um die Erwachsenen zum Nachdenken zu bringen. Wir finden, es gibt zu viele Ungerechtigkeiten in dieser Welt, und dies geht vor allem auf eure Kosten, Kinder. Schließlich werdet ihr einmal erwachsen sein, und müsst die Welt so übernehmen, wie eure Eltern und Großeltern sie euch übergeben. Wir wollen den Erwachsenen nun einige Forderungen stellen, und wir lassen erst locker, wenn sie erfüllt sind. Allerdings möchten wir nicht allein entscheiden, denn es geht ja um euch. Bitte helft uns. Schreibt auf, was ihr an der Welt ändern würdet. Habt keine Angst, etwas zu schreiben, wovon ihr glaubt, dass es nicht möglich ist. Überlegt gründlich, verständigt euch untereinander und dann legt los. Schreibt eure Wünsche, Ideen, Vorstellungen.
Wir freuen uns auf die Unterstützung.
Viele Grüße, Eure Tiere.

4.3 Im Land der Kinder, Märchen und Legenden – Astrid Lindgren

Astrid Lindgren und ihre Autor-Rollen

ASTRID LINDGRENS Werk hat weltweit Anerkennung gefunden, ihre Texte sind in mehr als 70 Sprachen übersetzt. Ein außerliterarischer Grund des Erfolges liegt in der frühen Einbindung der Kinderromane und -erzählungen in den Medienverbund, die wichtigsten Texte liegen jeweils in verschiedenen Fassungen als Verfilmung, Fernsehserie, Video, Hörspiel, Kassette oder CD-ROM vor (vgl. JOSTING 1997, 11). Eine empirische Erhebung unter 400 jungen Leuten ergab auf die Frage „Wie hast du die Geschichten von ASTRID LINDGREN kennen gelernt?" – Mehrfachnennungen waren möglich – folgendes Bild: Vorlesen zu Hause (40%), Hörspielkassette (80%); Film (96%). An der Spitze lagen „Pippi Langstrumpf"; „Kinder von Bullerbü"; „Ronja Räubertochter"; „Michel" und „Madita", mit weitem Abstand folgen „Die Brüder Löwenherz" und „Karlsson vom Dach".[2] *Inzwischen gibt es im Internet eine Website unter dem Titel „Astrid Lindgrens Welt. Hereinspaziert, liebe Kinder!"* (http://www.alv.se). Dennoch: die Medienpräsenz allein erklärt nicht ASTRID LINDGRENS anhaltende Wirkung. Diese liegt – wie bei anderen Klassikern bzw. erfolgreichen Kinderbüchern – in der Textstruktur begründet. Das betrifft die Fragen: (1) Was für eine Geschichte wird erzählt? (dargestellte Welt: Handlung, Figuren, Räume, s. S. 38, 41) und (2) Wie wird die Geschichte erzählt, auf welche Art und Weise wird sie erzählerisch präsentiert? (Erzählperspektive, s. S. 28 ff.). In Verbindung damit spielt eine Rolle, wie es der Autorin gelingt, über das Zusammenspiel der Darstellungselemente Spannung und Humor zu erzeugen (vgl. TABBERT 1995, 45 ff.). Von Bedeutung ist zudem, welche Gattungstraditionen ASTRID LINDGREN nutzt, also inwieweit sie das Arsenal der Volksliteratur (Märchen, Sagen, Legenden) einbezieht, die Gattungsformen von Raum-, Figuren- sowie Geschehnisroman (s. S. 106 f.) aufgreift, verbindet und jeweils kinderliteraturspezifische Ausprägungen schafft. Zu den textstrukturellen Besonderheiten kommen überzeitliche Themen wie „Ablösung von den Eltern", „Gewinn von Selbstständigkeit", „Ausbildung von moralischen Konzepten" (vgl. HURRELMANN 1995, 17). Es sind dies Motive, die bei LINDGREN-Texten eine spezifische Ausprägung finden. Gründe für Klassiker-Status wie Erfolg lassen sich am Beispiel von ASTRID LINDGREN grob so erfassen:

Elemente	Bestimmung und Beispiel
Figur (s. S. 38)	Figuren sind Träger der Handlung, die kindlichen Leser setzen sich über sie in eine wertende Beziehung zum Text. Leser können in folgender Weise auf die Figuren reagieren: a) Hinaufschauen (= Wunscherfüllung 1): Bewundern der Aufmüpfigkeit, der Stärke, des Mutes, der Klugheit, des Witzes der Figur: Pippi, Kalle, Ronja/Birk, b) Hinabschauen (= Bestätigung der eigenen Persönlichkeit): Erkennen der Schwächen, der Zweifel, Dummheit, der Angst, des Leids der Figur: Pippi (Schulepisode), Annika/Thomas, Krümel, Mio, Ronja/Birk, Kalle; c) Mitmachen (= Wunscherfüllung 2) bei der Suche nach einem Verbrecher, der Suche nach einem Schatz: Kalle, Löwenherz
Räume (s. S. 41)	Das Entwerfen eines bestimmten Raumes der Geschichte (Schauplatz) dient dem Erzeugen einer Stimmung und weckt im kindlichen Leser Erwartungen. Von besonderer Bedeutung für Klassiker sind Räume wie Insel (Pippi), Höhle (Ronja, Kalle), Wald (Ronja), Schlösser (Mio), phantastische Welten (Mio, Löwenherz, Ronja, Pippi).
Handlung (s. S. 79)	Im Zentrum der Handlung muss ein Hauptgeschehen stehen, bei dem durch die Figuren sowie ihr Agieren in den Räumen eine Grundspannung entsteht.
Spannung (s. S. 45)	Klassiker kennzeichnet das Verhältnis von äußerer und innerer Spannung, wobei die äußere Spannung deswegen eine zentrale Rolle spielt, weil sie in direktem Bezug zur Handlung steht und durch das Aufeinanderprallen von Gegensätzen (Figuren) in bestimmten Räumen gekennzeichnet ist (Kalle – Onkel Einar; Pippi – Polizisten; Mio – Ritter Kato; Brüder Löwenherz – Tengil; Ronja/Birk – Eltern)
Humor	Infragestellen und kurzzeitiges Überschreiten von Normen
Erzählperspektive „implizierter Autor" (s. S. 26, 28)	Der „implizierte Autor" steht nicht auf der Seite der Erwachsenen, er repräsentiert vielmehr die Wünsche, Träume, Ängste der kindlichen Figuren/Leser. Dies kann über eine auktoriale Erzählinstanz ebenso geschehen, wie über einen personalen oder Ich-Erzähler, entscheidend bleibt, dass der kindliche Leser sich im Bunde mit dem Erzähler wie den Figuren der Geschichte weiß (Pippi, Ronja, Mio, Brüder Löwenherz usw.) und die Erwachsenenperspektive nicht dominiert.
Themen; Motive	Ablösung von den Eltern („Pippi", „Ronja"), Gewinn von Selbstständigkeit in einer noch unbekannten Welt („Ronja", „Mio", „Löwenherz"), Ausbildung von moralischen Konzepten („Löwenherz", „Mio", „Ronja", „Bullerbü"), Selbstbehauptung in der Gruppe Gleichaltriger und gegenüber Erwachsenen („Pippi", „Michel", „Bullerbü", „Kalle Blomquist", „Madita").

Schaubild: Klassiker der KJL und „Erfolgserzähler"

Schließlich bestätigen LINDGREN-Texte eine These, die GISELA WILKENDING für KJL-Klassiker annimmt, dass sie nämlich durch „den Widerspruch zwischen Grenzüberschreitung und Erziehungsfunktion" (WILKENDING 1984, 52 f.) gekennzeichnet sind. Grenzüberschreitend bei LINDGREN ist die Art und Weise, wie sie *einerseits* ihre Figuren (und damit die Leser) unterdrückte Ängste, Konflikte, Leid sowie Wünsche nach Glück, Befreiung, Subversion, Harmonie auf der „real-fiktiven" Ebene oder in phantastischen Welten ausleben lässt und *andererseits* Figuren, Handlungen zeigt, die eine Einordnung nahe legen. Im Falle von „Pippi Langstrumpf" wird das Grenzüberschreitend-Subversive durch die „Pippi"-Figur repräsentiert, während Annika und Thomas als Figuren aufgebaut sind, die die überschießende Phantasie abdämpfen und als Musterkinder eine Einpassung in die soziale Ordnung nahe legen. Zudem ist auch Pippi nicht einzig als Identifikationsfigur bzw. als Gestalt angelegt, zu der kindliche Leser wegen ihrer Aufmüpfigkeit, Stärke, Phantasie „hinaufschauen". Kindliche Leser haben auch die Chance, auf Pippi „hinabzuschauen", da sie ihr Nicht-Wissen durch Sprüche überspielt. In solchen Fällen wirkt Pippi – wie in der Schulepisode – auch bedauerns- und belächelnswert. Erfolg haben jene Autoren, die in der Lage sind, in einem Text oder von Text zu Text *unterschiedliche Autor-Rollen* (s. S. 193) erzählerisch umzusetzen. Dies trifft für ASTRID LINDGREN in besonderem Maße zu. Mit „Pippi Langstrumpf" wird zwar an den Typ des *„kinderliterarischen Erzählers"* angeknüpft, aber das Ergebnis ist eine Grenzüberschreitung. Dem Autor-Typus des *„naiven Kinderdichters"* entsprechen ihre idyllischen Kindheitsdarstellungen um „Bullerbü", in die die Autorin für die Zeit des Schreibens ihre „Realwelt" vergisst, sich in eine naive Kinderpoetin verwandelt und die Welt mit den Augen des Kindes sieht. Als *„sentimentalische Kindheitsdichterin"* zeigt ASTRID LINDGREN sich in ihren phantastischen Kinderromanen „Mio, mein Mio" und „Die Brüder Löwenherz". In beiden Texten wird zunächst auf der real-fiktiven Ebene eine unbefriedigende Wirklichkeit dargestellt, die mit der Vorstellung von glücklicher Kindheit nichts zu tun hat: Bosse, der im „Land der Ferne" dann Mio heißt, wird von seinen Pflegeeltern lieblos behandelt und sitzt einsam auf einer Parkbank; der neunjährige Karl (Löwenherz) kann nicht gehen und weiß, dass er bald sterben muss. *Zu einer Versöhnung mit der Wirklichkeit kommt es in beiden Texten auf der phantastischen Ebene,* hier sind die kindlichen Helden stark, mutig, gesund, willensstark.

Im Unterschied zur modernen Phantastik führt die Begegnung mit dem Unerklärlichen allerdings bei den Protagonisten nicht zu einer Irritation oder Bewusstseinsspaltung, sie akzeptieren – wie im Märchen – die Erscheinungen als gegeben. Eine rationale Auflösung der phantastischen Vorgänge erfolgt nicht, womit das sentimentalische bzw. utopische Ideal einer „schönen Menschlichkeit" erhalten bleibt. Gleichwohl kann der erwachsene Leser zur Auffassung gelangen, dass Bosses Aufenthalt im „Land der Ferne" nur ein Tagtraum ist und er weiter voller Sehnsucht auf der Parkbank sitzt. Aber für ASTRID LINDGREN wissen alle Kinder, auch „das Kind in mir", dass dies nicht so ist: „Mio ist im Land der Ferne und hat es so gut, so gut bei seinem Vater, dem König" (RITTE 1987, 15). Der Text eröffnet eine doppelte Perspektive, es handelt sich – wie bei den „Brüdern Löwenherz" um ein „doppelsinniges Kinderbuch". Dort gelangen Karl und Jonathan gemeinsam nach Nangilima und über das Ende hinaus wird – wie im modernen phantastischen Kinderroman – das Phantastische nicht gelöst, der „implizierte Autor" bleibt identisch mit der kindlichen Perspektive und es gibt keine Indizien, das

Geschehen als Tod der Helden zu werten. Erwachsene Kritiker haben den Schluss des Textes als „eine Sanktionierung des (Kinder)selbstmords und/oder als ein Ausdruck des Seelenwanderungsglaubens" gedeutet. Diese Lesarten standen im Widerspruch zu ASTRID LINDGREN Erfahrungen mit Kindern, die der Autorin dankten, „dass die Geschichte ein so glückliches Ende" (LINDGREN 1974, 9) hat.

Vorschläge für den Unterricht

Im weiteren werden zu Texten von ASTRID LINDGREN ausgewählte Schwerpunkte und Vorschläge zum handlungs- und produktionsorientierten Umgang unterbreitet. Auf eine ausführliche Darstellung von Inhalt und Erzählstruktur wird verzichtet.

Essays und Reden (Klassen 5 – 7)

„Es begann in Kristins Küche" (in: Oetinger Almanach 10/1972)
- Astrid Lindgren hat eine Liste von Büchern aufgestellt, die sie gelesen hat. Fertigt eine eigene Leseliste an und nennt die Bücher, die ihr gelesen habt oder die euch in Erinnerung geblieben sind. Notiert Gründe.
- Versucht euch an eine Episode, also eine Stelle aus einem oder mehreren Büchern zu erinnern, die euch ganz besonders gefallen oder aber traurig gemacht haben! Notiert sie.
- Astrid Lindgren nennt jene Bücher, die seit vielen Generationen von Kindern immer wieder gelesen werden „Klassiker". Was gibt es für Gründe, dass diese Texte so vielen Kindern gefallen?

„Der Mann in der schwarzen Pelerine" (in: Oetinger Almanach 8/1970)
- Für ASTRID LINDGREN verleihen Bücher der Phantasie Flügel. Seid ihr durch Bücher zu eigenen Geschichten angeregt worden? Erzählt sie!
- ASTRID LINDGREN meint, man brauche Phantasie, um etwas entdecken zu können. Welche Entdeckung oder Erfindung würdet ihr gern machen? Und warum ist gerade diese Erfindung wichtig? Schreibt eure Gedanken auf! Kleidet eure Erfindung in ein Rätsel, das eure Mitschüler erraten sollen.
- Stellt euch vor, ihr bekommt einen Preis für die Erfindung. Was würdet ihr mit dem Geld machen? Notiert die Pläne!
- ASTRID LINDGREN fordert uns auf, ihre Geschichte vom „Mann in der schwarzen Pelerine" weiterzuerzählen. Schreibt eure Fortsetzung.

„Rede zur Verleihung des Friedenspreises des Deutschen Buchhandels"
- ASTRID LINDGREN hat ihre Rede 1978 gehalten. Damals war die Furcht vor einem neuen Krieg groß. Sucht in drei Arbeitsgruppen Nachrichten über wichtige Ereignisse des Jahres 1978 heraus. Macht eine Wandzeitung mit den wichtigsten „Themen des Jahres 1978" und jenen, die euch heute gerade beschäftigen!
- Stellt euch vor, ihr würdet – wie ASTRID LINDGREN sagt – „die Geschäfte unserer Welt übernehmen". Was sollte sofort verändert werden und warum? Stellt eine Liste mit einem Regierungssofortprogramm auf. Erarbeitet in Arbeitsgruppen eine Regierungserklärung für euer Parlament! Diskutiert die Regierungserklärungen!

➤ Für ASTRID LINDGREN spielt eine „freie Erziehung" von Kindern eine wichtige Rolle. Was versteht ASTRID LINDGREN darunter? Sucht die Stelle heraus! Wie steht ihr dazu? Wie sollten Kinder und Erwachsene miteinander umgehen? Wie sollte eine „Aufgabenverteilung" in der Familie aussehen?
➤ ASTRID LINDGREN formuliert in ihrer Rede einen Leitspruch. Wie heißt er?
➤ Sammelt aus der Zeitung usw. Beispiele für Gewalt. Führt eine Diskussion darüber, welche Möglichkeiten es gibt, Konflikte ohne Gewalt auszutragen. (s. S. 146 f.).

Erzählungen und Kinderromane

„Pippi Langstrumpf" (Klassen 5/6)

➤ Welche Stelle gefällt euch von den vorliegenden Textstellen am besten? Sucht sie heraus und erzählt sie euren Freunden!
➤ An welche anderen Stellen (Episoden) aus „Pippi Langstrumpf" erinnert ihr euch besonders gern?
➤ Stellt eine Liste mit „Pippi-Sprüchen" und -Wörtern zusammen.
➤ Seht euch an, wie es Pippi Langstrumpf in der Schule ergeht, schreibt auf, wie eure Wunsch-Schule, eure Wunsch-Stunde, eure Wunsch-Lehrerin aussieht.
➤ Stellt euch vor: Ihr sollt Bilder zu dem Buch „Pippi Langstrumpf" zeichnen, ihr sollt es neu illustrieren. Zeichnet Bilder zu euren Lieblingsstellen oder den Figuren! Wie sieht eure Pippi aus?
➤ Denkt euch ein Rätsel zu Pippi Langstrumpf aus! Eine Möglichkeit könnte so aussehen und das Wort, das entsteht, heißt: PHANTASIE
a) Pippi ist ja eigentlich nur ein Kosename, wie heißt sie mit ganzem Namen? Notiere den Anfangsbuchstaben ihres vierten Vornamens. Du kannst den Buchstaben auch herausbekommen, wenn du weißt, was Pippi backt, als sie eine riesengroße Menge Teig auf dem Küchenfußboden ausgerollt hat. Auch hier merke dir den Anfangsbuchstaben des Gebäcks!
b) Was guckt unter Pippis Kleid hervor? Notiere den ersten Buchstaben des Substantivs!
c) Wie heißen Pippis Freunde? Notiere den Anfangsbuchstaben der Freundin!
d) Was soll Pippis Vater „jetzt" sein? Notiere den ersten Buchstaben! Solltest du nicht darauf kommen, dann nenne einfach den Namen von Pippis Mitbewohner, dem kleinen Affen. Auch hier hilft dir der erste Buchstabe weiter.
e) Was ist das Einzige, was „Spunk" auf jeden Fall nicht bedeutet? Notiere den zweiten Buchstaben des Substantivs!
f) Pippi schläft immer mit den Füßen auf dem Kopfkissen und mit dem Kopf tief unter der Decke. Wo schläft man nach Pippis Versicherung so? Notiert den dritten Buchstaben des Landes.
g) Als Pippi in der Schule ist, erzählt sie von einem Tier, mit dem sie in Indien gekämpft hat. Um was für ein Tier handelt es sich? Notiere den Anfangsbuchstaben!
h) Ein anderes Buch von Astrid Lindgren erzählt über einen Jungen, der von seinen Pflegeeltern nicht gut behandelt wird, er sitzt eines Tages einsam mit einem goldenen Apfel auf der Bank und dann findet er eine geheimnisvolle Flasche. Wie heißt der Junge in seinem Märchenreich? Notiere den zweiten Buchstaben seines Namens!
i) In diesem Band wird von einem Meisterdetektiv erzählt. Wie heißt er? Notiere den letzten Buchstaben seinen Vornamens!

Jetzt könnte ihr das Wort zusammensetzen, es handelt sich um eine Eigenschaft, die ASTRID LINDGREN ganz besonders wichtig ist.

Szenische Interpretation ausgewählter Episoden: Pippi spielt Fangen mit Polizisten

Schritte	Hinweise
Lesen der Episode: Voraussetzung für die szenische Gestaltung ist die Kenntnis der Handlung sowie das Agieren der Figuren	Das Lesen der Episode kann vom Lehrer übernommen werden.
Rollenbiographie: Durch Fragen zur Figur (Pippi) wird das Einfühlen in die Figur erleichtert. Die Fragen, die von Schülern oder dem Spielleiter gegeben werden, markieren wesentliche Charaktereigenschaften der Figur, ihr Denken und Fühlen	Wie ist dein Name? Warum bist du allein in der Villa Kunterbunt? Was machst du den ganzen Tag über? Was hältst du von Erwachsenen? Warum gehst du nicht zur Schule? Welches sind deine besten Freunde? Welche besonderen Fähigkeiten besitzt du?
Raumgestaltung: Der Raum wird mit Requisiten gefüllt, um eine Vorstellung vom Spielrahmen zu geben und die Einfühlung zu erleichtern	In welchem Raum befindest du dich? Welche Gegenstände sind im Raum, wie groß ist er? Welche Möbelstücke magst du am liebsten und warum? Für die Episode reichen: 2 Tische als Baum, 2 Stühle
Szenische Gestaltung	1. Requisiten: Sucht euch jeweils einen Gegenstand (Requisit), das zu der Figur (Rolle) passt. 2. Einfühlen in die Rolle: Gehe durch den Raum und konzentriere dich auf deine Figur (Pippi, Annika, Thomas,); sage leise deinen Namen, wie alt du bist, was dein Vater/Mutter machen usw. Durch Klatschen wird die Einfühlung unterbrochen und derjenige, dem die Hand auf die Schulter gelegt wird, beantwortet die Fragen. 3. Spielen der Szene (Teil 1): Beginnt das Spiel an folgender Stelle: „Gerade da kamen zwei Polizisten durch die Gartentür" (S. 46); Teil 2: „Er ging auf sie zu und griff sie am Arm" (S. 50). 4. Einsetzung eines Über-Ichs (Doppelgängers), der das äußert, was die Figur denkt, aber nicht sagt (innerer Monolog). Beispiel: „Ist das lustig, Fangen zu spielen!", schrie Pippi (S. 51); innerer Monolog Polizist 1: Was denkt das Kind sich, so etwas ist mir noch nie passiert. 5. Auswertung: Gespräch über das Erlebnis beim Spielen: Wie hast du dich beim Spielen gefühlt?

„Im Land der Dämmerung" (Klassen 5/6)

➤ Göran, der krank im Bett liegt und nicht gehen kann, macht mit Herrn Lilienstengel eine phantastische Reise. Beschreibt die Stationen, zeichnet sie oder macht aus Zeitungsfotos eine Collage.
➤ Göran wird dem König und seinem Hofstaat vorgestellt und die beginnen zu singen. Denkt euch Lieder aus, die man im Land der Dämmerung wohl singen könnte.

- Herr Lilienstengel kommt nun jeden Tag zu Göran und holt ihn zur Reise ins Land der Dämmerung ab. Ihr könnt ASTRID LINDGRENS Erzählung weiterschreiben und von seinem Abenteuern berichten.
- Wir haben nicht erfahren, ob Göran wieder laufen kann. Was meint ihr? Und wo bleibt dann Herr Lilienstengel? Schreibt es auf.

„Mio, mein Mio" (Klassen 5/6)

Einstieg
Kapitel 1 mit Impulsen:
- Stellt euch vor, ihr müsstet für die Suche nach Bosse ein Suchbild entwerfen. Gebt zuerst eine Personenbeschreibung und zeichnet ihn dann.
- Wer erzählt die Geschichte von Bosse? Was würde sich ändern, wenn ein anderer erzählte, z.b. Bosses Freund Benka? Versucht, aus Benkas Sicht das Geschehen darzustellen.

Textstelle
„Ich war ein Pflegekind – weinte nach ihm"
- Warum sind Tante Edla und Onkel Sixten nicht nett zu Bosse? Erzählt aus ihrer Sicht, was sie von Bosse halten.
- Stellt pantomimisch und ohne zu sprechen dar, was bei Bosse zum Beispiel beim Abendbrottisch abläuft. Verteilt die Rollen Bosse, Tante Edla, Onkel Sixten.
- Ihr könnt ein mögliches Gespräch zwischen Bosse und Tante Edla auch in Form eines Standbildes darstellen. Verteilt die Aufgaben von Schauspieler, Regisseur, Kommentator.
- Bosse ist verschwunden. Lasst Tante Edla und Onkel Sixten einen Brief an ihn schreiben. Was könnte darin stehen?
- Versetzt euch in Bosse und beschreibt aus seiner Sicht, was er auf der Parkbank denkt!
- Es heißt, der Geist fuhr mit einem „großen Brausen" aus der Flasche. Sucht auf Instrumenten nach einer musikalischen Untermalung dieser Szene.
- Wie könnte der Geist aussehen, der nun vor Bosse steht? Zeichnet ihn, Bosse und den Tegnerpark.
- Was wird der Geist, nachdem er aus der Flasche heraus ist, tun? Woher kommt, wohin will er? Erzählt eure Geschichte des Geistes oder schreibt sie auf!
- Bosse, der jetzt Mio heißt, ist im „Land der Ferne", er möchte eine Flaschenpost an Benka schicken. Vielleicht hat er es auch getan. Was könnte in dem Brief gestanden haben? Und wie könnte Benkas Antwort aussehen? Was ist in der Zwischenzeit passiert? Entwerft einen Antwortbrief!
- ASTRID LINDGREN hat dieses erste Kapitel zuerst als eigenständige Erzählung in der Zeitschrift „Idun" veröffentlichen lassen. Sie bekam daraufhin viele Briefe von Kindern, die unbedingt erfahren wollten, wie es Mio im „Land der Ferne" ergeht. Welche Abenteuer könnte er dort erleben? Schreibt eure „Mio-Abenteuer" auf!

„Ronja Räubertochter" (Klassen 5/6)

In einer Gewitternacht, als die Wilddruden es besonders toll treiben, wird auf der Mattisburg ein Kind geboren. Und weil die Mutter, Lovis, beschlossen hat, dass ihr Kind

Ronja heißen soll, ist es ein Mädchen. Ronja ist die Tochter des Räuberhauptmanns Mattis, und deshalb nennt man sie Ronja Räubertochter. Mattis ist mächtig stolz über die Geburt seiner Tochter.

Textstelle
Geburt von Ronja (6 ff.)
- Wie reagiert der Räuberhauptmann auf die Geburt seiner Tochter? Sucht die Sätze heraus, die Mattis' Gefühle zum Ausdruck bringen.
- Die Räuber leben auf einer Burg. Informiert euch darüber, wie eine Burg im Mittelalter ausgesehen hat und sucht Fotos von Burgen.
- In derselben Nacht, in der Ronja geboren wird, schlägt der Blitz in die Mattisburg ein und teilt sie mittendurch, von der obersten Zinne bis zum tiefsten Kellergewölbe. Und dazwischen liegt ein Abgrund. Zeichnet die Mattisburg.
- Textstelle: Ronja wächst und beginnt die Welt um sich herum zu entdecken. Mattis, ihr Vater und Räuberhauptmann, gibt ihr einige Ratschläge mit auf dem Weg und sagt „Geh jetzt!" (18 ff.).
- Eines Tages gibt es für Ronja eine Überraschung, sie sieht jemanden und wäre vor Überraschung fast in den Höllenschlund gefallen (32 f., 40 ff.): Wie stehen Ronja und Birk zueinander? Schreibt ihre unausgesprochenen Gedanken auf.
- Die Erzählerin lässt uns im Unklaren darüber, was die Unterirdischen singen. Schreibt ein Lied der Unterirdischen und wählt dafür eine entsprechende Musik aus.
- Wie reagiert Mattis auf Ronjas Fragen nach dem „Räuber-Gewerbe", und welche Gründe wird er haben?
- Warum will Mattis, dass Glatzen-Per früh schlafen geht? Stellt euch vor, Glatzen-Per erzählt über die Zeit vor Ronjas Geburt und das Räuberleben. Schreibt seinen Bericht auf!
- Spielt das Gespräch zwischen Ronja, Mattis und Glatzen-Per nach. Baut dabei einen Sprecher ein, der die nicht geäußerten Gedanken von Mattis und Glatzen-Per für alle hörbar ergänzt.
- Was halten die Leute außerhalb der Burg von Mattis und seinen Räubern? Schreibt aus der Sicht der armen Witwe, der Gendarmen, der gerade Überfallenen.
- Entwerft einen Steckbrief von Mattis und seiner Räuberbande.
- Stellt andere euch bekannte Räubergestalten und ihre Ziele vor (Robin Hood, Janosih, der Held der Berge, Räuber Hotzenplotz).
- Es hat gerade wieder ein Überfall der Räuber stattgefunden. Schreibt einen Polizeibericht. Versetzt euch in die Rolle eines Beteiligten und macht eine Zeugenaussage! Gebt ein mögliches Gespräch zwischen einem Mattisräuber und einem der Überfallenen wieder. Spielt eine solche Szene.

Es ist jetzt Winter, die Schneestürme heulen, und Ronja muss in der Burg bleiben. Sie wird Birk erst im Frühjahr wiedersehen können. Und Birk geht es genauso (81 ff.).
- Was mag Ronja abends am Feuer über ihre Erlebnisse denken und was Birk! Schreibt einen Brief jeweils aus der Sicht von Ronja und Birk!
- Entwerft ein Labyrinth von den unterirdischen Gängen der Burg, vom Mattisteil zum Borkateil. Lasst Ronja und Birk den Weg zueinander suchen.

Der Frühling kommt (105 ff.).
➤ Wie beschreibt ASTRID LINDGREN den Frühling? Benennt die sprachlichen Mittel und Vergleiche.
➤ Sucht nach Frühlingsliedern, die in der Lage sind, die Gefühle von Ronja und Birk auszudrücken.

Eines Tages gibt es für Ronja eine böse Überraschung. Mattis hat Birk gefangen und will damit seinen Gegner, Birks Vater, erpressen. Was wird in Ronja vor sich gehen? Mattis will jedenfalls Birk nicht freilassen. Da muss Ronja handeln (129–133).

Mattis kümmert sich nicht mehr um Ronja, und Ronja fasst den Enschluss, die Burg zu verlassen. Sie will sich mit Birk in der Bärenhöhle treffen (143–146).
➤ Ronja erzählt Birk von ihrem Weg durch den Wald. Schreibt aus verschiedenem Blickwinkel.
➤ Zeichnet die Stationen des Weges von Ronja bis zur Bärenhöhle! Ergänzt den Weg durch Hindernisse, die eingetreten sein könnten! Im Text ist nicht gesagt, was Birk während der Zeit des Wartens in der Bärenhöhle denkt! Schreibt seine Überlegungen auf, a) in Form eines inneren Monologs, b) in Form der erlebten Rede.
➤ Ronja und Birk fühlen sich im Wald frei und glücklich. Schreibt ein Sommerlied, ein Waldlied, ein Lied über die Freiheit des Waldlebens oder die Natur und die Tiere – wie die beiden es gedichtet haben könnten.
➤ Spielt mögliche Gespräche zwischen den beiden nach.
➤ Baut jeweils einen Sprecher in die Gespräche ein, der die nicht geäußerten Gedanken von Ronja oder/und Birk ergänzt! Was stellt ihr fest?

Mattis kommt zu Ronja (206–210)
➤ Was mag Mattis dazu gebracht haben, nachzugeben? Stellt euch vor, er hätte während Ronjas Abwesenheit ein Tagebuch geschrieben. Was könnte darin stehen?
➤ Erzählt den Text zu Ende, wie geht es mit Ronja, Birk und den Räubern weiter? Was wird aus dem Räuberleben?
➤ Seht euch ASTRID LINDGRENS Rede zur Verleihung des Friedenspreises an. Wie würde sie den Konflikt zwischen den beiden Räuberbanden lösen?
➤ Stellt euch vor, es sind fünf oder zehn Jahre vergangen. Was ist aus allen geworden?

4.4 Spannung, Horror und Angst – Stephen King

Literaturunterricht und Stephen King

„Alle Kunstgattungen sind zulässig, mit Ausnahme der langweiligen" notierte VOLTAIRE, BERTOLT BRECHT sah die Chance von Kunst darin, Intellekt und Unterhaltung zu verbinden. Trotz einer Weitung des Literaturbegriffs tun sich Literaturkritik, -wissenschaft und -didaktik schwer mit so genannter Unterhaltungsliteratur, sie gilt als oberflächlich, bedeutungslos und der Beschäftigung nicht wert. UWE WITTSTOCK hat nun vor dem Hintergrund der Postmoderne erneut als die „nobelste Funktion" der Literatur die Unterhaltung bezeichnet, denn: „Der Text soll Vergnügen machen" (WITTSTOCK 1995, 20). Dies trifft einmal mehr für Heranwachsende zu, die noch am Anfang ihrer Lesekarriere stehen, weswegen der Deutschunterricht auch dem Bedürfnis nach

Beschäftigung mit unterhaltender Literatur Rechnung tragen muss. „Die Dialektik von ,Unterhaltung' – in allen ihren Spielarten – und ,literarischer Bildung'" sollten Pädagoginnen und Pädagogen zu beachten, zu beobachten und zu unterstützen suchen – auch wenn sie sich mit schulischen Texten von zweifelsfreier Lernqualität unter Umständen sicherer und wohler fühlen" (HURRELMANN 1998, 20). Dabei kann es allerdings nicht Ziel sein, die Ansätze der Trivialliteraturdidaktik der 70er-Jahre zu reaktivieren, in denen es in der Mehrzahl darum ging, die ausgewählten Texte zu „überführen", ihren seriellen Charakter zu unterstreichen, ihre ideologischen Implikationen herauszustellen oder ihre geringe ästhetische Qualität nachzuweisen.

Wenn also dafür plädiert wird, beispielsweise einen Autor wie STEPHEN KING im Literaturunterricht zu diskutieren, kann es nicht darauf ankommen, einseitige Bewertungsmuster zu reproduzieren, also die Texte pauschal unter Stichworten wie „Horror", „Angst" „Lesefutter", „triviale Unterhaltung" abzuwehren. Auch STEPHEN KING ist keineswegs „so schlecht", wie sein Ruf bei jenen, die ihn nicht gelesen haben.[3] Im Literaturunterricht hat ein Projekt zu STEPHEN KING die Möglichkeit, aktuelle Lesebedürfnisse junger Leute zum Ausgangspunkt zu machen und den Autor wie die von ihm bevorzugten Darstellungsweisen, Motivkomplexe, Wirkungen (Phantastisches, Horror, existenzielle Angst) in historischer Perspektive (Romantik, Realismus, Gegenwartsliteratur) zu betrachten. STEPHEN KING bietet sich also nicht nur als eine mögliche Anschlusslektüre etwa zu Texten der Romantik (E.T.A. HOFFMANN, TIECK) an oder als Beispiel für Entwicklungen in der Gegenwart, sondern auch als Exempel für Themenbereiche der gymnasialen Oberstufe sowie die damit in Verbindung stehenden Inhalte wie Ziele. Dazu können gehören:

➤ Identitätsfindung (Rollenerwartung, Rollenkonflikte, Selbstfindung, Ich-Identität, Ich-Entgrenzung, Außenseiterrollen, Normen und Werte, Leitbilder, Aufbruch und Abenteuer)
➤ Lebensentwürfe (Suche nach der Identität, Krisen des Ich, Scheitern von Lebensplänen, Selbstentfremdung, Glück, Unglück)
➤ Individuum im Spannungsfeld zwischen Ideal und Wirklichkeit (Wirklichkeit und Phantasie, das Unbewusste als Quelle von Imagination, Nachtseiten der menschlichen Natur, negative Utopien)
➤ Individuum und Gesellschaft (Außenwelt und Innenwelt, Literatur und Wirklichkeit, Beziehungskonflikte)
➤ Weltentwürfe (Entgrenzung des Ich, psychische Grenzen, soziale Grenzen, Innere Emigration, Künstlerproblematik)
➤ Wirkungszusammenhänge von Literatur (Moderne Literatur, Postmoderne, Instanzen des Literarischen Marktes, Literarische Wertung, Hochliteratur und Trivialliteratur, Bestseller, Verfilmung, Produktion und Rezeption von Medien)
➤ Menschenbilder in literarischen Texten und medialen Darstellungen (Identitätsentwicklung, Familienbilder, Kindheit/Jugend, Außenseiter, Eigenes und Fremdes)

In historischer Perspektive ist es möglich, im Rahmen der Beschäftigung mit STEPHEN KING Stadien der Horror- oder Schreckensliteratur bzw. der phantastischen Literatur zurückzuverfolgen. Es wäre dies der *Weg des Phantastischen vom Mythos bis zum Mittel künstlerischer Weltaneignung*. Zu den frühen, ursprünglichen Formen des Mythos gehören jene, die in einer ersten – für uns heute phantastischen Weise – die Wirklichkeit erfassen.

Spannung, Angst und moderne Kindheit als Grundthemen

Die Romane „Shining" und „Es" stehen in der Tradition eines E.T.A. HOFFMANN und EDGAR ALLAN POE, sie beschreiben nicht mehr nur einen äußerlichen Spuk, sondern das nächtliche, das grausige Geschehen spielt sich in den Figuren selbst ab, der Schauer kommt „aus der Seele". Insofern handelt es sich um populäre Varianten bei der literarischen Gestaltung von Existenz- und Bewusstseinskrisen des (post)modernen Menschen. „Shining" gilt als ein „Meisterwerk der modernen Horrorliteratur", aber es ist auch ein psychologischer Roman, für dessen Innenweltdarstellung Elemente des Übernatürlichen genutzt werden. Entscheidend aber für den Autor STEPHEN KING ist die Geschichte (story), erst dann kommt für ihn die Frage danach, wie sie erzählt wird (discourse): „Die Geschichte ist das einzig Wichtige... Wenn man eine Geschichte erzählen kann, wird alles möglich. Ohne Geschichte ist nichts möglich, weil niemand etwas von den noch so einfühlsam gezeichneten Personen hören will, wenn in der Geschichte nichts passiert" (KING 1990, 195).

Insofern entspricht KING dem Autor-Typus des (kinderliterarischen) Erzählers, für den maßgeblich ist, seine Leser zu unterhalten, indem ihnen eine spannende Geschichte erzählt wird. KING verweist ausdrücklich auf literarische Traditionen, in denen er steht: „Meine Art des Geschichtenerzählens liegt in einer langen, von der Zeit geheiligten Tradition, die bis zu den griechischen Barden und mittelalterlichen Minnesängern zurückgeht" (KING 1990, 96).[4] KING wehrt sich gegen die Typisierung von Figuren und meint, „selbst der Bösewicht" habe das Recht, „seine Seite der Geschichte zu erzählen" (KING 1990, 127). Für den Handlungsaufbau greift der Autor gezielt auf bewährte Muster zum Erzeugen von Angst und Spannung zurück. Dabei geht er davon aus, dass im Horror-Genre ein *endliches Arsenal an Motiven* existiert, „man ... eben nur soundsoviel Sachen machen kann" und es auf die Stilisierung, den Tanz zwischen diesen Elementen ankommt. „Man hat", betont er, „die gotische Geschichte irgendwo in einem gotischen Schloss mit Kettenrasseln in der Nacht. In „The Shining" wurde aus dem gotischen Schloss ein gotisches Hotel, und anstelle von Ketten, die im Keller rasseln, fährt der Fahrstuhl hoch und runter – was nichts anderes ist als das Kettenrasseln" (KING 1990, 215 f.).

Eine Kenntnis der historischen Stufen des Phantastischen wie bei der literarischen Darstellung von Horror, Angst, Schauer kann eine zusätzliche Horizonterweiterung bringen, die keineswegs das Vergnügen an der Stephen King-Lektüre zerstört oder darauf abzielt den Autor in Misskredit zu bringen. In historischer Perspektive lassen sich einzelne Ausprägungen der Gestaltung von Angst vereinfacht so darstellen, s. Schaubild S. 213.

Es gehört zu KINGS Literaturkonzept, Grundkonstellationen der phantastischen Literatur aufzugreifen und sie inhaltlich zu „modernisieren":

> *Nein, ich gebe es zu. Ich habe mich nie als strahlenden originellen Schriftsteller betrachtet, wenn es darum geht, vollkommen neue Einfälle für die Handlungen auszudenken. Selbstverständlich sind in der Genre- wie in der Mainstream-Literatur gleichermaßen nicht mehr besonders viele davon übrig, und die meisten Schriftsteller arbeiten lediglich ein paar grundlegende Themen ab... Ich versuche – gelegentlich erfolgreich, hoffe ich – neuen Wein aus alten Schläuchen einzuschenken.* (KING 1990, 85)

Angst-Felder	Bestimmung	Motiv und Gattungen
Totenangst	archaische Angst vor Toten und der Versuch, sie durch Riten zu besänftigen	Mythen
Religiös Wunderbar	christlich-religiöse Besetzung des Angstbereiches durch Gestalten wie Teufel, Hexe, Engel	Biblische Geschichten, Märchen
Übernatürlich-Wunderbar	Weiterexistenz des Aberglaubens auch in aufgeklärten Zeiten	Gespenster-, Spukgeschichten, Sagen, Märchen
Gotisch	Angst vor der Rückkehr des überlebten Vergangenen	Gotischer Schauerroman, Geister- und Gespenstererzählungen
Tiermensch	Im Rahmen der naturwissenschaftlichen Evolutionslehre von Darwin die Angst vor einem Rückfall ins Tierische: Vampire, Werwolf	Phantastische Literatur; Anfänge der Horrorliteratur, Sciencefiction (Dracula, Frankenstein)
Psychose	Entdeckung des Unbewussten (s. Freud), Bewusstseinsspaltung, Wahnsinn	psychologischer (Kinder)Roman, moderne Phantastik, Horror, Sciencefiction

Schaubild: Angst-Felder in historischer Perspektive

Für WOLFGANG KARRER besteht STEPHEN KINGS Ansatz darin, „den modernen Thriller wieder mit übernatürlichen Momenten" zu versehen (KARRER 1998, 142). Im Falle von „Shining" werden Textbausteine der gotischen Schauerliteratur in eine moderne Kulisse versetzt. Die „Modernisierung" erfolgt jeweils auf der Basis einer Grundgeschichte. Das poetische Prinzip, nach dem seine Geschichten gebaut werden, hat STEPHEN KING am Märchen von Hänsel und Gretel demonstriert:

> *Ich habe mir immer gedacht, dass es Spaß machen würde, Hänsel und Gretel einmal in einer modernen Version zu schreiben. Ich würde ein weißes Paar in den Vororten mit einem Jahreseinkommen von fünfzig- bis sechzigtausend Dollar erfinden. Daddy verliert seinen Job, und die böse Stiefmutter sagt: „Wir würden zurechtkommen, wir könnten unsere Mastercard behalten, wenn nur die Scheißkinder nicht wären." Schließlich lässt der Vater ein Taxi kommen und sagt dem Fahrer: „Lass sie um zwei Uhr morgens in der Lenox Avenue in Harlem aussteigen." Die beiden weißen Kinder landen dort. Sie werden bedroht...* (KING 1990, 346)

Grundlegend für die Veränderung der Geschichte ist der Wechsel des Ortes, KING selbst spricht vom „Bad-Place"-Schema (KING 1988, 296, 316, 323, 405): Es handelt sich um den Umbau des bekannten Hexenhauses zu einem schwarzen Kasten: Eine oder mehrere Figuren, ein Mädchen, ein Junge, ein junger Mann, eine junge Frau, ein Geschwisterpaar oder eine Familie kommen an einen bösen Ort bzw. Raum (s. S. 41), sie haben dort Prüfungen zu bestehen, sind übernatürlichen Gefahren ausgesetzt, aber schließlich entkommen sie mit oder ohne Gegenstände oder gewonnene Erkenntnisse. Dies ist das traditionelle Motiv der Queste, der Reise, der Fahrt des Helden, die bereits in den Mythen eine Rolle spielt, im Märchen (Hexenhaus), in der phantastischen Erzählung (RAY BRADBURY: das Haus Ascher in „Ascher II" aus den „Marschroniken") bis zum Horror-Roman (STEPHEN KING: das Hotel „Overlook" in „Shining"). JOSEPH CAMPBELL hat die Stufen als Trennung, Initiation, Rückkehr beschrieben (CAMPBELL 1978). Das Schema kann auch variiert werden, wobei der Ort bzw. Raum zunächst als ein „guter" ausgewiesen ist (das Raumschiff in „Alien", 1984) in den das „Böse" eindringt (vgl. KARRER 1998, 144; GANSEL 1998a, 12 ff.). Die ursprüngliche Harmonie wird durch den Eindringling zerstört, der schwarze Kasten gerät zu einem Ort, in dem sich nunmehr ein schrecklicher Alptraum abspielt. Die Räume können beliebig gewählt oder ergänzt werden, es kann ein Haus sein, ein Dorf, ein Maisfeld, eine Praxis, ein Tunnel usw. und ebenso kann eine Variation der Figuren erfolgen. Auch die Parodie des Musters ist möglich: Dazu gehören die „Rocky Horror Picture Show" wie auch die vielen Variationen des Vampirmotivs in Film und Literatur. Die Texte von STEPHEN KING zeigen, wie in einer ersten Stufe die Protagonisten an einen bösen Ort zu versetzen sind (Hänsel-und-Gretel-Schema), um dann in einer zweiten Stufe die beiden Grundelemente (Figur und Raum) so miteinander zu kombinieren, dass beim Leser Spannung und Angst erzeugt werden. Dies kann in zweifacher Weise erfolgen. Während die erste Variante ein direktes Anknüpfen an das bekannte Muster bedeutet, also traditionelle Räume und Figuren nutzt, stellt die zweite Variante eine Neuerung dar: *Das scheinbar Vertraute wird anders intoniert*, KING nennt dies „off key": Am hellen Tag kommt ein Finger aus dem Waschbecken des Badezimmers (vgl. KARRER 1998, 145). Dieser Grundeinfall der Geschichte ist im Folgenden erzählerisch auszugestalten, wobei drei Grundelemente zum Einsatz kommen: 1. Terror bzw. Schrecken, 2. Horror und 3. Ekel (KING 1988, 22, 24, 45). „Das Genre" – so KING – „existiert auf drei Ebenen, die verschieden und voneinander getrennt sind, und jede ist ein wenig grober als die vorhergehende. Zuoberst kommt der Schrecken, die erlesenste Empfindung, die jeder Schriftsteller erzeugen kann; dann Horror; und dann, auf der untersten Ebene, der Würgereflex des Ekels" (KING 1990, 89). Die drei Ebenen haben für STEPHEN KING zentrale Bedeutung.

Die unterste Ebene ist für KING jene des „Niederknüppelns" (KING 1988, 22), doch wichtiger ist ihm der Tanz, die „bewegte, rhythmische Suche" zwischen den drei Elementen. Das kunstvolle Variieren zwischen diesen Ebenen macht den Reiz des Erzählten aus und ist eine Grundlage für den Erfolg des Autors. Geübte King-Leser folgen diesem Tanz mit seinen Bewegungen und gehen den Modulationen der Angst nach, vergleichbar der Suche eines erfahrenen Kriminalromanlesers nach Indizien.

Elemente	Bestimmung	Beispiele: Shining
Terror	eine unbehagliche und ängstliche Grundstimmung, Vorzeichen, Vorahnungen (dunkler Raum, Gang usw.)	Vision Danys („DROM"), Hinweise auf das Hotel, Zeitungsausschnitte usw.
Horror	die Vorahnung schlägt um in das urplötzlich eintretende Erschrecken durch ein Monster, einen Wahnsinnigen usw.	Das „DROM" (= MORD) ist da und bedroht den kindlichen Protagonisten
Ekel	Es kommen Elemente hinzu, die wegen ihrer Konsistenz in der Lage sind, den Schauder zu steigern: Blut, Schleim usw.	Blutorgie im Badezimmer, Höhepunkt: physische (Selbst-)Zerstörung von Jack Torrance

Auch wenn es gelingt, die drei Ebenen geschickt miteinander zu verbinden, kommen Autoren von Spannungs- bzw. Horrorliteratur nicht umhin, früher oder später das Geheimnis zu enthüllen, das Unerklärliche aufzulösen oder wie KING sagt, der Horrorautor ist gezwungen, „die Karten wie beim Poker aufzudecken". Irgendwann muss man

„die Tür aufmachen und dem Publikum zeigen, was dahinter ist" (KING 1988, 156). Mit dem Öffnen der Tür (des Raumes) würde die Spannung gelöst und beim Leser eine Ernüchterung entstehen. Dieses unausweichliche Ende ist nur zu umgehen, „indem man die Tür überhaupt nicht aufmacht", was er für seine Texte ausschließt. KING macht „immer irgendwann im Verlauf des Fests die Tür auf" (KING 1988, 159), womit die „Unschlüssigkeit" bzw. „Ungewissheit" des Lesers wie der Figuren sich löst. Insofern entspricht KINGS Argumentation Überlegungen, die auch TZVETAN TODOROV anstellt. Für ihn währt das Phantastische nämlich „nur so lange wie die Unschlüssigkeit: die gemeinsame Unschlüssigkeit des Lesers und der handelnden Personen, die darüber zu befinden haben, ob das, was sie wahrnehmen, der ‚Realität' entspricht, wie sie sich in der herrschenden Auffassung darstellt" (TODOROV 1989, 40). Insofern lässt sich in Anlehnung an TODOROV auch STEPHEN KINGS Konzept unter dem Blickwinkel der erzeugten „Unschlüssigkeit" in Varianten wie Traditionen des Phantastischen einordnen, wobei sich folgendes Bild ergibt:

unvermischt Unheimliches	Phantastisch-Unheimliches	Phantastisch-Wunderbares	unvermischt Wunderbares
Unheimliche (phantastische) Handlungen, Ereignisse, Phänomene werden als erschreckend wahrgenommen (Erzeugen von Angst), aber sie finden im Text keine Erklärung, sie bleiben unheimlich, rätselhaft. Beispiele sind Texte von Ann Radcliffe (Die Geheimnisse von Udolpho, 1794), Horace Walpole (Die Burg von Otranto, 1865) oder M. G. Lews (Der Mönch, 1796).	Handlungen, Ereignisse, Phänomene, die in der Geschichte unheimlich (phantastisch) erscheinen, finden zum Abschluss eine rationale Erklärung. Zumindest gibt es im Text Indizien (Signale), die eine natürliche Erklärung für die eintretenden Ereignisse nahelegen. Beispiele sind die Novellen von E.A. Poe (Der Untergang des Hauses Usher) oder Stephen King.	Es handelt sich um Geschichten, in denen phantastische Ereignisse eine Rolle spielen und die mit der Anerkennung des Übernatürlichen enden. Es kommt zu keiner Auflösung des Phantastischen. Beispiele sind Astrid Lindgrens „Mio, mein Mio" oder „Die Brüder Löwenherz".	Die übernatürlichen Ereignisse lösen in der Geschichte weder bei den Figuren und auch nicht bei den Lesern Erstaunen aus. Einen solchen Status nimmt das Phantastische in den Märchen ein oder auch in der Sciencefiction.

STEPHEN KINGS Grundkonzept partizipiert von EDGAR ALLAN POE, der wiederholt als Traditionslinie zitiert wird. Die Erzählung „Der Untergang des Hauses Usher", auf die STEPHEN KING in „Shining" anspielt, zeigt beispielhaft, wie das Unheimliche in Szene gesetzt wird. Die eintretenden Ereignisse scheinen zunächst dem Phantastischen nahe zu kommen: Der Erzähler wird von einem alten Freund, Roderick Usher, herbeigerufen. Er bittet ihn eine Weile bei ihm auf Usher zu bleiben, wo er mit seiner Schwester lebt. Einige Tage später stirbt die Schwester (!), und die beiden Freunde bahren ihren Leichnam (!) in einer Gruft (!) des Hauses auf. An einem stürmischen Abend (!), als der Erzähler eine alte Rittergeschichte (!) vorliest, scheinen jene Geräusche, von denen im Text die Rede ist, im Hause vernehmbar. Es folgt die schreckliche Aussage von Roderick Usher: „Wir haben sie lebendig ins Grab gelegt." In dem Augenblick öffnet sich die Tür und die (tote?) Schwester steht im Raum. Beide umarmen sich und brechen tot zu Boden. Der Erzähler flieht vor Schrecken aus dem Haus und kann der Katastrophe entkommen: Das Haus Usher stürzt zusammen. Es ist möglich die Ereignisse als phantastisch-unheimlich zu werten, aber POE hat im Text Signale plaziert, die eine rationale Erklärung nahelegen: An der Vorderseite des Hauses befand sich ein scharfer Riss im Mauerwerk, und Lady Madline hatte wiederholt „kataleptische Anfälle". Vergleichbar arbeitet STEPHEN KING in „Shining", das Unheimliche wird – bis auf ein Element – rational aufgelöst. Für POE – und mit Abstrichen auch für KING – trifft daher zu, was FJODOR DOSTOJEWSKI als kennzeichnend für den Umgang mit dem Unheimlich-Phantastischen ausgemacht hat: „Er (POE – C.G.) wählt fast immer eine höchst außergewöhnliche Situation der Wirklichkeit, konfrontiert seine Personen auf der äußerlichen oder psychologischen Ebene mit den ungewöhnlichen Umständen" (TODOROV 1989, 46). Um „Unschlüssigkeit" wie Schrecken zu steigern, arbeitet KING darüber hinaus mit Erzähltechniken, die für den Film kennzeichnend sind, er wechselt in der literarischen Darstellung von Fern- zu Naheinstellungen. Die dadurch erreichte Visualisierung des Textes erleichtert das Lesen, kommt den Medienerfahrungen der (jungen) Rezipienten entgegen und ist ein Grund für den Erfolg des Autors (vgl. KING 1990, 182).

Entscheidend für die Faszination, die STEPHEN KING auf junge Leser ausübt, sind die von ihm erzählten Geschichten (storys), die Handlungen, Ereignisse. Im Mittelpunkt stehen dabei häufig **Kindheit und Adoleszenz**, seine Protagonisten sind moderne Kinder, die es mit Problemen wie Angst, Scheidung, Gewalt, Kindesmissbrauch, Mord, Sterben zu tun bekommen. Eine Tabuisierung bestimmter Stoffe und Themen lehnt King ab, weil dies eine Verkennung der realen Situation von Kindern bedeute:

> *Wir leben heute in einer Gesellschaft, in der das sexuelle Tabu für Kinder längst den Weg alles Irdischen gegangen ist. Jeder Neunjährige kann in den Supermarkt gehen und sich die Playmate des Monats ansehen, aber man will nicht, dass die Kinder etwas über den Tod wissen. Man will nicht, dass Kinder etwas über Verstümmelung wissen. Man will nicht, dass sie etwas über die unheimlichen Dinge wissen, weil das ihre kleinen Köpfe verdrehen könnte.*
> *Aber die Köpfe von kleinen Kindern sind sehr, sehr stark. Sie biegen sich. Sie haben jede Menge Spannung und brechen nicht. Wir geben unseren Kindern im frühesten Alter Hänsel und Gretel zu lesen, und darin kommen vor: Aussetzung von Kindern, Entführung, versuchter Mord, gewaltsames Festhalten, Kannibalismus und schließlich Mord durch Verbrennung. Und den Kindern gefällt das.* (KING 1990, 346)

Die kindlichen Figuren bei King sind zumeist Außenseiter, gehören zu sozialen Randgruppen, sind einsam und verlassen, müssen mit Alpträumen kämpfen. Doch wie in erfolgreichen Filmen werden die schwachen Helden sich plötzlich ungewöhnlicher Kräfte bewusst. KING nennt sie in Anlehnung an den Sciencefiction-Autor JACKE VANCE „wilde Talente" (KING 1990, 52), mit deren Hilfe es den kindlichen bzw. jugendlichen Protagonisten gelingt, die Gefahren zu bestehen, die Hindernisse zu überwinden, sich gegen Stärkere durchzusetzen. Insofern finden sich bei KING jene Motive wieder, die auch in KJL-Klassikern thematisiert werden und in Adoleszenzromanen eine maßgebliche Rolle spielen: Ablösung von den Eltern, Gewinn von Selbstständigkeit in einer gefährlichen Welt, Ausbildung von moralischen Konzepten, Selbstbehauptung in einer Gruppe Gleichaltriger oder gegenüber Erwachsenen. KING gestaltet kindliche Allmachtsphantasien, wobei das „Gute" (Kinder) zumeist siegt und die Täter (Erwachsene) im Sinne eines geschlossenen Endes gerichtet werden, also eine Art von Happyend. Anders bei „Shining": Hier war bis zum Ende alles offen.[5]

Die Probleme von modernen Kindern und ihre Ängste stehen bei King in Verbindung mit den Krisen der Erwachsenen. Beides spielt im Roman „Shining" eine Rolle, der intertextuell auf E.A. POES Erzählung „Die Maske des roten Todes" anspielt und erzählerisch an Traditionen des psychologischen Realismus partizipiert. Anders als in Schauerromanen oder anderen Horror-Texten KINGS, in dem es zum Einsatz „äußerlicher, greifbarer übernatürlicher Elemente" (KING 1990, 223) kommt, erfolgt in „Shining" eine Konzentration auf die Innenwelt der Figuren. „Alles lässt sich so interpretieren", sagt KING selbst, „dass das Hotel auf das Denken der Menschen Einfluss nimmt. Will sagen, äußerlich spielt sich gar nichts ab. Alles findet innerlich statt, es breitet sich von Danny auf Jack und schließlich Wendy aus, die die phantasieloseste in dem Buch ist" (KING 1990, 223). Zu einer literarischen Zuspitzung kommt es, als die Erosion des Alltags zum Trauma und zur Bedrohung gerade für den kindlichen Protagonisten, Danny, wird. Wie im modernen Kinderroman leidet Danny unter der familiären Situation: Seine Eltern befinden sich in einer krisenhaften Situation, die einen Grund in der Erfolglosigkeit des Vaters hat, der als Schriftsteller zu scheitern droht und einen Ausweg in Alkoholexzessen sucht. Unausgesprochen steht das Thema „Scheidung" im Raum und führt bei Danny zu traumatischen Zuständen:

> *Danny schaute sich verstohlen zum Küchenfenster um. Wenn er angestrengt nachdachte, geschah manchmal etwas mit ihm. Die Dinge – die wirklichen Dinge – verschwanden, und er sah Dinge, die gar nicht da waren. Einmal, kurz nachdem sein Arm in Gips gelegt worden war, passierte es beim Abendessen. Sie redeten wenig miteinander. Aber sie dachten nach. Oh, ja. Der Gedanke an SCHEIDUNG hing wie eine schwarze, zum Bersten gefüllte Regenwolke über dem Küchentisch. Der Gedanke, dabei zu essen, ließ ihn speiübel werden. Und weil es ihm so verzweifelt wichtig erschienen war, hatte er sich voll konzentriert, und es war etwas passiert. Als er wieder zu sich kam, lag er auf dem Fußboden, und seine Mommy hielt ihn fest und weinte, und Daddy telefonierte."* (KING 1994, 44)

Hilfe gibt Danny zunächst eine phantastische Figur, die er sehr wohl als „nicht wirklich" einzuschätzen weiß: „Das ist nur ein unsichtbarer Freund. Ich habe ihn erfunden. Um Gesellschaft zu haben" (ebd., 196). Dieses Motiv wird gebraucht, wenn die kindlichen Protagonisten an der Isolation und dem Unverständnis leiden und sich durch die Phantasiefigur die Möglichkeit schaffen, ihren Ängsten wie Bedrohungen sprachlich Ausdruck zu verleihen. Danny verfügt über das „zweite Gesicht": Er ahnt, dass im entlegenen Hotel „Overlook" der schreckliche DROM (= MORD) wartet. „Shining" verbindet somit die Geschichte eines kindlichen Traumas mit der Krise des männlichen Protagonisten, der vor dem beruflichen wie familiären Absturz steht. Unter diesen Bedingungen verwischen sich für Jack Torrance die Grenzen von Fiktion und Wirklichkeit. Das zentrale Vorkommnis, das den trockenen Alkoholiker in den Wahnsinn und ins Delirium treibt, ist der Besuch einer virtuellen Party, an der auch der rote Tod teilnimmt. Torrance wird zu seinem Gehilfen und versucht Sohn und Frau umzubringen. Wie ist es dazu gekommen? Torrance findet auf dem Boden des Hotels Overlook das Archiv, gewissermaßen das Gedächtnis des Hotels. Da ihm untersagt ist, über die geheimnisvolle Geschichte zu schreiben, entwirft er eine Fiktion, die für ihn zunehmend wirklich wird. Traditionelle Grenzen zwischen Phantasie und Wirklichkeit werden aufgehoben, der halluzinierte Raum beginnt mit dem wirklichen übereinzustimmen:

Es war, als läge ein anderes Overlook, nur um wenige Zoll versetzt, in diesem, getrennt von der realen Welt..., mit der es aber allmählich zusammenzufallen schien. Es erinnerte ihn an die 3D-Filme, die er als Kind gesehen hatte. Wenn man ohne Spezialgläser auf die Leinwand schaute, sah man das Bild doppelt – so wie er jetzt. Aber wenn man die Spezialbrille aufsetzte, ergab es einen Sinn. (King 1994)

Schreiben ist für Jack Torrance in der Folge nicht mehr Abbildung von realer Welt, sondern bedeutet für ihn die Überführung der Fiktion in die Wirklichkeit. Torrance verfolgt letztlich eine kognitive Strategie, bei der er die Wirklichkeit den eigenen Wahrnehmungen, also der so genannten 3D-Brille, anpasst. (vgl. BARTELS 1994, 69) Für ihn genügt schon der Genuss virtuellen Alkohols, um jene physischen Symptome zu erleben, die bis zum gewalttätigen Delirium führen. Obwohl Torrance real keinen Alkohol anrührt, wird er schließlich zur tobenden Mordmaschine. STEPHEN KINGS „Shining" ist insofern auch ein Text, der auf die Schein-Wirklichkeit (Shining) des Virtuellen anspielt und Veränderungen des Schreibens unter Bedingungen einer Mediengesellschaft thematisiert. KINGS Texte fragen danach, wie sich Menschen verhalten, wenn sie in Situationen geraten, die außer Kontrolle zu geraten scheinen. Dabei stellt er einen Zusammenhang her zwischen den Verhältnissen in den USA sowie den psychologischen Dispositionen für die Rezeption von Horror und Phantastik (vgl. KING 1988, 28).

Vorschläge für den Unterricht

Am produktivsten scheint die Behandlung von STEPHEN KING in einem fächerübergreifenden Projekt angesiedelt:

- Gebrauch phantastischer Elemente bei STEPHEN KING im Vergleich zu literarischen Epochen (z.B. Romantik, Moderne, Postmoderne), Gattungen (Mythen, Märchen, Phantastik, moderner phantastischer Kinderroman, Sciencefiction, Anti-Utopie, Discworld-Novel), Autoren (E.A. POE, E.T.A. HOFFMANN, LUDWIG TIECK, THEODOR STORM, ALFRED DÖBLIN, FRANZ KAFKA).
- Entwicklung der phantastischen Literatur und des Vorkommens einzelner Motive
- Bestimmung der historischen Kontexte, in denen ausgewählte Motive auftauchen, wiederkehren sowie ihrer Funktion im Text wie im Handlungssystem Literatur. (Historizitätsvariablen, s. S. 94 f.)
- Untersuchung der „Machart" von STEPHEN-KING-Texten (story, discourse): Was sind die „Stoffe" und „Themen", welche erzählerischen Mittel nutzt der Autor zur Erzeugung von Spannung oder Angst, welche traditionellen Elemente der phantastischen Literatur kommen vor und wie werden sie „modernisiert"?
- Herausarbeiten von Mitteln zur Spannungserzeugung und Diskussion von Fragen der „alten" Rhetorik, welche Stilmittel in welchem Rahmen welche Effekte hervorrufen können; Herstellen eines Bezuges zu einer praxis- bzw. handlungsorientierten Erzählforschung unter dem Stichwort „Kreativ schreiben"
- Vergleich ausgewählter Romananfänge von STEPHEN-KING-Texten mit solchen aus der anerkannten Hochliteratur und Herausstellen ihrer „unterhaltenden" Funktion.
- Erarbeiten der Handlungs- und Figurenmuster ausgewählter STEPHEN-KING-Texte.
- Diskussion der „Themen" von STEPHEN-KING-Texten (Ängste des modernen Menschen, Kindheit, Jugend, Adoleszenz, Außenseiter, Normen und Werte, Leitbilder).
- Medienanalyse ausgewählter STEPHEN-KING-Verfilmungen sowie der Vergleich von Text und Film (Beispiel: „Shining", Regie: Stanley Kubrick).

➤ Beschäftigung mit der Poetologie eines erfolgreichen Autors (STEPHEN KING), Einblicke in Schreibkonzept, Literaturvorstellungen, Schaffensprozess sowie Herausstellen seiner Rolle im Medienverbund; STEPHEN-KING-Texte als Medienverbundliteratur.
➤ Literarische Wertung: Hochliteratur und Trivialliteratur, Bestseller, Bewertungskriterien.
➤ Streitgespräch (Pro-/Contra-Diskussion) zu STEPHEN KING sowie der Rolle von Literatur/Literaturkritik in der Gegenwart (s. S. 146 f.).

Einstieg
Die Behandlung von STEPHEN KING ab Klasse 10 kann als Anschlusslektüre geplant werden und Genre bzw. literarische Darstellungsweisen in verschiedenen historischen wie literarischen Kontexten aufgreifen und vertiefen. Ausgewählte Texte von E.T.A. HOFFMANN, E. A. POE, R. L. STEVENSON, JULES VERNE, in denen das Phantastische eine besondere Rolle spielt, gehören zu Lektüreempfehlungen einzelner Bundesländer. In Abhängigkeit von den Leseerfahrungen werden in Arbeitsgruppen ausgewählte Texten von STEPHEN KING diskutiert. Durch produktions- und handlungsorientierte Verfahren wird die Selbsttätigkeit der Schüler in besonderem Maße herausgefordert. Zu diesem Zweck bietet sich die Bildung von Projektgruppen sowie die gemeinsame Konzipierung der thematischen Schwerpunkte (Stationen) an. Zu den inhaltlichen Schwerpunkten sind jeweils Arbeitsaufträge zu entwickeln, die in Kleingruppen (ca. 4 Schüler) bearbeitet werden. Die Aufträge sind auf DIN-A5-Karteikarten geklebt, sie können auch auf großen Stationskarten (z. B. Station 2: Klassiker des Phantastischen) geschrieben und im Klassenraum aufgestellt werden. Innerhalb der Komplexe kann jede Gruppe sich für eine von den vorgeschlagenen drei Varianten entscheiden.

Stationen	Varianten und Aufgaben
Station 1 : Phantastische Stationen (1): Volksliteratur	Variante 1: Mythen, Variante 2: Märchen, Variante 3: Sagen – Auswählen von Texten, Vorstellen, Entstehung: Mythen: Beowulf, Herakles usw.; Märchenmuster; Verfassen von Anti-Märchen (vgl. Hänsel und Gretel); Diesseits- und Jenseitsgestalten in Sagen
Station 2: Phantastische Stationen (2): Klassiker des Phantastischen	Variante 1: E. A. Poe: Die Maske des Roten Todes; Variante 2: Ray Bradbury: Ascher II; Variante 3: E.T.A. Hoffmann: Elixiere des Teufels – Erarbeiten von Phantastik-Definitionen, Kurzvortrag, Klassiker des Phantastischen (Grundlage: Auszüge aus „Dans Macabre"), Informationen zu Zeit und Autoren, Vorstellen ausgewählter Texte (A. von Arnim: Isabella von Ägypten; A. v. Chamisso: Peter Schlemihls wundersame Geschichte; E.T.A. Hoffmann: Der goldene Topf; Nußknacker und Mausekönig; Der Sandmann); Edgar A. Poe: Der Goldkäfer und andere phantastische Geschichten
Station 3: Der Autor Stephen King	Variante 1: Horror und Angst; Variante 2: Vorbilder und Traditionen (R. Louis Stevenson: Dr. Jekyll und Mr. Hyde; Mary Shelley: Frankenstein; Bram Stoker: Dracula Variante 3:; Interviewauszüge (Angst Pur); Positionen zu Phantastik und Horror (Dans Macabre) – Unterschiede von Horror, Sciencefiction und Fantasy bei King; Dracula und Frankenstein-Varianten im Film.

Stationen	Varianten und Aufgaben
Station 4: Ausgewählte Texte von Stephen King und literarische Mittel	Variante 1: Horror, 2. Terror, 3. Ekel; Variante 2: Der schwarze Kasten (Räume und Figuren); Variante 3: Spannungserzeugung – Textstellen herausfinden, Figuren und Ort kennzeichnen, Muster der Darstellung
Station 5: Verfilmung (Vorschlag: „Shining")	Variante 1: Stephen King und der Film; Variante 2: Sequenzanalyse einer Episode von „Shining"; Variante 3: Vergleich Text-Film – Stephen King über die Verfilmung (King 1990)
Station 6: Kreatives Schreiben I Erzeugen von Unschlüssigkeit des Lesers	Variante 1: Schreibe eine Geschichte, die „phantastisch-unheimlich" ist; Variante 2: Schreibe eine Geschichte, die „phantastisch-wunderbar" ist; Variante 3: Schreibe eine Geschichte, die „unvermischt wunderbar" ist.
Station 6: Kreatives Schreiben II Beispiel: „Shining"	Variante 1: Horror-Geschichten-Baukasten; Variante 2: Raum-Figuren-Baukasten; Variante 3: Umbau einer Figur oder Erfinden der Vorgeschichte für eine Figur (Beispiel: Jacks und Wendys Kindheit)
Station 7: Schreiben eines eigenen (Horror)Textes	Ausgangspunkt: Textanfang einer Geschichte von Stephen King: „Es waren einmal ein paar tapfere Forscher, die auf einem anderen Planeten landeten, um nachzusehen, ob jemand Hilfe brauchte. Niemand brauchte Hilfe, aber als sie wieder aufbrachen, stellten sie fest, dass sie sich den schwarzen Mann an Bord geholt hatten" (King 1988, 238) usw.
Station 8: Vorbereitung eines Streitgesprächs zum Thema: „Stephen King ist..."	Variante 1: Auswertung von Rezensionen zu Texten von Stephen King; Variante 2: Umfrage zu Stephen King; Variante 3: Unterhaltungsliteratur – Kriterien und Bewertung? Axiologische Werte
Station 9: Streitgespräch	Alle Arbeitsgruppen, Festlegen von Moderator, Pro- und Contra-Gruppe

Schaubild: *Projektunterricht – Stephen King*

Lehrerkarten (Auswahl zu den Stationen 1, 3, 5)

Schwerpunkte	Hinweise
Station 1:	**Märchen 1:** Handlungsstruktur von Hänsel und Gretel: Auszug (arm, verstoßen, überflüssig, ungeliebt); Weg (Gefahr: Hexe, Hexenhaus; Prüfungen: Gefangenschaft, Not, Hunger; Leiden: Hunger, Misshandlungen); Schluss: Heimkehr, reich, glücklich); **Märchen 2:**: Typische Märchenelemente: Zeit, magischer Ort, Gegensätze, Zaubermittel; **Märchen 3:** Erfinden von eigenen Märchen (Handlung, Figuren, Geschehnisse); **Märchen 4:** Rollenspiele; **Märchen 5:** Werbecollagen zu Märchen herstellen (Hänsel und Gretel = Werbung für Lebkuchen usw.); Märchen 6: Anti-Märchen (z.B. Verändern der Grundkonstellation/Ort; Beispiel: Hänsel und Gretel von S. KING)
Station 3:	Wichtige Textausschnitte aus „Dans macabre": Dr. Jekyll und Mr. Hyde (77, 103 f., 106, 108f, 15 f., 212, 336 f.); Frankenstein (52, 77, 79, 87 ff., 114 f., 296, 324); Dracula (52, 77, 91 ff., 103, 114 f. 146, 250, 321, 324, 337, 458) – einzelne Positionen auf Folie
Station 5:	Verfilmung von „Shining": 120, 145, 161, 163, 280 f., 340, 342, 361, 493

Für das Projekt können Schülerkarten entwickelt werden, die gemeinsam oder einzeln realisiert werden.

Schüler-Sonderkarten (Auswahl)

Schwerpunkt	Aufgabe
Anlegen einer Mappe bzw. eines Ordners zum Genre	Jeder von euch legt eine Mappe an, in der Beiträge zum Thema gesammelt sind (Horror, Phantastik, Angst, Gewalt, Autoren).
Anlegen eines Handapparates zum Autor Stephen King bzw. zum Genre „Phantastik"	Legt einen Handapparat zum Thema „Stephen King" oder „Phantastik und Horror" an. Der Handapparat steht allen zur Verfügung, es existiert ein Inhaltsverzeichnis, wichtige Beiträge stehen als Kopiervorlage zur Verfügung. Der Handapparat enthält Texte wie: Stephen King: Dans Macabre. Die Welt des Horrors in Literatur und Film. München 1988 (oder Kopiervorlagen) sowie Stephen King: Angst Pur. Gespräche mit dem „King des Horror". München 1990 (es können auch ausgewählte Beiträge als Kopiervorlage zur Verfügung stehen); Reclams Science Fiction Führer, Stuttgart 1982.
Ergänzung des Handapparates mit Texten aus angrenzenden Bereichen (Projektkurs Biologie: Nervensystem)	Informiere dich über biologische bzw. genetische Prozesse, nach denen das Bewusstsein funktioniert (Schlaf und Traum, Schlafsprechen, Traumfunktion, Bewusstes und Unbewusstes, Alpträume, veränderte Bewusstseinszustände); Beantworte die Frage: Was sind Emotionen und stelle Material zusammen (Schwerpunkte: Entwicklung von Emotionen im Kindesalter; Zusammenspiel von kognitiven und physiologischen Faktoren, Angst)
Begriffe, Gattungen, Merkmale	Halte ein Referat zum Thema „Was ist Phantastik/Sciencefiction/Fantasy?" Informiere dich im „Lexikon der phantastischen Literatur" (Frankfurt 1983) oder im „Lexikon der Science Fiction Literatur" (2. Bde, München 1980)
Phantastik und die bildende Kunst	Stelle einige Maler des 19. oder 20. Jh.s vor, in deren Werk das Phantastische eine zentrale Rolle spielt: Max Ernst; Salvador Dali; Paul Delvaux, Rene Magritte, Marc Chagall
Episode aus Texten von Stephen King	Schildere die Ereignisse im Roman „Shining" oder einer der vier Novellen aus „Frühling, Sommer, Herbst und Tod" usw. aus der Sicht eines außerhalb der Handlung stehenden Berichterstatters
Stephen King und der Film	Stelle die Verfilmung eines Stephen-King-Filmes und deine Meinung vor.
Rezension	Stelle ein Buch von Stephen King vor, das du gelesen hast und das dir besonders gefallen hat. Schreibe eine Rezension zu diesem Text und begründe dabei deine Urteile.
Romanexposé	Entwerfe ein Exposé für den neuen Roman von Stephen King (Raum, Figuren, Figurenkonstellation).
Schutzumschlag, Vermarktung, usw.	Entwerfe einen Schutzumschlag, eine Collage usw. zu einem Text von Stephen King (Beispiel „Shining"). Beziehe dabei seine Meinungen und Erfahrungen ein (vgl. King 1990, 217 ff.).

5. Anhang

5.1 Anmerkungen

Kapitel 1

1. S. J. SCHMIDT unterscheidet a) die Rezeption als Vorgang, in dem ein Kommunikat aufgebaut wird und b) eine Phase der „Weiterverarbeitung" dieses Kommunikats in einer konkreten Äußerungssituation. Letztlich geht es dabei um eine Frage des Textverstehens. SCHMIDT differenziert hier nicht zwischen dem Textverstehen von „normalen" Lesern und den Ergebnissen literaturwissenschaftlicher Interpretation. MEUTSCH (1987, 158) wie auch WINKO (1995, 10) haben darauf verwiesen, dass die so angesetzten zwei Phasen von Textverstehen empirisch nicht nachweisbar sind.
2. Die Ästhetik-Konvention bezieht sich zum einen auf den Modus, in dem Texte verarbeitet werden und zum anderen auf die formalen Eigenschaften. HEYDEBRAND/WINKO (1996) notieren entsprechend: „Literarisch heißen Texte, die autonom-ästhetisch rezipiert werden oder die formal-ästhetische Eigenschaften aufweisen"(29). Für die Teilnehmer am Handlungssystem Literatur, also die Leser, müssen diese Konventionen gelten, sie werden im Laufe der literarischen Sozialisation (literarische Bildung) erlernt und ermöglichen eine Unterscheidung zwischen Literatur und Nicht-Literatur.
3. MICHAEL TITZMANN etwa fasst unter Literatursystem „eine Abstraktion über eine Menge von Systemen, nämlich den interpretierten Texten eines repräsentativen Korpus eines raumzeitlichen Segments" (TITZMANN 1991, 395 ff.).

Kapitel 2

1. So beginnt Ede durch Unkus Einfluss, aber insbesondere über den Kommunist Klabunde und seinen Sohn Max die Welt „mit neuen Augen" zu sehen und mit „neuen Ohren" zu hören: Ede trifft vor der Schule Max, mit dem er sich über Arbeitslosigkeit und Streik unterhält. Beim Besuch der Familie Klabunde hört er die Parabel von der „Insel der faulen Fische".
2. Dazu gehören neben den genannten Texten beispielsweise GÜNTER PREUß „Schomolungma", 1981; WOLF SPILLNER „Wasseramsel", 1984; „Taube Klara", 1987; GÜNTER SAALMANN „Umberto"; 1987; Lyrik für Kinder von WERNER LINDEMANN, DIETER MUCKE oder LUTZ RATHENOW, Kinderlieder von u. a. von BETTINA WEGNER und GERHARD SCHÖNE.
3. Zu einem Schlagwort in den Diskussionen um die Sozialstruktur in der Bundesrepublik wurde HELMUT SCHELSKYS „nivellierte Mittelstandsgesellschaft" (SCHELSKY 1979). Zu denken ist auch an frühere Schichtenmodelle von THEODOR GEIGER (GEIGER 1932; GEIGER 1949). Einen Überblick über die Diskurspunkte gibt RAINER GEIßLER (GEIßLER 1992, 61 ff.).
4. Es sind dies Relationen, die aus einer semiotischen Texttheorie stammen. Siehe dazu H. F. PLETT (1975); JURI M. LOTMANN (1986) sowie deren Anwendung für die KJL bei MARIA LYPP (1986).
5. Zu Texten von PETER HÄRTLING existieren einige Unterrichtsmaterialien. Siehe dazu u. a. DAUBERT 1996. Der Band sammelt jene Vorschläge, die als Lehrerbegleithefte zu Texten von HÄRTLING bei Beltz & Gelberg erschienen waren.
6. Zu „Rennschwein Rudi Rüssel" gibt es eine Reihe von Unterrichtsvorschlägen (u. a. Verlag an der Ruhr, 1995; Lesen in der Schule mit dtv junior, Bd. 7, 1996) sowie ganze Unterrichtseinheiten in Deutschbüchern (u. a. Deutschbuch 5, Cornelsen, Berlin 1999). Zu empfehlen ist Fritz Wehrenbergs *Literatur-Kartei* (1995) vom Verlag an der Ruhr.

Kapitel 3

1. Bei der Bewertung der („Wende")Texte sind die erfasste Oberflächen- und Tiefenstruktur des Werkes mit jenen Signaturen zu vergleichen, die die konkret-historische Wirklichkeit ausmachen (vgl. GANSEL 1997a).

Anmerkungen 223

2 Hier funktioniert ein vergleichbarer Mechanismus von Entlastung einerseits und Schuldzuweisung andererseits wie er bereits die Darstellung des Nationalsozialismus in der deutschen KJL nach 1945 kennzeichnete.
3 Das Feindbild Lehrer/Eltern ist zumeist mit dem Topos von zerstörter Kindheit/Jugend gekoppelt. Gerade dies macht es notwendig, die jeweilige Textwirklichkeit mit den Erfahrungen der Schüler zu vergleichen.
4 Vergleichbare Argumente finden sich bei E. AHRENDT, G. SAALMANN, L. VAN DIJK.
5 Das die Textstruktur bestimmende zentrale Symbol liegt in einer novellistisch angelegten unerhörten Begebenheit. Die Protagonistin stößt versehentlich ein Honecker-Porträt von der Wand, steckt es wieder in den Rahmen, wobei sie nicht merkt (!), dass nun das dahinter befindliche Stalin-Bild im Vordergrund hängt.
6 Das erklärt beispielsweise auch die Konstruktion der weiblichen Hauptfigur „Lady Maria", deren Hass auf die Erwachsenen damit begründet wird, dass ihr Pionierleiter sie verführt hat.
7 Zur ersten geschlossenen Leipziger Montagsdemonstration kam es am 25. September 1989. Siehe u. a. Hartmut ZWAHR (ZWAHR 1993)
8 Ein annähernd stimmiges Bild der Nach-Wende-Zeit und der entstehenden Probleme zwischen Ost- und Westdeutschen findet sich auch bei HERBERT GÜNTHER („Ein Sommer ein Anfang").
9 Die KJL folgt hier einem Trend zum Cyberpunk, der bereits die Sciencefiction der 80er-Jahre kennzeichnete und die in WILLIAM GIBSON einen Kultautor („Neuromancer", 1985) besitzt. In Cyberpunk-Texten geht es um das Eintreten in virtuelle Räume, um Geisterfahrer auf Datenautobahnen, um Hacker, Virenleger und ihre Bekämpfer. Siehe dazu auch die Beilage der „Süddeutschen Zeitung" vom 8./9. November 1997.
10 Über den Begriff Anti-Utopie herrscht bislang keine Einigkeit. Es kursieren Termini wie: negative Utopie, Warn-Utopie, Dystopie, Gegenutopie, Anti-Utopie. Zur Diskussion des Begriffs siehe u. a. HANS ULRICH SEEBER (SEEBER 1983) sowie BIESTERFELD 1982.
11 Zur Orientierung siehe FRIEDEMANN SCHINDLER (SCHINDLER 1997)
12 „Der Rasenmähermann" (R.: BRETT LEONHARD) basiert auf einer Kurzgeschichte von STEPHEN KING: Der intellektuell unterbemittelte Vorstädter, Jobe Smith (Jeff Fahey), soll im Rahmen eines von Dr. Angelo entwickelten Virtuell-Reality-Programms klüger werden. Das Experiment gerät außer Kontrolle, aus dem kleinen Niemand wird ein monströses Etwas. „Cyber-World" (R.: Albert Pyun) erzählt wie die Protagonisten (D.: Patrick Stewart, Jonathan Frakes) in ein Videospiel geraten und nicht mehr herauskommen. Bei der von den Protagonisten in „Matrix" (R.: Larry und Andy Wachowski) wahrgenommenen Welt des Jahres 1999 handelt es sich in Wahrheit um eine vom Computerprogramm „Matrix" simulierte virtuelle Welt. Alternativ kann auch aus „Star Trak 7" die „Holo-Deck"-Episode ausgewählt werden. Hier haben die Protagonisten die Chance, sich in einem Raum zu begeben, in dem über den Computer die jeweils gewünschte (virtuelle) Welt entworfen wird (R.: David Carson).

Kapitel 4

1 Die Spielidee ist entwickelt in Anlehnung an MANFRED KADERLI u.a: Geländespiele. Spielprojekte für Stadt, Wald und Wiese. Luzern 1977
2 Die Erhebung wurde von Karin Lange 1998 an der Justus-Liebig-Universität im Rahmen eines Projektes zu A. Lindgren durchgeführt.
3 Dies stellt BETTINA HURRELMANN (1998b, 21) kritisch für den Umgang mit ENID BLYTON heraus.
4 Für KING ist der Handlungsaufbau ... das Schwierigste, und in Hinblick auf die Planung der Handlung bekennt er: „Bei mir ist es so, dass mir bei einem Buch zuerst die Situation einfällt. Dann kommt eine Eröffnungsszene, und dann kann ich mir Gedanken darüber machen, wohin das führen oder wie es ausgehen wird..." (KING 1990, 193).
5 KING notiert: „ursprünglich wollte ich, dass sie alle da oben sterben würden und Danny nach seinem Tod zur beherrschenden Kraft des Hotels würde. Damit sollte sich die übersinnliche Kraft des Hotels exponentiell steigern... Aber ich habe mich in den Jungen vernarrt... Ich konnte es nicht so machen" (KING 1990, 203).

5.2 Literaturverzeichnis

Primärliteratur (nur zitierte Erzählwerke und Beispieltexte)

AHRENDT, ELISABETH: Hauptsache zusammen. München 1994 (als TB).
BOIE, KIRSTEN: Erwachsene reden. Marco hat was getan. Hamburg 1994 (als TB).
BOIE, KIRSTEN: Mit Kinder redet ja keiner. Hamburg 1990 (als TB).
BOIE, KIRSTEN: Nella Propella. Hamburg 1994 (als TB).
BOIE, KIRSTEN: Nicht Chikago. Nicht hier. Hamburg 1999.
BOIE, KIRSTEN: Sophies schlimme Briefe. Hamburg 1995.
BOJUNGA-NUNES, LYGIA: Maria auf dem Seil (1979). Hamburg 1983 (als TB).
BONGARTZ, DIETER: Makadam. Chronik eines Mordes. Mödling-Wien 1997.
BRUSSIG, THOMAS (D.I. CORDT BERNEBURGER): Wasserfarben. Berlin 1991 (als TB).
COLE, BROCK: Celine oder Welche Farbe hat das Leben. München, Wien 1996.
CROSS, GILIAN: Auf Wiedersehen im Cyberspace. Wien 1996.
DANTZ, CARL: Peter Stoll. Ein Kinderleben von ihm selbst erzählt (1925). München 1978.
DONELLY, ELFY: Servus, Opa, sag ich leise. Hamburg 1977 (als TB).
ELLIS, BREAT EASTON: Einfach unwiderstehlich. Reinbek bei Hamburg 1988 (als TB).
ENZENSBERGER, HANS MAGNUS: Wo warst du, Robert? München, Wien 1998.
GAARDER, JOSTEIN: Durch einen Spiegel in einem dunklen Wort. München, Wien 1996 (als TB).
GAARDER, JOSTEIN: Sofies Welt. München 1993: (als TB).
GAITE, CARMEN MARTIN: Rotkäppchen in Manhattan. Frankfurt/M. 1994.
HAGEMANN, MARIE (D. I. ELISABETH ZÖLLER): Schwarzer, Wolf, Skin. Stuttgart, Wien 1993 (als TB).
HÄRTLING, PETER: Das war der Hirbel. Weinheim und Basel 1973 (als TB).
HÄRTLING, PETER: Oma. Weinheim 1975 (als TB).
HAUGEN, TORMOD: Die Nachtvögel. Würzburg 1978 (als TB).
HERFURTNER, RUDOLF: Rita, Rita. Aarau und Frankfurt a./M. 1984 (als TB).
HOFFMANN, E.T.A.: Das fremde Kind. (1817). In ders.: Poetische Werke Bd.6. Berlin 1957; S. 262–295.
HOFFMANN, E.T.A.: Nussknacker und Mausekönig. (1816). Stuttgart 1993.
HORNBY, NICK: High Fidelity. München 1996 (als TB).
JACOBSSON, ANDERS/OLSSON, SÖREN: Berts gesammelte Katastrophen. Hamburg 1990.
JOHNSON, UWE: Ingrid Babendererde. Reifeprüfung 1953. Frankfurt/M. 1985 (als TB)
KÄSTNER, ERICH: Emil und die Detektive. In: Erich Kästner. Werke. Hrsg. von Franz Josef Görtz. Bd. VII, München, Wien 1998, 193–202.
KÄSTNER, ERICH: Als ich ein kleiner Junge war. In: Werke, Bd. VII, S. 7–152.
KÄSTNER, ERICH: Das doppelte Lottchen. In: Werke, Bd. VIII, S. 161–254.
KÄSTNER, ERICH: Das fliegende Klassenzimmer. In: Werke, Bd. VIII, S. 41–160.
KÄSTNER, ERICH: Zur Naturgeschichte des Jugendschriftstellers (1960). In: Werke, Bd. VI, S. 654–662.
KÄSTNER, ERICH: Interview mit dem Weihnachtsmann. Hrsg. von Görtz, Franz Josef und Sarkowicz, Hans. München, Wien 1998.
KÄSTNER, ERICH: Pünktchen und Anton. In: Werke, Bd. VII, S. 451–546.
KING, STEPHEN: Dans Macabre. Die Welt des Horrors in Literatur und Film. München 1988 (als TB).
KING, STEPHEN: Angst Pur. Gespräche mit dem „King des Horror". München 1990 (als TB).
KING, STEPHEN: Shining. Bergisch Gladbach 1994.
KÖNIG, KARIN: Ich fühl mich so fifty-fifty. München 1991 (als TB).
KUIJER, GUUS: Erzähl mir von Oma (1978). Ravensburg, 1995 (als TB).
LINDGREN, ASTRID: Die Brüder Löwenherz. Hamburg 1973.
LINDGREN, ASTRID: Im Land der Dämmerung. In: Dies.: Im Wald sind keine Räuber. Hamburg 1992 (1952)
LINDGREN, ASTRID: Mio, mein Mio (1954). Hamburg 1955.
LINDGREN, ASTRID: Ansprache am 17.5.1958 in Florenz anlässlich der Verleihung des Internationalen Jugendpreises. In: Oetinger Almanach 1/1963.
LINDGREN, ASTRID: Pippi Langstrumpf (1948). Hamburg 1967.
LINDGREN, ASTRID: Meine Lebensgeschichte. In: Oetinger Almanach 5/1967.

LINDGREN, ASTRID: Ronja Räubertochter. (1981). Hamburg 1982.
MARTINEZ-MENCHEN, ANTONIO: Pepito und der unsichtbare Hund. Hamburg 1990.
NILSSON, PER: So Lonely. Hamburg 1997 (als TB).
NÖSTLINGER, CHRISTINE: Gretchen, mein Mädchen. Hamburg 1988.
NÖSTLINGER, CHRISTINE: Nagle einen Pudding an die Wand! Hamburg 1990.
NÖSTLINGER, CHRISTINE: Olfi Obermeier und der Ödipus. Hamburg 1994.
OLSSON, HANS: Rollenspiele. Hamburg 1997.
OCH, SHEILA: Karel, Jarda und das wahre Leben. Würzburg 1996
OVERBECK, CHRISTIAN ADOLF: Fritzchens Lieder. Hamburg 1781
PAWEL, HENNING: Wie ich Großvater einschloß, um die deutsche Einheit zu retten. Die Enkel packen aus. Berlin 1991.
PLUDRA, BENNO: Das Herz des Piraten. Berlin 1985.
PRATCHETT, TERRY/BRIGGS, STEPHEN: Die Scheibenwelt von A-Z. München 1996.
PREUß, GUNTER: Vertausche Bilder. Frankfurt/M. 1994 (als TB)
PREUß, GUNTER: Stein in meiner Faust. Ravensburg 1995 (als TB)
RATH, LENA VAN: Back for jou, Julia! Der Roman für alle Fans von TAKE THAT. München 1996 (als TB)
RAYBAN, CHLOE: Echt unecht. München 1996
REUTER, BJARNE: Das Ende des Regenbogens. Frankfurt/M. 1996 (als TB).
REUTER, BJARNE: So einen wie mich kann man nicht von den Bäumen pflücken, sagt Buster. Frankfurt/M. 1994. (als TB).
SAALMANN, GÜNTER: Zu keinem ein Wort. Berlin 1993. n. a. ob TB.
SAEGER, UWE: Landschaft mit Dornen. Halle 1993.
SAKOWSKI, HELMUT: Katja Henkelpott. Stuttgart, Wien, Bern 1992 (als TB).
SAKOWSKI, HELMUT: Prinzessin, wir machen die Fliege. Stuttgart 1993 (als TB).
SCHLÜTER, ANDREAS: Level 4 – Die Stadt der Kinder. Berlin, München 1994 (als TB).
SCHROEDER, MARGOT: Ganz schön abgerissen. Reinbek bei Hamburg 1983 (als TB).
STEENFATT, MARGRET: Haß im Herzen. Reinbek bei Hamburg 1992 (als TB).
STEVENSON, ROBERT: Die Schatzinsel. Berlin 1954.
STOLLWERCK, KARSTEN: Du bist also der Maik? Wien/München 1995
STUCKRAD-BARRE VON, BENJAMIN: Soloalbum. Köln 1998.
TIMM, UWE: Rennschwein Rudi Rüssel. Zürich 1989.
WAHL, MATS: Winterbucht. Weinheim 1995 (als TB).
WASSERFALL, KURT: Digital Life oder Laras Lieblingsbuch. Weinheim 1997
WELSH, IRVINE: Trainspotting. (1993). Hamburg 1996 (als TB).
WELSH, RENATE: Sonst bis du dran. Würzburg 1994 (als TB).
WÖLFEL, URSULA (1982): Die grauen und die grünen Felder. Ravensburg 1982 (1970) (als TB)
WOLF, CHRISTA (1976): Kindheitsmuster. Berlin und Weimar 1976.

Sekundärliteratur

ANDREOTTI, MARIO (1990): Die Struktur der modernen Literatur. Bern, Stuttgart 1990
ALBERTSEN, LEIF LUDWIG (1969): Komm, lieber May! Der Einbruch der Antipädagogik in das Kinderlied der Vorromantik. In: DVjs 43, 1969, S. 214–221
ARIÈS, PHILIPPE: Geschichte der Kindheit (1960). München 1975
BAACKE, DIETER (1987): Jugend und Jugendkulturen. Darstellung und Deutung. Weinheim, München 1987
BAMBERGER, RICHARD (1965): Jugendlektüre. Wien 1965, S. 74–77
BARTELS, KLAUS (1994): Gewalt und Ästhetik. In: Beiträge Jugendliteratur und Medien, Heft 2/1994, S. 66–79
BARTHES, ROLAND (1959): Schreibweise des Romans. Am Nullpunkt der Literatur. Objektive Literatur: Zwei Essays. Hamburg 1959
BARTHES, ROLAND (1988): Einführung in die strukturale Textanalysen (1968). In: ders.: Das semasiologische Abenteuer. Frankfurt/M. 1988, S. 101–143
BAUER, KARL W. (Hrsg.) (1992): Grundkurs Literatur- und Medienwissenschaft Primarstufe.

München 1992
BAUR, SAMUEL (1790): Charakteristik der Erziehungsschriftsteller Deutschlands. Ein Handbuch. für Erzieher. Leipzig 1790
BECK, ULRICH (1986): Riskogesellschaft. Auf dem Weg in eine andere Moderne. Frankurt/M. 1986.
BECK, ULRICH (1993): Die Erfindung des Politischen. Zu einer Theorie reflexiver Modernisierung. Frankfurt/M. 1993
BECK, ULRICH/BECK-GERNSHEIM, URSULA (1994): Individualisierung in modernen Gesellschaften. Perspektiven und Kontroversen einer subjektorientierten Soziologie. In: Dies. (Hrsg.): Riskante Freiheiten. Frankfurt/M. 1994, S. 10–42
BECK, ULRICH (Hrsg.) (1997): Kinder der Freiheit. Frankfurt/M. 1997
BÖHNISCH, LOTHAR/BLANC, KLAUS (1989): Die Generationenfalle. Von der Relativierung der Lebensalter. Frankfurt/M. 1989
BELGRAD, JÜRGEN/MELENK, HARTMUT (Hrsg.) (1996): Literarisches Verstehen – Literarisches Schreiben. Positionen und Modelle zur Literaturdidaktik. Hohengehren 1996
BERG, STEPHAN (1991): Schlimme Zeiten, böse Räume. Zeit- und Raumstrukturen in der phantastischen Literatur des 20. Jahrhunderts. Stuttgart 1991
BIESTERFELD, WOLFGANG (1982): Die literaische Utopie. Stuttgart 1982
BOIE, KIRSTEN (1995a): Vom Umgang mit Sprache beim Schreiben. In: Beiträge Jugendliteratur und Medien, Heft 1/1995, S. 2–17
BOSSE, HEINRICH (1981): Autorisieren: Ein Essay über Entwicklungen heute und seit dem 18. Jahrhundert. Zeitschrift für Literaturwissenschaft und Linguistik 11/42 (1981), S. 120–134.
BOOTH, WAYNE C. (1974): Die Rhetorik der Erzählkunst (2 Bde.) Heidelberg 1974
BOURDIEU, PIERRE (1970): Zur Soziologie der symbolischen Formen. Frankfurt/M. 1994 (1970)
BREMOND, CLAUDE: Die Erzählnachricht. In: Jens Ihwe (Hrsg.): Literaturwissenschaft und Linguistik III. Frankfurt/M. 1972, S. 177–217
BRÜGGEMANN, THEODOR (1982): Handbuch der Kinder- und Jugendliteratur. Von 1750–1800. In Zusammenarbeit mit Hans-Heino Ewers. Stuttgart 1982
BRÜGGEMANN, THEODOR (1990): Galanterie und Weltschmerz in 'Fritzchens Lieder' (1781) von Chr. A. Everbeck. In: Philobiblon. Eine Vierteljahresschrift für Buch- und Graphiksammler. (34. Jg.), Heft 4/1990, S. 300–308
BUDEUS-BUDDE, ROSWITHA (1999): Jugendliteraturkritik im Feuilleton zwischen ästhetischem Anspruch und kommerzieller Realität. In: Renate Raecke (Hrsg.): Kinder- und Jugendliteratur in Deuschland. München 1999, S. 61–68
BUCHSCHWENTER, ROBERT (1998): So schnell kannst du gar net schau'n. Vom guten feeling beim Hören und Sehen unter Hochspannung. In: Tausend und ein Buch, Heft 3/1998, S. 15–28
CALLOIS, ROGER (1974): Das Bild des Phantastischen. Vom Märchen bis zur Science Fiction. In: Phaicon 1. Hrsg. von Rein A. Zondergeld. Frankfurt/M. 1974
CAMPBELL, JOSEPH (1978): Der Heros in tausend Gestalten. Frankfurt/M. 1978
CHATMAN, SEYMOR (1978): Story an Discourse: Narrative Strukture in Fiction an Film. Ithaca, London 1978
CERSOWSKY, PETER: Phantastische Literatur im ersten Viertel des 20. Jahrhunderts. München 1983
CONRADY, PETER (Hrsg.) (1989): Literatur-Erwerb. Kinder lesen Texte und Bilder. Frankfurt/M.1989
CONRADY, PETER (1990): Bücher sind zum Lesen da. In: Conrady, Peter (Hrsg.): Zum Lesen verlocken. Klassenlektüre für die Klassen 1–4. Würzburg 1990, S. 8–16
DAHRENDORF, MALTE (1983): Anpassung – Widerstand – Verweigerung. Jugendprobleme und Jugendliteratur. In: Wolfgang Wangerin (Hrsg.): Jugend, Literatur und Identität. Anregungen für den Deutschunterricht der Sekundarstufen I und II. Braunschweig 1983, S. 36–48
DAHRENDORF, MALTE (1988): Aufklärung und Kinderliteratur. Was ist aus der sozialkritisch-emanzipatorischen Kinderliteratur der 70er-Jahre geworden? Eine Skizze. In: 1000 und 1 Buch. Heft 6/1988, S. 41 ff.
DAHRENDORF, MALTE (1992): Rechtsradikalismus und Ausländerfeindlichkeit in der westdeutschen Kinder- und Jugendliteratur. In: Informationen Jugendliteratur und Medien, Heft 3/1992, S. 98–115
DAHRENDORF, MALTE (1993): Rechtsextremisten, Skins und Neonazis. Hat die Jugendliteratur eine Antwort? In: Eselohr, Heft 3/1993, S. 6–8
DAHRENDORF, MALTE (1990): Zum Hiatus zwischen Kinderliteratur und literarischer Moderne. In:

Ewers, Hans-Heino/Lypp, Maria/Nassen, Ulrich (Hrsg.): Kinderliteratur und Moderne. Ästhetische Herausforderungen der Kinderliteratur im 20. Jahrhundert. Weinheim und München 1990, S. 25–38

DAHRENDORF, MALTE (1995): Kinder- und Jugendliteratur. Material. Berlin 1995

DAHRENDORF, MALTE (1996): Vom Umgang mit Kinder- und Jugendliteratur. Berlin 1996

DAUBERT, HANNELORE/EWERS: Hans-Heino (Hrsg.) (1995): Veränderte Kindheit in der aktuellen Kinderliteratur. Braunschweig 1995

DAUBERT, HANNELORE (1996): Peter Härtling im Unterricht. Klassen 3–6. Weinheim und Basel 1996

DAUBERT, HANNELORE/EWERS, HANS-HEINO (Hrsg.) (1996): Lesen in der Schule mit dtv junior. München 1996 (ff.)

DEESE, UWE u. a. (Hrsg.): Jugend und Jugendmacher. Düsseldorf, München 1996

DODERER, KLAUS (1982): Jeansliteratur. In: Doderer, Klaus (Hrsg.): Lexikon der Kinder- und Jugendliteratur, B. 4, Weinheim, Basel 1982

DODERER, KLAUS (1992): Literarische Jugendkultur. Kulturelle und Gesellschaftliche Aspekte der Kinder- und Jugendliteratur in Deutschland. Weinheim und München 1992

DOWE, DIETER (Hrsg.) (1986): Jugendprotest und Generationskonflikt in Europa im 20. Jahrhundert. Braunschweig, Bonn 1986

DREHER, INGMAR (1975): Die deutsche proletarisch-revolutionäre Kinder- und Jugendliteratur zwischen 1918 und 1933. Berlin 1975 (Studien zur Geschichte der deutschen Kinder- und Jugendliteratur 6/7), S. 10–54

ECO, UMBERTO (1986): Nachschrift zum „Namen der Rose". München 1986

EGGERT, HARTMUT/GARBE, CHRISTINE (1995): Literarische Sozialisation. Stuttgart, Weimar 1995

EGGERT, HARTMUT (1998): Literarische Bildung ohne Schule? Überlegungen zur Spätphase literarischer Sozialisation. In: Der Deutschunterricht, 6/1998, S. 38–45

ELSTNER, ROBERT (1995): Wilder Westen, böser Osten. In: Süddeutsche Zeitung Nr. 300, 1995, S. 21

ENGELHARD, GUNDULA (1996): „Skins mit menschlichen Zügen". Eine Umfrage zu einem Jugendbuch. In: Der Deutschunterricht (Seelze), Heft 4/1996, S. 19–23

EWERS, HANS-HEINO (Hrsg.) (1990): Kinder- und Jugendliteratur der Aufklärung. Eine Textsammlung. Verlag Philipp Reclam jun. Stuttgart 1980 (1990)

EWERS, HANS-HEINO (1989): Zwischen Problemliteratur und Adoleszenzroman. Aktuelle Tendenzen der Belletristik für Jugendliche und junge Erwachsene. In: Informationen des Arbeitskreises für Jugendliteratur, Heft 2/1989, S. 4–23

EWERS, HANS-HEINO (1992 a): Der Adoleszenzroman als jugendliterarisches Erzählmuster. In: Deutschunterricht (Berlin), Heft 6/1992, S. 291–297

EWERS, HANS-HEINO (1992 b): „Hier spricht, wenn ich's gut gemacht habe, wirklich ein Kind". Anmerkungen zu Theorie und Geschichte antiautoritärer Kinder- und Jugendliteratur. In: Informationen Jugendliteratur und Medien, Heft 4/1992, S. 165-179

EWERS, HANS-HEINO (1993): Kinderlyrik im bürgerlichen Zeitalter. Ein Rückblick auf die Ära des Kindergedichts. In: Julit, 2/1993, S. 32–46

EWERS, HANS-HEINO (1995 a): „Kinder- und Jugendliteratur" – Entwurf eines Lexikonartikels. In: Kinder- und Jugendliteraturforschung 1994/95. Hrsg. von Hans-Heino Ewers u. a. Stuttgart, Weimar 1995, S. 13–24

EWERS, HANS-HEINO (1995 b): Themen-, Formen- und Funktionswandel der westdeutschen Kinderliteratur seit Ende der 60er, Anfang der 70er Jahre. In: Zeitschrift für Germanistik N.F., Heft 2/1995, S. 257–278.

EWERS, HANS-HEINO (1998): Ein neues Selbstverständnis von Kinder- und JugendbuchautorInnen? Tutzing 1998 (unv.)

FEND, HELMUT (1988): Sozialgeschichte des Aufwachsens. Bedingungen des Aufwachsens und Jugendgestalten im zwanzigsten Jahrhundert. Frankfurt/M. 1988

FERCHHOFF, WILFRIED/NEUBAUER, GEORG (1989): Jugend und Postmoderne. Analysen über die Suche nach neuen Lebensorientierungen. Weinheim und München 1989

FERCHHOFF, WILFRIED (1990): Jugendkulturen und Jugendforschung. In: Wolfgang Meier, Wilfried Ferchhoff, Georg Neubauer (Hrsg.): Jugend in Israel und in der Bundesrepublik. Weinheim und München 1990, S. 224–246

FERCHHOFF, WILFRIED (1993): Jugend an der Wende des 20. Jahrhunderts. Lebensformen und Lebensstile. Opladen 1993

FLAKE, KARIN/KING, VERA (Hrsg.) (1995): Weibliche Adoleszenz. Zur Sozialisation junger Frauen. Frankfurt/New York 1995 (1990)

FLAKER, ALEXANDER (1975): Modelle der Jeans Prosa. Zur literarischen Opposition bei Plenzdorf im ost-europäischen Romankontext. Kronberg/Ts. 1975

FOHRMANN, JÜRGEN (1991): Über Autor, Werk und Leser in poststrukturalistischer Sicht. In: Diskussion Deutsch, Heft 116/1991, S. 577 – 588

FREESE, PETER (1971): Die Initiationsreise. Studien zum jugendlichen Helden im modernen amerikanischen Roman mit einer exemplarischen Analyse von J. D. Salingers „Catcher in the Rye". Neumünster 1971

FREUND, WINFRIED (1980): Verfallene Schlösser – Ein gesellschaftskritisches Motiv bei Kleist, E.T.A. Hoffmann, Uhland und Chamisso. In: Diskussion Deutsch, 54/1980, S. 361–369

GANSEL, CARSTEN (1988): Phantastisches und Michael Endes „Die unendliche Geschichte". In: Schauplatz II. Aufsätze zur Kinderliteratur und anderen Medienkünsten. Berlin 1988. S. 55–78

GANSEL, CARSTEN (1989): Mobilisierung der Phantasie oder das Phantastische in der DDR-Prosa. – In: Siegfried Rönisch (Hrsg.): DDR-Literatur '88 im Gespräch. Berlin,Weimar 1989, S. 66–99

GANSEL, CARSTEN (1993a): Zum Bild jugendlicher Subkulturen in der zeitgenössischen problemorientierten deutschen Jugendliteratur. In: Beiträge des Deutschen Germanistentages. 6. – 9. Oktober 1991 in Augsburg. Hrsg. von Johannes Janota. Tübingen: 1993, S. 201 – 222

GANSEL, CARSTEN (1993b): Risse durch das Ich und die Welt – Jugendliche Helden in der Krise und Möglichkeiten der literaturdidaktischen Erschließung. In: Deutschunterricht (Berlin), 2/1993, S. 90–104

GANSEL, CARSTEN (1993e): Uwe Johnsons Frühwerk, der IV. Schriftstellerkongreß 1956 und die Tradition des deutschen Schulromans um 1900. In: Carsten Gansel, Bernd Neumann, Nicolai Riedel (Hrsg.): Internationales Uwe-Johnson-Forum, Bd. 2, Frankfurt/M. u. a. 1993, S. 75–130

GANSEL, CARSTEN (1993f): Phantastisches und moderne Kinder- und Jugendliteratur. Aspekte eines Problemfeldes (Teil I). Riezlern 1993, S. 1–12 (unv.)

GANSEL, CARSTEN (1993g): Implosion und Sinndefizit. Gespräch mit Christoph Hein. In: Deutschunterricht (Berlin), Heft 10/1993, S. 460–470

GANSEL, CARSTEN (1994a): Die moderne Kinderliteratur als literaturdidaktische Herausforderung. In: Deutschunterricht (Berlin), Heft 7/8/1994, S. 352–362

GANSEL, CARSTEN (1994b): Stationen der Zerwicklung – Adoleszenzromane in der DDR. In: Beiträge Jugendliteratur und Medien. Heft 2/1994, S. 80–92

GANSEL, CARSTEN (1994c): Literatur nach 1945 im Deutschunterricht. Versuch einer modernisierungstheoretischen Deutung. In: Deutschunterricht (Berlin), Heft 12/1994, S. 598–607

GANSEL, CARSTEN (1994d): Kinder- und Jugendliteratur und jugendkultureller Wandel. In: Hans-Heino Ewers (Hrsg.): Jugendkultur im Adoleszenzroman. Jugendliteratur der 80er- und 90er-Jahre zwischen Moderne und Postmoderne. Weinheim und München 1994, 13–42

GANSEL, CARSTEN (1994e): Da knallen die Hacken, die Kamera zeigt Runen. Wenn Rechtsextremisten in den Medien lediglich zum Objekt von Neugier und Verurteilung werden. In: Nordkurier (Neubrandenburg), 3. September 1994, S. 3

GANSEL, CARSTEN (1995a): Die Suche nach dem Ich. Adoleszenz. In: Malte Dahrendorf (Hrsg.) Kinder- und Jugendliteratur. Berlin 1995, S. 28–35

GANSEL, CARSTEN (1995b): Zum kulturellen Wandel kindlicher und jugendlicher Lebenswelten und ihrer Reflexion in der Kinder- und Jugendliteratur. In: Mitteilungen des deutschen Germanistenverbandes. Heft 3/1995, S. 11–18

GANSEL, CARSTEN (1995c): Systemtheorie und Kinder- und Jugendliteraturforschung. In: Kinder- und Jugendliteraturforschung 1994/95. Hrsg. von Hans-Heino Ewers u. a. Stuttgart, Weimar 1995, S. 25–43

GANSEL, CARSTEN (1995d): Was ist modern an der modernen Kinderliteratur? Moderne Kinderliteratur zwischen Spätaufklärung und Postmoderne. In: Deutschunterricht (Berlin), Heft 5/1995, S. 226–236

GANSEL, CARSTEN (1996a): Zwischen Wirklichkeitserkundung und Stereotypenbildung. Vom Dilemma einer Jugendliteratur zur „Wende". In: Der Deutschunterricht (Seelze), 4/1996, S. 32–43

GANSEL, CARSTEN (1996b): Parlament des Geistes? Literatur zwischen Hoffnung und Repression

(1945–1961). Berlin 1996
GANSEL, CARSTEN (1997a): Kinder und Jugendliteratur in der SBZ/DDR in modernisierungstheoretischer Sicht. Aufriß eines Problemfeldes. In: Reiner Wild (Hrsg.): Gesellschaftliche Modernisierung und Kinder- und Jugendliteratur. St. Ingbert 1997, S. 177–199
GANSEL, CARSTEN (1997b): Zwischen Einstiegsliteratur und literarischer Autonomie? Kinder- und Jugendliteratur und ihre Chancen im Literaturunterricht. In: Der Deutschunterricht (Seelze), Heft 3/1997, S. 80–86
GANSEL, CARSTEN (1998a): Von Gespenstern, Cyberspace und Abgründen des Ich – Zu Aspekten von Spannung und Phantastik im Subsystem Kinder- und Jugendliteratur. In: Tausend und Ein Buch (Wien). Heft 2, S. 15–27 (Teil 1) und 3/1998 (Teil 2), S. 4–15
GANSEL, CARSTEN (1998b): Authentizität – Wirklichkeitserkundung – Wahrheitsfindung. Zu aktuellen Entwicklungslinien in der Literatur für Kinder und junge Erwachsene. In: Fundevogel. Kritisches Kinder-Medien-Magazin. Nr. 129, Dezember 1998, S. 5–16
GANSEL, CARSTEN (1998c): „Neue Probleme tauchen auf und erfordern neue Mittel" – Kinder- und Jugendliteratur als Gegenstand von Literaturwissenschaft und -didaktik. In: Carsten Gansel/Sabine Keiner (Hrsg.): Zwischen Märchen und modernen Welten. Kinder- und Jugendliteratur im Literaturunterricht. Frankfurt/M., Berlin, New York 1998, S. 13–60
GANSEL, CARSTEN (1998d): Phantastisches und moderne Literatur für Kinder und junge Erwachsene. In: Der Deutschunterricht (Seelze), Heft 6/1998, S. 78–83
GANSEL, CARSTEN (1998e): Vom Märchen zur Discworld-Novel. Phantastisches und Märchenhaftes in der aktuellen Literatur für Kinder und Jugendliche. In: Deutschunterricht (Berlin), Heft 12/1998, S. 597–607
GANSEL, CARSTEN (1998f): Demokratisierung der Genies? Oder: Von der moralischen Instanz zum Spaßverkäufer? Autor-Bilder in offenen und geschlossenen Gesellschaften. Tutzing 1998 (unv.)
GANSEL, CARSTEN (1998g): „Beim Schreiben setzt sich das Mögliche durch" – Zu Kirsten Boies Kinderroman „Mit Kindern redet ja keiner" im Literaturunterricht. In: Zwischen Märchen und modernen Welten. Hrsg. von Carsten Gansel und Sabine Keiner. Frankfurt/M., Berlin, New York 1998, S. 177–189
GANSEL, CARSTEN (1999a): „Erich Kästner ist radikal, aber er ist nicht revolutionär" – Zu Aspekten der Kästner-Rezeption in der SBZ/DDR . In: „Die Zeit fährt Auto" – Erich Kästner zum 100. Geburtstag. Hrsg. von Manfred Wegner. Berlin 1999, S. 197–216
GANSEL, CARSTEN/SCHNEIDER, ROBERT (1999b): „Wunderbar ist es, wenn der Autor sich nicht versteckt". Ein Gespräch. (im Erscheinen)
GANSEL, CARSTEN (1999c): Moderne Literatur für junge LeserInnen. In: Eselohr, Heft 5/1999, S. 5–6
GANSEL, CHRISTINA/GANSEL, CARSTEN (1997): Zwischen Karrierefrau und Hausmann – Aspekte geschlechterdifferenzierenden Sprachgebrauchs in Ost und West. In: Der Deutschunterricht (Seelze), Heft 1/1997, S. 59–70
GAST, WOLFGANG: Einführung in Begriffe und Methoden der Filmanalyse. Film und Literatur. Grundbuch. Frankfurt/M. 1993
GAST, WOLFGANG: Wie Unterhaltung „bildet". Rollenbilder von Rechtsanwälten und Lehrern in deutschen Fernsehserien. In: Deutschunterricht, Heft 11/1998, S. 506–518
GEIGER, THEODOR (1932) Die soziale Schichtung des deutschen Volkes. Stuttgart 1932
GEIGER, THEODOR (1949): Die Klassengesellschaft im Schmelztiegel. Stuttgart 1949
GENETTE, GERARD (1990): Einführung in den Architext. Stuttgart 1990 (1979)
GEIßLER, RAINER (1992): Die Sozialstruktur Deutschlands. Opladen 1992
GESING, FRITZ (1994): Kreativ Schreiben. Handwerk und Techniken des Erzählens. Köln 1994
GILLIS, JOHN R. (1980): Geschichte der Jugend. Weinheim, Basel 1980
GUGGENBERGER, BERND (1987): Sein oder Design. Zur Dialektik der Abklärung. Berlin 1987
GRENZ, DAGMAR (1986): Aufklärung und Kinderbuch. Studien zur Kinder- und Jugendliteratur des 18. Jahrhunderts. Pinneberg 1986
GRENZ, DAGMAR (1990): Jugendliteratur und Adoleszenzroman. In: Ewers, Hans-Heino/Lypp, Maria/ Nassen, Ulrich (Hrsg.) (1990): Kinderliteratur und Moderne. Ästhetische Herausforderungen der Kinderliteratur im 20. Jahrhundert. Weinheim und München 1990, S. 197–212
GRENZ, DAGMAR (1997): Darstellungsformen weiblicher Adoleszenz in der zeitgenössischen Literatur für Mädchen und in der allgemeinen Literatur. In: Grenz, Dagmar/Wilkending, Gisela (Hrsg.): Geschichte der Mädchenlektüre. Mädchenliteratur und die gesellschaftliche Situation der Frauen.

Weinheim und München 1997, S. 277–295

GRIMMIGER, ROLF (Hrsg.) (1980): Hansers Sozialgeschichte der Deutschen Literatur Band 3. Deutsche Aufklärung bis zur Französischen Revolution 1680–1789. München 1980

GUTZEN, DIETER/OELLERS, NORBERT/PETERSEN, JÜRGEN H. (1989): Einführung in die neuere deutsche Literaturwissenschaft. Ein Arbeitsbuch. Berlin 1989 (1976)

HAAS, GERHARD (1978): Struktur und Funktion der phantastischen Literatur. In: Wirkendes Wort, Heft 5/1978, S. 340–356

HAAS, GERHARD (1984): Kinder- und Jugendliteratur. Ein Handbuch. Stuttgart 1984

HAAS, GERHARD (1996): Kinder- und Jugendliteratur im Unterricht. In: Praxis Deutsch. Sonderheft: KJL im Unterricht, 1996, S. 1–3

HAAS, GERHARD (1997): Handlungs- und produktionsorientierter Literaturunterricht. Theorie und Praxis eines „anderen" Literaturunterrichts für die Primar- und Sekundarstufe. Seelze 1997

HAUPTMEIER, HELMUT/SCHMIDT, SIEGFRIED J. (1985): Einführung in die Empirische Literaturwissenschaft. Braunschweig, Wiesbaden 1985

HÄRTLING, PETER (1988): Von den Anfängen zwischen Himmel und Erde. In: Frankfurter Allgemeine Zeitung, 12.12.1988

HÄRTLING, PETER (1991): Der Anspruch der Kinderliteratur. Jahresgabe des Instituts für Jugendbuchforschung. Frankfurt/M. 1991

HEITMEYER, WILHELM/OLK, THOMAS (1990): Das Individualisierungs-Theorem. Bedeutung für die Vergesellschaftung von Jugendlichen. In: Heitmeyer, Wilhelm/Olk, Thomas (Hrsg): Individualisierung von Jugend. Gesellschaftliche Prozesse, subjektive Verarbeitungsformen, jugendpolitische Konsequenzen. Weinheim, München 1990, S. 11–34

HELLER, ARNO (1973): Odyssee zum Selbst. Zur Gestaltung jugendlicher Identitätssuche im neuen amerikanischen Roman. Innsbruck 1973

HELSPER, WERNER (Hrsg.) (1991a): Jugend zwischen Moderne und Postmoderne. Opladen 1991

HELSPER, WERNER (1991b): Das imaginäre Selbst der Adoleszenz: Der Jugendliche zwischen Subjektentfaltung und dem Ende des Selbst. In: Helsper, Werner (Hrsg.): Jugend zwischen Moderne und Postmoderne Opladen 1991, S. 73–94

HENGST, HEINZ (1981): Kinder und Massenmedien. Heidelberg 1981

HENNING, WERNER/FRIEDRICH, WALTER (Hrsg.) (1991): Jugend in der DDR. Weinheim, München 1991

HESELHAUS, CLEMENS (1969): Das Realismusproblem. In: Richard Brinkmann (Hrsg.): Begriffsbestimmung des literarischen Realismus. Darmstadt 1969

HEYDEBRAND, RENATE VON/WINKO, SABINE (1996): Einführung in die Wertung von Literatur. Paderborn, München, Wien, Zürich 1996

HOLERT, TOM/TERKESSIDIS, MARK (Hrsg.) (1996): Mainstream der Minderheiten. Pop in der Kontrollgesellschaft. Berlin, Amsterdam 1996

HOPSTER, NORBERT (1988): Beständigkeit und Wandel. Zur Geschichte der Kinder- und Jugendliteraturkritik seit dem Ende des 19. Jahrhunderts. In: Sprache und Literatur in Wissenschaft und Unterricht, Nr. 62, 1988, S. 33–43

HEINZEN, GEORG/UWE KOCH (1985): Von der Nutzlosigkeit erwachsen zu werden. Reinbek b. Hamburg 1985

HORX, MATTHIAS (1985): Das Ende der Alternativen. München 1985

HORX, MATTHIAS (1987): Die wilden Achtziger. Ein Zeitgeist-Reise durch die Bundesrepublik. München, Wien 1987

HURRELMANN, BETTINA (1982): Kinderliteratur im sozialen Kontext. Eine Rezeptionsanalyse am Beispiel schulischer Literaturverarbeitung. Weinheim, Basel 1982

HURRELMANN, BETTINA (1990): Kinder- und Jugendliteratur im Deutschunterricht – eine Antwort auf den Wandel der Medienkultur. In: Der Deutschunterricht, Heft 3/1990 (Seelze), S. 5–24

HURRELMANN, BETTINA (1992a): Aktuelle Kinder- und Jugendliteratur. In: Praxis Deutsch. Heft 111/1992, S. 9–18

HURRELMANN, BETTINA (1992b): Stand und Aussichten der historischen Kinder- und Jugendliteraturforschung. In: IASL, 17, 1 (1992), S. 105–142

HURRELMANN, BETTINA (1994): Leseförderung. In: Praxis Deutsch. Heft 127/1994, S. 17–26

HURRELMANN, BETTINA: Klassiker der Kinder- und Jugendliteratur. Frankfurt/M. 1995

HURRELMANN, BETTINA (1998a): Kinderliteratur – Sozialisationsliteratur? In: Karin Richter/Bettina Hurrelmann (1998): Kinderliteratur im Unterricht. Theorien und Modelle zur Kinder- und Jugend-

literatur im pädagogisch-didaktischen Kontext. Weinheim, München 1998, S. 45 – 60
HURRELMANN,BETTINA (1998b): Unterhaltungsliteratur. In: Praxis Deutsch. Heft 150/1998, S. 15 – 22
HURRELMANN, KLAUS (1995): Lebensphase Jugend. Eine Einführung in die sozialwissenschaftliche Jugendforschung. Weinheim, München 1995
JANKE, KLAUS/NIEHUS, STEFAN (1995): Echt abgedreht – Die Jugend der 90er Jahre. München 1995
JASCHKE, HANS-GERD (1992): Moralische Empörung, totschweigen oder bekämpfen? Warum das Fernsehen beim Thema „Rechtsextremismus" unter chronischen Bildstörungen leidet. In: Jansen, Mechthild M./Kiesel, Doron/Deul, Heike (Hrsg.) (1992): Rechtradikalismus. Politische und sozialpsychologische Zugänge. Frankfurt/M. 1992, S. 83 – 100
JAUß, HANS-ROBERT (1973): Theorie der Gattungen und Literatur des Mittelalters. In H. R. Jauß/Erich Köhler (Hrsg.): Grundriß der romanischen Literaturen des Mittelalters. Bd. 1, Heidelberg 1973, S. 107 – 138
JOHNSON, UWE (1984): Vorschläge zur Prüfung eines Romans. In: Rainer Gerlach/Matthias Richter (Hrsg.): Uwe Johnson. Materialien. Frankfurt/M. 1984, S. 22 – 30
JOSTING, PETRA: „Ich will gern sehen, was ich geschrieben habe". Astrid Lindgren zum 90. Geburtstag (Basisartikel). In: Praxis Deutsch, Heft 146, S. 11 – 21
KAMINSKI, WINFRED (1982): Jugendliteratur und Revolte. Jugendprotest und seine Spiegelung in der Literatur für junge Leser. Frankfurt/M. 1982
KAPLAN, LOUISE I. (1988): Abschied von der Kindheit. Eine Studie über die Adoleszenz. Stuttgart 1988
KARRER, WOLFGANG (1998): Horror als Buch-Video: Stephen Kings Erzählwelten. In: Dieter Petzold/Eberhard Späth (Hrsg.): Unterhaltungsliteratur der achtziger und neunziger Jahre. Erlanger Forschungen Reihe A. Erlangen 1998, S. 141 – 159
KAULEN, HEINRICH (1997 a): Patchwork-Familie und Bastel-Identität. Zur Identitätssuche in neuen Adoleszenzromanen. In: Der Deutschunterricht (Seelze), 6/1997, S. 84 – 90
KAULEN, HEINRICH (1997 b): Bertolt Brecht und die Kinderliteratur. Probleme und Fragen aus modernisierungstheoretischer Sicht. In: Reiner Wild (Hrsg.): Gesellschaftliche Modernisierung und Kinder- und Jugendliteratur, S. 157 – 176
KAULEN, HEINRICH (1999): Jugend- und Adoleszenzromane zwischen Moderne und Postmoderne. In: 1000 und 1 Buch. 1/1999, S. 4 – 12
KAYSER, WOLFGANG (1954): Die Anfänge des modernen Romans im 18. Jahrhundert und seine heutige Krise. In: DVjs, 28 (1954), S. 417 – 446
KAYSER, WOLFGANG (1983): Das sprachliche Kunstwerk. Eine Einführung in die Literaturwissenschaft. Bern, München 1983 (1948)
KEINER, SABINE (1994): Emanzipatorische Mädchenliteratur. 1980 – 1990. Frankfurt/M. 1994
KLINGBERG, GÖTE (1973): Kinder- und Jugendliteraturforschung. Eine Einführung. Wien, Köln, Graz 1973
KLOOKE, KURT (1995): Formtraditionen – Roman und Geschichte: Dargestellt am Beispiel des Breifromans. In: Ludwig, Hans-Werner (Hrsg.) (1995): Arbeitsbuch Romananalyse. Tübingen 1995, S. 189 – 207
KOCKA, JÜRGEN (1993): Die Geschichte der DDR als Forschungsproblem. Einleitung. In: Ders. (Hrsg.): Historische DDR-Forschung. Aufsätze und Studien. Berlin 1993, S. 9 – 25
KÜHNEL, WOLFGANG (1994): Entstehungszusammenhänge von Gewalt bei Jugendlichen im Osten Deutschlands. In: Ulrich Beck/Elisabeth Beck-Gernsheim (Hrsg.): Riskante Freiheiten. Individualisierung in modernen Gesellschaften. Frankfurt/M. 1994, S. 402 – 420
LÄMMERT, EBERHARD (1989): Bauformen des Erzählens. Stuttgart 1989 (1955)
LANGE, GÜNTER (1997): Adoleszenzroman. In: Kinder- und Jugendliteratur. Ein Lexikon, 3. Erg. Lfg. Meitingen 1997, S. 1 – 22
LANGE, GÜNTER (1998): Trivialliteratur und ihre Didaktik. In: Lange, Günter/Neumann, Karl/Ziesenis, Werner (Hrsg.): Taschenbuch des Deutschunterrichts (2 Bde.) Hohengehren 1998, S. 761 – 786
LANGE, GÜNTER (1998 b): Zeitgeschichtliche Kinder- und Jugendliteratur. In: Kinder- und Jugendliteratur. Ein Lexikon. 5. Erg. Lfg., Meitingen 1998, S. 1 – 40
LASH, SCOTT (1992): Ästhetische Dimensionen reflexiver Modernisierung. In: Soziale Welt (1992), S. 260 – 277
LEHNERT, GERTRUD 1990): Träume, Fluchten, Utopien. Modelle phantastischer Kinder- und Jugendliteratur der letzten 40 Jahre. In: Vom Flüchtlingskind zu Lady Punk. Hrsg. von Birgit Dankert. Sankelmark 1990, S. 53 – 65

LEHNERT, GERTRUD (1995): Phantastisches Erzählen seit den 1970er Jahren. Zu einem kinderliterarischen Paradigmenwechsel. In: Zeitschrift für Germanistik (Neue Folge), 2/1995, S. 279 – 289
LEHNERT, GERTRUD (Hrsg.) (1996): Inszenierungen von Weiblichkeit. Weibliche Kindheit und Adoleszenz in der Literatur des 20. Jahrhunderts. Opladen 1996
LINK, HANNELORE (1976): Rezeptionsforschung. Eine Einführung in Methoden und Probleme. Stuttgart 1976
LETTNER, FRANZ (1997): Aspekte der aktuellen problemorientierten Jugendliteratur. In: Sterz. Zeitschrift für Literatur. Kunst und Kulturpolitik Graz 1997, S. 38 – 41
LINK, JÜRGEN (1990): Literaturwissenschaftliche Grundbegriffe. München 1990 (1974)
LOCKE, JOHN (1990): Gedanken über die Erziehung. Stuttgart 1990 (1693)
LOTMANN, JURI M. (1986): Die Struktur literarischer Texte. München 1986 (1972)
LUDWIG, HANS-WERNER (Hrsg.) (1995): Arbeitsbuch Romananalyse. Tübingen 1995 (1982)
LUDZ, PETER CHRISTIAN (1980): Mechanismen der Herrschaftssicherung. München 1980
LYPP, MARIA (1984): Einfachheit als Kategorie der Kinderliteratur. Frankfurt/M. 1984
LYPP, MARIA (1989a): Literarische Bildung durch Kinderliteratur. In: Peter Conrady (Hrsg): Literatur-Erwerb. Kinder lesen Texte und Bilder. Frankfurt/M.1989, S. 70 – 79
LYPP, MARIA (1989b): Der Blick ins Innere. Menschendarstellung im Kinderbuch. In: Grundschule, Heft 1/1989, S. 24 – 27
MALINA, PETER (1993): Vor der eigenen Tür. Überlegungen zur Aufarbeitung des Rechtsextremismus in der deutschsprachigen Kinder- und Jugendliteratur. In: Tausend und Ein Buch, 2/1993, S. 4 – 12
MAIER, KARL ERNST (1976): Das Prinzip des Kindgemäßen und das Kinderbuch. In: Schaller, Horst (Hrsg.): Umstrittene Jugendliteratur. Bad Heilbronn 1976, S. 118 – 142
MATTENKLOTT, GUNDEL (1989): Zauberkreide. Kinderliteratur seit 1945. Stuttgart 1989
MATTENKLOTT, GUNDEL (1999): Kindheit im Spiegel. Zu Erich Kästners Kinderbüchern. In: „Die Zeit fährt Auto". Erich Kästner zum 100. Geburtstag. Hrsg. von Manfred Wagner. Berlin/München 1999, S. 65 – 76
METZLER LITERATURLEXIKON. Begriffe und Definitionen. Hrsg. von Günther und Irmgard Schweikle. Stuttgart 1990
METZNER, JOACHIM (1980): Die Vieldeutigkeit der Wiederkehr. Literaturpsychologische Überlegungen zur Phantastik. In: Christian W. Thomsen/Jens Malte Fischer: Phantastik in Literatur und Kunst. Darmstadt 1980, S. 79 – 110
MEUTSCH, DIETRICH (1987): Literatur verstehen. Eine empirische Studie. Braunschweig, Wiesbaden 1987
MEYER, HILBERT (1987): Unterrichtsmethoden. (Bd I: Theorieband; Bd. II: Praxisband). Berlin 1987
MELZER, WOLFGANG/HEITMEYER, WILHELM/LIEGLE, LUDWIG/ZINNEKER, JÜRGEN (Hrsg.) (1991): Osteuropäische Jugend im Wandel. Weinheim und München 1991
MIKOS, LOTHAR (1997): Die tägliche Dosis Identität. Daily Soaps und Sozialisation. In: medien praktisch, Heft 4/1997, S. 18 – 22
MOSLER, ANDREA (1993): Moderner Kinderroman und Illustration. In: Mitteilungen des Instituts für Jugendbuchforschung, Heft 1/1993, S. 5 – 16
MÖLLER, KURT (1993): Rechtsextremismus und Gewalt. In: Wilfried Breyvogel (Hrsg.): Lust auf Randale. Jugendliche Gewalt gegen Fremde. Bonn 1993
MÜLLER-MICHAELS, HARRO (1987): Deutschkurse. Modell und Erprobung. Frankfurt/M. 1987
MÜLLER-MICHAELS, HARRO (1991): Produktive Lektüre. Zum produktionsorientierten und schöpferischen Literaturunterricht. In: Deutschunterricht (Berlin), Heft 8/1991, S. 584 – 595
NEUMANN-BRAUN, KLAUS/BARTH, MICHAEL/SCHMIDT, AXEL: Kunsthalle und Supermarkt – Videoclips und Musikfernsehen. In: Rundfunk und Fernsehen, 1997/1, S. 69 – 86
NÜNNING, ANSGAR (1996): Englische Literaturwissenschaft. Grundstrukturen des Fachs und Methoden der Textanalyse. Stuttgart, Dresden 1996
PAPE, WALTER (1981): Das literarische Kinderbuch. Berlin, New York 1981
PENNING, DIETER (1980): Die Ordnung der Unordnung. Eine Bilanz zur Theorie der Phantastik. In: Christian W. Thomsen/Jens Malte Fischer (Hrsg.): Phantastik in Literatur und Kunst. Darmstadt 1980, S. 34 – 51
PETERSEN, JÜRGEN H. (1993): Erzählsysteme. Eine Poetik epischer Texte. Stuttgart, Weimar1993
PETERSEN, JÜRGEN H. (1989): Textinterpretation. In: Gutzen, Dieter/Oellers, Norbert/Petersen, Jürgen

H.: Einführung in die neuere deutsche Literaturwissenschaft. Ein Arbeitsbuch. Berlin 1989 (1976), S. 13–103
PFISTER, MANFED (1997): Das Drama. München 1997 (1977)
PIAGET, JEAN (1992a): Biologie und Erkenntnis. Frankurt/M. 1992 (1967)
PIAGET, JEAN (1992b): Psychologie der Intelligenz. Stuttgart 1992 (1947)
PIAGET, JEAN (1994): Das Weltbild des Kindes München 1994 ((1926)
PLETT H. F. (1975): Textwissenschaft und Textanalyse. Semiotik, Linguistik, Rhetorik. Heidelberg 1975
PLUDRA, BENNO (1993): Schreiben für Kinder. Ganz hinten sollte Hoffnung sein. Jahresgabe des Instituts für Jugendbuchforschung. Frankfurt/M. 1993
POSTMAN, NEIL (1983): Das Verschwinden der Kindheit. Frankfurt/M. 1983
PROPP, VLADIMIR (1975): Morphologie des Märchens. Frankfurt/M. 1975
QUASTHOFF, UTA (1973): Soziales Vorurteil und Kommunikation. Frankfurt/M. 1973
RANK, BERNHARD (Hrsg.) (1994): Erfahrungen mit Phantasie. Analysen zur Kinderliteratur und didaktische Entwürfe. Hohengehren 1994
REDING, JOSEF (1957): Äußere und innere Spannung im Jugendbuch. In: Jugendliteratur, 8/1957, S. 360 – 363
REMSCHMIDT, HELMUT (1992): Adoleszenz. Entwicklung und Entwicklungskrisen im Jugendalter. Stuttgart, New York 1992
RICHTER, DIETER (1985): Todesdrohung und Glücksversprechen. Erziehungsbilder in der alten Kinderliteratur. In: Neue Rundschau 196/1985 (3-4), S. 71 – 95
RICHTER, DIETER (1987): Das fremde Kind. Zur Entstehung der Kindheitsbilder des bürgerlichen Zeitalters. Frankfurt/M. 1987
RICHTER, KARIN (1991): Erzählen für Kinder. Zum Struktur- und Funktionswandel der Kinder- und Jugendliteratur in der DDR. In: Ewers, Hans-Heino (Hrsg): Kindliches Erzählen – Erzählen für Kinder. Weinheim, Basel 1991, S. 134 – 153
RICHTER, KARIN (1998): Kinderliteratur in der Grundschule des „Medienzeitalters" – eine didaktische Herausforderung. In: Richter, Karin/ Hurrelmann, Bettina (Hrsg.): Kinderliteratur im Unterricht. Theorien und Modelle zur Kinder- und Jugendliteratur im pädagogischen Kontext. Weinheim und München 1998, S. 121 – 133
RITTE, HANS (1987): Die Unzulänglichkeit von Kinderliteratur für Erwachsene. Astrid Lindgrens Äußerungen zur Rezeption ihrer Werke. In: Fundevogel, Heft 41/42/1987, S. 13–16
RUNGE, GABRIELE (1996): Kinder- und Jugendbücher als Klassenlektüre. Zwei Untersuchungen zur Frage, was Lehrerinnen und Lehrer im Unterricht lesen lassen. In: Beiträge Jugendliteratur und Medien, Heft 4/1996, S. 194 – 208
RUTSCHKY, KATHARINA (Hrsg.) (1977): Schwarze Pädagogik. Quellen zur Naturgeschichte der bürgerlichen Erziehung. Frankfurt/M., Berlin, Wien 1977
SCHARIOTH, BARBARA/SCHMIDT, JOACHIM (Hrsg.) (1990): Zwischen allen Stühlen. Zur Situation der Kinder- und Jugendliteraturkritik. Tutzing 1990
SCHEINER, PETER (1984): Realistische Kinder- und Jugendliteratur. In: Haas, Gerhard (Hrsg.): Kinder- und Jugendliteratur. Ein Handbuch. Stuttgart 1984, S. 37–62
SCHEDLER, MELCHIOR (1973): Schlachtet die blauen Elefanten! Bemerkungen über das Kinderstück. Weinheim 1973
SCHELLER, INGO (1993): Wir machen unsere Inszenierungen selber (I). Oldenburg 1993
SCHELSKY, HELMUT (1979): Auf der Suche nach der Wirklichkeit. München 1979
SCHERF, WALTER (1978): Strukturanalysen der Kinder- und Jugendliteratur. Bad Heilbrunn 1978
SCHINDLER, FRIEDEMANN (1997): Cyberspace selbst gestalten. In: medien praktisch, Heft 83/1997, S. 25–29
SCHMIDT, EGON (1974): Die deutsche Kinder- und Jugendliteratur von der Mitte des 18. Jahrhunderts bis zum Anfang des 19. Jahrhunderts. Berlin 1974
SCHMIDT, SIEGFRIED J. (1989): Die Selbstorganisation des Sozialsystems Literatur im 18. Jahrhundert. Frankfurt/M. 1989
SCHMIDT, SIEGFRIED J. (1991): Grundriß der Empirischen Literaturwissenschaft. Frankfurt/M. 1991 (1980)
SCHMIDT, SIEGFRIED J. (Hrsg.) (1993): Literaturwissenschaft und Systemtheorie. Positionen, Kontroversen, Perspektive. Opladen 1993
SCHMIDT, SIEGFRIED J. (1994): Kognitive Autonomie und soziale Orientierung. Frankfurt/M. 1994

SCHOLZ, GEROLD (1994): Die Konstruktion des Kindes. Über Kinder und Kindheit. Opladen 1994
SCHWARZE, HANS-WILHELM (1995): Ereignisse, Zeit und Raum, Sprechsituationen in narrativen Texten. In: Ludwig, Hans-Werner (Hrsg.) (1995): Arbeitsbuch Romananalyse. Tübingen 1995, S. 145 – 188
SEEBER, HANS ULRICH: Bemerkungen zum Begriff „Gegenutopie". In: BERGHAHN, Klaus L./Seeber, Hans (Hrsg.): Literarische Utopien von Morus bis zur Gegenwart. Königstein/Ts. 1983, S. 163–171
SEIBERT, ERNST (1993): Literarizität. In: Tausend und Ein Buch, 6/1993, S. 12 – 22
SEILER, BERND W. (1994): Keine Kunst? Um so besser! Über die Erinnerungsliteratur zum Dritten Reich. In: Jörg Drews (Hrsg.): Vergangene Gegenwart – Gegenwärtige Vergangenheit. Bielefeld 1994, S. 203–223
SELBMANN, ROLF (1984): Der deutsche Bildungsroman. Stuttgart 1984
SHAVIT, ZOHAR (1986): Poetics of Children's Literature. Athens and London 1986
SKLOVSKIJ, VICTOR (1984): Theorie der Prosa. Frankfurt/M. 1984 (1925)
SOLLAT, KARIN (1997): Grenzen der Phantasie oder: Warum erscheint kaum noch spezifisch jugendliterarische Science fiction? In: Julit, Heft 3/1997, S. 68 – 71
SÖNTEGARTH, ALFRED (1967): Pädagogik und Dichtung. Das Kind in der Literatur des 20. Jahrhunderts. Stuttgart, Berlin, Köln, Mainz 1967
SPINNER, KASPAR H. (1980): Entwicklungsspezifische Unterschiede im Textverstehen. In: Identität und Deutschunterricht. Hrsg. von Kaspar H. Spinner. Göttingen 1980, S. 33–50
SPINNER, KASPAR H. und ELISABETH (1984): Kinder- und Jugendliteratur. In: Jürgen Baurmann/Otfried Hoppe: Handbuch für Deutschlehrer. Stuttgart 1984
SPINNER, KASPAR H. (1993): Entwicklung literarischen Verstehens. In: Ortwin Beisbart u.a. (Hrsg.): Leseförderung und Leseerziehung. Donauwörth 1993, S. 55–64
SPINNLER, ROLF (1989): Styling. Über den neuen Ästhetizismus in der Jugendkultur. In: Ästhetik und Kommunikation, Heft 70/71, 1989, S. 51–56
STANZEL, FRANZ K. (1987): Typische Formen des Romans. Göttingen 1987 (1964)
STANZEL, FRANZ K. (1995): Theorie des Erzählens. Göttingen 1995 (1979)
STEFFENS, WILHELM (1990): Literarische und didaktische Aspekte des modernen realistischen Kinderbuches. In: Die Grundschulzeitschrift. Heft 39/1990 (Teil 1, S. 30–34) u. 40/1990 (Teil 2, S. 28–35)
STEFFENS, WILHELM (1995): Beobachtungen zum modernen realistischen Kinderroman. In: Günter Lange/Wilhelm Steffens (Hrsg.): Moderne Formen des Erzählens in der Kinder- und Jugendliteratur der Gegenwart unter literarischen und didaktischen Aspekten. Würzburg 1995, S. 25 – 49
STEFFENS, WILHELM (1996): Formen des Erzählens in den realistischen Kinderromanen Kirsten Boies – gespiegelt in der Darstellung von Kindheit und Familie. In: Kurt Franz/Franz-Josef Payrhuber (Hrsg.): Blickpunkt Autor. Hohengehren 1996, S. 84 – 117
STEFFENS, WILHELM (1998): Der psychologische Kinderroman. In: Kinder- und Jugendliteratur. Ein Lexikon 5. Erg. Lfg., Meitingen 1998, S. 1–21
STEINLEIN, RÜDIGER (1987): Die domestizierte Phantasie. Studien zur Kinderliteratur, Kinderlektüre und Literaturpädagogik des 18. und frühen 19. Jahrhunderts. Heidelberg 1987
STEINLEIN, RÜDIGER (1997): Kinder- und Jugendliteratur um 1800 in modernisierungstheoretischer Perspektive. Thesen und Reflexionen. In: Wild, Reiner (Hrsg.): Aspekte gesellschaftlicher Modernisierung, S. 57–80
STIERLE, KARLHEINZ (1975): Geschehen, Geschichte, Text der Geschichte. In: Stierle, Karlheinz: Text als Handlung. München 1975, S. 49 – 55
TABBERT, REINBERT (1992): Phantastische Kinder- und Jugendbücher in Westdeutschland. In: Deutschunterricht, Heft 2/1992, (Berlin), S. 74 – 84
TABBERT, REINBERT (1995): Was macht erfolgreiche Kinderbücher erfolgreich? In: Kinderliteratur im interkulturellen Prozeß. Hrsg. von Ewers, Hans-Heino; Lehnert, Gertrud; O' Sullivan, Emer. Stuttagrt, Weimar 1994, S. 45–62
TENBRUCK, FRIEDRICH H. (1989): Die kulturellen Grundlagen der Gesellschaft. Opladen 1989
TITZMANN, MICHAEL (1991): Skizze einer integrativen Literaturgeschichte und ihres Ortes in einer Systematik der Literaturwissenschaft. In: Ders. (Hrsg.): Modelle literarischen Strukturwandels. Tübingen 1991, S. 395–438
TITZMANN, MICHAEL (1993): Strukturale Textanalyse. Theorie und Praxis der Interpretation. München 1993 (1977)
TODOROV, TZVETAN (1992: Einführung in die fantastische Literatur. Frankfurt/M. 1992 (1970)
VAX, LOUIS (1974): Die Phantastik. In: Phaicon 1. Hrsg. von Rein A. Zondergeld. Frankfurt/M. 1974

VOGT, JOCHEN (1990): Aspekte erzählender Prosa. Eine Einführung in Erzähltechnik und Romantheorie. Opladen 1990
VOGELSANG, WALDEMAR (1995): Medien als Kristallisationspunkte jugendlicher Fankulturen. In: Ästhetik und Kommunikation. 24. Jg. 1995, Heft 88
VOLLHARDT, FRIEDRICH (1995): Selbstreferenz im Literatursystem: Rhetorik, Poetik, Ästhetik. In: Fohrmann, Jürgen/ Müller, Harro (Hrsg.): Literaturwissenschaft. München 1995, S. 249 – 272
VOSS, ERNST THEODOR (1960): Erzählprobleme des Briefromans dargestellt an vier Beispielen des 18. Jahrhunderts. Diss. Bonn 1960
WALDMANN, GÜNTER/BOTHE, KARIN (1992): Erzählen. Stuttgart, Düsseldorf, Berlin, Leipzig 1992
WEBER-KELLERMANN, INGEBORG (1997): Die Kindheit. Frankfurt/M., Leipzig 1997 (1972)
WEBER, DIETRICH (1998): Erzählliteratur. Göttingen 1998
WEDDING, ALEX (1967): Unsere Verantwortung. Rede auf der PEN-Tagung in Jugoslawien. In: Beiträge zur Kinder- und Jugendliteratur. Berlin 1967, Heft 9
WEINRICH, HARALD (1979): Der Leser braucht den Autor. In Odo Marquard/Karlheinz Stierle (Hrsg.): Poetik und Hermeneutik 8. München 1979, S. 722 – 724
WENKE, GABRIELE (1997): Entpädagogisierung der Beurteilung der Kinder- und Jugendliteratur. In: Sterz. Zeitschrift für Literatur, Kunst und Kulturpolitik. Graz 1997, S. 20 – 22
WIELER, PETRA (1997): Vorlesen in der Familie. Fallstudien zur literarisch-kulturellen Sozialisation von Vierjährigen. Weinheim, München 1997
WINKO, SABINE (1995): Verstehen literarischer Texte versus literarisches Verstehen. In: Deutsche Vierteljahresschrift für Literaturwissenschaft und Geistesgeschichte. 69. Jg. LXIV. Bd., 1995, S. 1 – 27
WILD, INGE (1995): Kindsein heute – zwischen Lachen und Weinen. Renaissance kinderliterarischer Komik. In: Daubert, Hannelore/Ewers; Hans-Heino (Hrsg.): Veränderte Kindheit in der aktuellen Kinderliteratur. Braunschweig 1995, S. 81 – 94
WILD, INGE (1996): Zum Wandel kultureller und jugendliterarischer Bilder weiblicher Adoleszenz. In: Ewers, Hans-Heino u. a. (Hrsg.): Kinder- und Jugendliteraturforschung 1995/96. Stuttgart, Weimar 1996, S. 78 – 93
WILD, REINER (1986): Die aufgeklärte Kinderliteratur in der Literaturgeschichte des 18. Jahrhunderts. Zur Kontroverse um die Robinson-Bearbeitung zwischen Joachim Heinrich Campe und Johann Carl Wezel. In: Dagmar Grenz (Hrsg.): Aufklärung und Kinderbuch. Studien zur Kinder- und Jugendliteratur des 18. Jahrhunderts. Pinneberg 1986, S. 48 – 78
WILD, REINER (1987): Die Vernunft der Väter. Zur Psychographie von Bürgerlichkeit und Aufklärung in Deutschland am Beispiel ihrer Literatur für Kinder. Stuttgart 1987
WILD, REINER (Hrsg.)(1990): Geschichte der deutschen Kinder- und Jugendliteratur. Stuttgart 1990
WILD, REINER (1993): Kind, Kindheit, Jugend. Hinweise zum begriffsgeschichtlichen Wandel. In: Beiträge Jugendliteratur und Medien (4. Beiheft) 1993, S. 9 – 16
WILD, REINER (1997): Aspekte gesellschaftlicher Modernisierung. In: Reiner Wild (Hrsg.): Gesellschaftliche Modernisierung und Kinder- und Jugendliteratur. St. Ingbert 1997, S. 9 – 29
WILKENDING, GISELA: Der Widerspruch in der klassischen Kinder- und Jugendliteratur: Grenzüberschreitung und Erziehungsfunktion. In: Informationen des Arbeitskreises für Jugendliteratur, 1/1984, S. 52 – 69
WILKENDING, GISELA (Hrsg.): (1994): Kinder- und Jugendliteratur Mädchenliteratur. Vom 18. Jahrhundert bis zum Zweiten Weltkrieg. Stuttgart 1994
WILLENBERG, HEINER u. a. (1987): Zur Psychologie des Literaturunterrichts. Frankfurt/M. 1987
WITTSTOCK, UWE: Leselust (1995). Wie unterhaltsam ist die neue deutsche Literatur? München 1995
WÜLLENWEBER, WALTER (1996): Wir Fernsehkinder. Eine Generation ohne Programm. Reinbek b. Hamburg 1996
ZIEHE, THOMAS (1991): Vom vorläufigen Ende der Erregung – Die Normalität kultureller Modernisierungen hat die Jugend-Subkulturen entmächtigt. In: Werner Helsper (Hrsg.): Jugend zwischen Moderne und Postmoderne. Opladen 1991, S. 57 – 72
ZINNECKER, JÜRGEN (1985): Jugendkultur 1940 – 1985. Opladen 1985
ZINNECKER, JÜRGEN (1991): Jugend als Bildungsmoratorium. In: Melzer, Wolfgang/Heitmeyer, Wilhelm/Liegle, Ludwig/Zinnecker, Jürgen (Hrsg.): Osteuropäische Jugend im Wandel. Weinheim und München 1991, S. 9 – 25
ZWAHR, HARTMUT (1993): Ende einer Selbstzerstörung. Leipzig und die Revolution in der DDR. Göttingen 1993

5.3 Personenverzeichnis

A
Ahrends, Martin 180
Ahrendt, Elisabeth 156, 159, 160
Andersen, Hans Christian 192
Apel, Johann August 92
Arnim, Achim von 219
Arold, Marliese 181

B
Berneburger, Cordt 128, 129, 132
Beseler, Horst 51f, 157
Boie, Kirsten 25, 47, 56f, 71, 73, 82, 84, 86, 136, 142, 193
Bojunga-Nunes, Lygia 100
Bongartz, Dieter 136, 147
Bönt, Ralf 183
Bova, Ben 171
Bradbury, Ray 106, 171, 213, 219
Braun, Volker 52, 113, 129, 130
Brecht, Bertolt 7, 43. 142
Brussig, Thomas 160
Bruyn, Günter de 53
Burmann, Gottlieb Wilhelm 17
Byron 92

C
Calvino, Italo 183
Caroll, Lewis 169
Cervantes 106
Chamisso, Adelbert von 219
Chidolue, Dagmar 57, 12, 114, 119, 179, 193
Christian, Peggy 169
Clarke, Pauline 168
Cleary, Beverly 77
Cole, Brock 122 f., 182
Corinth, Lovis 157
Cran, Stephen 118
Cross, Gilian 170, 172, 174
Cullicchia, Guiseppe 122, 183

D
Dantz, Carl 44, 50
Defoe, Daniel 30
Dehmel, Richard u. Paula 20
Delius, Friedrich Christian 178, 180
Dijk, Lutz van 136, 142, 155, 156, 158, 160
Döblin, Alfred 97, 218
Donelly, Elfy 58, 59
Dostojewski, Fjodor 216
Dubelaar, Thea 171, 172
Dücker, Tanja 183

Durian, Wolf 44, 50,

E
Eckert, Hella 180
Edelfeldt, Inger 57, 114, 119
Eichendorff, Josef von 113, 192
Eicke, Wolfram 111
Eisenstadt, Jill 116
Ellis, Breat Easton 116, 122
Ende, Michael 10, 41, 94, 169
Enzensberger, Hans Magnus 41, 168

F
F., Christiane 60
Fallersleben, Hoffmann von 192
Faulkner, William 118
Feuchtwanger, Lion 106
Fine, Anne 84
Fontane, Theodor 106
Frey, Jana 136, 142
Fries, Fritz Rudolf 128, 129
Friedemann, Herbert 136
Fühmann, Franz 53
Funke, Cornelia 169

G
Gaarder, Jostein 100, 105, 169
Gaites, Carmen Martin 100
Gibson, William 225
Goethe, Johann Wolfgang Von 20, 78, 79, 106, 113, 187
Gold, Nina 182
Görlich, Günter 128, 157
Grass, Günter 113
Grimmelshausen 106
Grün, Max von der 55, 59, 111
Gutschahn, Uwe Michael 136

H
Hagemann, Marie (d. i. Elisabeth Zöller) 136, 139, 149
Härtling, Peter 23, 25, 55-57, 59, 61–65, 84, 191, 193
Hauff, Wilhelm 103
Haugen, Tormod 33, 57, 71, 72, 82, 98, 101, 169
Høeg, Peter 47
Heiducek, Werner 53
Hein, Christoph 53, 153, 180
Held, Kurt 50
Helfer, Joachim 180
Henke, Kevin 82
Henning von Lange, Alexa 122, 183
Herfurthner, Rudolf 114, 119, 178 f.
Hermann, Judith 183
Hermlin, Stephan 53

Hesse, Hermann 113, 117, 127
Hesse, Karin 171
Hey, Wilhelm 192
Heym, Georg 97
Hinton, Susan E. 113, 178
Hochhuth, Rolf 178
Hoffmann, E.T.A. 10, 92–97, 113, 169, 192 f., 211 f., 218 f.
Holbein, Wolfgang U. Heike 170
Hölderlin, Friedrich 78
Holtz-Baumert, Gerhard 128, 157
Holz, Arno 113
Hornby, Nick 119, 182
Huch, Friedrich 113
Hugo, Victor 106
Huxley, Aldous 106, 170

I
Isau, Ralf 170

J
Jacobsson, Anders / Olsson, Sören 84
Johnson, Uwe 113, 129, 167

K
Kafka, Franz 97, 101, 218
Kant, Uwe 157, 193
Kästner, Erich 15, 27, 28f, 53, 57f, 169, 194–198
Kerner, Charlotte 171
Key, Alexander 168
King, Stephen 93, 210–214, 216 f., 219–222
Kirsch, Hans Christian 138
Klaus, Michael 178
Klemperer, Victor 79
Knappe, Heinz 136
Koch, Jurij 128, 132
Koch, Reinhard 114
König, Karin 160, 167
Koontz, Dean R. 170
Korschunow, Irina 114, 168
Koster, Bea De 168
Kozik, Christa 52, 157
Kracht, Christian 122, 182
Krawzyk, Stephan 180
Kropp, Paul 84
Krüss, James 54
Kubin, Alfred 97
Kuijer, Guus 58, 59, 68

L
Lamprecht, Eva-Maria 170
Lask, Berta 50
Laun, Friedrich 92
Lewis, C. S. 168

Lewis, M. G. 92
Lindgren, Astrid 15, 79, 89, 101, 168, 191–193, 195, 202–208, 210
Loon, Paul van 93

M
Maar, Paul 56
Mai, Manfred 136
Mann, Thomas 113
Marsden, John 82
Martinez-Menchen, Antonio 99
McCullers, Carson 113
Mebs, Gudrun 56f, 77, 193
Meyrink, Gustav 97
Miller, Warren 113
Moritz, Karl Philipp 113
Morus, Thomas 106
Musil, Robert 113, 117, 127

N
Nadolny, Sten 47
Nelson, Blake 122 f., 125, 182
Nesbit, Edith 168
Neumann, Karl 52
Nicolini, Maria 178
Nilsson, Eleanor 171
Nilsson, Per 182, 185
Noack, Hans-Georg 55, 59, 111
Nöstlinger, Christine 30 f., 47, 56 f., 59, 72, 82, 84 f., 93, 168, 193
Norton, Mary 168

O
Och, Sheila 165
Olsson, Hans 182, 187
Ondaatje, Michael 47
Ossowski, Leonie 114, 157
Ortheils, Hans-Josef 113
Orwell, George 106, 170
Overbeck, Christian Adolf 18–20, 139
Özdogan, Selim 182

P
Palairet, Jean 13
Pawel, Henning 153
Pelz, Monika 172, 174
Pestum, Jo 168
Plenzdorf, Ulrich 52, 79, 113 f., 118, 127–129, 157
Pludra, Benno 51, 52, 53, 99, 102, 157, 193
Poe, Edgar Allan 212, 215–219
Pohl, Peter 119
Pratchett, Terry 172
Pressler, Mirjam 56, 82
Preuß, Gunter 128, 136, 142, 155, 156,

157, 158, 193
Preußler, Ottfried 95, 169
Prochazkova, Iva 171

R
Rayban, Chloe 169, 171
Reimann, Brigitte 79
Remmert, Enrico 122, 183
Reuter, Bjarne 90f
Rhue, Morton 136
Richter, Hans-Peter 111
Rilke, Rainer Maria 113, 117
Rodrian, Irene 178
Rösler, Dietmar 170, 174
Rothmann, Ralf 180

S
Saalmann, Günter 136, 155, 157, 158, 190, 193
Saeger, Uwe 157, 158
Sakowski, Helmut 153, 158, 164, 193
Salinger, Jerome D. 113, 118, 124, 127 177
Samjatin, Jewgenij 106, 170
Scharrelmann, Heinrich 44, 49
Schiller, Friedrich 192
Schlott, Jutta 128
Schlüter, Andreas 169, 170, 172, 174, 181
Schmidt, Wommy 180
Schneider, Gerd 178
Schneider, Peter 113
Schneider, Robert 27, 47
Schneider, Rolf 53, 128,
Schroeder, Margot 109, 111, 178
Schubiger, Jürg 101
Scott, Walter 106
Shelly, Mary 220
Silber, Rolf 180
Spillner, Wolf 157, 193
Steenfatt, Margret 111, 136, 138, 181
Steinhöfel, Andreas 180
Stevenson, Robert Louis 30, 219, 220
Stocker, Bram 220
Stollwerck, Karsten 156, 160
Storm, Theodor 218
Strauss, Emil 113
Strittmatter, Erwin 51
Stuckrad-Barre, Benjamin von 183
Sundvall, Viveca 84
Süßkind, Patrick 47
Swift, Jonathan 30

T
Tamarro, Susanne 79
Tetzner, Lisa 50
Tieck, Ludwig 78, 92, 95, 96, 113, 169,

192, 211, 218
Timm, Uwe 47, 84, 88
Tolkin, J. R. R. 170
Tondern, Harald 138
Trautmann, Christian 57, 122, 123, 179
Traver, Pamela L. 168
Twain, Mark 30, 118

V
Vanderbeke, Birgit 180
Verne, Jules 219

W
Wahl, Mats 119, 182
Walraff, Günter 178
Walter, Joachim 128
Walter, Otto F. 114
Wasserfall, Kurt 171, 172
Wawerzinek, Peter 180
Weber, Hans 128
Wedding, Alex 44, 50, 53
Weiss, Peter 113, 178
Weisse, Christian Felix 17, 18
Wellm, Alfred 51, 52, 157
Welsh, Irvin 122, 183
Welsh, Renate 56, 57, 150, 193
Wersba, Barbara 113, 177
Wild, Leonardo 171, 172
Wildenhain, Michael 136, 139, 142
Wolf, Christa 151, 152
Wölfel, Ursula 55, 59, 61
Wrightson, Patricia 170

Y
Yoshimoto, Banana 122, 182

Z
Zafons, Carlos Ruiz 100
Zanger, Jan De 136
Ziegler, Reinhold 171
Zimmer, Christopher 170
Zittelmann, Arnulf 181
Zöller, Elisabeth 155, 156, 160

5.4 Wichtige Institutionen und Zeitschriften (Auswahl)

Institutionen

Unterrichtsmaterialien für KJL-Texte in Verlagen (Auswahl): Arena Verlag: Zum Lesen verlocken. Hg. von Peter Conrady; Fischer Schatzinsel: Schatzinseln für die Schule. Hg. vom Lektorat; Omnibus Taschenbuch: Schulbus Lesepraxis. Hg. von Jörg Knobloch; dtv junior: Lesen in der Schule. Hg. von Gerhard Haas, Weiterführung: Hans-Heino Ewers/ Hannelore Daubert; Ravensburger Buchverlag: Ravensburger Arbeitshilfen; Thienemann Verlag: Lehrerbegleithefte; Verlag an der Ruhr: Literatur-Kartei.

Arbeitsgemeinschaft Jugendliteratur
und Medien (VJA - Vereinigte Jugendschriften-
Ausschüsse) in der GEW
Postfach 900409, Frankfurt/M.
Reifenberger Str. 21, 60489 Frankfurt/M.
Tel.: 069/94419274

Arbeitsgemeinschaft
von Jugendbuchverlagen (avj)
c/o Esslinger Verlag J. F. Schreiber GmbH
Postfach 100325, 73703 Esslingen
Tel.: 07153/826292; Fax: 07153/826293
e-mail:avj.ziemer@t-online.de

Arbeitskreis für Jugendliteratur e.V.
Metzstr. 14 c, 81667 München
Tel.: 089/4580806; Fax: 089/45808088
e-mail: A.K.J.@t-online.de

Börsenverein des Deutschen Buchhandels e.V.
Abt. Information und Öffentlichkeitsarbeit
Großer Hirschgraben 17–21, 60311 Frankfurt/M.
Tel.: 069/1306-0/356; Fax: 069/1306-435

Bundesverband
der Friedrich-Bödecker-Kreise e.V.
Fischtorplatz 23, 55116 Mainz
Tel.: 06131/28890-23/-18; Fax: 06131/230333

Bundesvereinigung
Kulturelle Jugendbildung (BKJ)
Küppelstein 34, 42857 Remscheid
Tel.: 02191/794380; Fax: 02191/794389

Bundeszentrale für politische Bildung
Berliner Freiheit 7, 53111 Bonn
Tel.: 0228/515-1

Deutsche Akademie
für Kinder- und Jugendliteratur e.V.
Hauptstr. 42, 97332 Volkach
Tel.: 09381/4355

Gesellschaft für Medienpädagogik
und Kommunikationskultur
in der Bundesrepublik e.V. (GMK)
Körnerstr. 3, 33602 Bielefeld, Tel.: 0521/67788

Gemeinschaft zur Förderung
von Kinder- und Jugendliteratur e.V.
Weinmeisterstr. 5, 10178 Berlin
Tel.: 030/2829747; Fax: 030/2829769

Internationale Jugendbibliothek
Schloß Blutenburg, 81247 München
Tel.: 089/891211-0; Fax: 089/8117553
e-mail: bib@ijb.de

Kinder- und Jugendfilmzentrum in Deutschland
Küppelstein 34, 42857 Remscheid
Tel.: 02191/794233; Fax: 02191/794230
e-mail:kjfmedia@aol.com

Kinder- und Jugendtheaterzentrum
in der Bundesrepublik Deutschland
Schützenstr. 12, 60311 Frankfurt/M.
Tel: 069/296661; Fax: 069/292354
e-mail: Zentrum@kjtz.f.shuttle.de

LesArt – Berliner Zentrum
für Kinder- und Jugendliteratur
Weinmeisterstr. 5, 10178 Berlin
Tel.: 030/2829747; Fax: 030/2829769

PEGASUS. Literatur- und Kulturzentrum
für Kinder und Jugendliche
in Mecklenburg Vorpommern
Wiekhaus 21, 2. Ringstr.,
17033 Neubrandenburg
Tel.: 0395/5441671; Fax: 0395/5441685
e-mail: info@mlg.de

Stiftung Lesen
Fischtorplatz 23, 55116 Mainz
Tel.: 06131/28890-0; Fax: 06131/230333

STUBE. Studien- und Beratungsstelle für
Kinder- und Jugendliteratur
Bräunerstr. 3/8, A-1010 Wien
Tel.: 43(01) 51552 /3784
Fax: 43(01) 51552/3787
e-mail: stube@stube.at

terre des hommes Bundesrepublik Deutschland
Hilfe für Kinder in Not
Ruppenkampostr. 11a
Postfach 4126, 49031 Osnabrück
Tel.: 0541/7101-0
Fax: 0541/707233

Zeitschriften

Beiträge Jugendliteratur und Medien
c/o Juventa Verlag GmbH
Ehretstr. 3, 69469 Weinheim
Tel.: 06201/61035
Fax: 06201/13135

Fundevogel
c/o dipa Verlag
Nassauer Str. 1–3, 60439 Frankfurt/M.
Tel.: 069/95732044
Fax: 069/576128

Börsenblatt für den Deutschen Buchhandel
Frankfurt/M. und Leipzig
Postfach 100442, 60311 Frankfurt/M.
Tel.: 069/1306-0
Fax: 069/289986

Julit
Informationen des Arbeitskreises
für Jugendliteratur e.V.
Metzstr. 14c, 81667 München
(s. S. 239)

Bulletin Jugend & Literatur
Eulenhof Verlag
Satoriusstr. 22, 20257 Hamburg
Tel.: 040/490005-0
Fax: 040/490005-15

JugendLiteratur. Deutschsprachige Zeitschrift des Schweizerischen Bundes für
Jugendliteratur. Zentralsekretariat,
Gewerbestr. 8, CH-6330 Cham

Bücherbär
(Hg.: Berner Jugendschriften-Kommission,
c/o Beatrix Ochsenbein,
Enggisteinstr. 38, CH-3076 Worb)

1000 und 1 Buch
Das österreichische Magazin
für Kinder- und Jugendliteratur
c/o AG Kinder- und Jugendliteratur
Mayerhofgasse 6, A-1040 Wien
Tel.: 0043/1/5050359-13
Fax: 0043/1/5050359-17
e-mail: 1001buch@netway.at

Das Buch – Dein Freund sowie
Das Buch für Dich
(Hg.: Schweizerischer Bund
für Jugendliteratur,
Kantonsgruppe Zürich,
Nordstr. 1, CH-8820 Wädenswil)

Volkacher Bote
Hauptstr. 42, 97332 Volkach
Tel.: 09381/4355

Eselsohr
Redaktion
Layenhof, Gebäude 5801, 55126 Mainz
Tel.: 06131/40338/768
Fax: 0613/40-915

Fremde Welten
(Hg.: Kinderbuchfonds Baobab. Arbeitsstelle der Erklärung von Bern und terres
des hommes Schweiz,
Steinenring 49, Ch-4051 Basel,
Tel.: 061/2813763
Fax: 061/2815210)

Weitere Informationen in:
Blaubuch 1997/98. Adressen und Register für die
deutschsprachige Kinder- und Jugendliteratur.
Ein Nachschlagewerk vom Arbeitskreis für
Jugendliteratur e.V. München 1997